《书城》精选

（上）

8

《书城》杂志 编

上海三联书店

序

　　作为一本读书类的文化杂志，1993 年创刊至今，《书城》杂志已走过近 30 年的历程。从创刊初期专注于老一辈文学名家手笔，到世纪之交走与国际化接轨的"城市阅读"路线、新世纪初期的"文化人视窗"，再到今天所秉持的"营造读书氛围、倡导理性精神、推广深度阅读、传承经典文化"的办刊宗旨，变革中亦有传承，那就是将一份传播文化知识、提高审美情趣的好读物呈现给读者，为读者心中注入一股耐思考、富哲理、求真知的思想清泉。

　　《书城》杂志也曾遭遇纸媒困境，2012 年 9 月在经营困难的情况下，由上海新华发行集团投资运营，2013 年进行改版，确立了今天的办刊宗旨。改版以来，《书城》杂志以思想、文化、艺术为内容定位，涉及哲学、文学、史学、艺术、经济、科技等领域，希冀能够在人文关怀的视野下，实现多领域、多学科的跨界融合与对话。作者队伍中，不少为海内外学术界、思想界、文化界、科技界有影响力的名家学者，在知识界、读书界具有一定的影响力。近年来更有诸多中青年学者、作家、影评人、乐评人加入其中,这些不同学科背景、不同年龄梯次的作者促进了杂志内容的多元碰撞。2014 年、2015 年、2018 年《书城》杂志三度荣获"中国最美期刊"称号,2019 年入选中学图书馆馆配期刊推荐目录。

本次《书城》杂志与主办单位上海三联书店合作,从最近十年的刊物中遴选部分优秀作品,出版两册精选集。两书有一个大致的分类:前者由"史乘"角度切入,选文不仅有生动的中外历史叙事,亦包括讲述文学史、艺术史、科学史等各类学科史的文章;后者聚焦"艺文"话题,有精彩的文学艺术文本解读,亦有作家艺术家的创作札记和艺术随笔。《书城》编辑方针一向是兼顾文章的学理性与可读性、思想性与趣味性,这两种精选集亦自体现了这种兼容并包、雅俗共赏的特点。

今天,《书城》杂志将推广深度阅读作为自身的时代使命,希望能够弥补碎片化阅读带来的思考局限。这愿望既宏大亦精微,促使我们在大的时代里笃守做一份"读之有益,并且有趣"的杂志的初心。分享思想之美、文化之美、艺术之美,愿与读者共有一份审美的"余裕心"。

上海新华发行集团《书城》杂志

二〇二一年一月

目　录

看见与被看见

——阅读《理想国》的一条思想主线

何怀宏

《理想国》中有四个著名的隐喻：隐身人、高贵的谎言、洞穴之喻和厄洛斯传奇，前两个涉及是否「被看见」和「让看见」，是感性的、具体的，后两个「看见」则是精神的、心灵的。

《理想国》是柏拉图著作里最为重要的一部，至少从道德与政治哲学的角度来看是这样。它从个人幸福讲到社会正义，最后又回归人之善、幸福到底是什么。所以，这样一部书是全面、广博而又深刻的，对今天来说也是具有现实意义的。

《理想国》非常广博，又是采取今天很少用的对话的形式，可能不利于把握主要的思想和线索，所以我今天主要讲两个问题：第一部分，是来尝试读一读这本书起首的部分，对其进行一种解读性的工作。我们来试着慢读细读，品味经典。有些书,我们可以快读甚至不读,但是这本书需要慢读,需要反复读。它的确也很耐读。第二部分,我想提供一条阅读的主线,我采取的一条主线是"看见"与"被看见",通过四个隐喻来对《理想国》进行一个思路的解读。

《理想国》这本书,也有翻译为《国家篇》或《共和国》的,中文翻译最多的是《理想国》。在众多的翻译版本中,"理想国"三个字在我看来相对也还是比较贴切的,而它的副标题为"论正义"。在这本书中,对究竟什么是"正义"提出了疑问并进行了一系列的解释。

那我们该如何进入《理想国》呢?这本书有十卷,我们可以将它分为四个部分:第一和第二卷是从个人正义到城邦正义;第三、四、五卷主要讲城邦的正义;第六、七卷讲哲学与政治的关系;最后三卷又从城邦正义回归人的本善。这四个部分,每一卷都可以找到它的关键词,比如第一卷可以用"常识正义"来概括;第二卷是"城邦与人";第三卷是"护卫者",即国家的统治层;第四卷讨论了到底什么是正义;第五卷讲三个比较困难、富有挑战性的"大波浪",一个比一个迅猛,进入新的高潮。比如说,第一个大波浪讲的是"男女平等"的问题,第二个大波浪,"共妻共子优生"问题,第三个大波浪就是"哲学家王"的问题;第六卷讲"哲学家";第七卷讲"哲学家王";第八卷讲"民主";第九卷讲"僭主"。"僭主"指的是古希腊城邦那些靠不正当方式夺得政权的人,和君主不一样;第十卷最后回归到我刚说的"人最大的福祉是什么"。

我们试着来读第一卷。它可划分为两大部分:一、与父子俩的谈话;二、与色拉叙马霍斯的对话。

那这场对话发生的时间是在什么时候?根据这场对话以及大部分学者的判断,大致可以判断是在公元前421年左右,这个时候是伯罗奔尼撒战争期间,但是又没有打仗,是在停战签订和约的时候,伯罗奔尼撒战争是雅典和斯巴达之间的战争。那时苏格拉底还不太老,其他人物还活着。那年苏格拉底五十岁左右,而他在雅典已经有了富有智慧、善于谈话的名声,年轻人都喜欢跟着他,听他说话,和他讨论问题。那时中国刚进入战国时期,孔子、老子已经谢世,而孟子、庄子尚未诞生,用雅斯贝尔斯的话说是一个"轴心时期",世界各个文明都在一个原创时期。

地点是在比雷埃夫斯港,距离雅典市中心有个七八公里,比雷埃夫斯港的特点就是它是商业中心也是民主政治中心。雅典人有自己的长墙,这里的长墙不是像中国的长城那样,但是那里的天气比较温暖,商业比较繁荣,那里的人都比较支持民主。

　　而其中的人物，在《理想国》中，苏格拉底及有名有姓的角色有十人，参与直接对话者共六人，其中包括苏格拉底。开始是他与一对父子的对话，后来是和一对兄弟，最重要的是和色拉叙马霍斯的对话。这是非常耐人寻味的、很有意思的一个结构：一对父子是异邦人，一对兄弟是雅典城邦人，还有一个对话人物是异邦的政治学教师。

　　这本书开头写道："苏格拉底：昨天，我和阿里斯的儿子格劳孔一起来到比雷埃夫斯港……"文中提到"昨天"，我们可以想象，说明他们是回到雅典后追溯、转述或者是倒叙。故事的缘起是，一位古希腊的哲人苏格拉底和柏拉图的哥哥到比雷埃夫斯港观看赛会后，在回雅典城的路上，被一个富有的年轻人玻勒马霍斯及同伴半说服半强制地留下来一起说说话。他们给苏格拉底两个选择，要么留下，要么武力解决。苏格拉底刚开始不是很想去，想赶回城里，但玻勒马霍斯对他说了句话："你瞧瞧我们这里多少人？"意思就是你们两个人，我们这里很多人，你人少，我们人多，这是一种实力，不管你愿意不愿意都要去。在这里，政治的味道、权力的味道就出来了，政治的艺术一个是强制，一个是说服。这里苏格拉底希望采用第二种办法，即我来说服你让我离开，或者你说服我让我留下。柏拉图的两个兄弟格劳孔和阿得曼托斯分别站在玻勒马霍斯和苏格拉底两边,他们就起到了一种妥协的作用。在玻的一边,玻倾向于强迫,阿希望说服和劝诱;格劳孔则在苏格拉底这边作出妥协和让步。在这里就把政治的性质给显示出来了。而苏格拉底这留下来一说就是洋洋近30万言,《理想国》一书就是以这次长谈记录的形式出现的。

这也可以看出当时的雅典人口主要由这么几部分组成:公民、异邦人、奴隶。雅典有20多万人,但异邦人据说比公民还要多,说明雅典的吸引力,他们是自由的但没有政治权利的人。奴隶有家庭内部和家庭之外的劳作奴隶,在当时的雅典城邦,很多专门职务也是由奴隶来担任的,比如今天人们很艳羡的"警察""执法人员""银行家"等。走在街上,有时是看不出谁是公民谁是奴隶的,有些公民甚至比奴隶穿得还要差。奴隶自然和异邦人、妇女一样都是没有政治权利的。在雅典公民内部,实行的是相当彻底和全面的民主。民主的公民享有哪些权利?投票和选举?不是的,雅典的民主政治采用的是比投票选举更为民主的"轮番为治",即大家都有担任从较低到最高公职的机会,只是先后次序靠抽签。它保证每一个公民都有参与政治的权利。这意味着,一个雅典公民只要能活到70岁,就一定有机会进入中央、政治局,担任常委和主席。比如苏格拉底就担任过。当然这是要建立在城邦公民人数较少的基础上的。所有的公民都可以参加公民大会,所有的职务都轮流担任。包括法庭,比如今天是审判日,所有公民都有权去法庭当法官或陪审员。但你要抽签决定去哪个审判庭,你事先不知道自己会去哪个庭。所以,在某种程度上,《理想国》正是对这种最彻底的民主进行反思。雅典最兴盛的时期是在伯里克利时代,伯罗奔尼撒战争之前,那么这个彻底的民主到底怎么样? 困境在哪里? 柏拉图以苏格拉底的名义来讲述这种对民主的思考和反省,也提出正面的政治理想。

以上这些是对《理想国》的背景介绍,时间、地点、人物和缘起。

接下去,我们接着说,苏格拉底就这样被半强制半说服地留了下来。留下来之后展开了这么一场世界上非常伟大的谈话,至少是在政治哲学上影响最大的一次谈话。在第一卷中,主要是和一对做生意的异邦父子进行的谈话。大家如果看完这本《理想国》,就会发现苏格拉底很会说话。在前两卷中,他说得并不多,以倾听为主,还引你说话,在恰当的时候进行反问,著名的"苏格拉底接生术"(也称"产婆术")也是由此而来。

苏格拉底开始是和富有的老人克法洛斯谈话,苏格拉底这时的对话者已走到了死亡的边缘,老人谈到了对于死后地狱的恐惧，原来被以为是奇谈怪论的东西这时却有了重量：如果那些天堂地狱的说法都是真的呢？他们讨论关于老年的问题：老年是幸福还是不幸？财产对老年人意味着什么？如何使自己适应这一变化？这个时候对生命的感受是怎样的？一个人到老年欲望减退了是痛苦，还是很安慰？这些大多在年轻的时候不会想的问题，在老年这个切近死亡的时候，他会去想了。这一生中有没有做过伤天害理的事情？也许死后还会有审判？因为面对死亡了，就引出了一个人应当怎么度过一生的问题，是做一个正义的人还是做一个不正义的人能够得到快乐和幸福？正义的问题就是这样引入的。这就涉及"正义"和"幸福"的关系，也引出了比较常识的正义观——什么是正义，怎样做才是正义。当然在这里首先谈论的不是制度的正义而是个人的正义，一个正义的人应该怎样去做，然后再由人的正义推及城邦制度的正义。在某种意义上，社会制度的正义是人的正义的前提条件，制度和国家的正义是先决条件。

再有就是人的灵魂是不是永恒，是不是存在？死后会发生什么？这个问题在最后又回归到个人正义的问题，所以从开始的谈话到结尾的部分，也是一个首尾呼应的过程。在这第一卷的结尾，还谈到了三种主要常识性的正义观。

雅克·路易·大卫所绘《苏格拉底之死》

下面我们来讲一讲第二个部分,也就是主线的部分。也就是说阅读《理想国》我们可以采取的视角,主要的线索是什么。我们今天从"看见与被看见"的反面——"看不见与不被看见"的视角来解读,通过考察柏拉图《理想国》里的四个著名隐喻,来阐释理解此书的一条思想主线。当然对此书主旨,还可以有其他的多种理解和阐释方式。

人类的主要感觉有视觉、听觉、嗅觉、味觉、触觉五种。亚里士多德在《形而上学》开卷就谈到,人们在诸种感觉中尤重视觉,视觉最具有精神意义。无论我们是否有所作为,我们都特别爱观看。而我们认知事物及其差别,也以得于视觉者为多。在这里,我们主要讲的是政治视觉的问题。对于不直接治理的人或者说不直接掌握权力的人,是希望"看住权力"的,让有权者不为非作歹、不僭越、不越界。那么统治者也是试图看住自己的权力的,"看住"被统治者不要造反,社会能够稳定。理想主义的统治者还试图洞见"真理"或"范型",而大多数被统治者则试图看到政治的真相,了解统治的真情,全面地"看住权力";同时,每个人也都希望自己被看到、被重视。而这种对政治知情和政治参与的要求和对被正视与"承认"的要求,是古代雅典公民,也是现代人的普遍要求和强大潮流。

下面来向大家讲述刚才所提到的《理想国》中的四个著名

隐喻。

一、隐身人（359B—360D）。在《理想国》第二卷中，当格劳孔说完他的契约的正义观之后，他讲述了一个故事，即隐身人的隐喻。这个故事极简单地说是这样的：古各斯（Gyges）的祖先是一个牧羊人，有一天走进一道深渊，发现一枚可以使自己隐身的戒指，就利用这枚戒指想方设法谋到一个职位，当上了国王的近臣。到国王身边后勾引了王后，跟她同谋，杀掉了国王，自己夺取了王位。

这个故事就提出了一个挑战，这是对政治的一个挑战，也是对人性的一个挑战。假设一个正义善良的人，能够做任何事都不被看见因而也不受惩罚，长此以往，这个人会不会变得无法无天？就是我们相信人性究竟能相信到什么程度？这个故事值得我们反复思考，不是很容易就能得到答案。比如，我们作一个引申，给一个人以绝对的权力，做什么事情也不给他惩罚，也就是"不被看见"。我们知道有句名言叫"绝对的权力绝对使人腐化"。究竟是不是这样？在这里其实就是一个政治的起点。我们说法制就是约束所有人的，它的必要性在哪里？西方有一个很著名的"无赖假设"，就是假设全社会的人都是无赖，就像我们过安检，其实就是假设每个人都是恐怖分子，因此都要接受检查。

第一个隐喻还有另一种说法,即希罗多德在《历史》中所讲述的故事是说,原来的吕底亚国王坎道列斯如此想让别人知道他宠爱的妻子的美丽,竟然一定要自己最宠信的亲信巨吉斯(Gyges,原名相同,只是译法不同)躲在旁边看她的裸体,说"人们总不会像相信眼睛那样地相信耳朵的",说他"要把这件事安排得让她根本不知道你曾经见过她"。在国王的安排下,巨吉斯看到了王后美丽的裸体,但他却还是被王后看到了自己。或者他不是无意而是有意让她看见自己,如果这样的话,那他一定是最有心计且最大胆的冒险家了。在当时的非希腊人看来,被人看见裸体是奇耻大辱,因此王后要复仇,她让巨吉斯选择:或者是杀死她的丈夫而取得王位,或者是他自己被杀死。结果可想而知,后来他杀了国王,自己当了国王,这里同样涉及一个人性的问题。

二、高贵的谎言(414B—415D)。据苏格拉底说,这是一个古老的传说:人都是在地球深处被孕育的,地球是他们共同的母亲,把他们抚养大了,送他们到世界上来。所以他们一定要把他们出生的土地看作母亲,卫国保乡,像亲兄弟一样的,就像一个政治共同体。他们虽是一土所生,但老天铸造他们的时候,是有差别的。有些人的身上被加入了黄金,他们是统治者;有些人的身上则被加了白银,他们是保家卫国的武士；有些人的身上被加入铜和铁，他们是农民及其他技工。也就是说人是有差别的，应当各干自己的本行，各尽所能。

当然过程是复杂的，有时不免有金父生银子或银父生金子的事发生。人是有差别的，但这又不能说破，因而就强调他们的共同性而不说他们的差别性。像孟子就有"劳心者治人，劳力者治于人"的名言，劳力和劳心是不一样的。那是不是应该让老百姓知道这件事？这对统治者来说就是一个难题了，公开性到底到一个什么程度？所以苏格拉底希望，如果不能使所有人都相信的话，至少也使一个社会的多数人相信，使被统治者相信这个"高贵的谎言"。

"谎言"为何又说是"高贵的"？甚至它是不是一个"谎言"，还是它恰恰是承认人性的某种真实而只是一个"言辞上的谎言"？除此之外，还有其他政治上的谎言，是不是可以对被统治者说谎，或者说不让他们看见政治的真相？如果有时不得不欺瞒，那么赞成对被统治者使用谎言的理由是什么？是民众的愚昧或一时无知，而政治是紧迫的事情，还是有些真理是民众永远理解不了的？而如此统治——包括有些事情不告诉他们，甚至欺骗他们——实际上是对他们好，符合他们的长远利益？政治是否必须完全真实，绝不能够欺瞒民众？谎言会不会有时还是一种药物甚至良药？如果退后一步，承认在某些特殊情况下可以使用谎言,那么,又是在什么情况下可以使用谎言?

柏拉图看来更倾向于把灵魂的无知看作真实的谎言,但群众所犯的这种病症又是无法用真理来医治的,相反还可能得用"语言的谎言"作为药物——但仅仅是作为一种安慰剂?而即便普通民众达不到最高的哲学沉思的真理,是否他们还是能普遍地达到政治的清明见解,形成政治的共识? 这同样是对政治的严峻挑战。第二个隐喻所要表达的,就是统治者要不要说出,或者说让被统治者"看见"全部的真相。

三、洞穴之喻(514A—521B)。在一个很深的洞穴中,有一个长通道通向外面,有一些微光照进来。有一些人从小就住在这洞穴里,头颈和腿脚都绑着,不能走动也不能转头,只能向前看着洞穴后壁。他们只能看见背后的火光照射到他们对面洞壁上的过来过去的物件的影子,他们在讲自己所看到的影子时以为是在讲真物本身。然而,如果他们自始就这样生活,并不像外人所想象的那么不幸,或者说并不强烈地感觉到他们的痛苦。他们还以为生活就是如此,世界就是这一片天地呢。

这时有一个被解除桎梏的人,甚至可以说是"被迫"突然站了起来,他转头环视,走动,抬头看望火光,原来我们看到的只是影子，是火光照射出来的。还不仅如此，他还走出洞穴见到了外面的阳光，还看到了洞外的事物和照亮这一切的太阳。一方面他很狂喜，因为他不仅看到了广阔真实的世界，他还看到了真理；另一方面，他开始考虑要不要回到洞穴，把所有的同伴都带出洞穴。

这里是有一个挑战在那里的，这时他还愿意甚至能够返回洞穴吗？这种回归之难，也许比一个人走出洞穴更难。当然柏拉图在这个隐喻里面，是把哲学家比喻成能够走出洞穴、克服固执的偏见，可以看见真理的一群人。这里有一个"哲学家王"的概念在里面。他要不要回去做民众之"王"？他能不能把所有人一起带出洞穴，或者他要考虑民众或许会被外面的光亮灼伤？这里又是一个少数和多数的问题。

我们很多人都是有惰性的，习惯了很多已经习惯了的东西，不愿意改变。因为改变需要付出很多，需要很大的智慧。苏格拉底曾经说过，思想者通过"潜水"能发现水里的珠贝，但其他人是不是也是这样呢？他回不回去，这是一个问题。所以，哲学家王，是不是可行？是不是可欲？

这里有一个对于民主的反思在里面。波普尔将对封闭社会和专制主义的批判追溯到柏拉图，也许是过于提高警惕了。在苏格拉底这里的确是考虑政治和人的差别的，因为他强调

《洞穴之喻》

知识就是德性，而人不一定都能得到恰当的知识或接受真理。一个看来合理的思路是：既然很多其他事情都是各得其所，各尽所能，根据个人的特质分工合作，为什么在政治这件更为重大的事情上，反而不能实行专家治国、精英统治呢？为什么不由最有智慧、最有政治才干的人来执行统治呢？你们可以想想怎样来反驳，在现代民主政治前提下你会提出怎样的反驳。

四、厄洛斯的传奇(614B—621D)。苏格拉底在《理想国》最后一卷谈到过去有个叫厄洛斯的勇士死后复活的故事，复活后他讲述了自己在另一个世界所看到的情景。首先是死后审判：正义者升天，不正义者入地狱，各自受十倍的报应或报偿。然而，在过完一千年之后，天上地下的鬼魂还可以再一次选择投生。它的意思是幸福不只是要考虑到此世，还要考虑到彼世和永恒。对一个相信或不信的人来说，对他的此生影响是很不一样的。灵魂究竟是不是永恒？这就要落实到个人，这就又回到个人的至善和幸福那里了。

政治有必要考虑到人性的前提。这涉及政治理论的普遍人性论前提，涉及政治法律秩序的必要性。当然，极端的政治权力也在某种程度上意味着隐身，即不受监督，不被惩罚，不再处在"众目睽睽"之下。而像格劳孔说的设立政治社会契约,他的本意是希望权力"被看见",可以监督所有人。这是第一个隐喻,这是政治的起点;第二个"高贵的谎言"的隐喻是说统治者要让民众看见什么,是看见一切还是只是一部分,甚至是否可以制造假象?前面指的是所有人的共同人性,那么第二个隐喻里面就涉及人性的差别。也许在现在的统治者看来正是由于人性的差别,所以不能让所有人知道所有的情况;第三个"洞穴之喻"是最高的、最理想的。这就是说让最有智慧的人来治理国家。但是不是所有人都能够看到事物的本质,他要不要以及能不能回到洞穴,这涉及政治秩序的最高理想的可能性问题,是在最高点上展示哲学与政治的分歧和冲突,或者说是智慧和政治的冲突;第四个"厄洛斯"的隐喻是讲人如能"看见"死后和永生会对人生有何影响,一个正义者能否得到最后的幸福?或者说正义和幸福是否能结为一体,如此也才有完善,才有至善?康德是近代启蒙理性的代表,但是他还是保留了上帝的地位。因为如此,德福才能一体。我们现在社会中确实可以看到不少不正义者走运、正义者面临悲惨的情况,但这可能只是局部的,还有一种永恒的记忆,还有永生,在那里善恶祸福是不同的。

在这四个隐喻中,前两个是涉及是否"被看见"和"让看见",是感性的、具体的,甚至身体的;后两个"看见"则是精神的、心灵的。这种"看见"不只是经验的或是理性的，比如说是直觉的神秘的洞见。这种"看见"对"政治"有何影响？理性与感性如何结合？灵与肉能否结为一体？哲学家能否为王？理想国能否实现？而柏拉图想说的也许是只有极少数哲学家才有可能"看见"真理，拥有政治智慧，故可以设想一个理想国。但又因为不是所有人都能"看见"真理，多数人永远都看不见真理，甚至强使他们去"看"会灼伤他们，也许还因为任何人若不"被看见"（不受监督，包括哲学家本人）都可能腐败，故最理想的国家并不能够实现，人只能满足于一种次一等的国家，法律统治的国家，即法治国。所以我们可能恰恰可以通过《理想国》来消除政治上的幻想，远离诸种政治完美主义或者乌托邦主义。

《理想国》想要告诉我们的恰恰是不可能有十全十美的理想国。如果说理论上最好的理想国都不可能实现，那其他的就更不可能了。连最智慧者治国都不可能，那其他的理想国也就更不可能了。是不是就是这样呢？这个答案需要大家自己来想。很多的解读都不一样，而对于种种理想国的限制，最基本的是来自人的共同性。所有的人都不是天使，但也不是魔鬼，当然也不是野兽。人是一种中间的存在，在书里给了一个中间向上的存在。这是人的共性，人也有差别性。人是千差万别的，没有两个相同的追求，就像没有两片完全相同的叶子。我们来看柏拉图"哲学家王"的统治。首先他受到的是人性共同性的限制,比如这个哲学家王可能是最智慧的,但他不一定是最善良的;还有如果一个大权在握者既不智慧也不善良,那是不是很可怕呢?我们退后一步,即使他是最智慧又最善良的,那给他绝对的权力,久而久之他会不会"变质",又怎么去防范这种"变质"呢?第二种限制是人性差别性的限制。我们假设这个哲学家王不仅是最智慧的,还是最善良的,甚至还是始终能够保持智慧和善良的,但他能不能够让和他共处一个社会的人都像他这样智慧和善良,能否都达到这样一个高度?如果不能,他应该用怎样的方式去统治?用欺瞒还是用"高贵的谎言",还是通过暴力的手段,即便这种暴力开始是局部的、暂时的,是对一部分人而言的,但它会不会蔓延?所以我们要对政治的完美主义抱有警惕。这里的政治的完美主义指的是通过政治的手段、权力的手段、强制的手段,来实现社会的完美、人的完美。这并不影响我们个人对于美、善的无限的追求,包括对一个较好的社会的追求,这需要我们不断地努力,也需要我们的耐心。

本文系何怀宏教授 2013 年 4 月 20 日在新华·知本读书会所作演讲,刊发时经作者审定,原载《书城》2013 年 12 月号

活下去，但是要记住

——莫言作品中的乡土历史与生命记忆

何怀宏

莫言最好的小说是从他的乡土中生长出来的。他年轻时曾极力要逃离乡土，后来又回到这乡土，发现这块故土才是他真正的文学资源的宝库，也是他安身立命的地方。但是，没有开初的逃离恐怕也是不行，他离开了故土，来到了京城，在那里开阔了眼界，并写作成名。当世界也见过了，生计也早已无忧了，他回来可以安静地写作了。目睹旧时熟悉的景物，感怀早年认识的人物和世事的变迁，又在想象的磨坊中不断磨碾、分化和重组，于是他的创作有了不竭的源泉。

莫言曾经在斯坦福大学的演讲"饥饿和孤独是我创作的财富"中谈到，当他年少时作为一个地道的农民在家乡贫瘠的土地上劳作时，他对那块土地一度充满了"刻骨的仇恨"："它耗干了祖先们的血汗，也正在消耗着我的生命。我们面朝黄土背朝天，比牛马付出的还要多，得到的却是衣不蔽体、食不果腹的凄凉生活。"说他当时"曾幻想着，假如有一天，我能幸运地逃离这块土地，我绝不会再回来"。但仅仅两年后，当他重新踏上故乡的土地时，他的心情竟是那样激动。当他看到满身尘土、满头麦芒、眼睛红肿的母亲艰难地挪动着小脚从打麦场上走来时，他的眼睛里突然饱含着泪水。他隐隐约约地感觉到了故乡对一个人的制约，对于生你养你、埋葬着你祖先灵骨的那块土地，你可以爱它，可以恨它，但无法摆脱它。

如果说离乡两年后他对故乡已经从恨变成爱恨交织了，十多年后他作为一个名作家回到故乡并在那里家居写作的时候，他对故乡的感情大概就主要是爱了，就像是要重新"长"在那里了。"二十年农村生活中，所有的黑暗和苦难，都是上帝对我的恩赐。虽然我身居闹市，但我的精神已回到故乡，我的灵魂寄托在对故乡的回忆里。"

在这之后，他主要的作品，他最好的作品，都是在他的故乡写成的。尤其是1995年春天他开始"醒着用手写，睡着用梦写"，三个月全身心投入完成的《丰乳肥臀》，可以说是一部史诗的杰作，是一部生命的悲歌，同时也是生命的颂歌。他自己也是一个道地的农人作家，像一个极其勤勉的农人专注于耕耘一样专心致志于写作。他会酝酿很久，但却集中在很短的时间里，高强度地将一部作品完成。50多万字的《丰乳肥臀》用了90天即完成初稿，而40多万字的《生死疲劳》只用了43天就杀青。

他是一个道地的作家、单纯的作家，不仅是一个"讲故事的人"，而且是一个讲故事的天才。的确，他也会保护自己，但你怎么能苛责一个将自己保护起来以便专心致志做自己的事情的作家呢？尽管他在创作方法上学了世界的玄幻，但其反映的内容还是非常现实的，就是从庄稼地里长出来的。他骨子里还是一个善于保守自己专业和家业的农民，这没有什么可以羞愧的。而除了勤劳和谨慎，他还有叙述和想象的天才，他也很好地利用了这一天才。他的文学作品以外的讲演、访谈、时论也常常是精彩的，但不是他最好的作品。他最好的作品还是他的小说。他的时论，他对有些人物和事件的解释甚至对自己行为的解释也会有含混的时候，但他的小说是清明的——即便从思想的意义上说也是如此。

作为一个描写乡土的作家，莫言的作品中凝结了深厚的乡土,而这乡土还不是静态的,而是动态的。这些作品——从描写20世纪初晚清中国的《檀香刑》一直到延伸至21世纪以来现实生活的《蛙》等许多作品——从北中国一块乡土的角度反映了一个世纪以来动荡中国的历史,因为这一个世纪中国的变化是一个天翻地覆的变化,这一变化深刻地动到了底层。从这一底层来看这一世变,也就更能看清这一世变的深度和广度。莫言的写作不仅有一种根深蒂固的乡土观念,也有一种自我理解乃至执着的历史意识。他特别强调了这一乡土历史和20世纪流行的"阶级斗争的历史"的不同,和"千人一面"的教科书中的历史的不同,说"在民间口述的历史中,没有阶级观念,也没有阶级斗争,但充满了英雄崇拜和命运感"。

但即便主要限于这百年的历史,我们也许还可以将一个作家笔下的历史分成三种:一是亲历的历史,也就是自己亲身体验的历史,对莫言来说也就是20世纪50年代后期以降的历史;二是亲闻的历史,这主要是指直接听到亲历者讲述的历史,是口耳相传的历史,对莫言来说主要是20世纪20年代到40年代的历史;三是传闻的历史,这往往是指要通过第三者,且往往是文字资料得知的历史,这对莫言来说也就是20世纪初及之前的历史。而我以为,在这三种历史中,不仅是亲历和亲闻的历史在莫言作品中所占比重最大,同时也是他写得最好的作品。而在传闻的历史作品如《檀香刑》中，也许是因为作者还是较多地受到当代流行意识形态的影响，虽然艺术上很有新意，结构也相当精巧，但在人物的塑造上却比较老套，尤其是高层人物，有脸谱化的倾向，也不太符合历史的真实，比如说当时晚清的政治思想潮流是朝着尽量废除酷刑甚至肉刑的倾向的，到了1905年，清廷更明令将律例内凌迟、枭首、戮尸三项酷刑永远废除，凡死刑最重至斩决为止，又废除缘坐、刺字。《檀香刑》中所显示的从皇帝太后、文武百官到德国总督都那样迷信花样翻新的酷刑是不真确的。作者写作的最大优势看来还是在下层乡土，又尤其是在他的亲闻和亲历的历史时段。比如《丰乳肥臀》，主要是写从20世纪的30年代抗战到90年代市场开放的乡土历史；又比如《生死疲劳》和《蛙》，主要是写他亲历的20世纪50年代以后的历史。

而在莫言描写的乡土的历史中，又必然主要是下层人物的活的历史，是各种各样的生命鲜活淋漓但也饱受摧残的历史。莫言的作品不是以历史否定生命，而是从生命评判历史。在作者笔下展现的中国这百年的历史，主要是小人物的历史，是苦难的历史，而且常常是官方史书遮蔽的历史。它有一种激昂，更有一种沉痛。内忧外患、战争饥馑、阶级斗争、政治运动，造成了无数生灵涂炭和受难。作者不仅对所有出生的乃至未出生的生命有着深切的悲悯之情——像在《蛙》中表现的那样；而且顽强地执着于一种生命的记忆，这方面的一个突出象征就是《生死疲劳》中的西门闹，虽然他作为一个人已经死了，但还是执拗地不肯喝孟婆汤，并努力要在其后的多次畜界轮回中保持记忆，直到以一孱弱的"蓝千岁"的人身重返人间，重述历史。

下面我们将特别注意那些给生命造成了最大威胁和灾难的东西——战争、饥馑和连续的"以阶级斗争为纲"的政治运动；将特别关注普通中国人是如何应对这些威胁和灾难的，他们的主要办法是什么，根本依托是什么，以及还可以希望什么，等等。

战争与饥馑，是最影响到乡土、影响到普通人的事件，也是20世纪造成人口最大量死亡的事件。战争直接剥夺人的生命，而饥馑则剥夺对生命的供养。战争与饥馑也是中国历史上传统的两大灾难，而20世纪还出现了一个"新鲜事物"，则是"以阶级斗争为纲"的"政治运动"，这种政治运动可以说与战争和饥馑也难分难解，它不仅摧残生命，也羞辱生命，不仅剥夺肉体的生命，还剥夺生命的尊严。

《丰乳肥臀》就是这样一部在20世纪中生命屡遭战争、饥馑和运动横暴摧残和剥夺的历史记录。其中的主人公——母亲上官鲁氏的一家人——就是一个缩影。她的公公和丈夫死于战争，婆婆在战争中发了疯。在母亲1900年出生的那年，在她唯一的儿子上官金童1939年降生的时候，都遇上了外国侵略者加给所在村庄的战争，而两次都让许多的民众横尸村野。然而，还有内战。母亲的次女、六女、两个外孙，都可以说是死于内部或对外的战争，长女婿和次女婿也都是因战争而死；她的四女因为饥馑而将自己卖为妓女，最后则死于政治运动的羞辱和摧残；参加了革命并成为领导干部的五女也仍是不堪残酷斗争的运动而自杀；她的被打成右派的七女、失明的八女则是死于和平时代的饥馑；她的最大的女儿、唯一的儿子也是屡遭战争、饥馑和运动之苦，最后一个被判死刑，一个一事无成。她的八个女儿无一善终，且都先她而去。

克劳塞维茨说，战争是"流血的政治"。战争是政治冲突极端化的表现。战争是暴力的相争。如果没有遇到一些约束因素的话，比如说实力的约束，战争按其本性来说是一定要走向无限战争的。政治常常是战争之因，但又是其果。政治是可以成为战争的引发因素的，但也是可以成为战争的约束因素的——如果这政治是比较文明和清明的政治；但如果这政治本身就是凶狠的，那么，它不仅会构成战争之因，还会大大加剧这凶狠和残酷，而凶狠常常带来更大的凶狠。如果不是实力过于强弱悬殊的话，战争的逻辑就常常是最狠的那个赢。而战争不仅是暴力，是强加，也是欺诈，或者鼓励欺诈。战争埋葬亲情、埋葬友谊，鼓励一切在平时被视为不道德的手段。

战争是最狠或最强的人取胜，而饥馑则是最弱的人先死，最弱的群体先亡。于是往往是老人、孩子、妇女首当其冲。有自然灾害带来的饥馑，也有人为因素（如战争、动乱和政策）带来的饥馑，而按照阿马蒂亚·森的观点，即便是自然灾难带来的饥馑，其中也有人为的因素起作用。《丰乳肥臀》先是写到了战争年代的饥馑。母亲的四女因为要救饥饿的全家人而将自己卖给了妓院。但莫言着墨最多的还是和平年代的那场大饥馑。他的几乎所有涉及 20 世纪 60 年代最初三年的作品都写到了饥饿，写到了如何想方设法寻找食物，包括吃树皮、草根甚至煤块。这场大饥馑也是作者亲历的大饥馑。莫言甚至说摆脱饥饿就是他创作的主要动机。说他的作品虽然"看起来迥然有别，但最深层里的东西还是一样的，那就是一个被饿怕了的孩子对美好生活的向往"。

作者所亲历的时代还是有连续不断的政治运动的时代。《丰乳肥臀》和《生死疲劳》都首先写到了土改，这也是第一次在全社会大规模确定世袭阶级身份的运动。当召开斗争大会时，一位因和土改干部有私隙而被枪毙了的生意人赵六的亲戚徐仙儿特别积极，他可能是为了报复，不仅要求抓住和枪毙司马库，还要求枪毙他的幼子幼女（到最后他其实也不忍了）。《生死疲劳》也是从其主人公地主西门闹土改时被枪毙写起。而在西门闹被枪毙之后，后续运动的锋芒却指向了他救生的孤儿、后来成为他家长工的蓝脸。他坚持单干，于是成为历次运动的对象，甚至众叛亲离。

我们在莫言小说中可以看到中国人对生命的两种似乎对立，但之间又有互相支撑的联系态度：即一方面是对生命的似乎并不太看重，不仅是对别人的，甚至是对自己的生命并不敏感、并不悲情的态度；另一方面则是生命力极其顽强，无论如何都要活下去，甚至不惜尊严、不惧痛苦的态度。而且这两种态度往往都结合在同一个人身上。中国的老百姓对生命的痛苦的确有一种超常的忍耐，初看起来甚至有一种接近冷酷的麻木。但在一个几乎没有活路的世界上活命，麻木也不失为一种办法，或者说是一种保护。尽管要忍受极大的痛苦，他们却绝不自戕，也不自艾自怜，甚至不太绝望，总想着天不丧人，总有活命之路。大多数人大概也不会有那种"不食嗟来之食"的贵族般态度，而是无论如何都要活下去的态度——哪怕忍受屈辱，或者忍受身体上的极度痛苦。中国人忍受痛苦的能力是惊人的。中国人活命的能力也是惊人的。他们不仅能利用各种各样匪夷所思的物质资料，甚至能吸收各种各样的精神资源来支持自己活下去。在此生命的意志不是反省，也不是权力，而首先就是活着，就是生存，就是无论如何也要顽强地活下去。

而20世纪的中国老百姓活命也的确太不容易。他们面对着连绵的战争，面对不断的饥馑，还有一个接一个的政治运动，表现出了自己生命的勇敢、智慧甚至活命的种种"狡计"。尤其是女人们，她们要保存自己的生命，还要养育其他的生命。于是，她们的生命，就像是一个象征，一个生命的象征，一个抗争的象征，一个抗拒苦难而顽强地活下去的象征。它是生命对战争的抗争，对饥馑的抗争，对那些戕害生命的政治路线和运动的抗争，对四伏的死亡的抗争。如《丰乳肥臀》中母亲的生命，她自出生到95岁自然离世，虽然历经了一连串的战争、饥馑和政治运动，生命中几乎始终都被痛苦贯穿着，她看到了自己的许多孩子先她而去，且大多是饱受痛苦和凌辱而死去。但她的一生，仍是一面赞颂苦难中的生命的最伟大的旗帜。

而在母亲的生命中，最光辉的就是她的生养。这"生养"也是作为"母亲"的最本质涵义。然而，这"生"对她却是非常屈辱的，这"养"对她也是极其艰难和痛苦的。她生了九个孩子,但是她的丈夫没有生育能力,而她却要为此承受全部的责难和侮辱。她不仅是"生",也努力地"养",尽管这"养"在那样的年代里又比"生"还要艰难得多。于是,在半个多世纪的漫长岁月里,在战争和饥馑不断的艰难岁月里,她不仅将自己的九个孩子都养大了,一个也没有早夭,还抚养过几乎所有的孙辈。过度的生育的确也还是有点悲哀:似乎只是在以生命的数量抗衡死亡,而轻视了生命的质量,就像是"广种薄收"。而中国人在那个不幸的时代看来生也艰难,长也艰难,活也苦命。

小说《蛙》主要是写计划生育。即便今天或已到了调整这一国策的时候,我们大概也不能否认计划生育的最初动机以及所达到的客观效果。但是,它在某些地方的实行看来还沿用了某些残酷方式,比如强行拆屋、到处追逐、野蛮结扎、晚期引产,等等。尤其是晚期强迫引产,将已经在母腹中形成的生命甚至即将临盆的生命强行结束,不仅给许多孕妇及家庭带来了灾难,而且是对生命的直接侵犯。小说中的主人公——作为妇科医生的姑姑,一生的工作先是接生,后来却是"断生"。到晚年她有了一种反省,她让作为泥塑艺术家的丈夫做了许多泥娃娃,将她引流过的那些婴儿,通过其手一一再现出来,用这种方式来弥补她心中的歉疚。

虽然活命极其艰难,但还要努力让生命焕发出光彩。首先是要让肉体的生命活下去，还要让这生命尽量精彩，即不仅要活动物的命，还要活人的命；不仅要保证人身不受侵犯，提供充分的物质的生活资料让人们过上体面的生活，人还需要过有尊严的生活，还需要过具有充分情感和精神意蕴的生活。在基本的生存和天伦之乐之外，人们，或至少一部分人会去追求生命的精彩。女人们可能更多地去追求浪漫的爱情，男人们则更多地去追求事业的成功。

我们可以观察《生死疲劳》中蓝脸坚持单干的理由。这些理由大致包括：希望自主地安排自己的生活和经济活动；要求一种诚实勤勉劳动的自由和光荣；也要求分给他土地的权力机构和领袖遵守自己的承诺。他也根据自己的人生经验得到这样的结论，即不认为把大家的财产拢到一起，人们就能大公无私，就能齐心干好活计，过上好的生活。他也深信自己劳动得来的东西才是正当的，放到自己仓里的粮食也才是踏实可靠的。的确，他也有自己的梦想，如果没有合作化和人民公社运动，他的勤劳节俭和能干大概会使这个昔日的长工和孤儿，成为又一个致富的西门闹。然而，在共和国前三十年，他却注定走不通这条路。

到了市场经济的年代，人们的经济活动有了很大的自由。但是，却还谈不上人们的生活都幸福美满。作者对这个年代也体现出一种批判性。虽然市场在让人们自主地安排自己的经济活动与生活方面具有一种道德性，但如果人们的物欲过于张扬，生命的精彩也必将受到金钱的侵蚀。这时的确不再有直接的"合法"剥夺生命（像《蛙》里面描写的计划生育中的晚期强行引产可能是唯一的例外），也不再有使人们大规模饿死的饥馑，但生命也可能萎缩成了仅仅是一种满足物欲的经济活动，甚至刺激出种种贪腐、欺诈、盗劫等不道德的行径。这时也不仅还有权力的横行和贪婪，还有逼着高龄母亲搬走的拆迁，人与人的关系也在金钱欲望的腐蚀下变得冷漠。如果说上官家的第一代主要是饱受战争之苦；第二代主要是饱受饥馑和运动之苦；那么，第三代不再遇到这些直接剥夺人的生命的灾难了，几乎再没有饥饿而死、战乱而死，运动的整死和斗死了，但他们照旧说不上全都幸福，或者生命的质量普遍得到提升。

人们可以希望什么？《丰乳肥臀》几次写到了教堂的钟声。后来作者写道："在创作《丰乳肥臀》时，我去过两次教堂。小说中的上官金童也去过两次教堂，他在走投无路时，投向了上帝的怀抱。我不是基督徒，但我对人类的前途满怀着忧虑，我盼望着自己的灵魂能够得到救赎。我尊重每一个有信仰的人，我鄙视把自己的信仰强加给别人的人。我希望用自己的书表现出一种寻求救赎的意识，人世充满痛苦和迷茫，犹如黑暗的大海，但理想犹如一线光明在黑暗中闪烁。"

　　个人总会死亡，留下记忆或就是试图抓住永恒的一种形式，或者说是追求永恒的一种生活方式。当然，我们现在所能谈的还只是作为人类的记忆。这种记忆首先意味着记住过去的苦难，如此或能防止我们再给自己和同类制造同样的苦难，甚至创造和保有一种比较美好的生活。但人类也会灭亡，在这之上和之后是否还有永恒的记忆？这或许是我们现在所不能知道的。但无论如何，我们一生下来，就要努力地活下去，再怎样艰难也要活下去。也许我们面对连绵而来的痛苦已经有些麻木，也许我们甚至不敢再对幸福抱有希望，目力所及没有任何有希望的前景，但我们还是要极其坚韧地活下去。我们努力活下去，我们活过来了，熬过来了，我们还要记住，我们是怎样活过来的，我们为这种活过来付出了怎样的代价。我们最好不要让我们的后代也这样活过来，尽管这是对我们自己生命的最大历练。我们不只是要让肉身活着，还要有体面地活着，有尊严地活着，有精神地活着。而我们也许只有努力记住过去，尤其是记住刚过去的百年的经验教训，才能开创一个相对美好的未来。

本文原载《书城》2014 年 7 月号

快乐与至乐

陈嘉映

我们沿着亚里士多德的这条思路,一方面要澄清快乐和行为目的之间的关系,一方面要理解快乐和德性之间的关系。

快乐,不论在我们的日常生活中,还是在思想史的思考中,一直都是一个很重要的题目。在西方哲学中,就有一个"快乐主义"的哲学流派。这个哲学流派经过种种变形,一直到今天都非常有影响。柏拉图、亚里士多德等重要的思想家,无一不对"快乐"进行过广泛而深入的思考。中国也有这样关于"快乐"的类似学说。在近代,大家可能最了解的是伦理学中的功利主义学派,他们把人生的目的定义为追求快乐。这是一个非常普遍的看法。又比如在心理学中,弗洛伊德对人性进行研究,他就把它叫作"快乐原则"。把快乐和人生追求的总目的等同起来,这在哲学史上,叫作"快乐主义"。的确,快乐似乎天然是好事。我们似乎都在追求快乐,但不是把它作为手段而是作为其自身来追求。过节时,我们祝亲友节日快乐,没有祝他不快乐的。我们自己也愿意快乐而不愿沮丧,碰到沮丧的时候,我们希望它赶紧过去,快乐当然也会过去,但我们不会盼它消失。

不过,把快乐等同于善好,也有很多困难的地方。我曾经询问过别人《西游记》里谁最快乐?有人回答说是"猪八戒"。感觉他似乎显得要比唐僧、孙悟空快乐。不管猪八戒这个形象是不是最善好的,但的确给人印象深刻。我们这把年纪已经认识了好多人了,都会感觉猪八戒是比较典型的男人的写照:好吃,有点好色,有时也有点小勇敢。有些人可能觉得他的这种性格还挺可爱,但我们很难把他的这种性格和善好看作是一样的。《红楼梦》里谁最快乐?想来想去,也许是薛蟠。反过来,屈原忧国忧民,不怎么快乐。《复活》里的聂赫留道夫,忏悔之前过得挺快活的,后来跟着玛斯洛娃去流放,就不那么快活了,但那时他才成为善好之人。

我之所以会翻来覆去地思考快乐与善好的关系,是因为它形成了挺大的张力。一方面,快乐这个词似乎生来就带着某种正面的意味。比如，你爱谁，你就会希望他快乐。如果你爱你自己，在某种意义上，你也会希望自己快乐，不会愿意自己总保持在痛苦的状态之中；但另一方面，我们又不得不承认有一些不与善好联系起来的快乐。那么到底有没有一种一贯的看法，使得这种看似矛盾的现象不再那么矛盾呢？古希腊时期的"快乐主义者"，比如伊壁鸠鲁，他说的快乐首先不是那个声色犬马、吃喝玩乐的快乐。他说："我们说快乐是主要的善，并不指肉体享受的快乐，使生活愉快的乃是清醒的静观。"这种哲学主张读书、求知、理智才是真快乐。虽然我很赞同他们，但另外一方面，你也很难否认那些声色犬马不是快乐。

我们今天讨论的是何为"快乐"，而不是如何获得快乐。通常在讨论伦理道德时，会有两种谈法。一种谈法就是告诉我们，我们应当怎样做，这种谈法像是老师对小学生的教育。这并不难，困难的是我们后来遇见了不同的思想、观念、想法、习俗，这时候我们会生出这样的问题，为什么我们应当这样快乐？而所谓的哲学讨论，应该是在回答这个"为什么"的问题。仅仅说我们怎样获得快乐是不够的，我们首先想知道为什么我们应当求取这种快乐。

我刚才讲到了，功利主义者把追求快乐看作人最天然的目标。这个功利主义是与康德的道义论相对而言的。康德讲的是我们应该按照某种道德律令去行动,和追求快乐是没有关系的。当然,功利主义的提倡者边沁、密尔等都会承认,声色犬马之乐能够乐于一时,长久上看来,却并不快乐。我们人类是有远见的动物,并不是禽兽,会考虑到后果的不利,因为一时的快乐,比不上长远的痛苦。计算下来,如果不快乐超过了一时的快乐,还是会决定不要这种快乐。

不过,买春的欲望、贪婪的欲望,这不是一个计算的问题,而是一个诱惑有多近的问题。诱惑离我们很远时,的确是可以比较冷静地去计算的,但是如果到了人跟前呢?诱惑逼近了,他会很难抵御。快乐和利益不一样。如果将快乐分为短期和长期来计算,那就像是一种买卖股票的行为了。

"快乐",除了"乐"之外,还有一个"快"字。喝个痛快,快意恩仇,引刀成一快,快哉此风,差不多都是因为快才乐。引刀或可大笑对之,凌迟就怎么都乐不起来。

再稍微谈一下功利主义。它虽然主张每一个人都追求一己的,但结论却并不是把每个人的快乐最大化。它的结论是我们要得到最大多数人的最大幸福或快乐。计算人类快乐总量是很困难的,要不要把幸灾乐祸、强奸、虐杀得到的快乐也计算在人类的幸福总量之内呢?这些问题是人们在讨论这些学说时都会提到的。

我刚提到有些快乐是不好的，所以，有不少思想家从来就不赞成快乐和善好是一回事。我不准备在这里把所有学说都过一遍，只挑两三种说一说。一种是斯多葛主义，该学说高度推崇自制。如果大家读过马可·奥勒留的《沉思录》，就一定会看到这位古罗马皇帝的自制。而自制在日常生活的层面上，和追求快乐是会有冲突的，至少不是一回事。斯多葛哲学家一般会认为人生中重要的就是德性，而快乐和痛苦与有德和无德无关。这个论证很简单，有德者有可能快乐，也有可能痛苦；缺德者有可能快乐，也有可能痛苦。还有一种苦行学派，如犬儒学派就比斯多葛学派多走了一步。他们不仅认为快乐不是人生的目标，而且认为追求快乐就是一种堕落。真正能够使人高尚起来的东西，不是追求快乐。而且正好相反，是要让人过上一种有痛苦的生活，这就是大家都知道的苦行主义。我们都知道中国的文化博大精深，思想源远流长，特别是现在经济发达了，西方有的，我们也都有了。但其实各个民族是有各自的特点的，其中我觉得中国文化有一个比较重要的特点就是缺乏苦行传统，甚至有人说我们中国是一种乐感文化。中国在春秋诸子时期，真的是什么都有。到了秦汉大一统之后，春秋中有些东西被继承和发扬了，有些东西被边缘化，消失了或者是接近消失。在春秋诸子中墨子是带有苦行主义的,但之后的两千多年里中国都不谈墨子。在诸子众家中,墨子比较突出的特点就是在学问上是重逻辑学的,在伦理上是重苦行的。但这两点在中国的传统中不怎么被传播。

我们再回到主题中来,苦行主义、斯多葛哲学认为快乐、不快乐和善好、不善好没有关系,甚至认为痛苦才是真正与善好和德性连在一起的。而快乐不但不能与德性和善好连在一起,而且它还会有伤于德性和善好。这样的传统一直到当代平民社会兴起之前,始终都是非常有市场的。

讨论到这里,我们可能还是会靠直觉感受,快乐是不能和德性无关的。而快乐和德性之间,有着一种交织、纠结的关系。为什么这么说呢?我前面已经说了一些快乐和德性确实无关的例子。而有些快乐则对德性构成威胁,或者本身就是一种缺德,比如幸灾乐祸、强奸、虐杀;但另外一方面,快乐又和德性有着一种正面的联系。比如,子曰:"贤哉回也!一箪食,一瓢饮,在陋巷。人不堪其忧,回也不改其乐。贤哉回也!"我们在中国思想传统中,把这叫作"孔颜之乐"。无论日子过得多苦,他们还是非常快乐。又比如,陶渊明《五柳先生传》中提到的"环堵萧然,不蔽风日,短褐穿结,箪瓢屡空,晏如也"。但是,他还是如此之快乐。对于这些有德之人来说,无论日子过得多苦,但最后还是快乐。而我们就是不会把它们称为"孔颜之苦"。

我再举两个例子。中国的庄子和德国的尼采，虽然他们中间相隔两千年，但我喜欢把他们称为高人，他们和一般的哲学家不一样，他们的看法永远高出一筹，但这两个人都认为善好是超出苦乐之外的。功利主义认为"追求快乐是人的天性"，而尼采对此嗤之以鼻：追求快乐不是人的天性，那只是英国人的天性。他认为快乐和痛苦没有道德意义，以快乐和痛苦来评定事物价值的学说是幼稚可笑的。但在尼采这里，你也能找到像孔颜之乐一样的句子。"世界深深，／深于白日所知晓。／是它的伤痛深深——，／快乐——却更深于刺心的苦痛；／伤痛说：消失吧！／而快乐，快乐无不意愿永恒——，／深深的、深深的永恒！"这当中有将快乐和永恒相联系的东西，有一种求永恒的意志。

我们刚才已经讲了快乐和德性有着这样一种正反的张力，再回到这种张力，往前强调一步，就到了"志意之乐"。因为不管是苦行主义还是斯多葛主义，不管历经多少痛苦，最后达到的顶点永远都是快乐，而不把它叫作痛苦。这是一个大的话题，我就不一一展开这里面的概念结构了。只提一点，快乐和痛苦是一组对子。此外，有与无、精神与肉体、善与恶、真与假等也是一些对子。我们会用一种相对性的概念来看待这些个对子。它们看起来是一组组对子,其实却不是完全相对的。它们有时候是对子,但在一些特定的意义上,是一个高于另一个或一个支持另外一个。

在某种意义上,快乐高于痛苦,而不单单与痛苦相对。但这并不是说,快乐才是人生的目的。人生就是对快乐的追求,这类的话,我们不仅在生活中,在阅读时、思考时也会这么想和这么说,而且我刚才也引用了一些哲学家、思想家的话,他们也会这么想、这么说。但我想说这种说法其实并不成立。我们平时天天要做的最普通的事情,吃饭、喝水、睡觉、上班,等等,有哪一件事情可以说是在追求快乐?你并不是为了获得快乐而去做这些事情。比如说,一个母亲因为儿子含冤入狱而不断上访、找律师、找法官,要把儿子营救出来。其间还经历倾家荡产,百般痛苦。但你能说她是为了能把儿子从牢狱中营救出来的那种快乐去做这些吗?当把儿子救出来,母亲当然会非常快乐,可她仍然不是为了那一刻的快乐而经历这所有的痛苦。那你说她是为了什么呢?她是为了把她儿子营救出狱。

这里我们需要区分,我们为了某种目的去做一件事情和做成这件事情会带来的快乐。这不是我的原创,亚里士多德对于快乐的分析,大致是这样的:我们为了正面或负面的、高尚或低俗的种种目标而做事情。而这些事情一旦有成，会给我们带来快乐。因此，快乐不是人生的目的。尼采也说过类似的话，快乐本身不发动任何事情，快乐是伴随着你的活动而来的。用亚里士多德的话来说就是"附随"的。

"乐"这个字，我们通常会在快乐的意义上使用它。但它还有一个最基本的、和快乐的概念相联系的意义，那就是"乐于"。的确，有许多事情，我们会乐于去做，而有些事情不乐于去做。我们乐于去做一些事情，并不是指着做这件事，最后能带来快乐。我们做这件事情本身就是快乐的。比如，有人乐于打网球。当然，打网球你赢得了这场比赛，你很快乐。但不赢你也会挺快乐的。因为你所获得的快乐，不是在赢不赢得比赛的结局上，而是在打网球的过程中。而这种过程中的快乐，不是我们一般说的喜笑颜开。我们在打网球的过程中奔跑、接球、扣杀、暴晒、流汗、气喘，这看起来，哪快乐呢？而这里的快乐，并不是我们一般所说的情绪上、行动上的快乐，而是你乐于做这种活动。刚才说了，你做一件事情带来成功，会感到快乐。那么现在，我再进一步说，有些事情，还不一定非要有所成就，你只要做了，就已经快乐了。当然，你要是做得特别好，你会在这过程中获得更多的快乐。我们称其为在生活中的附随的快乐，不过，我倒觉得"附随"这个词不是最好，其实就是融化在行动中的这些快乐。我再举个以前人经常举的例子——哲人、科学家求真的快乐。我们中有的人，或许也会有相同的经历，解一道数学难题，彻夜不眠，就为了证明其结果，但真的是乐趣无穷。数学家就是这么工作的，遇见难题，想方设法地证明这道难题。证明的过程中，吃不好睡不着，皱着眉头，绞尽脑汁。如果证明出来当然是非常快乐的，即使没有证明出来，也不会后悔，因为乐于做这件事情。追求真理的快乐，不是真理到手的那种快乐，至少远远不止于这种快乐，而是因为在这过程中，你会感到快乐。

按照亚里士多德的思路，会这样想问题：快乐到底好不好呢？它和德性到底是什么关系？这个问题由此呈现出一个新的轮廓——快乐本身并不是行动的目标，是附随和融化在行动之中的。因此，快乐本身无所谓好不好。高尚的活动带来高尚的快乐，鄙俗的活动带来鄙俗的快乐。我们沿着亚里士多德的这条思路，一方面要澄清快乐和行为目的之间的关系，一方面要理解快乐和德性之间的关系。实际上快乐不是直接和德性系在一起的，而是和带来快乐的活动系在一起。这条思路也有助于我们思考其他的问题。比如我们会讨论"审美快感"。艳俗的封面女郎，给人感官上的快感；而当你去看那些古希腊的悲剧时，你有什么可快乐的呢？但是，我们仍旧在另外的意义上，可以谈论它带来的审美的愉悦。这种愉悦和我们看封面女郎的那种愉悦根本不是一种愉悦。现在，大家可能稍微有点明白了，所谓的"审美愉悦"，根本就不是一看觉得真开心啊！它可能是你看后会觉得震撼，或者是痛苦，甚至是绝望的那种东西。

亚里士多德的思路对我们来说，非常富有解释力。但我也不想否认，我们的确有时候会单纯因为快乐而去做一些事情。我们聚会喝酒，是不是因为快乐而去喝酒呢？在一定意义上说，不是为了快乐而去喝酒，而是因为聚会去喝酒，而这聚会给我们带来快乐。但有的时候，几个人穷极无聊了，只是因为喝酒，有这么一个痛快劲儿，此外没有什么其他更多的内容。等而下之，还弄点摇头丸或者什么药嗑一嗑。有些人还觉得挺快乐的。这种行为，我把它叫作求乐、找乐子。

我们现在把为了做成一件事情、乐于做一件事以及做这件事情的成功所带来的快乐和找乐子的快乐加以区分。平常我们并不因为不找乐子而不快乐，实际上不找乐子仍然可以过着相当快乐的生活。因为我们积极地做一些事情，而且乐于做它，在做这些事情的时候，我们会获得快乐。这种快乐不同于找乐子的快乐，区别就在于找乐子的过程只是求快乐的工具，所谓工具就是只要我有别的找乐子的办法，或者可以找到同样的或更大的乐子,那用什么工具就无所谓。但你乐于做一件事情就不是这样了,因为给你换一件事情做,你就不一定乐于做了。再举一个好的例子和一个不好的例子。比如所谓追求真理的快乐,是非常具体地追求一种真理的快乐,数学家在解决数学问题中获得快乐,哲学家在哲学思辨中获得快乐。那嗑药与之相比就完全不是那么回事了,因为嗑什么药无所谓,只要可以带来同等程度的兴奋和迷幻就行了。

所以,找乐子和一般正常的快乐是不能同日而语的。更不要说若求乐的手段本身是一种恶劣的手段,比如虐杀的快感,虐待小动物、他人的快乐。而我们大多数人在做大多数事情上,并不是在求乐。尽管我们知道做任何事情里面都包含了辛苦,甚至是痛苦,但我们做这些事情,并不是为了计算快乐,并不是说付出多大的痛苦就可以获得多少快乐。比如,我们这些年纪大的人都有过抚养孩子的经历,那个辛苦可能远远超过没做过父母时的想象。你说最后要的快乐是什么?难道就是考上重点大学?那个回报不在那儿,那个回报就在你给他洗尿布、把他从医院背回来等。回报就在你做的那些事情的辛苦之中,直接就得到了,因为你爱他们,你乐于做这些事情。有些事情的价值本身就是以它的难度来衡量的。据王朔观察,成年男人喜好的东西多半带点儿苦味:烟草、茶、咖啡、老白干、探险、极限运动。在味道上如此，做的事情上也是如此。要是一个大男人总是只干一些很轻松的事情，你不觉得这个人有点毛病吗？没有难度就没有意思，因为这个乐不仅是和苦相对着折合出来的，这个乐是乐于之乐，而不是最后得到的那个乐。

人的天性真不是都是避苦求乐的。我们有的时候，的确是会避苦求乐的，那有可能是因为那个苦来得有点重了，实在是想歇一下、乐一下了。但这在一定意义上，并不是我们的天性。因为我们的天性是去做那些事情。我们在衡量一个人的时候，不是在衡量一个人有多少乐，而是这个人做了多难的事情。因此，我们为什么会遇见那些冤狱的事情，比如像已经过世的南非前总统曼德拉，他经历了这么多痛苦之后还保有那样的品格，所以我们崇敬他。要是一个人平平顺顺度过了一辈子，我们恭喜他，但没有什么是可以值得我们尊崇的。的确，只有苦难让人成为英雄。没有经历苦难的人，我们可以用各种词汇来形容他，但我们没有办法把他视作英雄。乃至于我们有时围在那里听过来人讲他苦难的经历，一脸崇敬。细较起来，让人成为英雄的不是苦难，而是对苦难的担当，是战胜苦难，是虽经了苦难仍腰杆挺直，甚至乐在其中。当然，就像我们不是为了快乐生活，迎难而上并不是去选择苦难；有志者投身一项事业,哪怕它会带来苦难。我们崇敬英雄,因为苦难没有压倒他。单单苦难与快乐毫无关系,被重大的苦难压垮,会让人怜悯,但不会令人崇敬。

那么,苦行主义呢?这是一个很有意思的话题,好像和我们日常生活的观念不太吻合似的,所以特别值得去思考。苦行主义者眼界比较高,有些你觉得是值得一做的事情,他们会觉得不值得去做,无论它带来什么快乐。我们无法用尘世的目的来问苦行主义者要达到什么,因为他要的东西超出所有尘世的目的。苦行主义总与某种超越性相联系,这种东西无法用具体的目标来描述,而只能用乐于受苦来表征。苦行主义的那种快乐,绝对不是苦行完了以后达到快乐,这里,快乐是超越的,不可见的,完完全全由乐于苦难来宣示。

我们了解了那么多快乐的用法,有恶劣的快乐、鄙俗的快乐、普通的快乐、高尚的快乐,一直到苦行的快乐。那可能有人会觉得"快乐"这个词的用法是不是有点太混乱了?在这里我想说说,我大致是怎么想这个问题。第一,人们也许会想,既然在各种各样的场合中都用"快乐",那孔颜之乐、英雄之乐、苦行者之乐与找乐子一定有什么共同之处。我想说这种看法是一种比较流俗的看法,大家可能听说过一个词叫"家族相似",比如甲和乙有点共同之处,乙和丙有点共同之处,丙和丁又有点相似之处，但把它们合在一起，从甲到丁并不是都有相似之处的。不过，这种思路仍不适于用来思考像快乐这样的概念。我们在讲快乐时，常常是把它当作一种心情来讲的。但是，快乐这个词远远不止用在心情和情绪上，比如也可以说一种活动、一个场景、一个场面是快乐的。这些快乐要比一种情绪上波动的快乐广泛得多。因为快乐的心情和情绪只是一种快乐场景中的一个部分，快乐的心情和情绪是和一定的环境适配的。若说各种正常的快乐有什么共同之处，那恐怕是一种相当"抽象"的共同之处——快乐是一种上扬的态势，我们说喜气洋洋，不说喜气沉沉，说 cheer up，不说 cheer down。

从这个意义上来说，快乐本身是好的，这个"本身"说的是快乐处在它"本然的位置"之中——当快乐由向上的活动所引发，当它融合在上扬的情势之中，快乐是好的。当我们祝一个朋友快乐时，的确不止祝他拥有一个良好的心情，还希望他拥有一份和他所处的环境、情境相配合的快乐，而不是那份被隔离出来的、简单心情上的快乐。现在我们可以明白了，为什么我们要把虐待小动物、他人的快乐叫作变态的快乐。这里用"变态"不只是表达道德义愤，虐待和残杀是向下的活动，是对积极洋溢的生命的一种抑制和残害。快乐在一定的环境中配合一定的活动，它有它自然的位置，如果把快乐从它本来的上扬趣向抽离出来,把它放到和快乐的天然活动所不相适配乃至相反的环境之中,这时候我们倾向于不说"快乐",我们不说施虐的快乐,而说施虐快感,以便多多少少提示出这里说到的只是一种情绪,与快乐的自然环境脱节的情绪。

如果说施虐的快感把快乐从它本来的上扬趣向抽离出来,扭结到堕落的活动之中,那么,德行的快乐则完全来自所行之事的上升。从善是向上的,古人说,从善如登,德行是上扬的。古人说,生生大德。德行之乐无须伴有情绪快乐,毋宁说,这里的快乐是万物生生的自得之乐。德行者伴万物之欣欣生长,在他生存的根底上通于生生之大乐,是为至乐。

本文系陈嘉映教授 2014 年 5 月 17 日在新华·知本读书会的演讲,刊发时经作者审定,原载《书城》2014 年 10 月号

『故事』在历史研究中的意义

姚大力

面对不同的历史故事，历史研究的共性是：必须呈现出具有充分学术张力的细部研究。

讲故事跟所谓"讲历史"之间究竟有没有区别？很多人以为讲历史无非就是讲历史上发生过的那些故事。现在讲历史故事的电视节目很受欢迎。那么从事历史研究的人就是能讲故事的人吗？我认为这门学科的复杂性，说得夸张一点，它的学术品格和学术尊严，在这样一种相当普遍的看法里是被严重低估了。我们曾听见很多人讲：等我老了，在我退休以后，想研究研究历史。但你恐怕不大会听见"让我在退休后去研究研究天文学"这样的话。因为人们都很容易明白，研究天文学需要许多非常专门化的知识。而历史学却被看成一门无需何等专业根底的学问,如果它还勉强算是学问的话。只要会写回忆录,或者还能对他所经历过的当代史谈一点认识或体会,甚至是只要肚子里有故事的人,就有能力来研究历史。历史学就这样变成为几乎任何一个具有一点生活经历的人在退休以后都可以从事的一门学科。

但实际上历史研究并非如此简单容易。历史研究不是讲故事,也不是为讲故事做准备。如果要顺着讲历史和讲故事之间究竟有什么样的关系这个问题往下讨论,那么我也可以说,历史研究是一门向讲故事提问的学科。那当然不是"后来事情怎么样"一类的提问,它们可以是各式各样、五花八门的。以下分别就故事在历史研究中的三层不同意义,谈谈历史专业的研究到底是如何进行的。

关于故事在历史研究中的第一层意义,我想举一个自己碰到过的例子来说明。12世纪的蒙古人是由很多部落构成的一个相当大的人群,其中包括一个叫"札剌亦儿"的部落。该部落有一个首领,在成吉思汗时代非常著名,名叫木华黎。他在很长时间中担任蒙古人对华北进行军事征服的最高军事统帅。所以木华黎的后人们在整个元代都贵为最显赫的皇家亲信之列。拿元代汉语说，他们属于"有根脚"的官人。

归木华黎家族统领的札剌亦儿部最初驻扎在蒙古草原北部。成吉思汗统一蒙古高原后，对草原各部的游牧地盘进行调整。也可能为便于木华黎指挥整个华北的军事行动，他曾把札剌亦儿部南迁到比较靠近汉地的今内蒙古草原某处驻牧。到忽必烈建立元王朝的时候，该部的游牧地域又被迁移到辽西。史料对札剌亦儿部后一次迁移所至的牧地有相对明确的记载，但对前一次的移牧地点却少有提及。那么这个地方到底会在内蒙古的什么方位呢？

有两条材料从不同侧面向我们暗示出这个问题的答案。其中之一在言及木华黎的一个五世孙死后的安葬问题时说："公先茔在兴和。辽阳道远，弗克以昭穆序葬，遂……奉柩葬檀州仁丰乡。"此公去世时，札剌亦儿部已迁往辽西久矣。所以已经无法把他的遗体运到祖宗墓地去安葬，而只能就近营建坟墓于澶州，即在紧邻辽西的河北长城沿线地段。这段话提供给我们的一条很重要的讯息是，木华黎家族南迁初期的祖宗墓地是在"兴和"，即今天河北的张北。祖宗墓地不会离开当时该部驻牧的地方太远。这就是说，札剌亦儿部曾经驻扎的地方可能离张北不远。这样我们需要进一步搜寻的范围就变得很小了。

　　另外一条材料讲到,在他们还没有搬到辽西地区的时候,札剌亦儿部首领曾在"上京之西阿儿查秃置营",这应该就是木华黎当年指挥中原战事时的司令部所在地。所谓"上京"就是元上都,在今天的赤峰附近。用"上京之西"来标注"阿儿查秃"所在的位置,地理范围还不太明确。但我们既然知道该部的驻牧地距离张北不会太远,所以就有理由在张北附近去寻访这个"阿儿查秃"。

　　根据元朝时编写的一本供汉译蒙古语之用的字书,"阿儿查"在蒙古语里是柏树的意思。后面加一个后缀"-秃",即"有……"之谓。阿儿查秃的意思即"有柏树处"。蒙古草原上树木很少见,所以如果有一片树木,甚至一棵大树,它就会被拿来作为这个地方的地名。蒙文里经常用于称呼柏树的名词是 mayilasu。但柏树有不止一个品种。在一个叫科瓦列夫斯基的俄国人编写的蒙一俄一法字典里,"阿儿查"是指杜松或者刺柏。所以阿儿查秃意即"有刺柏之地"。现在的问题是:在张北附近,是否能找到生长刺柏的地方呢?

　　真是说不巧也巧。明代方志里恰恰就提到过,在长城的张北境内有个关口叫"洗马林",元代写作"荨麻林",其关外东北有"桂柏山",土人又以"怪柏山"名之。桂柏也好,怪柏也罢,其实都应当是"桧柏"的别名。桧柏的树叶有两种,其中一种正是刺形的！这种树叶呈刺形的桧柏，不就是刺柏，也就是阿儿查吗？所以被蒙古人称为阿儿查秃的那个地方，极有可能就是位于洗马林口外东北方向的用汉语称作桂柏山的去处！

关于这一点，还有另外一条旁证值得一提。清朝的顾祖禹写过一部考证天下险要形胜之地的《读史方舆纪要》。这部书说，洗马林边堡之外，有"大谎堆、桂山，皆部长（游牧部落头领）驻牧"。这里的"大谎堆"，即"大荒堆"；"桂山"即"桂柏山"，也就是阿儿查秃。可见直到清代，这里仍是蒙古游牧部落驻扎的地方。

所以，今后在对《中国历史地图集》进行修订时，或许就可以把"阿儿查秃"作为一个非定点的记注加到相关图幅里去。写进历史地图的所有地名，几乎都是像这样经过有根有据的考证，再被采录到图上面去的。一部中国历史地图集，就这样凝聚着历经几代，甚至更多世代学者群体的辛勤劳动和汗水心血。作为一个读书人，如果能在其中再增加两三条贡献，就应该心满意足了。学问就是这样，靠一代接一代或紧或慢的积累与扬弃，才得以形成它今天向我们呈现的那个样子。对此要常持一种敬畏之心，千万不可轻易视之。

说到故事在历史研究中的第二层意义，我想从季羡林的两篇文章讲起。第一篇文章《浮屠与佛》,写于1947年。文章虽然发表了,但作者心里始终存着一个疙瘩,觉得这个问题实际上还没有完全解决好。又过了40年,他觉得这个问题现在有可能妥善解决了,于是再写一篇文章。这回的题目叫"再谈浮屠与佛"。

这两篇文章讨论的是什么问题呢? 讨论两个词,关于佛的两个词。我们知道中国古典文献对于佛祖有两个不同的称呼。一个是"佛",再一个是"浮屠"。浮屠一词是从梵文,或者从非常接近梵文的印度各种俗语里的原词,也就是Buddha音译过来的,在我们专业里面有时叫作汉字音写,就是利用汉字的读音功能把一个非汉语词汇的语音记录下来。当佛教从古代西北印度传播到说东伊朗语各支中亚语言的人群里时,原先的Buddha变成了Bod。而另外那个叫"佛"的语词,正是对上述各中亚语言里Bod的名称的汉字音写。季羡林前后相隔40年所写的那两篇文章,都是用来讨论浮屠与佛这两个词语的。下面分三点来把这个问题说清楚。

首先,无论是"佛"字也好,"浮屠"的"浮"也好,其首辅音在今天都是f-。可是在古代,二者的首辅音都属于"並"声母,发的是b-的音。古汉语里不存在唇齿擦音f-。著名的清代考据学家钱大昕说,"古无轻唇音",就是说的这个意思。诗人杜甫，有些人读作 dù-pǔ。甫、浦本属同音字；不过"浦"字至今仍读 pǔ，没有人会把它念成 fǔ 的。不但如此，"佛"字在 12 世纪前的中古汉语里还是一个带着收声尾辅音-t 的"入声字"，它的读音大致接近于 bot。而"浮屠"两字的读音则接近于 bu-da。所以当它们被用来记录 Bod 与 Buddha 的语音时，其发音与外来词原音的确是很近似的，尽管依今日汉字的读音来衡量，二者间的差距好像比之从前变大了。

其次，问题还不止如此简单。不然的话，为什么前后相隔40 年，季羡林还需要再写一篇文章来讨论它？困难在于，在他写第一篇论文的当时，所能看到的中亚文献中间，其实未见Bod 字。在应当读作 Bod 的地方出现的，都是 Pod，或者 Pot字。在古汉语里，除了 b-以外，还有 p-、p'-这样两个双唇塞音声母，古人分别以"並"（不送气浊音）、"帮"（不送气清音）、"滂"（送气清音）这样三个"字母"来表示。现在的问题就在于：正如刚刚已经讲到过的，"佛"字的声母属于"並"母（b-），而不属"帮"母（p-）；古人想记录的那个外来字如果是 pod 或pot，那他们为什么不选用一个声母属"帮"的汉字，而竟然选一个"並"声母的字来记录它的语音？要知道，虽然对今人，特别是说普通话的人们来说，已经难以明了"帮""並"两声母之间的区别为何，但古人对此是很容易分得清楚的。可是为什

么他们会在这里把二者搞混淆了呢？这就是使季羡林百思而
未能得其解的问题。他虽然写成了前一篇文章，讨教了当时
已经很著名的汉语史专家周祖谟，采用十分复杂的方法，很勉
强地证明了为什么古人用属于"並"声母的"佛"字去记录 pod
或是 pot 这样一个外来词的语音，但在他自己心里，实际上一
直苦恼于这个问题。直到 40 年以后，大量的中亚新文献陆续
被发现介绍出来，他终于找到了许多例证，表明在中亚文献里
确实存在把佛陀的名称写作 Bot 或 Bod 的。这就用不着再绕
圈子去讨论汉文译名中"帮""並"两声母之间何以转变的问题
了！中亚文献中原本就存在 bod 这样的拼写法，它不正是汉
语文献用"並"声母的"佛"字去记录的那个读音吗？所以他觉
得很有重新写一篇文章，把 40 年前遗留的一个老问题拿出来
说说清楚的必要。

　　这里说到的涉及汉语语音历史演变的一些知识，可能较
难让一般人都读得十分明白。那就再举一个更容易懂的例
子。为什么很多人明明不是广东人，却喜欢用广东话来唱歌？
因为粤语还保留着中古汉语的入声调；它的声调总数大概有
八九个之多。当今普通话就只有阴平、阳平、上声和去声四个
声调了。特别是由于所谓"入派四声"，入声在汉语北方方言
里几乎完全消失，从语音丰富动听的角度考虑，这真是北方汉

语的一大损失！声调越多，当然表现力就越强。用八九个声调唱出来的歌，当然就会比用四个声调的普通话来唱歌要好听得多。这是人们喜欢粤语歌曲的一个重要原因。

第三，季羡林写这两篇文章，不仅仅是为解释"浮屠"与"佛"这两个名称的来源。他要从对"浮屠"和"佛"的词语分析入手，切入到对以下两个更大问题的讨论里去：一是佛教传入汉地社会的不同路线及其传入时间的先后，另外一个是《四十二章经》，即最早被翻译成汉语的佛经之一，它所据以传译的原始文本究竟是用什么语言写成的？

他的基本设想是：既然"浮屠"之名来源于西北印度和犍陀罗地区的梵文及俗语，而"佛"的名称则来源于大夏语以及属于东伊朗语的其他各种中亚语言，那么从汉末以前传入汉地的佛教称佛祖为浮屠的事实，便可以推知它来自佛教的西北印度—犍陀罗类型。三国以往以佛称呼佛祖日益流行，它表明有另一种经过中亚各绿洲城市的文化过滤与文化融合的中亚佛教类型在汉地传播。事实上，从汉末一直到三国，到汉地社会来译经的外国和尚，绝大部分不是从西北印度—犍陀罗，而是从更靠近汉地的中亚包括新疆各绿洲城市东来的。这样，根据浮屠与佛的名称出现在汉地社会的时间先后，佛教东传的历史就可以被划分成汉末之前和之后两个阶段。在这两个阶段里传入的佛教也不一样,前者为来自印度本土的佛教,而后者则是中亚化的佛教。根据这个认识,他再进一步去讨论《四十二章经》所根据的原始文本究竟是何种语言的问题。他认为,"佛"的名称最先来源于类似《四十二章经》的大夏文佛经。我在这里就不细讲了。

现在我不得不说,季羡林的这些主要结论未必靠得住。事实上,早期佛教经典,包括在中亚形成书面文本的早期佛教经典,都是用印度俗语写成的。中亚考古文献学的丰富发现并不支持这样的事实,即中亚存在着季羡林想象中那种用当地诸语文(比如大夏文)来书写的佛经。或许可以说,他从一个中亚化的"佛"字推绎出一种足以全面区别于印度佛教的佛教中亚类型,也许走得有点过远了。早期中亚佛教和印度佛教在寺院组织、所使用的经典等方面,其实不存在太大的区别。尤其是大部分寺院的"律",始终是相似远多于相异。更重要的差别产生在大乘佛教和上座部的部派佛教之间,但这应当放在另一个话题中予以讨论了。

由浮屠与佛的不同名称所引发出来的基本主张既然已不可从,为什么还要在这里提说两论呢?我觉得,季先生遵照"循名责实"的探求路径作出的敏锐判断,仍有超越他的具体结论而给我们以深刻启发的价值。他让我们注意到,佛教在传播过程中不可能始终保持它的原模原样，而会不断地被掺入其所流经之地的文化因素。虽然大乘佛教的起源可以上推到阿育王时代，虽然它确实具有不可否认的印度文化本土渊源，但它形成一种系统学说，却是在中亚人入侵犍陀罗而建立起来的贵霜王朝时代，它的若干重要经典，尤其是诸如《法华经》《华严经》等对汉传佛教发生重大影响的经典，很可能是较晚在中亚形成今天这样的书面文本的。至于弥勒信仰，我们就更能从其中看到显著的中亚佛教痕迹了。所以中亚文化对大乘佛教的影响，确是我们必须用心加以观照的一个要紧的事实。关于这一点，季先生非但没有看错，而且看得很精准。

现在，我们大概可以看得出讲故事和从事历史研究之间的区别究竟在哪里了。做历史研究，或者把它的结果表达出来，不同于讲述一个现成的故事，哪怕你讲故事时采用的是自己的语言，你对情节作了某些调整处理，并能把它讲得比它原先的型态更生动有趣、更感人；研究历史时，你是受一个问题或一组问题的引导，于是把相关的那些现成故事拿来拆解分析，从中提取出若干有用的要素，经过比较、考量与综合，找到问题的答案。根据性质不同的提问，答案可以有几个类型。一种具有纯粹和简单明确的事实性质，如何物、何人、何时、何地之类，就是新闻学里说的 what、who、when、where 这样四个

W。札剌亦儿部迁往辽西之前的游牧地在哪里？在古人用"浮屠"和"佛"来音译佛祖的名称之时，这几个汉字的读音若何？它们是从什么语言翻译过来，其源词又是什么样子的？这些问题，都可以被纳入到四 W 的范围之内。如果说这也是在讲故事，那么它所成就的便是一个新故事，从旧故事的信息里发掘出来的崭新故事。但是季羡林在他的两论里讨论的，还有超出上述范围的问题。佛教是如何经过两条不同的路线传入汉地的？这个问题的答案，不完全是一种"纯粹和简单明确的事实"，它需要通过对一组事实进行分析、综合和概括，形成一种更复杂的"叙事"。它要回答的，基本上是有关如何和为（去声）何，即新闻学里另外两个 W（how、why）的提问。故事对历史研究的前两层意义，可以根据故事被用来应答的提问是属于前四个 W，还是属于后两个 W 来予以区分。

故事对历史研究的第三层意义在于，它们还可以用来回答某些更带宏观性和理论性、可以被定位在更大分析框架之中的提问，尽管问题性质仍未超出后两个 W 的范围。讲得通俗一点，就是故事所回应的问题，看起来离开故事本身更远、更少直接关联度。

有一本书很值得推荐——《叫魂：1768 年中国妖术大恐

慌》，是一位名叫孔飞力的美国历史学家写的。书里说的是"盛世"中的清乾隆三十三年，由发生在当日中国经济最富庶的江南地区的连锁妖术案所牵引出来的一桩全国性大冤狱。现在先让我把这个事件的始末简单地介绍一下。

1768年春初，发生在浙江省内两个相邻县城里的两桩寻常而互不相关的魇魅未遂案，意外地经由传言流播而发酵为蔓延到江南诸多大小城镇的社会歇斯底里。尽管毫无切实证据，但出于对妖术的恐慌，各地民众都在对被怀疑为魇魅执行者的僧俗流亡者滥施私刑。这一系列带有极大盲目性，手段与目的都含混不清的无组织集体暴力，透过非公开的特殊信息渠道被乾隆帝侦知。地方行政当局在来自皇帝的勘查令压力下，开始对疑犯酷刑逼供，以求追缉被皇帝认为还躲在幕后的妖术指使者。根据屈打成招的虚假口供四处抓捕，堂讯对供自然破绽百出，于是又导致反复的翻供、改供。

随着有意无意、主动或被迫的旁牵蔓引，案件越查就变得越大。再加上魇魅的方式之一恰恰是以剪去受害人的辫梢来勾摄其灵魂，乾隆开始怀疑这是一场由某个反清的主谋集团在背后策划的严重政治案件。追查的廷训也变得越来越严厉。到该年秋冬之际，剪辫案发展成一件牵涉江苏、安徽、山东、直隶、热河、河南、陕西、山西、湖北等十数省的政治大案。

几十个无辜的人因刑讯而毙命或致残。年末,在京复审涉及此案的所有还活着的疑犯,当局终于在越积越多的破绽漏洞面前被迫承认,此案完全系罗织所致。这桩大冤狱的真正原告和起诉者乾隆帝,不得已停止追查,并用对"栽赃刑求"的枉法官员不予追究的浩荡圣恩,来显示专制君主的一贯正确和无比英明。

孔飞力确实讲了一个精彩的故事。但它不是现成的。这需要在中国历史档案馆把这一年前后的刑部档和宫中档都调出来,还需要阅读可能与此案具有不同程度关系的各种各样的文献材料,把埋藏其中的千头万绪的各种线索一一理清楚。这需要极大的工作量才做得到。那么,孔飞力想告诉我们的,仅仅就是乾隆年间这样一个侦探故事吗?

专门讲故事的人也许会把它当作一个非常曲折生动的故事,讲完也就完事了。可是孔飞力没有到此为止,用他自己的话来讲:"我很快就发现,叫魂案所揭示的一些历史问题值得更为深入地探讨。"实际上,他要通过这个故事回答两大问题。其中一个问题关涉专制君主官僚制下君臣关系之间的张力问题,即"专制权力如何凌驾于法律之上而不是受到法律的限制;官僚机制如何试图通过操纵通讯体系来控制最高统治者;最高统治者如何试图摆脱这种控制"。

另外一个问题，跟这个案子的发生背景联系在一起。它不是发生在中国一个全盛时代的经济最发达地区吗？处在这样一个全盛时代，并且又生活在当日中国经济最发达地区的老百姓们，为什么会如此容易地受一两个谣传引起的风吹草动影响，并由此诱发出如此巨大的集体恐慌？在这样的集体恐慌背后，一定存在某种深刻的社会性不安全感。所以孔飞力想追问，在一个持续繁荣和经济高度发达的社会里，究竟是什么原因使民众产生不安全的集体心理？这本身就是一个很有良心的提问：盛世对于一般的老百姓究竟意味着什么？今天看来，历史上的盛世总是我们民族的骄傲。但我们很少想到过，盛世当年的老百姓，必定有跟我们今天一样的感受吗？盛世对那个时代的普通民众也是一种骄傲、一种幸福吗？他们会不会有别样于我们的感受？不能不承认，"民众意识中的盛世"实在是一个非常有眼光、非常好的问题。

我并不是说，《叫魂》是一本尽善尽美的书。作者针对第二个问题给出的答案，在我看来是难以成立的。他认为：清代中国在1740年代和1750年代连续20年白银进口量的压缩，在货币白银化程度最高的江南造成了因银根紧缺而引发的通货膨胀；粮价的腾跃威胁到大部分民众的日常生活，一种普遍的不安全感由此泛滥于社会，成为那次集体恐慌之所以会发生的社会心理基础。西方的中国历史专家在解释中国历史上某些重大事件时,常常会有一种"白银情结",即不适当地夸大那些历史事件与白银供应对中国经济所产生的影响之间的相互联系;另外,叫魂一类魔魅行为,在中国社会里更可能是一种零星多发但互相孤立的事件。江南当年真的像孔飞力所说,有过那样一阵集体恐慌的狂潮吗?换句话说,正像一篇美国书评曾经指出的,在批评乾隆帝过于敏感地夸大了本案意义的同时,作者本人是否也可能因沉迷于叫魂案的动人魅力而过分估计了该案的解释价值?这些问题在本书里都没有获得很完美的解决,是值得进一步探讨的。

我说这些的意思是,一本好书,未必就是一本应该让你觉得完全同意它的见解的书。好书的价值,可以超出书里提出来的那些具体结论本身的对错是非。不懂得这一点,意味着读者其实还没有真正学会怎样去欣赏一部好书。

最后很简短地把上面讲过的意思小结一下。

历史研究所面对、所要处理的故事可以有三种类型。如何处理这三种不同类型的故事?有一点是共同的,它反映出历史研究的一个特别性格,那就是它必须呈现出具有充分学术张力的细部研究。采用考据方法来展开的细部研究非常重要。在听故事的场合，能听到像这样的考据式细部研究吗？回答是否定的。如果没有这些专门化的细部研究，历史学的写作就没有办法把自己跟新闻综述，跟报告文学，跟讲故事，跟撰写回忆录等叙事性写作区分开来。尽管现代人的历史研究也需要叙事，但它基本不采纳纯粹叙事，或一般性夹叙夹议的体裁。也正因为有了这些专门化的细部研究，历史研究的结论才能跟一般人们对过去某段经历的回忆、感想，甚至跟非常深刻和有创意的感想区别开来。感悟没有细部研究的支撑也能成立，并且也能打动人。但是好的历史研究，不能没有精彩、足够的细部研究作为它立论的依据和基础。

故事在历史研究中的意义可能被体现在故事本身，也可能远远超越那个故事的意义本身。如果其意义只在那故事本身，有关研究就更接近于纯粹的考据。纯粹考据的提问聚焦于事件本身较为单纯的意义，但超越故事本身那个意义层面的提问，仍然要靠由考据所揭示的某些过去未经认识的基本事实作为铺垫与支撑。不需要考据的课题，绝不是历史研究的好课题。怎样才能找到一个研究课题，它既需要精深的考据功夫，又能在考据基础之上搭建出一个具有原创性的叙事框架，从而得以充分地展示故事之外的深层意义。这本身就是对历史学家的眼光和史识的考验。

但是我们千万不要以为，历史研究或者说历史学的思考，是可以截然地被分为先讲述新故事再追寻它的意义这样两步走的，实际情况正相反。历史学的提问在本质上应当是意义的提问，因为有了提问，所以才会有为此发掘新的事实、新的故事，并赋予它们以生命力的需要。当我们说我们都很熟悉自己生活于其中的这个社会时，那意思是说，我们了解在这个社会里发生着的每一件事情、每一个故事吗？显然不是这样。任何人都不可能穷尽任何一个时代的故事和事实。那么哪些故事对我们才是重要的？是对意义的追寻本身使我们选择这些事实，而不是从那些事实来了解和认识，是意义赋予故事以生命力。历史上的事实太多了，你为什么会对这个问题感兴趣而对另外一个问题不感兴趣？这背后就有意义的追求与选择，所以故事和意义并不是可以分开的。并不是意义产生在故事之外、之后，可以任由我附加上去的。

总之，历史研究当然离不开故事，但它又不同于讲故事，它是融合了从旧故事里发掘新故事、细部研究和意义追寻这三者为一体而形成的一个思考人类过去的专业学科。

本文原载《书城》2014 年 6 月号

谛听余音
——关于学术史、民国学术以及『国学』

葛兆光

对晚清民国学术究竟如何评价？有关传统中国的文史研究，为何一定要把它叫『国学』？时代，以及独立与自由的环境，对人文学者究竟意味着什么？

犹豫再三，终于在朋友和编辑的鼓励下，把二十年来纪念已经逝去的学者的二三十篇随笔，重新编辑了个选集。照例，交出文稿，就该写序和定名，可是，用什么为题？写什么作序？我却很彷徨。原来这些文章，大概有近十篇不曾编入各种集子，但也有十几篇，曾经分别收入前些年出版的《考槃在涧》(1996)、《并不遥远的历史》(2000)、《本无畛域》(2010)几本随笔集里。现在回想，编那几本集子的时候，我对学术界还算有信心，总觉得前辈学者余荫犹在，如果"发潜德之幽光"，沿着余波或许仍可以溯流向上。但编这本集子时，我的心境却很苍凉，觉得前辈的身影，连同一个时代的学风与人格，仿佛在暗黑之雾中渐渐消失，不由得想到的却是"余音"这个多少有些无奈的词语。尽管说，"余音绕梁"也可以"三日不绝"，但是"三日之后"呢？因此现在我想到的，却是"余音"或成"绝响"，总会袅袅远去。

趁着重新编辑出版之际，不妨说几个萦绕心中已久的话题，也算是一个"坦白交代"。这几个话题，第一个是对晚清民国学术究竟如何评价？第二个是有关传统中国的文史研究，为什么一定要把它叫"国学"？第三个是时代，以及独立与自由的环境，对人文学者究竟意味着什么？这些话题原本太沉重，并不适合在这种文字中表达，而且，下面说出来的话也太学究气，不过骨鲠在喉，只好请读者耐心地听我絮叨。

一

据说，20 世纪 90 年代是一个"思想淡出，学问凸显"的时代，究其原因，大概是因为思想不好直接讲，所以便只好热衷谈学术。也正是从那时起，很多有关晚清民国学者的评论文章出来，我也从那时起，陆陆续续写了一些有关学者的随笔，到现在数下来，还不止这二三十篇。这种对过往学术与前辈学者的缅怀、悼念和追忆，害得一些怀念 20 世纪 80 年代的朋友以为是"思想落地，学术上天"。其实仔细琢磨琢磨，就知道并不是那么回事儿。说是学术，背后还是思想甚至还有政治，准确地说，这还是 20 世纪 80 年代"以文化批评政治"思潮的延续。在我看来，这些有关学者的随笔，并不算是学术史，最多只能算"学术史别页"。尽管我写了不少有关沈曾植、王国维、陈寅恪等人的文章，但我总觉得，把这些别有怀抱的随笔看成学术史，其实多少有些误会，真正的学术史，应当讨论的是"学"。比如，谈王国维，应当讨论的是他的古史之学、甲骨文字之学、蒙元辽金史地之学，而不是他在颐和园的自沉；谈陈寅恪，应该讨论的是他的那些预流之学问，比如中古历史与宗教研究，而不是他在《王观堂先生纪念碑》上说的"自由之精神，独立之思想"；至于周一良，学术史最好讨论他的中古史、佛教史和日本史研究，而不是那本《毕竟是书生》。

不过话说回来，学者也和普通人一样，身处社会，必然受到社会变动的影响。特别是晚清民初以来，中国经历"二千年未有之巨变"，原本"天不变道亦不变"，现在却"瞠目不知时已变"。国家与民族的动荡不安，把所有学者抛进巨浪颠簸之中，且不说帝制王朝与共和政体的交替，民族危亡与思想启蒙的冲突,民族本位与世界主义的抉择,就是业已习惯的旧传统与汹涌而来的新潮流,赖以自负的旧学问与需要追逐的新知识,习惯面对的旧朋友和不得不面对的新贵胄,也已经把那个时代知识人的心灵撕得四分五裂。

因此,在这些学者身上,你也看到了时代的吊诡、潮流的变迁和思想的动荡,这些有关知识、思想和信仰世界"变"与"不变"的经历,成了我写这些学者随笔的主要内容,用有关沈曾植的那一篇文章中的话来说,就是学术史与思想史有些分不开。那个时代,学术和思想在互相刺激,知识与政治在彼此纠缠,理智与情感在相对角力。20世纪非常特别,充满政治化的环境,使得知识分子的命运与处境也非常特别。这个时代,没有退隐山林,没有袖手旁观,没有骑墙中立,就好像那句著名口号"华北之大,放不下一张平静的书桌"一样,时代逼着你,不归杨则归墨,置身事外是不可能的。

"灵台无计逃神矢""我以我血荐轩辕",在这两句诗里,最让我看重的就是"无计"二字,仿佛写尽满怀的无可奈何。在《阴晴不定的日子》这篇随笔中,我曾记述了1927年6月2日那天,王国维从容写下"经此世变,义无再辱",然后自沉昆明湖的经过,在这里不妨再接着看受命整理王国维后事的陈寅恪和吴宓。十几天之后的6月14日,仍是在清华园,深夜,陈寅恪与吴宓长谈，吴宓觉得，自己面对旧理想和新世界，就像左右双手分牵二马之缰，双足分踏两马之背，"二马分道而驰，则宓将受车裂之刑"。陈寅恪则安慰他说，这个时代的读书人，必然面临痛苦，"凡一国文化衰亡之时，高明之士自视为此文化之所寄托者，辄痛苦非常，每先以此身殉文化"。几个月后，陈寅恪把这层意思写在了纪念王国维的《挽词》里，在小序中他说："今日之赤县神州值数千年未有之钜劫奇变，劫尽变穷，则此文化精神所凝聚之人，安得不与之共命而同尽？"

这实际上是那个时代的精神史，却不能说是那个时代的学术史。

二

所以，我在这里还是把话题转回学术史来。

这本集子里面写到的人物，除了少数之外，大多人的学术生涯，都经历过20世纪上半叶，换句话说，好些人都可以称为"民国人物"。除了杨文会在民国前夕逝世之外，沈曾植以下，王国维、吴宓、陈寅恪、顾颉刚、潘光旦、罗常培，好些都是在民国学界最活跃的学者，就连周一良这个活到了21世纪的学者，他的学术黄金时代，也有一大半应当算在1949年以前。

这让我不得不面对近来一个颇有争议的热门话题,就是如何评价民国学术(这里,我把晚清也算进来,统称"晚清民国")。

评价实在很困难。序文不是论文,还是说一些随意的感想罢。以前,杨联陞先生写过一篇文章,题目叫作"朝代间的比赛",现在争论晚清民国学术好还是不好,多半也是"朝代间的比赛",无非是拿了本朝比前朝,或者是拿了前朝比本朝。较长论短之际,不免有立场的差异,也有观念的分歧,还有感情的偏好。大凡相信"长江后浪推前浪"这种进步学术史观,如果再加上捍卫本朝荣光的立场,自然可以罗列不少"前修未密,后出转精"的例子来傲视前朝;大凡有些怀旧情感,如果再加上对现实学术情状持悲观态度,也往往会隔代遥祭,为学术另寻道统,拿了业已大浪淘沙后前贤留下的精品,为现在的学术截长续短。

学术史不能这样"比赛"。大凡比赛,以上驷对中驷、以中驷比下驷这样的孙膑兵法常常出现,更何况人文领域也没有办法按"比赛成绩"来排名次,颇有一些人喜欢弄"点将录"或者"龙虎榜",这只是把学界当作军棋作沙盘推演,想象这是真枪实弹的厮杀,但这毕竟是"纸上谈兵",也绝不是真正的学术史。我在一次研究生的学术史专题课上曾经说,真正意义上的学术史要讨论的有几方面:第一,学术史要说明今天我们从事的"现代学术"，是怎样从"传统学术"中转型而来的，也就是说，学术转型是一个重点；第二，学术史要指出这一"学术转型"的背景和动力是什么，是域外刺激，是学术制度变化，是新资料新方法的推动，还是政治情势、国家危机和国际环境的作用；第三，学术史还要说清楚一个时代学术研究的趋向、理论和方法，什么是重要的，什么是改变的，什么是显著的主流，什么是被压抑的潜流。只有这样，学术史才能够给今天的学者指明，过去如何变成现在，现在又应当如何变成未来。

要是我说的没错，那么，不妨平心静气谛观这一段学术史。因此，对于晚清民国学术的评价，可能就要看这样几个大关节。

第一个大关节是"学术转型"和"典范转移"。公平地说，这个时代不仅在政治上遭遇"二千年未有之大变局"，在学术上也堪称从传统到现代的"轴心时期"。梁启超《新史学》之后，原来的四部之学变成文史哲三分天下，西洋的各种理论和方法纷纷涌入，加上科举废除，新学堂、新知识、新式教科书，连同报纸杂志，逐渐把传统学问做了一个大改造，所以，中国哲学史截断众流，中国文学史改旧换新，中国古代史重新书写，整个儿学术变了一个模样。现在你再回看我们自己现在从事的所谓"学术",可不仍然在这一巨变的延长线上?

　　第二个大关节是"新发现"和"新解释"。1920 年代,王国维在《库书楼记》《最近二十年间中国旧学之进步》(署名抗父,但多数学者相信出自王国维本人手笔)和《最近二三十年中中国发见之新学问》(清华学校的演讲)里面,曾三次提醒说"古来新学问起,大都由于新发现"。为什么? 因为晚清民国恰恰是大发现的时代。甲骨卜辞、敦煌文献、居延汉简、大内档案(以及胡适指出的日本、韩国有关中国文献)等,恰恰在这个时代被发现,说是偶然却也是必然。就像王国维说的,何以西晋汲郡竹书不能激荡起学术波澜,而晚清民国的大发现却把学术界搞得天翻地覆? 就是因为这个时候新资料的重见天日,正巧遇见新学理的所向披靡,于是像化学反应一样,激荡出无数新问题。你可以历数殷商史的重新解释、中西交通的走向前沿、明清社会史的巨大发展,以及宗教研究的视野扩大等,都和这些新发现的"发酵"有关。至今学界颇有影响的考古学(对于早期中国城市、国家形成的历史)、古典学(如走出疑古和简帛之学)、敦煌学(包括抄本时代、图像证史、中外关系、外来宗教、俗文学等)、艺术史(对于古代建筑、石窟、雕塑、图像的研究)、社会史(从明清档案中重写明清社会)、"新清史"(通过满文资料重新讨论清史),甚至最近我提倡的"从周边看中国"等，也都是在追踪晚清民国前贤的足迹而已。

第三个大关节要提到的是"自由环境"与"时局刺激"。晚清民国的政治强人未尝没有王安石那种禁绝"异论相搅"的念头，但晚清正处乱世，民国政府不强，加上从帝国而共和，总需要顺应民主自由大势，因此，对学术的控制相对松一些，这给晚清民国的学术带来自由空间。比如所谓"黄金十年"（1927—1937），章太炎、梁启超影响犹在，胡适、顾颉刚正是当红，陈寅恪、傅斯年成为主流，柳诒徵、缪凤林也依然不弱，就连被胡适后来斥为"反动"的钱穆等人，也照样进了大学当教授。特别是，这半个世纪里面，风云诡谲，政局多变，加上从帝制到共和，既统一又分裂，刚启蒙又救亡，时势对于学术提出太多的问题，也刺激了太多的思想，因此，这个时代的学术，就有着传统时代所没有的内在紧张、丰富内涵和多元取向。

所以，不必搬前朝万神殿，也不必拿本朝功劳簿，我们只要看看1946年顾颉刚写的《当代中国史学》就可以明白。千万不能有后来居上的盲目自大，那个时代机缘凑合，时势催人，确实促成了人文学术的现代转型，也拓展了人文领域的知识扩张，更成就了一批至今还值得纪念的大学者。

三

有意思的是,这些值得纪念的学者,有好些现在被戴上了"国学大师"的帽子。在现在"国学"不仅得到官方首肯,而且被列入体制作为学科,各地纷纷成立国学院,以"国学"颁头衔、发奖状的潮流中,把这些学者放在"国学"祠堂里面配飨陪祭,这让我不得不讨论长久以来一直避免直接批评的所谓"国学"一词。

记得李零兄曾经讽刺"国学"乃是"国将不国之学",这也许稍嫌苛刻,但是他确实说到了一个关键,就是在过去中国自诩天朝,自信国力与文化还无远弗届的时候,传统文史无所谓"国学"。重提"国学",大概要到中国不得不从"天下"(帝国)转型至"万国"(现代国家),而且还面临新的民族国家深刻危机的时候,那种严分"我者"与"他者"的界定,促使 20 世纪初的中国学者借了日本国学(其实还应该注意明治二十年之后日本兴起的"国粹主义")之名,催生了现在的"国学"这个概念。1905 年,邓实接连写了《国学原论》《国学微论》《国学通论》《国学今论》四篇文章,大力提倡"国学"这个称呼,但就是邓实自己,也说这只是仿照欧洲的古学复兴,毕竟复古还是为了开新。在《古学复兴论》中，他把自己的意图和盘托出，表示这是借助"国学"追溯根本，以古学换取"复兴"（所以，有章太炎以及 1912 年马裕藻、朱希祖发起"国学讲习会""国学会"，罗振玉和王国维 1911 年曾办"国学丛刊"）。

可是，毕竟"古"不是"今"，现代学术已经与传统文史很不一样。仅仅就史学而言，晚清民国以来，有关中国历史观点的最大变化，是"空间放大"（从中央正统王朝到涵盖四裔之历史）、"时间缩短"（把三皇五帝的传说神话驱逐出去，让考古发现来重建历史）、"史料增多"（不仅诸多发现至今仍在继续，历史观念变化也使得更多边缘资料进入历史书写）和"问题复杂"（各种价值观念、分析立场和评价角度，取代了传统或正统的历史观念）。这四大变化已经从根本上改变了人文学术世界，仅仅用"国学"来表达有关中国的学问，即使不是方枘圆凿，至少也是"穿一件不合尺寸的衣衫"（这里借用我过去一篇文章的题目）。

怎么不合尺寸？从"国"这个字来说，现在所谓"国学"门径很窄，似乎并不包括汉族之外即以前陈寅恪所说的"异族之史，殊方之文"。如果说"国"就是汉族中国，是二十四史一以贯之下来的中原王朝，这当然还勉强好说（恐怕也难以涵括蒙元与满清），但是，如果你还想维护满蒙回藏汉苗的"五族（或六族)共和"的"中国",这个习惯于追溯三皇五帝、捍卫周孔程朱之学、动辄要制礼作乐的"国学",似乎就犯了"政治不正确"的错误;从"学"这个字来看,现在国学提倡者的所谓学问,恰恰和前面我提到的现代学术四个变化冲突。按照传统文化认知,中国文化总是在儒家文化范围或正统王朝范围,这就与"空间放大"不合;按照传统历史观念,中国历史得上溯三皇五帝,至少也得说到尧舜禹汤文武周公,可是这就和"时间缩短"不合;按照传统文献范围,那些敦煌文书、甲骨卜辞、大内档案和居延汉简之类,大概并不是习惯使用的资料,更不消说域外文献、考古发掘、田野调查,显然和"史料增多"也不吻合;至于捍卫儒家、理学主流文化,最多勉强纳入佛教道教资源,在预设"弘扬优秀传统文化"的前提下进行学术研究,也完全不符合"问题复杂"的取向。

我出身古典文献专业,原本以为,我在大学里学的目录、版本、校勘、文字音韵、训诂六门,加上经、史、子、集四部,就应当基本是所谓"传统学问",该算为"国学"。可没想到,现在所谓"国学",仿佛比这个"传统学问"还要狭窄。看某些人的国学观念,似乎要回到汉代经学、宋代理学和清代考据学的时代,仿佛只有这样才出身清白。可是,这个时代其实已不是那个时代。1930年,陈寅恪给陈垣《敦煌劫余录》写序的时候,接着王国维"新学问由于新发现"那句话再次提到，"一时代之学术，必有其新材料与新问题"。他说，用新材料来研究新问题，这就是这个时代学术的新潮流。做学术的人，如果能进入这个潮流，叫作预流，如果不会用新材料，不会研究新问题，你叫不入流。

其实，回头看看那个时代的学术史就明白了。这个时代出现的新学术潮流有三：第一是充分重视新发现、新资料的运用，我们看到当时的新材料，都刺激出了新问题；第二是突破传统中国历史的空间，寻找中国周边各种殊族和异文，这就是前引陈寅恪所说的"异族之史，殊方之文"，寻找这样的东西，从周边来重新研究传统中国；第三是中学与西学的汇通，就是把中国传统学问和西方理论方法自觉地结合起来，形成新的研究途径。陈寅恪曾总结过三句话，这三句话虽然是说王国维，但也归纳了当时学术的新方向：第一句话是"取地下之实物与纸上之遗文互相释证"，也就是用地下考古发现的各种实物和现在传世文献上的文字材料来相互证明；第二是"取异族之故书与吾国之旧籍互相补正"，就是外族的文献和中国的史书互补，像研究辽金元、西北史地就要通过这个方法；第三是"取外来之观念与固有之材料互相参证"，就是用外来的新观念、新理论跟我们中国本身所有的材料来互相证明，这样可以在旧话题中开出新思路。

这是"国学"？记得季羡林先生为了弥补"国学"这个概念的问题，很勉强地提出了"大国学"，虽然用心良苦，其实徒费苦心。

四

在纪念各位前辈学者的这个选集中，我特意收入两篇"附录"。

"附录一"是《运化细推知有味》，讲现代的佛教史研究。其实，我的话中话就是"时势比人强"。学术史的进与退，学者的幸与不幸，一个领域的平庸和不平庸，不完全在那几个天才。近来，人们特别喜欢"天才总是成群地来"这句话，但是天才成群出现，其实主要还是因为时代。我最近去一趟法国，看了好些个博物馆，深感14至16世纪的意大利和法国，出现那么多艺术天才，留下这么多艺术珍品，真的不全是他们的天资、聪明和努力，可能翡冷翠、威尼斯的环境，十字军东征之后的世界变大，弗朗索瓦一世等爱好文艺君主的眷顾，也许倒是成就他们一代才华的关键。所以，在这篇随笔中我谈佛教史研究，就说"那个时代佛教研究中能出这么一些著作与学者，文献的大发现、新旧学的交融和学院式研究的独立恐怕就是极重要的三个因缘"。同样，如果现在让我回顾学术史，我仍然要再度强调，没有这些因素，学术无法辉煌，如果这个时代依然像王安石设想的要用权力"一道德，同风俗"，如果这个时代仍然像雍乾之时"避席畏闻文字狱，著书都为稻粱谋"，那么，哪怕天才成群地来，也一定会成群地死。章太炎曾说清代"理学之言，竭而无余华"，为什么？因为"多忌，故歌诗文史楷，愚民，故经世先王之志衰"。毕竟时势造英雄，就像欧洲文艺复兴一样，只有重新发现并借助古代希腊罗马经典超越中世纪神学，让各种新时代与新观念的进入学术，推动宗教改革与各种独立大学的兴起，才能够让欧洲进入"近代"。

那么"人"呢？难道在学术史上，只能人坐等"时势"吗？当然也不全是。只是这种需要积累涵泳才能做出成就的人文学术，既需要"荒江野老"的沉潜，也需要"代代相传"的滋养。毫无疑问，时代已经变化，知识人已经从帝制时期的文人士大夫，变成了现代社会的知识分子，学问也从传统的经典文史知识，转型为现代学院的文史哲研究，但那种读书思考的传统，应当始终像基因一样传续，总不能每代都白手起家，重起炉灶。坦率地说，中国学界现在缺的是从容，不缺的是生猛，太少些"新诗改罢自长吟"的沉潜，太多了"倚马立就"的急就章。其实，学术往往是马拉松或接力赛，不是百米短跑。所以，我选了另外一篇《世家考》作为"附录二"。其实，我的意思也只是说，只有政治与制度创造了一个"放得下平静的书桌"的环境，这个环境，一方面让社会稍稍减少一些庸俗实用、唯利是图的风气，让人们延续那种重视教育、重视人文的传统，一方面允许学者拥有"一种拥有自己的真理，不与流俗和光同尘，不事王侯高尚其事的精神"，并且把这种精神看得无比重要，也许，这个学界才能变好，现代的学术超越晚清民国时代才有可能。

2011年夏天。一次访谈中，面对记者提问，我突然想到梁漱溟的一句话"这个世界会好吗？"这句话曾被访问他的美国学者艾恺用作书的标题，至今这个标题仍像"警世钟"一样震撼人心。因此，我也随口说了一句"这个学界会好吗？"这句话被记者用在了访谈的结尾，成了我自己反思学术史之后的痛苦追问。说真的，好多年了，这个问题仍然在我心里反复出现，只要你关注学术史，就不得不关注这个问题，重新追问这个问题。

但悲哀的是，到现在我也不知道答案是什么。

2015年9月10日写于上海

原文载《书城》2015年11月号

徘徊到纠结

——顾颉刚关于『中国』与『中华民族』的历史见解

葛兆光

台北联经出版事业公司出版的《顾颉刚日记》，刚到手时曾匆匆翻过一遍，2007年10月在大阪关西大学遇见专程去接受名誉博士称号的余英时先生，他送我一册刚刚出版的《未尽的才情：从〈顾颉刚日记〉看顾颉刚的内心世界》(联经出版事业公司，2007年)，看过之后，对顾颉刚的这部日记更有了浓厚兴趣。2014年夏初，要在芝加哥大学的workshop上讲"20世纪上半叶中国历史学"，自不免又要涉及这个古史辨领袖，便从哈佛燕京图书馆借出《顾颉刚日记》来读，既作为20

世纪上半叶学术史资料,也作为异域长夜消遣的读物。但日记太多,在美国没看完,8月回到上海后,在酷暑中仍然继续翻阅。

积习难改,虽是消遣却不想一无所获,习惯性地随手做一些摘录,也断断续续记下一些感想。余先生《未尽的才情》已经讲到顾颉刚与傅斯年、胡适的学术关系,讲到顾颉刚与国民党的纠葛,讲到他1949年后的心情,也讲到了他对谭慕愚的一生眷念。夫子撰书在前,我没有什么更多的议题可以发挥,只是近来关注"中国"的历史,于是一面阅读,一面随手写一些札记,主要摘录和讨论的,都是顾颉刚日记中有关"中国"和"中华民族"的见解。

一

我在一篇文章中说过,1920年代顾颉刚推动"古史辨"运动,从根本上说,是一场对传统历史学和文献学的现代性改造,这一点,王汎森兄的《古史辨运动的兴起》(台北允晨出版公司,1987年)已经论述得很清楚。简单地说,就是在科学、客观、中立的现代标准下,有关早期中国历史的古文献,在"有罪推定"的眼光下被重新审查,人们逐渐把传说(或神话)从历史中驱逐出去。以前在古史记中被视为"中国"共同渊源的五帝和"中华民族"历史象征的尧、舜、禹，以及作为中国神圣经典的种种古文献，真实性都遭严厉质疑。1923 年，顾颉刚在一封公开信里提出古史辨的纲领，一共包括四点，即"打破民族出于一元的观念""打破地域向来一统的观念""打破古史人化的观念"和"打破古代为黄金世界的观念"，因此而被丛涟珠、戴季陶等人惊呼为"动摇国本"。为什么会动摇"国本"？就是因为"民族出于一元"说明中国民族有共同祖先，"地域向来一统"表示中国疆域自古如此，古史传说人物象征着民族伟大系谱，而说古代为黄金时代，则暗示着文化应当回到传统。象征本身即有一种认同和凝聚的力量，对这些象征的任何质疑都是在质疑历史之根，在瓦解"中国"认同的基础。

这里长话短说。对于"中国"一统和"中华民族"同源的质疑，虽然轰动一时，但很快逆转，毕竟形势比人强。1931 年"九一八事变"、1932 年"伪满洲国"成立、1933 年"东突厥斯坦伊斯兰共和国"成立，加上 1935 年"华北自治运动"的出现，使中国陷入国土割裂的空前危机，中国学界不能不重新调整有关"中国"和"中华民族"的论述，特别是从历史、地理和民族上，反驳日本学界对于满蒙回藏的论述，捍卫中国在民族、疆域和历史上的统一性。现实情势改变了中国学界，也暂时改变了顾颉刚的立场。1934 年,顾颉刚与谭其骧创办《禹贡》半月刊,正如顾颉刚所说,在升平时代学者不妨"为学问而学问",但在"国势陵夷,局天脊地"的时代,却只能"所学务求实用"。

在这一绝大背景下,1935 年 12 月 15 日,傅斯年在《独立评论》第 181 号发表了《中华民族是整个的》,他强调中国自从春秋战国,"大一统思想深入人心",所以有秦汉统一,"我们中华民族,说一种话,写一种字,据同一的文化,行同一的伦理,俨然是一个家族"。顾颉刚也一样,原本他并不相信"中国汉族所居的十八省,从古以来就是这样一统的",他觉得"这实在是误用了秦汉以后的眼光来定秦汉以前的疆域",所谓"向来一统"只是一个"荒谬的历史见解",但是在这个时候,他却把历史论述从说明原本并不是一统的中国,变成了强调中国大一统疆域的合法性。在《禹贡》半月刊之后,1936 年,顾颉刚与史念海合作编了《中国疆域沿革史》,在第一章《绪论》中,顾颉刚就说:"在昔皇古之日,汉族群居中原,异类环伺,先民洒尽心血,耗竭精力,辛勤经营,始得近日之情况(指现代中国)。"他罕见地用了"皇古"一词,说"疆域之区划,皇古之时似已肇其痕迹,自《禹贡》以下,九州、十二州、大九州之说,各盛于一时,皆可代表先民对于疆域制度之理想"。很显然,这与 1920 年代的疑古领袖形象已经相当不同,看上去,他好像逐渐放弃了古代中国人种不出于一源、疆域不应是一元的疑古立场,而开始转向论证一个"中国"和一个"（中华）民族"。

在这里说一个小插曲。1933 年,日本人与内蒙古王公会谈,鼓动蒙古人脱离中国而独立。这时,顾颉刚一生仰慕的女性谭慕愚亲身进入内蒙,调查这一事件,并且于 1933 年 12 月底,应顾颉刚之约在燕京大学连续演讲,讲述"百灵庙会议经过及内蒙印象",揭发内蒙独立与日本阴谋之关系。余先生《未尽的才情》一书已经注意到,顾颉刚在日记中一连好几天记载这件事情,我曾向余先生请教,我们都怀疑,1933 年谭慕愚女士的调查与演讲,在某种程度上对顾颉刚的史学转向产生了很大影响,甚至有可能在一定程度上,刺激了第二年他与谭其骧合办《禹贡》半月刊。

二

《顾颉刚日记》中留下很多这一观念转变的痕迹。

1937 年"七七事变"之后,国府南迁,各大学与学者纷纷南下。1938 年底,顾颉刚去了一趟西北,据日记说,他在途中开始看伯希和的《支那考》及各种有关边疆的文献,包括国内学者的民族史、疆域研究著作。显然,这种学术兴趣与政局变化有关。顾潮《历劫终教志不灰》(华东师大出版社)引述顾颉刚自传,说他 1938 年在西北考察的时候,曾经偶然看到一幅传教士绘制的 *The Map of Great Tibet*,大受刺激。他认为,伪满洲"自决"还不足畏,因为那里汉人很多,倒是西藏非常麻烦,"这个大西藏国如果真的建立起来,称为民族自决,是绝无疑义的,因为他们有自己的血统、语言、宗教、文化和一大块整齐的疆土,再加上帝国主义做后盾,行见唐代的吐蕃国复见于今日,我国的西部就更没有安宁的日子了"。

学术与政治,在这种危机刺激下,找到了一个结合点。1938 年 12 月 19 日顾颉刚在《益世报》创办"边疆周刊",并且为它撰写"发刊词",呼吁人们不要忘记"民族史和边疆史",来"抵御野心国家的侵略"。紧接着,在 1939 年 1 月 1 日,顾颉刚特别在《益世报》的新年一期上发表《"中国本部"一名亟应放弃》一文,他说(中国本部)这个词,"是日人伪造、曲解历史来作窃取我国领土的凭证"。2 月份,他又连日撰写《中华民族是一个》,明确提出"凡是中国人都是中华民族",并且郑重宣布,今后不再从中华民族之内,另外分出什么民族,也就是汉、满、蒙、回、藏、苗等。

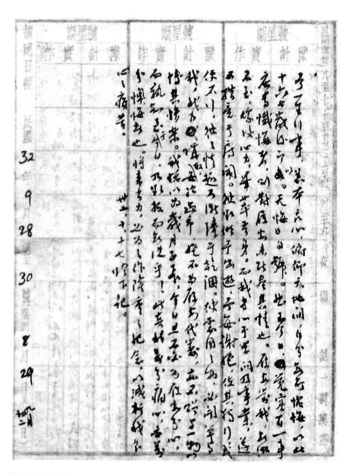

顾颉刚日记手迹

　　这篇文章 2 月 13 日起在《益世报》发表后,引起了中国学界的巨大反响,不仅各地报刊加以转载,张维华、白寿彝、马毅等学者也纷纷加入讨论。前些年与他渐生嫌隙的傅斯年,尽管主张在国家危急之时,写信劝他不要轻易地谈"民族、边疆等等在此有刺激性的名词",不要在《益世报》上办"边疆周刊",但也对顾颉刚关于"中华民族是一个"的观念表示赞同,觉得他"立意甚为正大,实是今日政治上对民族一问题唯一之立场"。在一封致朱家骅、杭立武的信件中,傅斯年痛斥一些民族学家,主要是吴文藻和费孝通等人,是拿了帝国主义的科学当令箭,"此地正在同化中,来了此辈学者,不特以此等议论对同化进行打击,而且专刺激国族分化"。

　　从《顾颉刚日记》中可以看到,顾颉刚对自己这一系列表现相当满意,他一向很在意别人对他的反应。1939 年 3 月 4 日,顾颉刚在日记中记载说:有人告诉他,《益世报》上《中华民族是一个》的文章,有《中央日报》转载,"闻之甚喜,德不孤也"。22 日的日记又记载:有人告诉他,"重庆方面谣传,政府禁止谈国内民族问题,即因予文而发。此真牛头不对马嘴,予是欲团结国内各族者,论文中彰明较著如此,造谣者何其不惮烦乎"。到了 4 月 15 日,他又在日记中说方神父告诉他,这篇文章"转载者极多,如《中央日报》《东南日报》、安徽屯溪某报、湖南衡阳某报、贵州某报，皆是。日前得李梦瑛书，悉《西京平报》亦转载，想不到此二文（指《益世报》所发表）乃如此引人注意。又得万章信，悉广东某报亦载"。

三

来自学界的争论风波与舆论压力，也影响到政党与政府，此后，国民政府不仅成立了有关西南的各种委员会，国共两党也都对西南苗彝发表看法，连教育部史地教育委员会、边疆教育委员会也特别要确认教材的"民族立场"和"历史表述"。这种观念得到政界和学界的一致赞同。傅斯年还说要把"三民主义、中国史地、边疆史地、中国与邻封之关系等编为浅说，译成上列各组语言（指藏缅语、掸语、苗傜语、越语、蒲语）"，顾颉刚和马毅也建议重新书写历史教材，"作成新的历史脉络"，"批判清末以来由于帝国主义污染，而导致的学界支离灭裂"。可见抗战中的顾颉刚，似乎暂时放弃了"古史辨"时期对古代中国"黄金时代"传说的强烈质疑和对"自古以来一统帝国"想象的批判，而对"中国大一统"和"中华民族是一个"比谁都重视，1940 年 6 月 25 日，他为边疆服务团作团歌，其中就写道："莫分中原与边疆，整个中华本一邦"，"天下一家，中国一人"。

在这个时候,原本有嫌隙的傅斯年和顾颉刚,在这一问题上倒颇能彼此互通声气。据顾颉刚的日记记载,1939 年 5 月2 日,当他开始写"答费孝通"一文时,傅斯年曾"开来意见",而顾颉刚则据此"想本文结构",第二天,他写好"答(费)孝通书三千余字",同时把稿子送给傅斯年,第三天,"孟真派人送昨稿来"。显然两人互相商量,而且傅斯年还提供了一些可以批判民族学家们的材料。又过了十几天,他"抄孟真写给之材料,讫,预备作答孝通书"。从《顾劼刚日记》中我们知道,是在傅斯年的鼓励下,顾颉刚接连好多天奋笔"作答孝通书",并"将答费孝通书修改一过"。

可见在回应吴文藻、费孝通等有关"民族识别"的问题上,作为历史学家的顾、傅是协同并肩的,他们都不赞成过分区别国内的民族,觉得大敌当前,民族各自认同会导致国家分裂。顾颉刚似乎义无反顾,一向好作领袖的他,这次冲在最前面,把这种维护民族和国家统一的思想推到极端,以致后来对傅斯年也颇不假辞色。有一件事情很有意思,抗战刚刚胜利后的 1945年 8 月 31 日,顾颉刚在日记中贴了一则剪报,便是 8 月 27 日重庆各报刊载的《傅斯年先生谈中苏新约的感想》。傅斯年在这里说道:中国需要二三十年的和平来建设国家。他提到中苏应当做朋友,又说到新统一的国家初期,需要对邻邦妥协。

他还特别在谈到有关外蒙古和内蒙古的问题时，指出中苏关系中，外蒙古被分割的问题大家最注意，但相关历史却被忽略掉，因为外蒙古的四个汗国，即车臣汗、土谢尔汗、札萨克汗、三音诺颜汗，"照法律是外藩不是内藩"，所以外蒙古与内蒙古、东北不同，与西藏也不一样。顾颉刚看到这篇报道之后勃然大怒，不仅瑜亮情结再一次被拨动，爱国情绪也再一次被激发，他在日记中痛斥傅斯年："此之谓御用学者！"并加以解释说："这一段话，当是他帮王世杰说的。"下面，顾颉刚又写道："闻人言，有一次为新疆问题开会，孟真说，'新疆本是我们侵略来的，现在该得放弃'。不晓得他究竟要把中国缩到怎样大，真觉得矢野仁一还没有如此痛快。割地即割地，独立即独立，偏要替它想出理由，何无耻也！"他也许忘记了，当年傅斯年挺身而出主持《东北史纲》的撰写，就是为了批驳矢野仁一，捍卫东北作为中国领土的。

这也许可以让人理解，作为历史学家的顾颉刚，何以在抗战之中，会去草拟"九鼎"铭文，赞颂那个时代的"一个国家""一个领袖"。

四

不过，顾颉刚毕竟是历史学家，是"古史辨"的领袖。超越传统建立现代史学的观念根深蒂固,没有那么轻易去除。在心底里,顾颉刚对于古代中国的看法,终究还是"古史辨"时代奠定的。只是在特定时代和特定背景下,有些话不便直接说就是了。1943年10月30日,他在日记里说有人向他回忆"古史辨"当年在上海大出风头。关于这点,顾颉刚一方面很得意,一方面又很清楚:"在重庆空气中,则以疑古为戒,我竟不能在此发表意见。孟真且疑我变节,谓我曰:君在学业上自有千秋,何必屈服。然我何尝屈服,只是一时不说话耳。"这是他的自我安慰,也是他的顺时之策,因为在那个太需要国家认同的时代,再强调瓦解同一历史的古史辨思想,就有些不合时宜。

历史学家常常受时代和政治影响,这也许谁都无法避免,但一旦现实情势有所改观,原本的历史意识就会卷土重来,特别是在私下里,不免故态复萌,也会说些真心话。《顾颉刚日记》1966年1月8日有一则记载,很值得注意,他说:"(赵)朴初作文,有'自女真族统治中国以来'一语,有青年批判,谓女真族即满族前身,而满族为中华民族构成一分子,不当挑拨民族感情。奇哉此语,真欲改造历史!去年闻有创为'中国自古以来就是一个的大国'之说,已甚骇诧,今竟演变为'中国自古以来就是一个统一的大族',直欲一脚踢翻二十四史,何其勇也?"这是一段很有意思的资料。顾颉刚虽然在抗战时就提出"中华民族是一个",但骨子里却仍然相信民族的历史变迁,并不以为"中国"自古以来就是"一个"。

这种想法常常在他脑海里浮现。1964年1月8日,他在日记中记载:"(黄)少荃谈北京史学界近况,知某方作中国历史,竟欲抹杀少数民族建国,谓中国少数民族无建国事,此之谓主观唯心论!"这是一个历史学家的直觉判断。不过,形势比人强,何况家里还有一个时时令他看风向不要说错话的夫人在。我在日记中看到,1964年8月13日,他对来华跟他学习古代史的朝鲜学者李址麟有些戒备,为了让自己免于犯错,他先走一步,给中华书局写信,说李的《古朝鲜史》很有问题。"朝鲜史学家以古朝鲜曾居东北,受自尊心之驱使,作'收复失地'的企图,李址麟则系执行此任务之一人。其目的欲将古代东北各族(肃慎、獩貊、扶余、沃沮等)悉置于古朝鲜族之下,因认我东北全部尽为朝鲜旧疆。今更在东北作考古发掘,欲以地下实物证之。而我政府加以优容,甚至考古亦不派人参加,一切任其所为。予迫于爱国心,既知其事,只得揭发。"

差不多半年以后,他与张政烺谈朝鲜史问题,当张政烺告诉他,历史所同仁奉命收集朝鲜史资料的时候,他才松了一口气,很得意自己有先见之明,在日记中说:"此当系予将李址麟《古朝鲜史》送至上级,及予于今年八月中旬写信与中华书局之故。"

五

　　读《顾颉刚日记》,断断续续用了我一个多月的闲暇时间。看完这十几册日记后,记下的竟然是一些颇为悲观的感受。历史学家能抵抗情势变迁的压力吗?历史学家能承受多大的政治压力呢?读《顾颉刚日记》,想起当年傅斯年从国外给他写信,不无嫉妒却是真心赞扬,说顾颉刚在史学上可以"称王"了,但是,就算他真的是中国20世纪上半叶历史学的"无冕之王",这个历史学的无冕之王,能摆脱民族、国家的情势变化,保持学术之客观吗?他能遗世独立,凭借学术与有冕之王抗衡吗?

2014 年 7 至 8 月摘录

2015 年 1 月写于上海

本文原载《书城》2015 年 5 月号

读书与人生

张汝伦

文明如果不成熟，人类就没有足够的材料去总结。心智如果不成熟，人类就无法进行这样的总结。语言如果不成熟，人类就无法表达这样的总结。

我自己是个喜欢读书的人，又是教师，老师和学生讲的话，无非也就是如何读书，或者督促学生去读书，所以在这样的过程中，会对这个题目有比较多的想法。同时，为了了解现在中国人读书的情况，我也会关注一些数字，从中可以看出一些比较。现在全世界读书的冠军是以色列人，人均读书每年69本。所以，像这样一个人口数量不大的国家，创新思维能力却能在世界排名前三，他们创造的各种各样的专利，也相当惊人。相比之下，我们中国人显得很寒碜，去年我国的人均阅读量官方公布的数据是三本多,但回过头来想想,中国人口基数那么大,如果13亿多的人每人读三本书的话,也不会有这么多书店关门了。所以,恐怕中国人年均读书量在小数点以下。

20世纪90年代,我留学回来的时候,书店开始纷纷关门,直到最近才开始有些起色。但总体上来说,现在国人读书的情况仍不是很乐观。这一细节很能说明当下的许多问题。辨别德国人很容易,在火车上、飞机上、汽车上看书的肯定是德国人。我们中国人也很好识别,也在看,但看的是手机,反差真是太大了。

其实,我们中国人是非常爱书的民族,爱书的传统也流传在我们的日常语言中。比如"书香门第""书礼传家",夸一个人我们会说他有"书卷气",甚至说"万般皆下品,唯有读书高"。我们的古籍上也反映了这一点。《论语》一共有20篇,篇章和篇章之间,没有什么很强的先后逻辑关系,可是把《学而》放在《论语》的第一篇,绝不是偶然的。《荀子》的第一篇是《劝学》。中国古代还有很多不那么有名的著作,往往也都是以"劝学"或者类似的名称为开篇的。为什么?因为我们中国古人认为人之为人的关键就在于读不读书。我今天的切入点就是这里。

读书对于中国古人的意义

中国古人，对其自身有着比较深刻的思考，这一思考和全世界其他几大文明和宗教是差不多的，即认为人是一种很危险的动物。人最大的问题是身上有很多非理性的、兽性的因素。而这一部分的因素又和人的生理本能结合在一起，要它不起作用是不可能的。

现在很多人看书，往往是以道听途说或者网上说的为主。网上告诉他们，中国古代人的思想很幼稚，不像西方这么老练。西方向来就认为"人之初，性本恶"，因此丑话就讲在前面，把法制定好，不相信人的道德自觉，所以西方一切井井有条；而我们中国人相信"人性善"，人可以道德自觉，不用法治。其实，这种说法太小看我们的祖先了，恰恰相反，我们的祖先对人性的阴暗面有着相当深刻的理解。我们来看儒家的三个创始人。孔子的《论语》一共 15 900 来字，有一句话出现过两次："吾未见好德如好色者。"这句话当然不能完全照字面意思上去理解，夫子在这里其实是说"好色"是天生的（"饮食男女，不学而能"），而好德，非得要经过长期的努力，要通过一定的教化，才能养成。通过师长的教诲、学校的学习，人才会知道要孝敬父母,要谦让老人,要照顾小孩,要爱护妇女。这些纯靠人的本能是不可能的。好德是需要后天培养的,才能成为"第二天性"(second nature),这需要很漫长的过程,不容易。

孟子云:"人之所以异于禽兽者几希。"翻成白话文就是人和禽兽差不了太多,那么一点点差别就是人有道德良知。孟子讲得非常清楚,道德良知是需要培养的,如果不培养,是长不起来的。所以他又有一句话:"人有鸡犬放,则知求之;有放心,而不知求。学问之道无他,求其放心而已矣。"人为什么要读书? 人读书就是求其放心。我们每个人都有道德良知,但这只是说每个人都有这种可能,可以获取。一个人的道德良知,需要通过长期的人文教育的培养才能够养成。孟子对于人的道德自觉其实是挺悲观的:家里如果丢了鸡和狗,都知道要去找,可是良心丢掉了,谁会去找?

儒家第三个创始人荀子,直截了当地说:"人之性恶,其善者伪也。"人性从根本上来说,是顾自己的,渴了就要喝,饿了就要吃,喜欢的东西就会想拿。之所以能够先人后己、舍己为人,都是在经过一个很漫长的读书学习过程以后,需要自觉努力才能具有的德性。

善取决于后天的人为努力,而人为努力的第一步就是读书。所以,中国古人才说读书是为了明理。父母把孩子送去上学的第一天,哪怕是未来的皇帝,都是要给老师磕头的。因为我们中国人知道,父母生的是我们的身体,而老师(文明教化的化身)让我们成为一个懂道理的完整意义上的人。一直到今天,虽然现在不讲究那些了,但人的潜意识很厉害,如果看到一个读书人模样的人在公共场合吵架,人们就会说:"亏你还是个读书人!"为什么人们对读书人的要求更高一些?因为不知者不为过,读书人应该是懂这些道理的。

因此,以前中国人不尊重老师的罪名,可能就比不孝敬父母小一点点,也是罪恶滔天。老师是帮助人们读书明理、成为一个完整意义上的人的一座桥梁。所以他与天地君亲一起成为古人礼敬崇拜的对象。人们尊崇的不是老师个人,而是作为成人之关键的读书。但这种读书的重要性,到了今天,有些颠倒了。为什么要读书,为什么要买学区房,为什么经济上宁可吃亏也要让孩子上好学校?不是为了让孩子成为一个真正意义上的人,而是为了让孩子将来赚大钱。

其次,我们古人也发现了,人类从自然天赋上来说是不如很多动物的。没有很多动物跑得快,没有很多动物力气大,爪牙不够锐利,目光不够灵敏。凭我们自己的这身皮毛,过冬都很困难。可是人为什么能够在大自然中胜出?因为我们人可以通过教育和读书,把一代又一代积攒下来的经验和知识传承下去,然后在这个基础上加以提高;相反,动物虽然有很多的本领和天赋,我们人类望尘莫及,可是它们没有受过教育,也没有语言,没有文字,更没有书。它们无法拥有人类文明独有的东西——读书与教育。因此只能一代又一代去重复先辈的本能,不能突破也不能超越。因此,我们祖先很早就发现了人类文明是通过读书来传承的。一旦不读书,文明就会死亡。

今天我们保存文明有很多的手段,有光盘、胶卷、恒温室、现代印刷技术,还有数码技术。可是,如果有一天人类不愿意再去读这些书了,那么光盘就是一堆塑料,胶卷就是一堆化学材料,书就是一堆废纸。文明需要人去传承,不是说把书放在那里就行了,书放在仓库里没人读,它就是一堆纸。所以读书要紧,没有人读书,书就完了,这个文明就完了。

那我们现在有没有这个危险? 有。比如说《左传》。看《左传》当然很吃力,要查很多字典,要看很多参考书,甚至要请教很多人。但现在的人如果不去读它,很快的,一代人也就25 年,过一代人就会出问题。倘若有一天,全中国没人能看懂《左传》这本书了,从某种意义上来说,《左传》就不存在了。所以我们甚至应该在存亡继绝的高度上来看读书。

秦始皇"焚书坑儒",到了汉朝,很多古代经典已经没了,但幸亏有些耆老硕儒通过背诵记忆,将经典储藏在大脑中,我们现在看到的先秦经典，许多都是这样才保存下来的。到了汉朝天下太平，那些经学大师才将记忆中的经典记录下来，今天才有了那些书，要不然就失传了。所以，文明说脆弱也很脆弱，没人喜欢，就会消失。中国古人很早以前就意识到了文明的脆弱性，所以在几千年的时间里，把读书这件事情不但说得很重要，甚至在某种程度上将它说得很神圣——皇帝要带头读书，至少在理论上，不读书的人、考不取科举的人就没有资格当官。所有这些措施，都在营造着一个气氛，在巩固着一个思想，那就是读书是人之为人的根本。

再次，我们中国人从古至今，都很钦佩有教养的人。举手投足彬彬有礼、言谈举止温文尔雅的人，总让人暗暗佩服。相反那些在公共场所不管不顾，打电话、大声说话的，我们总是会感觉不舒服。不要小看这些细节，很难。我们的祖先已经看到要培养一个人的内在气质、言谈举止很难，这些也是要靠读书。读书能够改变一个人的气质，与人打交道能让人如沐春风；谈吐优雅，别人即使和你闲聊都会觉得能学到很多的知识。这些细节，没有几十年的功力也是办不到的。

凡此种种，都使得我们古人对读书非常重视，对读书人比较尊重，对目不识丁、不识之无者，不免有点鄙夷。

读书和人的生命相关

关于读书,我们现代人当然也有很多理解,也可以从很多方面去谈。其中最多的是实用性,比如要考个证买点参考资料,又比如孩子要考试买点辅导材料,怎么装修买本书来看看,怎么炒股买本书来学学,怎么养宠物买本书来了解一下,怎么当个合格的经理人买本书无师自通……这都是些实用性的书,读它们是为了达成某种实用的目的,不是为了自身的教养。还有第二类读书纯粹是为了消耗时间,读书是为了娱乐。我们古人对这两类读书,基本上不予以考虑。第三种是无聊才读书,那更是不在考虑的范围内。真正的读书,对个人来说,应该是有助于提高和完善的;对文明来说,应该是有利于促进和发展的。

所以,我讲"读书与人生",实用的书和无意义的书,我都不谈。

读书应该和我们的生命相关。今天的我们能否将读书看作人生必要的功课,甚至和吃饭、喝水一样,只要我们还有一口气,就要读书?王元化先生晚年得了青光眼,不能再看书了,他几次和我说,像我们这样的人,不看书,活着还有什么意思？后来，实在没有办法，在复旦找了几个研究生，给他念书。在他看来，不看书就等于生命的结束。这是我亲眼见到的，真正的读书人应该有这样的风范。

活到老，学到老，那是一辈子的事情。很多人，本科、研究生毕业以后，这辈子再也不买书了，甚至还有很多人抛售自己大学四年读过的书，不会想到要把这些书留下来，因为这些书记录着我们生命的轨迹。现代社会，很多人比拼自己在戈壁滩能不能坚持下来，还没见过有人比拼谁能先把黑格尔的《精神现象学》啃下来。太多的人在比力气和耐力这些外在的东西，比内在智慧和教养的人却很少。

重视的是肌肉不是大脑，问题在哪里？为什么越来越多的观众喜欢看小鲜肉？在我看来，责任不在于他们本身。中国的古人认为读书是我们自我完善必不可少的途径。有一句话叫"学坏容易学好难"。喜欢肌肉和小鲜肉，与人类生理本能结合得近，所以很容易；但追求道理，却稍微远一点，也更加难。30年前，"文革"以前的那些世界名著重印，我记得那会儿的上海人是彻夜排队购买，下着雨，还继续排，一直排到了新华书店旁边的小弄堂里。现在还有这样的情景吗？要让一代人一夜不睡觉去排队买书，那是祖宗几千年留下来的功德才造就了这样一代中国人；而隔夜排队买股票，不需要教都会。这样一对比，就知道，我们古人为什么把读书看得如此重要，因为这是一件困难的事情，并不简单。为什么有这么多人喜欢看手机，不喜欢看书？还是在于人的惰性远远大于他的自觉性。这就是我说的第一点，人身上有惰性和阴暗面，读书却可以让我们自我完善。

第二点，虽然不是每个读书人都讲道理，但读了书至少可以让人懂得什么是对的，什么是错的，这一点在今天依然很有意义。比方说，我们司空见惯的一件事情，马路上车是不让人的，都是人让车。这个问题的实质就是不想讲道理。不想讲道理的结果是什么呢？就是只相信法了，倘若法律规定，车不让人，罚款50元一次，那就会让人了。讲道理没用，人民币有用。请问人格和自尊心到哪里去了？在我看来，一个人有自尊心和人格，体现在他能够按照道理去做事情。

第三点，文明要代代相传，要通过读书。如果不读书的话，我们的文明就得不到传承。我们人类读书不只是为了个人，是为了大我，是为了祖先辛辛苦苦积攒下来的基业——无形的、文明的、精神的、文化的基业——不至于在我们这些不孝子孙手里失传。

第四点，认识世界。认识世界有多种方法，但我们现代人还仅仅停留在经验范畴里去认识世界，讨论为何要到人迹罕至的地方去旅行，这没有问题。但是作为一个个体，即使穷尽一生之力，用脚去丈量世界，一双肉眼所能认识的世界，最终也只是沧海一粟；而读书，可以让我们对过去、现在、未来，对宏观世界、微观世界，有全面的了解。你说，哪种认识世界的方式更全面、更深刻、更重要呢？我们中国人以前有句话"不出门而知天下"，指的就是这个。德国哲学家康德，一生没有离开过自己的出生地柯尼斯堡。有一次，一个意大利人慕名去拜访他，谈起了罗马，康德谈到了罗马的很多情况，意大利人大为吃惊，以为他去过意大利，其实不然，康德知道的这些关于罗马的情况都是从书上看来的。但这还不是最关键的，最关键的在于，通过读书能够掌握前人千辛万苦达到的智慧。书看得少了，我们对这个世界的理解就会非常肤浅。现在的资讯、出版那么发达，我们比任何一代的古人和前人都具有更有利的条件去了解人类的文明和世界。我们为什么不去做呢？孔夫子那个时代的中国人看到的世界可能还不大，继承的知识还不多，但孔子会要求学生尽可能多地去了解世界，"一事不知，儒者之耻"。孔子说自己没有别的优点，最大的优点就是活到老学到老，所以才会有"学而不厌，诲人不倦""发愤忘食，乐以忘忧，不知老之将至云尔"这样的话。天天读书，成了他主要的生活方式，连自己一天天老了都不知道。读书就是他生命活动的主要形式。

第五点，读书人和不读书的人不一样。孔子就要求自己的学生"文质彬彬"。他有一个学生叫子路，非常勇敢，但是不怎么读书。有一次卫国国君想请孔子去从政，子路问老师，去了卫国之后第一件事会做什么？孔子就讲了非常哲学的一个话题"必也正名乎"。子路根本跟不上老师的思路，他认为当时卫国的问题是父子两人在争夺王位，请孔子去是要他拿出一个具体的方案，"正名"这件事情怎么会扯得上呢？缓不济急么。所以孔子批评他"野哉，由也"。不懂装懂乱说一气，就是"野"，没文化，没教养。

现在社会上有很多学习班，教人们衣服如何搭配、身材如何保持等，但这些都是外在的东西，却没有看到一个人给人的第一印象是语言。卓别林身高不到一米六，可是你们觉得他丑吗？他只要一说话一表演，便让人完全忘了他的外在，觉得他的魅力是挡不住的。"言谈举止"，"言"是第一位的，只是我们现在不讲究这些了。但这些还都是外在的，还有内在的素养。

一个人书读得多了，他对世界的占有才更丰富。中国自古以来讲究怎样活一辈子。但一辈子如何更丰富、更充实、更值得？毫无疑问，能够最大程度地掌握人类所创造的文明，这一辈子才会值得。如果只会背"床前明月光，疑是地上霜"，却不明白它的好处，便是人生的损失。

短短二十字的唐诗，你若读懂便会对人生有深切的感受，有时会莫名感动，它给予你的审美享受也绝不是外在的物质所能相比的。但这些感动需要长期艰苦的努力才会有，一要读，二要想，三要有好老师，四要有好的朋友，才能得以进入这个世界。冯亦代先生是研究英美文学的专家，20世纪80年代，金斯伯格（Irwin Allen Ginsberg, 1926—1997）到中国来访问，冯亦代先生全程陪同。金斯伯格对他说："中国是诗歌大国，能否介绍几首唐诗？"冯亦代先生第一首介绍的是"床前明月光，疑是地上霜"，因为他认为这首诗最简单，可是他忘记了诗中"月光"与"思乡"的关系意象是中国诗特有的，如果不在这个文化世界长大对此是无感的，尤其翻译成英文更是没有诗意。果然，金斯伯格无动于衷。第二首是杜牧的《赤壁》，欣赏这首诗要懂得三国的背景，没有中国历史知识的人很难读出所以然。而第三首诗选对了，贾岛的《寻隐者不遇》："松下问童子，言师采药去。只在此山中，云深不知处。"他刚翻译完，金斯伯格的眼泪就掉下来了。贾岛的这二十个字把人性深处最不易表达的东西写出来了，恰到好处。背出来只需两分钟，读懂它却需二十年，要有自己的人生经验与体悟才能享受。

阅读经典的重要性

人生需要读书,而读什么书非常重要。我经常与学生讲,北京养画眉鸟的老先生在画眉鸟改嗓的时候是不会放鸟出去的,因为一旦学了野鸟,它的嗓子就再也改不过来了。所以读书伊始,开口奶就不能吃坏,一旦吃坏就与学了野鸟一样,这辈子再难进入文明正脉中去了。

读书明理、自我完善、传承文明、认识世界以及提升自身修养,正因为有了这几条,才要读书。那么接下来的问题就是要问读什么书?在我看来,读书,还需着重于读经典。人类千辛万苦留下的这些宝贝,是人类文明得以在此星球上延续的定海神针,是无穷智慧的结晶。如果经典被遗忘,那人类必将灭亡。如今社会对待经典的态度值得检讨,其中主要是对"经典"一词的用法太任意。这个词是沉甸甸的,如果乱用此概念,那说明我们的敬畏之心荡然无存。人可以因很多外在的手段被封为大师泰斗,但包装终究会脱落,总有一天如同笑话。林肯说:"你可以在一些时候欺骗一切人,你也可以在一切时候欺骗一些人,但是你不可能在一切时候欺骗所有人。"营造或运作,出不了一个真正的大师,而经典更是如此。经典需要五十至一百年以后的人来评定，因为经典需要时间跨度。

什么是经典？刘知幾的《史通》说："自圣贤述作，是曰经典。"经典有一个基本要求，必须是圣贤写下来的，有人格的品质、学问的品质、智慧的品质、地位的品质才能够称为经典。英语当中相当于汉语"经典"的有两个词：一个是"canon"，一个是"classic"。"canon"一开始指的是基督教的教规，后来延伸为一般人类行为的准则和规范，最后延伸为公认的千秋万代得以相传的著作。"classic"原指第一流、高质量、堪称典范、具有持久重要性的著作。这些定义与中国人所谓的"经典"是重合的，因为"经"与"典"都有常道与典范的准则意义。经典，必须能够代代相传，所以我们现在没有资格说哪部电视剧是经典，这需要让子孙们来说。后代人生活在不同的文化环境、经济条件与社会状况下，能够打动他们甚至让他们激动不已的，才是经典。我未曾想过90后的孩子听《论语》还会泪流满面，一般人认为喜欢奥特曼、变形金刚一代的孩子怎么会欣赏孔夫子，但孔夫子的确在2 500多年后还能感动后来的人，感动信息社会与后工业时代的人，这才是经典。

有人提出经典必须具备如下四个特点：

第一，经典应该具有内涵的丰富性，比如贾岛的二十字诗，内容丰富，至少能够讲一堂课；第二，经典应该具有实质的创造性,比如《易经》《诗经》《史记》《论语》;第三,经典应该具有时空的跨越性,中国的能够打动西方,西方的让中国人读,照样服帖得五体投地;第四,经典应该具有无限的可读性。这当然说得都不错,但还不够。

经典的好处是永远读不完。西方有位哲学家说过,他读康德的《纯粹理性批判》,每读一遍就像从未读过,这本书属于世界上最难读的书的前几位。我每教一次也都好像第一次读一样。再比如《论语》,我每次教也像第一次读一样,它具有无限的可读性。古人云:"诗无达诂。"意思是说诗和理工科的题目不一样,理工科的题目是有标准答案的,而读诗歌却与你的阅历、文化程度、修养以及审美境界有关,所以诗是常读常新,并没有标准答案的。读经典是极有趣味的事,每一次读都感觉收获无穷。康德与黑格尔的书读至第六第七遍时,你还会觉得好像没有读过一样,又看出一些东西来了。所以,经典具有无限的可读性。

英国诗人 T. S.艾略特在《什么是经典作品》中说,假如我们能够找到一个词能够充分表现经典的含义的话,那就是"成熟"。这个定义很有创造性。什么叫经典?两个字,成熟。因为经典作品只可能出现在文明成熟的时候,它一定是成熟心智的产物,赋予作品普遍性的正是这种文明以及诗人自身广博的心智。中西方的古代经典集中出现在2500多年前，这不是偶然的。那时中华文明和古希腊文明都达到了成熟。汉语在那个时候成熟了，诗歌中的很多词语变成了朗朗上口的成语，流传几千年，就是因为语言运用得特别好，是中国古代汉语成熟的表现，而诗人本身心智成熟，所以对那个时代成熟的文字及语言得心应手。

如果问俄国人俄语谁写得最好？他们一定会说第一是普希金，第二是托尔斯泰，因为到了他们手里俄语才真正成熟了，所以难以超越。而德语谁写得最好？我问过很多德国的同行，答案是歌德、海涅和尼采，他们德语的写作能力今日都无人能超越。而中国，杜甫对汉语的掌握可谓出神入化。我1997年到1998年在德国教了一年书，带的唯一一部书是《杜工部集》，因为杜甫在哪里，中国就在哪里，他对汉语的成熟掌握如同神一般，而他的心智也是超一流的成熟，所以两个成熟加在一起才有这样的天才。

多方面的成熟才是经典的标志，也是经典得以产生的条件。经典在一定程度上是对人类经验的高度总结，这样才能对后世有指导性的意义，成为超越时空的教诲与训导。一个90后的孩子说，孔子说的话就是我们心里想说的话，就是这个道理。

文明如果不成熟,人类就没有足够的材料去总结;心智如果不成熟,人类就无法进行这样的总结;语言如果不成熟,人类就无法表达这样的总结。所以经典永不会耗尽。只有成熟的语言才能曲尽其妙地表达永不枯竭的丰富性,经典之所以对人类世世代代都有重要意义,是因为它包含了深刻的思想,而深刻的思想只有在文明成熟以后才会产生,只有成熟的文明才会有深刻的思想,粗陋的语言根本无法表达深刻的思想。所以,经典意味着成熟。

经典具有无限的可能性,经典一定是一本人们可以常读常新的书,用当代意大利作家卡尔维诺的话来说,经典就是每次重读都像初读那样带来发现的书,当然这也要求读者是有思想、有发现能力的人。对于没有思想、没有发现能力的人,经典当然也是不存在的。所以,经典对读者也是高要求的。任何的经典,我的看法都是活在当下的,对于一个真正有思想及发现能力的人来说,所有的经典都是他那个时代的经典,只有思想能力孱弱、缺乏想象力的人才会把《论语》《史记》看作是过去时代的古书。也没有一个好学深思者会认为《荷马史诗》表达的是虚构的希腊神话而不是复杂的人类经验。没有一个真正用思想读书的人会认为先秦思想家和古希腊哲学家只属于先秦和古希腊而不是我们的同时代人。

据说日本人在 2000 年时，制定了一个诺贝尔计划，到 2050 年要拿 50 个诺贝尔奖，到 2016 年，他们已经得了 20 余个，而中国在自然科学方面只有了屠呦呦一个，还是在实际应用方面。日本人得诺贝尔奖不是撞大运，他们已经有一个可持续发展的机制。2014 年，名古屋大学的两位教授得了诺贝尔物理学奖，这两位教授的老师是 2008 年得的，老师的老师是 2002 年得的，传代了。日本获得第一个诺贝尔物理学奖是 1949 年，在日本广岛还是一片废墟的时候得的，获奖者叫汤川秀树。他在自传中写道："我之所以发现介子源于我十六岁时读《庄子》时受的启发。"我们会想《庄子》与高能物理学有什么关系，《庄子》会对研究高能物理学有什么帮助？

我想说明的是，经典的意义是超出它表面范围的，而且经典永远是活在当代的。无视经典、小看经典、不读经典、忘掉经典是自己把自己害了。经典著作并不是单纯的书，而是人类经验不可分割的基本组成部分，它们与人类一起生活。

另一方面，阅读经典是人类成长的基本方式。孔夫子教学只教"六经"，而两千多年中国读书人主要也是读经。爱因斯坦说他经常会拿出康德的著作来读。我们每次阅读，经典都会展现出新的深度与广度。如果一个人每次读到的都是第一次读到的东西，那么这个人就是没有思想和生命活力的读者。经典是意义的源泉,思想取之不尽、用之不竭,所以朱熹尽几十年之力著《四书集注》。经典是无法一览无遗的,是随着我们的理解与领悟力以及问题意识的提高而不断产生新的意义,博大精深,不可方物。

科林伍德说,当我们读一本书的时候首先要知道这本书是讲什么的、要回答什么问题。所以理解文本的首要前提是要提出问题,然后把文本视为问题对我们的回答。因为提出问题就是打开了意义的各种可能性,文本的意义是永无穷尽的,一代代人会提出不同的问题,并以不同的方式去理解。而读者不能随便提问,很显然,如果要向经典文本提问,首先要读懂它在讲什么。

任何对经典的评论都无法代替对经典本身的阅读。任何关于经典的二手著作永远只有次要意义。经典本身是泉眼,我们的种种解释是从泉眼中产生的泉水。并不是所有对经典的解释都是合理的,但不合理的解释毫不影响经典的地位。坚持了,自然而然就能读懂了。因为经典早已成为我们历史经验的一部分,所以未必始终让我们觉得出乎意料或始料不及。相反,卡尔维诺说:"一部经典不一定教导我们一些不知道的东西;有时候我们在一部经典作品中发现我们已经知道或总以为我们已经知道的东西,却没有料到我们所知道的东西是那个经典文本首先说出来的。"真正深刻、独特和意想不到的地方是我们读经典的共同经验，尤其是中国儒家的经典，往往看上去不像西方哲学那么莫测高深和不知所云，实际却不然，如果我们用心研读的话还是可以发现许多意想不到的东西的。

另外，不要带着一个具体目的去读经典，阅读经典本身就是目的。不能把经典作为一个需要我们从外部加以征服的客体来对待，而应该把阅读经典作为丰富我们思想、经验的必然的途径，作为我们生命不可或缺的一部分来对待，让它最终融入我们的生活和生命本身。西方人说，哲学是一种生活方式，孔夫子也说过"知之者不如好之者，好之者不如乐之者"。为什么他认为读书的最高境界是让我们感觉到快乐？因为读书本身就是目的。读书不仅是为了求道，生命通过得道而完善、丰富、提高，进而融入宇宙天地，这种快乐是不可言喻的。我认为一个人大彻大悟的时候就是读完了一本经典的时候。

有人问我，什么是性灵？我认为，不具备性灵的人看到菊花认为菊花能治病或者把菊花放在房中很有品位，而有性灵的人不仅会看到审美的愉悦，更有做人的激励，最后会有认同感。同样，不具备性灵的人喝茶，也会讲究茶器、茶叶与气氛，可他不懂喝茶最高明的不在茶，而在茶之外，是精神上的轻松与通透。

经典之所以能够融入我们的生命,构成内在的骨骼,是因为真正的经典不论内容如何,总是和宇宙、人生有关,构成我们安身立命的依靠。卡尔维诺说"经典可能是一本与古代护身符不相上下的书",是不可离身的。我们对任何经典表达的思想不一定都要双手赞成;相反,即便对经典有最高敬畏感的人也会有不同意或不喜欢的经典。我可以不喜欢经典作家,但是我必须要读经典。即使是我们不喜欢的经典,那也是我们经验的一部分,是与我们息息相关的,所以我们才那么急切地要去反驳。

人类的文明在一定程度上是由经典构成的,世界各民族精神文化的基石都是他们的经典。比如希腊文明,如果离开希腊神话、希腊悲剧和希腊哲学是无法想象的。讲中华文化精神世界,离开《道德经》《庄子》《十三经》就无从谈起。经典是人类对世界及自己理解的集中体现,经典帮助我们理解我们是谁和我们所达到的位置。经典既是文明的基石也是文明的坐标,我们对自己时代文明的种种认同、批判和反对很大程度上是基于经典这个坐标,而我们对自己的认识不能没有这个坐标。我们究竟是谁?我们现在怎么样?去向何方?基本是根据此坐标来判断的。

有了经典，我们的品位就会提高，我们的眼界就会放宽，我们的生活会变得无比丰富。我们每个人都有喜怒哀乐，但进入经典后这些会变成审美的一部分而化解。但如何进入经典世界去？这又是一个很重要的课题。

本文系张汝伦教授 2017 年 4 月 22 日在新华·知本读书的演讲，刊发时经作者审定，原文载《书城》2017 年 6 月号

从艺术哲学得到解放

——关于艺术哲学的对话

张汝伦　赵穗康

张汝伦：我不知道赵老师对今天的对话是怎么定位的，但我认为讲座和对话是不同的。讲座，是演讲者把自己准备好的内容跟听众讲；而对话其实是讲者把心里想的一些话跟听众说。讲座是有预想的，预先有一个方案，对话却没有。问我今天和赵老师想讲什么？不知道。按照伽达默尔的对话理论："对话不一定有主题，主题是随着对话自身的展开而展开。到最后，说话的不是两个对话者，而是对话本身。"

但我和赵穗康的对话，作为一个活动总要有个名称，所以叫"艺术哲学"。这个名词通常是体制性的学术工业下的一个名目，英语叫"philosophy of art"，从很多的字典上、工具书上都可以查到它的意思，是以艺术为对象进行哲学思考、哲学反思的一门学科。类似这样的学科在哲学系还有道德哲学、政治哲学、经济哲学、社会哲学、历史哲学，等等。但我不是这样来理解"艺术哲学"的。

黑格尔在《精神现象学》里用过一个词"艺术宗教"，是将德文中的艺术（kunst）与宗教（religion）连在一起组成新词"kunstreligion"。所以今天我一定不会用"philosophy of art"，而是模仿黑格尔的做法，用"艺术哲学"这术语来表明艺术和哲学两者应当是一体的，而不是二分的。很多人觉得哲学是人类的精神活动，也是一门学科，艺术也是一种精神活动，应该也可以是一门学科，两门学科是不搭界的。做哲学研究的人，会写一些艺术方面的论文，或者写一些艺术哲学的文章；研究艺术的人，平时会看一些哲学的文章，或者在发表言论时开口海德格尔闭口尼采、胡塞尔之类的。但是总体上来说，很少有人认为，艺术和哲学是一回事儿。如果有人说这是一回事儿，大家都会笑他，觉得他根本不懂何为艺术，何为哲学。

西方很多一流的思想家，维特根斯坦、海德格尔、杜威等，都说过类似的话："哲学是一种生活方式"，"哲学是一种基本的存在方式"。不是说一个人在学校里写书、教书、写文章,他就是在研究哲学,更不一定有资格被称为哲学家。照中国人的传统则更不用说,儒家的一个基本要义是"知行合一",一个人有了"知"却不能"行",那就等于不知。所以,如果儒家能够延续到今天,知道这一说法,他们一定会赞成说:"我早就说过了,哲学是一种生活方式,因为你必须去做。"为什么现在传统哲学不昌,就是因为研究者们不认为这是他们行为方式必须遵照的准则,而认作是他们的饭碗,可以从中获取物质财富上的利益、社会声望上的成功,他们的生活方式和研究对象是分开的。海外新儒家的一个代表人物就曾公开地说:"儒学是我的职业,不是我的生活方式。因此做人的方式是不一定与儒家合拍的。"那我就搞不懂了,儒家讲"功夫论",讲"修身进德",《大学》里讲"自天子以至于庶人,壹是皆以修身为本",怎么到了今天就不是了呢?

中外哲学家,都把哲学看作是一种生活方式。我自己是认同这一点的。我并不是因为进了哲学系才开始研究哲学,而是在我接触了哲学以后,决定了我之后的人生为何要这么过,进不进哲学系倒无所谓了。我对哲学的认识,就是我的生活方式。这样的生活方式并不是说我在生活中处处都讲求逻辑推理、讲求概念分析,所谓把哲学作为人生的一种方式,是在更深刻的意义上的。

那么艺术是不是一种生活方式呢？在我看来，艺术也是一种生活方式。所以伟大的艺术家，都把艺术当作自己的生命。那么赵穗康老师是不是伟大的艺术家？我们现在不能说，因为伟大不伟大是由历史来说的。但是，赵老师每天早上要弹钢琴，不弹琴就会生病，一般人很难理解这一点。所以哲学和艺术不是两门学科，也不是两个职业，而是两种特别的、基本的人类存在方式。今天的人类，除了面对资本的重新塑造和压迫之外，还有人工智能让我们心甘情愿地缴械投降，把人类具有的特点完全抵押给它。唯有一点：人工智能决定不了我们如何理解这个世界，决定不了我们如何理解人生，同时它也决定不了在这两个理解基础上，我们对世界、人生的种种审美体验。

所以我觉得，艺术与哲学可能是人类得救的最后希望。因为艺术不能按照逻辑推理来进行。计算机的程序可能可以画一幅画或写一首诗，但那不是艺术。因为计算机做出来的那个东西，最缺乏的是美感、崇高感，这些编不进程序。此外，例如康德的思维、黑格尔的思维、老庄的思维，谁能够通过编程让计算机比老庄想得更高深，比黑格尔想得更复杂，比康德想得更崇高吗？人工智能只能模拟人类低层次的思维方式，因此我认为艺术与哲学是人类最后得救的希望。当然,这里我说的是真正的哲学,而非学术工业生产的哲学,艺术也是真正的艺术,而不是艺术市场上的艺术。所以今天我最想讲的是,艺术与哲学对于现代人类的解放意义。

赵穗康:张老师把我要说的都说了,所以我只能补充。

人最本质的问题,在于人之有限与自然之无限的冲突和关系。尼采说他三岁时想到这个问题,一身冷汗,之后就成了哲学家。人类文明关键的根源,就是要与自然"达成协议"(make a deal),我们必须承认自己的有限,认可自己是无限之中一个部分,这个关系不随我们主观意志改变。

所有人类文明都是思考这个问题的结果,哲学是,艺术也是。人文的历史、科学、宗教都是关于人,都是有限的人试图克服和超越有限自我的努力。所以刚才张老师提到那位学者说儒学是他的职业,不是他的人生。他没意识到自己不切实际,因为这是不可能的,我们人生整个活动,包括吃饭、睡觉、思维,都在处理我们和自然的关系。在无限的自然面前,所有大我、小我都在里面。在我看来,争论这个问题,其实没有意义。

如果哲学是关于"真正的生活"(true living),那么艺术也不止关于审美，更是关于"真正的生活"。事实上，任何一种职业、学科都是通过一个媒介来感知什么是"真"，如何与自然"达成协议"。

艺术的风格和潮流重要，但对艺术家来说又没有那么重要。史学家和学术工业总要标签某个艺术家属于哪一个流派，但是如果去问艺术家本人，几乎没有一个艺术家会承认自己从属某个流派。这方面我可以举出很多例子。

所以艺术真正的内涵是认识自己，探索"真正的生活"。我讨厌学术工业，分门别类的学位制度简直就是荒唐，通过学业，它把人归类到一个阶层体系里面。张老师说艺术要救人类，我感同身受。小时候我觉得艺术很了不起，长大以后，客观一点，自认艺术只是一个选择，不要艺术也可以生活，但是后来，我又觉得艺术可以拯救人类。举个例子，现在所有学院都做一件事，就是在"对"和"错"之间犹豫选择，好的学生就是在对和错之间作了"对"的选择，在考场里面成为精英。但是这个"精英"的头衔给你下了圈套和陷阱。这话不是我说的，是乔姆斯基（Noam Chomsky）说的。一个人因为选择对和错的机械界限而得意，幸运让他变为社会的精英，但是机械的界限也就因此埋下负面的种子。

但是艺术不同，艺术可以将错就错，可以用自己的手和肌肤体验摸索。我在复旦讲课,开门见山,告诉学生我没什么可教,没有什么信息。有些学生觉得我从国外回来没带什么新的东西,所以并不稀罕。现在信息社会,信息有用,但又没有那么重要,我要做的就是将信息表皮洗掉,学生才有可能进入事物的内涵。课上我更多讲解自己的经历和体验,甚至我的错误。我讲自己错误,不是告诫学生不要犯错,而是让学生看到,通过错误可以达到更有意思的思维平台,所以我鼓励学生犯错。

如果艺术可以拯救人类,关键就在艺术可以犯错。我常说,现在的人离自然很远,非常干净,非常完美,就像包在一层薄薄的塑料里面。很多年前,国内有家电影制片厂拍摄纽约市垃圾回收的纪录片,他们在纽约拍片的时候,我是联系人。经历了纽约整个垃圾回收过程之后,我变成了环保主义者。我们现代人把厨房厕所弄得这么干净,但是我们却对厨房和厕所的管道一无所知。我们从超市大包小包把东西买回来,但是它们又是怎么出去的呢?不知道。我觉得这是一个非常可怕的现象,暂时不说技术的问题,只要人还活着吃喝拉撒,那么他就不可避免面对自然,人就必须接受和泥土的交道和关系,从这个角度,艺术让我们打开今天生活舒适便利的枷锁,直接接触人性原始的本能,从而通过人类基本的共性,找到人类共同的语言。当然，若是以后有一天我们不需吃食，只靠摄入化学药剂存活，我现在的话等于白说。

可能大家知道，哲学英语是"philosophy"，拉丁文由"philo"（loving，爱）和"sophia"（knowledge，wisdom，智慧）两个部分组成。philosophy 有学习、思考和探索的意思。知识分子，英语叫"intellectual"，中文的知识分子是一种阶层，但英语的 intellectual 是种行为。拉丁文 intellegre、intellectus、intellectualis 有阅读、思考、辨别、选择的意思。阅读和思考是一种关闭的状态。我们现在听音乐像在听朗诵，是被动的；而过去的人听音乐是在"阅读"，是主动的。主动阅读思考和被动聆听讲座朗诵最大的区别在于：阅读可以自己和自己争执，可以停下来思考。由此，智慧能从"读"和"思"中产生，阅读和思考是一种反观，不仅反观自己的思想，更是反观自己作为人的存在，所以是 reflection。

有人问乔姆斯基，他的 intellectual 定义是什么？他说："你以为麻省理工学院里的教授都是 intellectual 吗？他们不是，他们只是书库。"intellectual 有一个非常重要的定义，那就是独立思考的能力。"一个大学教授虽然掌握很多信息，可以传授很多知识，但也可能只是一个书蠹虫而已；但是一个管道工，只要他会独立思考，可能知识不如大学教授那么丰富，但他就是 intellectual。"

张汝伦：继续来谈谈"艺术哲学"。

我先不说很多大哲学家对艺术都有非常精深的品位、修养和思考；我也不说很多伟大的艺术家，说出的很多话，实际上也就是哲学，比如中国的石涛，西方的瓦格纳、马勒，等等。在中国古代，文史哲不分家，古人并没有把文学与我们后来的哲学分开。相反，诗在我国古代的学术传统中，一直占有非常高的地位。马一浮先生甚至认为，中国的人文学术教化，诗教第一。所以，研究中国古代哲学应该从《毛诗大序》开始，而《诗经》本身也可以作为一个哲学文本来读。当代哲学家也都喜欢把《诗经》中的"於穆不已"挂在嘴上。其实，西方哲学一开始也是把哲学与艺术（诗）视为一体，并非要到尼采和海德格尔，才将诗歌与哲学打通。现在有人从他们那里发现"诗化哲学"，其实这本是我们中国哲学的特色。从孔夫子到王船山，中国伟大的哲学家哪一个不是对诗下了非常大的功夫？他们并不认为，诗是诗，是一种文艺；而是认为诗就是经，就是哲学的一部分。《道德经》基本上就是哲学诗；而《庄子》则是最漂亮、最深刻的散文诗。哲学与诗（艺术）浑然一体，不仅中国如此。在西方的哲学史著作中，有些德国哲学家甚至认为西方哲学不是起源于泰勒斯的那句话"水是万物的本源"，而是起源于荷马史诗和赫西俄德的《神谱》。当然，后来的柏拉图的对话、奥古斯丁的《忏悔录》既是经典的哲学著作，也是西方文学史上的经典著作。到了近代，这样的例子还是能举很多，如卢梭的《爱弥儿》、尼采的《查拉图斯特拉如是说》等。

实际上，哲学与艺术，存在着内在的关联，合则两利，分则两伤。现在的哲学研究，做得越来越学术工业化，越来越没有想象力和创造性，越来越不感性，越来越离开日常实践、人生百态。其中主要的问题在于，离哲学的艺术本性太远了。而另一方面，艺术越来越空洞，也同样越来越没有想象力和创造性，几乎没有思想，在很大程度上就是一种商业行为。这里最根本的问题在于，艺术家们认为艺术纯粹是技巧和形式，跟思想何干？汉斯利克（Eduara Hanslick, 1825—1904）就代表着这个对音乐思考的转折点，他认为音乐纯粹是一个形式的问题、技巧的问题，跟思想没有关系，跟情感也没有太大的关系。从表面上看，现代性将哲学与艺术彻底区分，实际上它们却共有同样的毛病。将来有没有这样一种可能，艺术家和哲学家，不把对方看作完全从事另外一种职业的人，而是在根本的问题上存在共同追求的人？在哲学界，这个问题不是太大。因为哲学，尤其是西方哲学，认为艺术是摆脱自己的局限、框架乃至陈规的途径。比如海德格尔,后来他为什么要用诗歌的语言来表达自己的思想,就是因为觉得用传统西方命题式的语言来表达思想是有很大限制的。

当然,哲学和艺术的关系并非那么简单,并不只是向艺术借用语言的关系,可能还有更深层次的东西可以借鉴。比方说,哲学丧失很久的感性的纬度,今天如何来恢复。尽管我们现在受了法国哲学的影响,研究"身体"(body),可是研究"身体"的文章恰恰没有"身体",把"身体"作为一个纯粹抽象的理性概念来研究,这是一个极大的讽刺。再回头看看柏拉图、奥古斯丁、庄子,他们的哲学是怎么写的,甚至宋明理学家是怎么写的?相当感性。这是在现在的哲学家中很难看到的。

现在人们往往将"知情意"分开讲,反映了人类近代以来三种能力的分裂。哲学和艺术应该携起手,恢复它的统一。其中当然还有一个宗教的问题,暂且不谈。哲学和艺术这两个领域,或者说这两种人类的精神活动,如果说真能彼此不分,携起手来的话,那真是不得了。石涛的《苦瓜和尚画语录》、刘勰的《文心雕龙》、司空图的《二十四诗品》,只有浅人才会觉得这只是文学理论作品,而非哲学作品。反过来说,中国很多古代哲学家的著作,也未尝不能被当作艺术作品来看,比方说庄子、嵇康的文章,等等。当然真正要做到这样很难,这需要哲学家有艺术素养，真正像艺术家那样看这个世界、思考这个世界；另外一方面也要求艺术家像哲学家那样来整全地、形而上地看这个世界，思考这个世界。这样的哲学家、艺术家现在还有没有？

这是我一直在思考的问题，我也想听听穗康兄的看法，你对这个问题是怎么看的？

赵穗康：说起学术工业，我想起卓别林，在我看来他是一位哲学家。他在《摩登时代》里的表演，把我们今天的问题全说了。我们都是工业革命的螺丝钉。虽然工业革命为我们今天的生活提供了很多便利，但同时留下不可回避的后遗症，这个后遗症的严重后果，现在不得不用我们自己的身体去消化解脱。

张老师刚才说我有个怪癖，走到哪儿都带个电子琴，其实这一点不怪，也不神秘，更不是滥情。西班牙大提琴家卡萨尔斯（Pablo Casals，1876—1973）是个非常朴实的人，且具极高的人文修养。他说他每天早晨都要虔诚地去上一所特别的"教堂"，那就是在琴上弹一首巴赫的平均律洗濯精神。匈牙利出生的英国钢琴家安德拉斯·席夫（András Schiff）也说，每天早上要弹巴赫的平均律，他说这是精神洗澡。这事我有深切体会。我之前写过一篇文章,讲现在的社会环境,一个人整天被社会踩,踩到心理最底层,最后好像整个人都成了垃圾。但是当我在琴上听巴赫的时候,感觉自己就在云间空中。艺术把人的精神提升起来,让我们超越局部的周围和有限的自我。

再说哲学与艺术的关系,中国传统文化里面,古代很多诗人和哲学家都是融会贯通的能人,譬如张老师刚才说的王船山。很多中国哲学精神,我都是从诗话里面学到的。古代的诗话中讲究"境界",这看上去是审美问题,其实是一个哲学问题。打个比方,宋朝有人提出焦点透视的绘画规律,但是不能接受,因为中国传统哲学观念和焦点透视的审美角度不合,因为这样的绘画不是超越自然的审美而是描绘自然的审美,所以中国绘画还是坚持散点透视。这当然不是说焦点透视不好。我说这个例子的目的是要告诉大家,艺术、宗教和哲学,以及人类所有的文明都和"人"和"文"有关,都是通过不同的途径去谈同一个问题。

但是今天的社会是工业社会,是产品和消费,是个巨大流水线的机制。学生就是学术工业流水线上的产品,学院不断制造机械的标准:通过某个课程,经过某种学习,学生可以达到如何一个标准。这些都是为了社会工业体系在服务,这是学术的产业化、思维的工业化。我一直告诫学生，不要为了眼前暂时的一点小利，为了学位、为了晋升、为这个那个，以自己的努力压迫自己。阶层的阶梯无穷无尽，问题是你们这些年轻人，有没有胆量、有没有能力，在利益面前说不。

前几天和张老师聊天，我提到美国大学教师的招聘和升级采取投票制度。我们系里最近招了两位教授，表面上完美无缺，文凭合格，经历丰富。其中有一位，面谈表现无懈可击，但我隐约觉得表面的完美是个问题。在最后评委讨论时，我表达了这一疑虑，其他几个评委都以为我疯了。但是后来事实证明我的怀疑不是没有道理。我雇人不看简历，不看推荐信，也不看申请信，我知道自己无能，常常连面谈都会犯错，只有和我共事一段时间我才知道。这说明什么？人要接触，只有人，人是关键的关键。大家真的不要迷信完美。欧仁·德拉克洛瓦（Eugène Delacroix, 1798—1863）说，好画里面要有败笔。卡萨尔斯一次在录音室录音，录音师听完录音后对卡萨尔斯说："大师，这个作品录得很好，但是里面有一个地方拉错了音。"卡萨尔斯说："真的吗？""是的，我们是不是重录一下？"卡萨尔斯回答说："这太好了，这就证明我不是上帝！"

同事说我感情用事，过于相信感性，我说不是我的固执，而是我的相信。我没有办法让你赞同，但你也别想叫我迎合大众潮流。现在很多人明哲保身，外表裹着一层完美的塑料薄膜，里面却是一个胆战心惊的可怜虫。我想一拳打下去，把里面赤裸的人打将出来。一个赤裸的人，犯错误不完美，但是能够自我批评自我调整，这个人就厉害了。我觉得一个人重要的不是学历，也不是所学的知识，而是犯错的时候，能够不断调整，这是解决问题的能力，这是艺术。我过去一直不理解为什么运动是门艺术，但是后来通过自己溜旱冰的经验，发现灵机一动的必须。以任何球类运动为例，一个球过来，运动员要在零点几秒之内发明(invent)即时的动作，这就是艺术。

我没理论，说的都是感性，但是，我觉得在感知感性里面都是理论。

还有一个现象，正如张老师讲的，现在很多哲学家都是文化评论家和艺术批评家，比如福柯、德里达、鲍德里亚、利奥塔、本杰明(Walter Benjamin, 1892—1940)等。他们的思维角度绕过传统理论的构架，通过创意的"破绽"消化理论局限的单一，编造完全不同的观视角度和文化图案。如果说历史上曾经有人觉得哲学是个单独学问的话，在今天就是一个笑话。所以现在艺术家要学的东西很多，做一个艺术家必须先是哲学家、文化批评家。而今天的哲学家也是，你说翁贝托·埃科(Umberto Eco, 1932—2016)是小说家还是哲学家和文艺批评家？阿多诺（Theodor Adorno，1903—1969）自己作曲，三分之一的著作和音乐有关。再倒回去说，现代概念艺术之父杜尚（Marcel Duchamp，1887—1968），今天的概念艺术是什么？哲学。

张汝伦：我插一句，我曾经有一个学生写了一本很有分量的书《维特根斯坦与杜尚》，这是真正懂杜尚的作品。曾经有一次，我问他写作进度怎么样了。他说，写不下去了，写到杜尚艺术创作的哲学根据是什么，为什么要这样做的时候，写不下去了，原始的资料太少，他必须从其他所有的留给后人的文字资料中得出一个比较可靠的结论来。但现在很多艺术评论是凭感性、凭印象，然后再从国外评论杜尚的书中拿一点现成的结论。这是一个值得我们注意的事情，等到一个国家公众失去了正常的辨别能力的时候，这个国家的文化，恐怕就没有了。

赵穗康：张老师说得好。我这次来复旦第一堂课讲"形式"，有位学生提问，问我是否反对杜尚和勋伯格（Arnold Schönberg，1874—1951）。我说这是撞到枪口上了，学校教基本的知识分类和概念，到了学生手里就是随砍随套的武器。说艺术形式就是反对概念艺术，说感性就是反对理性，这不是学术工业？在纽约有人评论我的作品,说我是在概念艺术里面批评概念艺术。现代艺术有两条平行交错的线,一条是杜尚,批判的艺术;一条是塞尚,艺术的艺术。看似两个完全不同的理论,但是两条线实际搅在一处。概念艺术家约瑟夫·科苏斯(Joseph Kosuth)说对他影响最大的是抽象表现主义的巴尼特·纽曼(Barnett Newman, 1905—1970)。表面上,极少主义(Minimalism)是"为艺术而艺术"形式主义流派,但是骨子里面是批判的概念,这种趋向到了极少主义晚期,和法国解构的哲学思潮搅在一起,完全就是概念的形式主义。所以,"概念"是艺术的角度,而非艺术的种类。现在的批评家,用分门别类的概念去套艺术家,因为这样简单,就像套餐。但是原创的思维就是为了摆脱现成的观念,所谓的原创是反思破入的心态,是自我矛盾的悖论,可以一个角度坚持一种主义理论,另一个角度浸在完全不同的风格流派里面,正是这种矛盾的错差构成一个非同一般的平台。很多有意思的艺术家和哲学家,常被称为跨越时代,但是其实没有,而是"矛盾"双重的原创游离不定,不是我们单一逻辑可以解释,不是点和线的时间可以标明。

张汝伦：历史上,比方说《拉奥孔》《汉堡剧评》,或者近代以来许多经典性的文学批评、艺术批评的文章，为什么值得看？用哲学的话语讲，好的批评一定是"回到事物本身"的。我们只要把美国哈佛大学的宇文所安写的对初唐诗《春江花月夜》的评论和闻一多先生《唐诗杂论》里对那首诗的评论对比一下，马上可以明白。后者有事物本身，前者没有事物本身。

我们读国外文学杰作时，有一个深刻的印象，就是那些文学巨著往往可以作哲学著作来看，而那些伟大的作家，其实也可以把他们看成哲学家。埃斯库罗斯、索福克勒斯、塞万提斯、但丁、拉伯雷、莎士比亚、歌德、席勒、托尔斯泰、陀思妥耶夫斯基、卡夫卡、帕斯，等等，这样的伟大作家举不胜举。我们中国的文学家为什么不行？没哲学！写出《大河湾》的 V. S. 奈保尔，2015 年到上海书展来，记者采访他时，他谈到时间的概念，完全是在哲学意义上来谈。他认为，人类经验中时间的概念很重要，他作为一个小说家，力图在作品中反映自己对时间的理解。赵穗康老师在复旦的第一堂课中介绍了九个人，这些一流的人物都是文艺复兴意义上的全人，或者我们中国人讲的通儒。音乐家阿尔诺德·勋伯格的文学造诣很高，奥地利现代文学著名的散文家克劳斯（Karl Kraus）曾经说："我的文学写作就是从勋伯格那里学的。"非常之人方能行非常之事。中国古人讲"道通为一",只有把所有的东西都学通了,大师才会出现。我们现在为什么不出大师?不是中国人笨,而是我们太谨慎了,不愿意"越轨"。

真正的艺术让我们破掉很多东西。比方说,一个人能够把《二十四诗品》读通,他的思想就会变得开阔;去读不好读的《苦瓜和尚画语录》,就会发现自己思想中原来那种工具理性,慢慢地被它颠覆了。这些改变是不容易的,也是老师没办法教的。但是老师可以给你指条路,就看你愿走不愿走。赵穗康的第一堂课讲得很好,是个很好的提醒。我们为什么没有大师?不是偶然的现象,它有内在的原因。内在的原因就是眼光不远、眼界不宽。所以,希望我们的学生,一是要打开思路,以创造性人才的标准来要求自己;二是被不被人承认其实无所谓,真正有意义的是,你是否给这个世界提供了一些留给后人的好东西,就像前人为我们留下了那些好东西。他们没有必要宣传自己,更没有必要包装自己。石涛不是院士也不是教授,但是我们今天觉得他这座高峰,很难超过;朱熹一辈子不得志,受压抑,可是我们觉得这样的人现在不太可能再有了。人的肉体总是要腐烂的,活得再长,和历史比起来,也是比较短暂的。真正永恒的是给人类作出贡献。只要在这世界上还有人,朱熹的作品永远会有人读,石涛的作品永远会有人读，这个不容易。

所以我很感谢穗康兄，他用他收集的材料，来给我们提了这样一个问题。对于今天关于"艺术哲学"的对话，我本来还摆脱不了教授的习气，想从什么叫艺术、艺术的定义、中国人怎么教艺术的、西方人怎么教艺术的开始讲，后来想想，我这样讲一点意思都没有，也不需要这样讲。艺术真正的精神，两个字，和哲学真正的精神一样——自由。突破一切成规，这是我们今天最缺乏的。

赵穗康：张老师讲的是宏观高度，我讲自己的故事。我觉得我们中国最大的问题是人太实际，太聪明。我们把中国最好的传统丢了，然而，西方人自己继续发展的同时，在捡我们的古董。张老师常说西方科学家研究我们的古代哲学，但是倒过来，中国的数学家去研究柏拉图的情况很少。我非常喜欢中国人传统思维和审美里的"不隔"，诗话里面经常提到，王国维不厌其烦，"不隔"就是赤子之心。

张老师提到跨界，昨天我在给学生看我二十年前的作品，那时候还没有跨界这个词，但我不知不觉"跨"了，因为我在音乐和艺术中看到同样的东西。所以觉得没有什么特别，一切都是自然而然，我没"界"可"跨"，因为本来就没有"界"，界都是人为限定的标志。

中国人的功利在我们血液里面。以前我在学校读书的时候，学油画专业，但我不务正业，看杂书，常去琴房弹琴。班上有位国画专业的同学，很有才能，又有名师指导，是嫡系一线的传承，一次他看了我的画笑我："赵穗康，你东学西学，自己不知自己要什么，几年以后我们都成功了，不知那时你在哪里。"现在人说我有才，是个"跨界"的艺术家，但我知道自己很笨，喜欢东西很固执，当初真的不知什么是跨界。昨天有位学生问我怎么没有界限的感觉，什么都敢做。但我并不觉得有应该和不应该的界限，也许有做得了和做不了的区别。我不顾不隔，只是朝吸引我的方向走去，我有时很傻，但也许正是我的傻，让我无意跨越了很多原本应该阻止我的障碍。这是不顾不拘不隔心态的好处。现在我讲跨界，我的第一堂课提到很多"跨界"的人，我好像生来就对"不务正业"的人有兴趣。一个人能够这样界限全无，无需智者超人，只要一点不隔不拘的心态。事实上，这也是不得而已，那么多的大师堵在我们面前，夹缝之间也过不去，所以只好旁边绕道，重新开路。要画的都画了，要做的也都做了，我假借其他媒体，利用音乐其他可能，另辟蹊径。跨界不是主动的策略，是顺其自然的旁敲侧击，所以没有必要把跨界放在时髦的风头，更没有地位的高低之分。

现在大家都谈跨界，把跨界提到理论高度就很可怕。但是我告诉你们，所有那些数学家、物理学家、化学家，他们没有艺术的跨界理论，可是他们知识广泛，他们从不同角度折腾自己，他们进出自由，跨界自然而然。

我的艺术专业训练过分，它像一个暴君，整天管我。所以通过音乐，我从业余角度来看视觉艺术，这样把我从自己的枷锁里面拯救出来。反过来，我从造型角度听音乐，尽量保持音乐上的"业余"好奇。然而这个问题又要倒过来说，任何一门专业都是自己的特殊，譬如哲学有它自己的门道，视觉艺术有它自己的技艺，音乐艺术更有自己的技术理论，但是，这些特殊和技术并不阻碍我们超越技术的本身。这是一个矛盾，一个人磨刀霍霍练一辈子功，练到临死之前最后一刻，练技的目的是为了忘掉技术。这听上去很矛盾，但事实上一点也不。以前有一个朋友对我说，他没有才气，因为他知道的技术太多，这个道理说得没有道理。

很多人说我说话自相矛盾，是的，我就是矛盾的集中。论技术，我真的还算可以，系里有人碰到技术问题都来问我。但是，学生都说我是一个概念抽象的老师。其实这就是张老师讲的，局部与宏观的关系。我教学生画人体动态的时候，要求

80％集中精力画画,20％跳出自己,远远看着自己在干什么。在我看来,这是一个有独立思考能力的人的基本要素——在局部巨细的同时,又能宏观脱己。

我劝学生埋头苦干,不要担心那么多的技术问题,不要玩弄概念术语,也不要云里雾里,什么艺术的概念、艺术的心灵。你要傻乎乎地掉进去,又要若即若离的不在里面,就像和尚敲木鱼,敲得认真就是因为没有目的。如果一个人没有这种出入自由的心态,不能时在具体之中,时在具体之外,人生就没趣味。我教学生自学的方法,教他们自己找到自己途径,自己完成自己。艺术就是认识自己的过程,微观宏观同时并存,近者缠绵爱恋之纠缠,远者逍遥洒脱之无常。艺术是人生,哲学也是人生,思维更是艺术的人生。

张汝伦:我讲的也不一定是宏观的。有些哲学系的同学,有时候会觉得自己是哲学系的学生,所以要谈一些宏大叙事。其实并不是这样,搞哲学的人同样要对一些细节的东西很注意。一个人如果不注意细节的话,对他说的话别人也许会提出很多的质疑。但这个注意又不等同于学术工业的注意,要掉书袋显博学,注明版本出处,这是哪里来的,那是哪里来的,其实不需要。比如熊十力、黑格尔、康德、海德格尔、尼采，他们的著作基本很少提来路和出处的，但是他们的思想有没有来路？来路太多了。一个人如果从生下来就认为自己很伟大，前人的东西一概不看，他也就无法成为伟人。伟人在对传统的理解上，往往特别卖力，下的功夫特别多。但是最后真正要到写的时候，就得心应手了，让人看不出来处，这就是我刚才说的大家。像朱子这么一个了不起的人物，他说过的很多话，直接就是程子讲过的，张载讲过的，周敦颐讲过的。他拿来也不会有人说他有剽窃嫌疑。我们的古人认为学术乃天下之公器，既然是真理，为什么别人可以说，我不能说。

宏观的东西，不是要讲一些伟大的空话，而是说要关心世界和人类的根本问题，对世界和人类的重要，有一个根本性的看法。中国的一流小说家和西方的一流小说家比起来差很多，就是在这方面有欠缺。我们很难找到可以与《战争与和平》《卡拉马佐夫兄弟》《浮士德》相提并论的巨著，这几部书的作者是把整个宇宙、整个人类放在自己的视野中，去思考善与恶、正义与非正义、压迫与反抗、自由与奴役、战争与和平这些全人类都面临的问题。他们试图在一个非常深的角度去考虑这些问题。同样写男女私情，把《安娜·卡列尼娜》和中国类似的小说对比，就知道对人类感情把握的深度和广度之间的差距。中国人也是人，人类有的感情，中国人也会有。我们的

《诗经》、唐诗、宋词里面对于人类感情的描述,对人的复杂性的描述,以及对宇宙人生的形上思考,那真是达到了极高的高度,可是后来就不行了。所以,不是说我们中国人没有,我们是有的,只不过后来没有继续从根本上去思考这些问题。帕斯捷尔纳克的《日瓦戈医生》,真是写得"哀而不伤,怒而不怨",达到了孔夫子提出的最高审美境界,我每次看都会被他的隐忍和克制感动。正是因为作者的隐忍和克制,读者会感受到其中有一种撕心裂肺的力量。

所以,我在想,宏观视野,是我们无论做哪一类工作,都必须具有的。比方说,王国维先生,现在很多人崇拜他的考证,但是我更崇拜的是他看大历史的宏观眼光。比方说《殷周制度论》,他是站在中华文明史的高度和深度来看待这段历史的,但是又落实到具体的材料。然而,对于这些材料他不纠缠于细节,他着重的是"解释"。这是我们后人所没有的,也因此再没有人写出《殷周制度论》这样站在相当历史哲学高度的论文。我们现在总是斤斤计较于某个字、某个制度名物的琐细考证。已经有人指出,王国维对每个字的考证,都是有他对宏观的理解的,这也就是刚刚赵穗康讲的,对于大问题的思考——为了解决这个大问题,我来考证这个字,而不是单就这个字进行考证。

赵穗康： 在《艺术作品的本源》和《形而上学导论》里面，海德格尔两次提到凡·高的《一双鞋》，这是一个很好的例子，不管他的角度多么不同，海德格尔从哲学的高度下来，再从具体的里面出去，两次的角度非常不同，结论的正确与否并不重要，都是假借阐述他的想法理论。

张老师刚才讲的话，让我有点安慰，我没好好读过书，中文英文都没基础，一本"文革"时期小小的《新华字典》、一本英汉字典就是我的基础教育内容。我写文章，常常先有一个奇怪的想法，一个几乎不切实际的宏观，然后开始东捡西捡，找东西来支撑自己的想法，捡的过程就是文章发展的过程。但是我心虚，因为捡的地方没有界限范围，要说音乐，例子却在绘画里面，要说绘画，例子却在电影里面，而且偶然捡来的例子不是课堂上面久经考验的典型标准。现经张老师一说，我侥幸自己又是一次歪打正着。

我常把艺术从创意的角度来看，很多艺术家只有艺术没有创意，他们在艺术上做"小学"，在规则里面做注解。人类文明总是不断创造一些审美规则，而他们就是游戏规则的熟练工匠。但是，创意的自然不隔具备自己的原创能量，创意不是一种能力，而是一种打开的心态（open-ended）。创意是人性的本能，每个人都有，即使不是艺术家，比如理查德·费曼

（Richard Phillips Feynman，1918—1988），他是物理学家，也是一个艺术家。创意的心态让你自由自在，因为你无所顾忌，你的心灵没有遮拦，奇奇怪怪的想法随进随出，你可以选择、判断甚至犯错，你可以歪打正着、将错就错，你可以调整玩耍，然后横空打开一个洞口窗户。我每次写文章都要修改多次。一次我想，为什么不能一次搞定？但是后来发现这样不行，因为每一次修改，我不是把文字改得更好，而是把文字破坏调整到一个不同的平台，找到一个能够把它改得更好的破口。而且，后面的修改，又是一个调整和破坏的过程，又是一个不同的平台，在不断打破调整的过程之中，我的文思渐渐出来。也许是我无能，没有一挥而就的才情，最后写下的文字，完全不是开始的模样。我的艺术作品也是，必须在不断破坏的过程之中不断再生。也许这是一种胆量，走独木桥的胆量。人说艺术家在悬崖边缘跳舞，讲的就是这种危险的兴奋刺激。

我发现所有的哲学家、物理学家、艺术家、有创意的人都这样。我经常讲到毕达哥拉斯，不是因为他的伟大，毕达哥拉斯老是在走独木桥，他的宇宙观和音乐有关，他的数学理论和几何造型有关，他的理念都有感性的直接来源。根据记载，他第一个提出音响震荡的规律。毕达哥拉斯听到铁匠打铁，觉得这个声音应该和发声的规律有关，但他不久又发现自己的错误,发声的规律和铁锤的锤击重量无关。正是这个错误的桥梁,让毕达哥拉斯进入另一个层面的探索,最后发现,发声的规律是和音响在空气里面震荡的频率有关。我们说他是个天才,因为他不怕犯错,而且不拘不隔执着不渝。

类似的例子无数,关键在于要有这种宏观具体的、独立不依的创意心态,要做到这样需要信念,需要时间,很长的时间。举个例子,贝多芬有 23 部奏鸣曲,最后 6 部境界非常高,他自我否定,把前面建筑的大厦统统打掉,而且达到不仅只是音乐上的境界,更是人文意义上的境界——贝多芬与莫扎特不同,他是个平凡的人,写过平庸固执的作品,这不是对他的批评而是对他的敬仰。贝多芬的伟大在于用他自己一生,证明了一个人可以依靠自己人性的创意能量,通过不断的解构建构,最后建造一座超越自己物身的精神大厦。他最后 6 部奏鸣曲就是那座大厦的一个部分。后人需要丰富的人生体验才能理解。刚才说到的钢琴家安德拉斯·席夫,当他看到自己学生在弹贝多芬的 111 号奏鸣曲时说,贝多芬到晚年才写这个作品,不说贝多芬的伟大,一个人努力一辈子达到的境界,你怎么能轻易随便表演?我也是很晚才敢在音乐会弹奏这个作品,"You should be afraid",他说这话的时候,恭敬得像个小学生,我听了很感动,但是年轻人没有听懂,吃惊他会这样说,好像是在打压学生的自由。其实当然不是,安德拉斯·席夫是在强调弹奏贝多芬音乐里面的人文涵养。中国有一个词叫熏陶,也就是说,涵养是长时间烟熏陶冶出来的。

　　安德拉斯·席夫的故事不是不让学生去做,不给学生自由,而是让学生知道要进步先得退步,要向上先得向下,学习必须沉下去,只有下去,才能了解知识之海有多深。我非常喜欢的指挥是富特文格勒(Wilhelm Furtwangler, 1886—1954),他是德国音乐的巨人,但是自称音乐面前的"仆人"。他的音乐超越自我平庸的局限,他的音响具有虔诚的宏伟,宏大然而亲切体贴。有人觉得音乐只是指挥家手中的素材,大师指点在上,音乐发声在下。但是事实正好相反,音乐当前,我们都是"小人"——富特文格勒永远看着上面,看着天上的神光,所以他的作品之宏大超越音乐家的富特文格勒自己。这并不是我个人的品位,指挥家里还有很多我喜爱的人物,但是富特文格勒的心态,让其他人很难超越,原因在于他在音乐下面祈祷,你可以说他浪漫、夸张,可以拿他与截然相反的托斯卡尼尼(Arturo Toscanini, 1867—1957)相比,然而,技术风格并不重要,重要的是音乐面前,富特文格勒始终是个"小人",一个和音乐一样伟大的"小人"。

张汝伦：时间差不多了，我再为大家补充一个关于毕达哥拉斯的史实。在我们的印象中，他恐怕是西方最早的理性主义哲学家，据说他发明了毕达哥拉斯定理，用数的比例来解释音乐和宇宙天体之间的关系等。但是大家忘记了，他还是巫师，是一个宗教领袖，他会作法。

在我们接受的教育里认为，巫师就不会是个理性主义者，理性主义者就不会装神弄鬼。不对的。人类的精神领域有不同的层次，牛顿四十岁以后绝不涉足物理学的研究，而且跟别人说："我四十岁以前的工作都没有意义。因为宇宙的最高秘密只有上帝才知道。比方说你是个力学家，力（force）这个概念我只会用，但是什么只有上帝来回答。"1960 年代人们发现了他几十万页的手稿，四十岁以后牛顿在研究什么呢？巫术、神学、形而上学。前年，上海艺术人文频道引进了 BBC 拍的一部关于牛顿晚年生活的传记片 *Isaac Newton: The Last Magician*，翻译成中文应该是《牛顿，最后的巫师》，结果翻译的人觉得牛顿怎么会是巫师，所以就翻译成了《牛顿，最后的魔术师》。这不是一个翻译问题，而是一个认识问题。

所以，请大家一定要解放思想，人类有很多东西，可能比人们告诉我们的更为复杂。那么，如何做一个有想象力、有创造力的人？第一，怀疑，怀疑自己所有学到的东西，怀疑现在流行的很多观点,怀疑自己的成见;第二,博学、慎思、明辨;第三,要学会把看上去不合逻辑的、看起来不可能的东西联系在一起想。

　　归根结底,客观的知识忘掉了可以再学,暂时还没有的知识以后也可以再学,唯独一个人的创造性思维的能力,没有了就是没有了。

本文原载《书城》2017 年 9 月号

文人结社与晚明文化生态

樊树志

晚明文人结社，固然与科举考试有着密切的关系，但是他们目光犀利，切磋学问的同时，更关注现实的政治问题，探寻解决之道。

一、关于文人结社之风

文人结社之风，兴起于晚明。顾炎武在《日知录》中说：士人相会课文，建立文社，是万历末年的新事物。亭林先生关于文社的说明很确切，因为他本人就是文社的一员，朱彝尊《静志居诗话》说，顾炎武"早年入复社"，与昆山同乡归庄齐名，都"耿介不混俗"，所以有"归奇顾怪"的说法。

晚明的文社，与前朝的诗社不一样。诗人结社宋元时代就有，明朝趋于极盛；至于文社，始于天启四年常熟的应社。对晚明文人结社素有研究的谢国桢认为，应社的起源可以追溯到万历末年苏州的拂水山房社。但是嘉靖万历时代的常熟人赵用贤说，早在嘉靖年间常熟就有文人结社的记载。

以上几种说法，时间先后有所出入，大体而言，最早或许可以追溯到嘉靖年间，但是高潮确实是在天启、崇祯年间。所以我们说，文人结社之风，兴起于晚明。

为什么晚明会出现文人结社的风气？我以为，最重要的原因是，明中叶以来，在思想解放潮流的冲击下，文人逐渐形成自觉、自主的思想，追求结社自由、言论自由。正德嘉靖时代的王阳明，提倡"学贵得之心"，主张以自己的心得来判断是非，不必按照孔子或朱子的是非标准来判断是非。黄宗羲认为，王阳明的思想，经过他的弟子王畿、王艮的发挥而风行天下，到了再传弟子颜山农、何心隐一派，"非名教之所能羁络"，"诸公掀翻天地，前不见古人，后不见来者"。

王畿最能领悟王阳明思想的真谛，始终坚信"学须自证自悟，不从人脚跟转"，才有出息。如果不能自证自悟，一味追随前贤的脚跟转，人云亦云，重复前贤的语录，或者执着师门权法，不敢超越，就没有发展，没有创新。王艮强调"以悟释经"，

按照自己的领悟来解释儒家经典。耿定向把他的思想概括为
"六经皆注脚"——儒家经典不过是自己思想的注释。顾宪成
把王门后学的这种思想，概括为"六经注我，我注六经"。他的
本意是批评王门后学的流弊——"孔子大圣一腔苦心，程朱大
儒穷年毕力，都付诸东流"。其实"六经注我，我注六经"的意
义也正在此，挣脱传统思想的枷锁，获得每个人自觉自主的
思想。

晚明文人结社，固然与科举考试有着密切的关系，成员为
了考取举人、进士而互相切磋，不少人也陆续中举人、成进士。
但是他们目光犀利，看到了科举考试八股文的弊端，力图跳出
来另辟蹊径。在一起切磋学问的同时，更关注现实的政治问
题，探寻解决之道。

这是晚明文人结社最大的特点。谢国桢甚至认为，晚明
文人结社成为一种社会上的政治运动。他在《明清之际党社
运动考》中说："结社这件事，本来是明代士大夫以文会友很清
雅的故事。他们一方面学习时艺，来揣摩风气；一方面来选择
很知己的朋友……所以明季几社的成立，他们只师生通家子
弟，在一块结合，外人是不能参加的。后来才门户开放，'社集
之日，动辄千人'。不意一件读书人的雅集，却变成了一种社
会上政治的运动。"

二、"济世安邦"的几社

　　名闻遐迩的松江文人结社——几社,成立于崇祯初年。明末清初,松江人李延昰《南吴旧话录》中专门有一卷介绍著名的文社,除了拂水山房社、几社,还有"十人社""六人社""十八子社",大多活跃于嘉靖、万历之际。几社延续了十人社、六人社、十八子社的传统,与邻近的常熟应社、太仓复社遥相呼应,以文会友,不满足于科举制艺的训练,冲破学问的藩篱,急切地大声发出声音,触及时事,试图纠正时弊。

　　几社的文集《几社壬申合稿》,汇集了陈子龙、夏允彝、徐孚远等十一名成员的文章,谈的是历史,落脚点是当时的朝政利弊。例如夏允彝写的《拟皇明宦官列传论》,重点是在抨击天启年间魏忠贤阉党专政,其后果是:在内分散相权,在外管制将权。他所处的崇祯时代何尝不是如此!李雯写的《朋党论》,现实针对性更加明显。天启年间魏忠贤专政,把反对派官员一概扣上"结党营私"的帽子,编造《东林点将录》《东林党人榜》之类黑名单,整肃数以百计的"东林党人"。崇祯初年,皇帝朱由检拨乱反正,清查阉党逆案,但并不彻底,阉党余孽时时刻刻都想翻案。深受皇帝信任的内阁首辅温体仁推行

"没有魏忠贤的魏忠贤路线"，起用逆案中人，排挤正人君子，打出的旗号就是反对"朋党"。李雯对于这些事情记忆犹新，于是乎写了《朋党论》。在他看来，既然小人用"朋党"之名来整君子，而皇帝是非不分，一概打击"朋党"，其结果必然是"小人受其福，而君子蒙其祸"。何况当时有人指责几社也是"朋党"，李雯当然要辩个一清二楚。

几社诸君子在历史上留下的最为辉煌的一笔，毫无疑问是崇祯十一年编成的五百卷巨著《皇明经世文编》。由几社的台柱——陈子龙、徐孚远、宋徵璧——主编的这部巨著，震惊文坛，并不是它的资料宏富，而是它的立意高远。在王朝走向末路的危急关头，把本朝两百多年来有识之士的经世致用文章汇编在一起，供当朝执政者借鉴。正如主编陈子龙在序言中所说，编辑此书的宗旨，不仅仅是"益智"，更重要的是"教忠"——担负起天下的兴亡之责。松江知府方岳贡指出，三位主编陈子龙、徐孚远、宋徵璧"负韬世之才，怀救时之术"，决定了本书的特色与众不同——"关于军国，济于时用"。应天巡抚张国维的观点与方岳贡相同，称赞三位主编"以通达淹茂之才，怀济世安邦之略"。近代学者朱希祖为该书写的跋文，赞扬几社诸子不沾沾于功名利禄，"精深博大，超出于诸书之上远甚"，尤为可贵的是，它是痛斥"浮文无裨实用，泥古未能通今"的发愤之作。可见几社追求的是"实用""通今"的境界,这与沉迷于背诵子曰诗云的腐儒,有天壤之别。

复社成立以后,几社和其他文社都以团体成员加入,成为复社联合体的一部分。不过他们的活动是有分有合的,复社的活动并没有取代其他文社自身的活动。崇祯年间复社的名声很大,几乎掩盖了其他文社,但是几社在松江的活动依然有声有色,从最初的十几人发展到上百人,后来还分出许多分社,活跃于松江地区。

三、作为文社联合体的复社

狭义的复社,是众多文社之一;广义的复社,是众多文社的联合体。朱彝尊说,"复社始于戊辰(崇祯元年),成于己巳(崇祯二年)"。崇祯二年,复社发展为众多文社的联合体。加入联合体的文社有:常熟的应社、松江的几社、浙东的超社、浙西的闻社、江北的南社、江西的则社、山东的邑社、山西的大社、湖广的质社等。

崇祯二年,在苏州府吴江县召开的尹山大会,是复社成为文社联合体的标志性事件。复社领袖张溥宣布办社的宗旨:当今世风日渐衰微,士子不通经术,满足于道听途说，一旦进入仕途，上不能"致君"——辅佐皇帝，下不能"泽民"——恩泽人民，结果是"人才日下，吏治日偷"。有鉴于此，期待与四方有识之士共同努力，兴复古学，务为有用，所以命名为复社。

参加尹山大会的人员来自全国各地，据日本学者小野和子统计，南直隶（相当于现今江苏、安徽）235人（小野和子统计为234人，其中江苏府为90人；但笔者反复核对，江苏府实为91人，南直隶人数应为235人），浙江168人，江西123人，湖广（相当于现今湖北、湖南）64人，福建40人，山东20人，广东14人，河南8人，山西4人，四川3人，贵州1人，共计680人。这是具有划时代意义的事件，改变了先前文社局限于一隅之地的状况，形成全国性组织，其影响力超越文化层面，渗透于政治领域。复社成员大多游走于学术与政治之间，这种特质是以前文社所不具备的。

崇祯三年的金陵（南京）大会，崇祯六年的虎丘（苏州）大会，规模与影响更加扩大。崇祯三年，适逢应天乡试，江南士子前往金陵参加考试，复社成员杨廷枢、张溥、吴伟业、吴昌时、陈子龙等，都高中举人，复社声誉迅速高涨。在这种背景下，金陵召开第二次大会具有别样的意义。次年京师会试，吴伟业、张溥金榜题名，皇帝钦赐吴伟业回乡完婚，张溥回乡葬亲,皇恩浩荡之下,复社在苏州虎丘召开第三次大会。陆世仪《复社纪略》描写虎丘大会的盛况堪称空前:"癸酉(崇祯六年)春,(张)溥约社长为虎丘大会。先期传单四出,至日,山左、江右、晋、楚、闽、浙,以舟车至者数千人。大雄宝殿不能容,生公台、千人石鳞次布席皆满。往来丝织,游于市者,争以复社命名,刻之碑额。观者甚众,无不诧叹:以为三百年来从未有此也!"岂止是三百年来所未有,简直堪称空前绝后。复社的社会影响已经超越了一般文社,成为栖身于民间的政治文化力量。据日本学者井上进统计,复社鼎盛时期,总人数有 3 043人,遍布全国各地,主要集中于太湖周边的苏州府、松江府、常州府、镇江府、嘉兴府、杭州府、湖州府,有 1 226 人;其中又以苏州府最多,有 505 人。

虽说当时文社很多,但跨地域的全国性文社,闻所未闻。谢国桢感慨道:"复社的同志,本来仅集合太仓等七郡的人物,后来由江南而蔓延到江西、福建、湖广、贵州、山东、山西各省,吴应箕编《复社姓氏录》,其孙吴铭道又为《续录》一卷,著录复社同志共 2 025 人,那真可以说是秀才造反了。"秀才造反云云,似乎言过其实,他们想的是如何"补天",而不是"拆台",怎么会"造反"?后来改朝换代之际,许多复社成员都为反清复明而殉难,便是明证。

四、对复社的"谤讟"

复社声誉蒸蒸日上，张溥、吴伟业等人没有料到，复社从此卷入政治斗争的漩涡，而且是最高层的权力之争。内阁首辅周延儒与内阁次辅温体仁的矛盾逐渐激化，他们互相倾轧的第一回合，围绕着崇祯四年的会试展开。按照惯例，会试的主考官应由内阁次辅担任，内阁首辅周延儒为了扩大自己的势力，破例担任主考官。科举考试的惯例，考生与主考官之间形成"门生"与"座主"关系，一直维系到官场，结成派系。进士及第的复社君子张溥、吴伟业等人不由自主地成了周延儒的门生。

崇祯六年，温体仁抓住机会，把周延儒赶下台，顺利升任内阁首辅。为了把周延儒的复社"门生"拉到自己麾下，他想出绝妙主意，指使他的弟弟温育仁，在虎丘大会时申请加入复社，遭到张溥严词拒绝。恼羞成怒的温育仁依仗兄长的权势，雇人编写《绿牡丹传奇》，讽刺挖苦复社。基于这样的背景，社会上关于复社的流言蜚语沸沸扬扬：士子们都以太仓两张为宗师，称呼张溥为西张夫子，张采为南张夫子；把两张的家乡太仓称为"阙里"，与孔子故里相提并论，而且仿效孔庙规格，太仓也有类似孔庙的建筑,供奉西张夫子、南张夫子,他们的弟子享受配祀的待遇,有"四配""十哲""十常侍"。

这样的流言蜚语难以置信。在当时的政治体制下,简直是胆大妄为的僭越,以张溥、张采的人品节操与学识涵养,断然不可能容忍或指使这种咄咄怪事。细细阅读《复社纪略》就可以发现,谣言的来源就是对复社怀恨在心的宵小之徒(化名为嘉定徐怀丹),捏造了一篇声讨复社十大罪状的檄文。所谓张溥、张采自比孔子,把太仓自拟为阙里,以及类似孔庙的规格等,其源盖出于此。陆世仪把它定性为"谤讟",所谓"谤讟"就是诽谤、怨言的意思。吴伟业写的《复社纪事》明确指出:"无名氏诡托徐怀丹檄复社十大罪,语皆不经。"同样荒唐的谣言,竟然说张溥的一封介绍信,就可以决定士子科举考试的命运,甚至可以私下拟定等第名数,"发榜时十不失一"。稍有常识的人都知道,那个时代科场舞弊屡见不鲜,都是偷偷摸摸干的,如此光天化日之下公开操纵考试,简直是天方夜谭。毫无疑问,这也是"谤讟"。奇怪的是,谢国桢先生却信以为真,指责复社"借着民众的势力,来把持政权,膨胀社中的势力。因此复社本来是士子读书会文的地方,后来反变成势利的场所"。原因在于,没有看清"谤讟"背后的真相,问一个为什么。复社领袖张溥不过是小小的庶吉士,张采不过是小小的知县,不可能神通广大到"把持政权"的地步，千万不要把宵小之徒的谣言当成事实真相。

五、"朝廷不以语言文字罪人"

复社成员大多是生员或举人，少数精英分子通过科举考试进入官场，由于他们的言论文章影响很大，内阁首辅温体仁的反感由之而生，视其为政敌，必欲置之死地而后快。逮捕钱谦益与诋毁复社两件案子，几乎同时而起，看似巧合，实质有着内在联系。在温体仁看来，从东林到复社，一脉相承，钱谦益是东林巨子，复社则号称"小东林"。温体仁和刑部侍郎蔡弈琛、兵科给事中薛国观策划，对东南诸君子下手，崇祯十年终于抓住了机会，买通常熟知县衙门的师爷张汉儒，诬陷早已罢官回乡的钱谦益58条罪状，温体仁随即下令逮捕钱谦益，同时发动对复社的攻击。吴伟业一语道破："（钱谦益）锒铛逮治，而复社之狱并起。"

在温体仁的亲信刑部侍郎蔡弈琛的指使下，太仓市井无赖陆文声向朝廷上书，诋毁复社领袖张溥、张采"倡立复社，以乱天下"。苏州府推官周之夔向朝廷上书，诬蔑复社"紊乱漕规"，并且把先前流传的谣言，一并作为罪证。

崇祯十年六月,温体仁罢官而去;八月,钱谦益案件得以平反,复社一案自然不再追究。但是事情并未了结。此后担任内阁首辅的张至发、薛国观,继承温体仁的衣钵,依然把复社看作仇敌。张溥病逝以后,张采担当起辩诬的重任,他写了长篇奏疏,向皇帝申辩复社的真相,指责陆文声、周之夔"罗织虚无",徐怀丹"假名巧诋",表示愿意与他对簿公堂,"倘其人乌有,则事必诬搆"。地方官的调查,也肯定了对复社的"谤讟"毫无根据,复社不过是一个文社而已。

崇祯皇帝明白了真相,下达圣旨:"书生结社,不过倡率文教,无他罪,置勿问。"御史金毓峒、给事中姜埰陆续为复社昭雪,崇祯皇帝再次下达圣旨:"朝廷不以语言文字罪人,复社一案准注销。"

复社终于从皇帝那里讨回了公道,以前强加于它的种种诬陷不实之词,诸如"操纵朝政""把持科场""横行乡里""自拟阙里"等,统统都是站不住脚的。崇祯皇帝对于文人结社的宽容态度值得称道——"书生结社,不过倡率文教";"朝廷不以语言文字罪人",为文人结社提供了宽松的文化生态,复社在明末十几年的辉煌,于此可以获得索解。

后期复社最辉煌的业绩,莫过于《留都防乱公揭》。崇祯十一年,复社人士趁金陵乡试的机会,在冒襄(辟疆)的淮清桥桃叶渡寓所,召开大会,通过了复社成员吴应箕、陈贞慧起草的《留都防乱公揭》,在这份檄文上签名的有 142 人,领衔的是东林书院创办者顾宪成的孙子顾杲,以及惨遭魏忠贤迫害致死的黄尊素之子黄宗羲。《留都防乱公揭》声讨阉党余孽阮大铖妄图推翻阉党逆案,重登政治舞台的图谋。它伸张正义,宣示君子与小人不共戴天的浩然之气。阮大铖慑于清议的威力,不得不躲进南京南门外的牛首山,暂避锋芒,派出心腹到处收买“公揭”文本,孰料愈收愈多,传布愈广。彷徨无计之时,他想到了刚刚来到南京的侯方域(朝宗),企图利用这一人脉,来缓和与复社的紧张关系,不惜用重金撮合侯公子与秦淮名妓李香君,作为交换条件。侯方域与李香君婉言谢绝,大义凛然,令后人赞叹不已,孔尚任《桃花扇》写的就是这一段历史。

晚明思想解放的潮流培育了一大批文化精英,他们通过结社与言论,力图挽狂澜于既倒,在历史上留下了浓墨重彩的一笔。这样的现象,以后不曾再现,因而更加值得怀念,值得研究。

本文原载《书城》2016 年 6 月号

1590 年代的朝鲜战争

樊树志

　　看了题目中的"1590 年代",也许有的读者会发出疑问,是否"1950 年代"的笔误? 非也,在下写的真是 1590 年代的朝鲜战争。

　　16 世纪的东北亚是一个是非之地,中国、日本、朝鲜之间的关系错综复杂。明万历二十年(1592)至万历二十六年(1598),日本统治者丰臣秀吉发动了侵略朝鲜的战争,持续七年之久。

　　由于立场不同,各方对这场战争的称呼截然不同。

日本方面大多称为"文禄·庆长之役"（按：文禄、庆长是日本的年号），例如池内宏写的《文禄·庆长之役》(1914)、中村孝荣写的《文禄·庆长之役》(1935)、石原道博写的《文禄·庆长之役》(1963)，当然也有日本学者直呼为"朝鲜侵略"的，例如冈野昌子写的《秀吉的朝鲜侵略和中国》(1977)。

朝鲜方面则称为"壬辰丁酉之倭乱"（按：壬辰即万历二十年，丁酉即万历二十五年），强调的是本国军民如何抗击倭乱，直至取得胜利。

明朝皇帝应朝鲜国王请求，出兵援助，对这场战争的称呼自然不同。例如茅瑞徵《万历三大征考》称为"东征"；谷应泰《明史纪事本末》写这场战争的始末，题目是"援朝鲜"；张廷玉奉敕纂修的《明史》则称之为"御倭""救朝鲜"。

本文不再沿用上述称呼，径直写作 1590 年代的朝鲜战争。

一、"假道入明"的"大东亚构想"

丰臣秀吉是尾张国爱知郡中村人，在织田信长部下转战各地，称羽柴氏。1583 年，出身寒微的秀吉被天皇任命为"关白"（辅佐大臣），赐姓丰臣。经过多年战争，丰臣秀吉统一全国,逐渐形成野心勃勃的"大东亚构想",第一步就是吞并朝鲜。

据日本学者研究,丰臣秀吉出兵朝鲜之目的,是利用朝鲜为跳板,"假道入明",侵占中国,实现其"大东亚构想"。铃木良一援引"前田家所藏文书",披露了丰臣秀吉在日本天正二十年(1592)的一封信,其中提及构建以北京为首都的"大东亚帝国"的梦想,现在已经众所周知。三田村泰助认为,丰臣秀吉征服明朝的构想,客观背景是东亚局势的变化导致明朝国际地位低下,主观背景则是丰臣秀吉统一全国后出现的战争体制。丰臣秀吉出任"关白"后,在书简中署名时,常用假名(日文字母)书写"てんか",这个词不仅意味着"殿下",还具有"天下"的意思,野心勃勃地想统治世界。中田易直认为,丰臣秀吉在推进国内统一政策的过程中,已经显示出强硬的威胁外交倾向。天正二十年(1592)的"唐入"(按:意为侵入中国)图谋,是其吞并全世界计划的一部分。天正十九年(1591)敦促吕宋岛朝贡的文书,反映了这种外交性格。其中说:"自壮岁领国家,不历十年,而不遗弹丸黑子之地,域中悉统一也。遥之三韩、琉球,远邦异域款塞来享。今也欲征大明,盖非吾所为,天所授也。"

这个意欲雄霸天下的丰臣秀吉,中国史籍称为平秀吉。

谷应泰《明史纪事本末》这样介绍他：

> 平秀吉者，萨摩州人仆也。始以鱼贩卧树下，有山城
> 州倭渠名信长，居关白职位，出猎遇（平秀）吉，欲杀之，
> （平秀）吉善辩，信长收令养马，名曰木下人。信长赐予田
> 地，于是为信长画策，遂夺二十余州。会信长为其参谋阿
> 奇支刺杀，（平秀）吉乃统信长兵，诛阿奇支，遂居关白之
> 位，因号关白，以诱劫降六十六州。

与谷应泰同时代的历史学家万斯同所写的《明史》，对平
秀吉的描写更为详细：

> 秀吉，太清平盛家奴。一日贩鱼醉卧树下，遇旧关白
> 信长出猎，欲杀之，秀吉口辩，留令养马，曰木下人。因助
> 信长夺二十余州。会信长为参谋阿奇支刺死，秀吉统信
> 长兵，诛阿奇支，遂居关白之位。诱六十六州，分为二关，
> 东曰相板，西曰赤门，各船数千艘。后遂废倭王山城君，
> 自号大阁王，改元文禄，以义子孙为关白。关白如汉大将
> 军，大阁如国王，上又有天王（天皇），自开辟以来相传至
> 今，不与国事，唯世享供奉而已。每年元旦，王率大臣一

谒天王（天皇），他时并不相接。秀吉筑城四座，名聚快乐，院内盖楼阁九层，妆黄金，下隔睡房百余间，将民间美女拘留淫恋。尝东西游卧，令人不知。

就是这样一个为明朝士大夫所蔑视的人，一时间把东北亚搅得四邻不安。万历二十年(1592)，丰臣秀吉派遣小西行长、加藤清正、黑田长政等将领，号称率领二十万大军出征朝鲜。日本军队的兵力配置，径直称为"征明军力编制"，以朝鲜为跳板，觊觎中国的图谋昭然若揭。具体兵力如下：

第一军，小西行长等，一万八千七百人

第二军，加藤清正等，两万两千八百人

第三军，黑田长政等，一万一千人

第四军，岛津义弘等，一万四千人

第五军，福岛正则等，两万五千人

第六军，小早川隆景等，一万五千七百人

第七军，毛利辉元，三万人

第八军，宇喜田秀家，一万人

第九军，羽柴秀胜等，一万一千五百人

四月十三日，日军在朝鲜釜山登陆，然后分兵三路，向北直指京城。中路小西行长，东路加藤清正，西路黑田长政，势如破竹向北进袭。据朝鲜柳成龙《惩毖录》记载，天下太平二百年之后，突遇战争，君臣束手无策，百姓逃亡山谷，守土者望风投降。朝鲜国王沉湎于享乐，疏于防务。日军从釜山登陆二十天后，就攻陷了王京（汉城），俘虏了两名王子及陪臣。国王从王京逃往开城。日军迫近开城，国王北渡大同江，逃往平壤。八道几乎全部沦陷，国王向明朝求援的使节络绎于道。

李光涛《朝鲜"壬辰倭祸"酿衅史事》写道：

> 丰臣秀吉事先已明示动兵日期，作为试探朝鲜态度之计，可噬则噬，可止则止。然而朝鲜方面犹欲苟冀无事，唯以迁就弥缝为国策，勿致生衅。这样的措置，直与睡熟了一般。因而丰臣秀吉愈加生心，知道朝鲜易与，说道："是何异断睡人之头乎？"由这一句话，可见其时朝鲜不免有些处置失策了。

据日本学者研究，丰臣秀吉获悉已经攻占朝鲜王京的消息，把征服明朝提上了议事日程，提出了二十五条所谓"大陆经略计划"，其要点是：拟把天皇移行至北京，日本的天皇拟由后阳成天皇的皇子良仁亲王或皇弟智仁亲王出任，丰臣秀吉自己拟移驻日明贸易要港宁波。

五月上旬,辽东巡抚郝杰(字彦甫,号少泉,山西蔚州人)向兵部报告:据朝鲜国王咨称,本年四月十三日,有倭船四百余只,从大洋挂篷,直犯朝鲜,围金鱼山镇地方,本镇将领等督兵交战,贼势方炽,镇城外人家尽被烧毁。兵部把这一军情奏报皇帝,皇帝当即指示:"这倭报紧急,你部里便马上差人,于辽东、山东沿海省直等处,着督抚镇道官,严加操练,整饬防御,毋致疏虞。"

对于突如其来的形势剧变,有些官员疑惑不解,甚至怀疑其中有诈。朝鲜李朝《宣祖实录》的有关记载耐人寻味:

> 壬辰五月戊子……时变起仓卒,讹言传播辽左,煽言朝鲜与日本连结,诡言被兵。国王与本国猛士避入北道,以他人为假王,托言被兵,实为日本向导。流闻于上国,朝廷疑信相半。兵部尚书石星密谕辽东遣崔世臣、林世禄等,以探审贼请为名,实欲驰至平壤,请与国王相会,审其真伪而归。

> 六月癸巳,天朝差官崔世臣、林世禄等,以探审贼请道平壤,上以黑团接见于行宫。先问皇上万福,仍言彼邦不幸,为贼侵突,边臣失御,且因升平既久,民不知兵,旬

日之间连陷内邑，势甚鸱张。寡人失守宗桃，奔避至此，重劳诸大人，惭惧益深。

盖是时天朝闻我国尝有与倭通信之事，且因浙江人误闻贡骗（与日本）等语，不知其为倭买去而诈言其受贡也，方疑我国之折而为倭。及闻关白平秀吉大起兵侵攻朝鲜，以为我国之向导。

这种疑虑并非空穴来风。据日本学者北岛万次说，1590年（万历十八年，宣祖二十三年，天正十八年）十一月，丰臣秀吉在聚乐第接见朝鲜通信使一行。通信使祝贺丰臣秀吉统一全国，丰臣秀吉则想把他们当作服属使节，让他们带回的"答书"，明确提出要朝鲜国王充当"征明向导"。丰臣秀吉通过各种途径篡夺日本国王的权位，阴谋席卷琉球、朝鲜，吞并中国。同年十一月，明朝确认丰臣秀吉"征明计划"的真实性，加固了沿岸的防备。

在朝鲜战争爆发的初期，由于得到确切情报，不少官员已经洞察丰臣秀吉"假道入明"的图谋。

山西道御史彭好古在奏疏中明确指出，日本出兵朝鲜，目的是"坐收中国以自封"。他说："倭奴紧急，患在剥肤，正壮士抚膺之秋,臣子旴食之日。据报四百余船,即以最小者概之,已不下十万余众。以劲悍之贼,起倾国之兵,度其意料,必置朝鲜于度外,而实欲坐收中国以自封也。然不遽寇中国,而先寇朝鲜者,惧蹑其后也。且以十万之众,势如泰山,朝鲜国小,坐见臣服,然后横行中国,何所不适哉!诚使以朝鲜为后援,以诸岛为巢穴,东风顺则可径达登莱,稍转南则可径达永平,再转而东则可径达天津,又再转而东南则可径达两淮。并力入犯,难与为敌。"因此,他提出了上中下三个对策:"今日御倭之计,迎敌于外,毋使入境,此为上策;拒之于沿海,毋使深入,是为中策;及至天津、淮扬之间,而后御之,是无策矣。"

兵科给事中刘道隆也指出,日本此举图谋"先并朝鲜,而后犯中国"。他说:"往者倭奴入寇,多在东南财赋之地,故乘风寇掠,满欲则归。今先并朝鲜,而后犯中国,且以大兵直捣西北之区,则其志不在小矣。倘朝鲜不支,必乘胜图内。而我之势分力寡,恐难为敌。兵法曰:以虞待不虞者胜。安可坐视以望其侥幸耶!"

礼科给事中张辅之说:"即今朝鲜不守,祸切震邻,倭船四百,众可十万,朝鲜财物不饱其欲,必不安于偏舟海岛之间。"

辽东巡按御史李时蘖说:"倭寇猖獗,万分可虞。先是,许仪后传报,倭奴先收高丽,再议内犯。今已破朝鲜,盖凿凿左验也。"

这是日本侵略朝鲜初期，明朝官方的反应，预判日本如此兴师动众，绝不会以吞并朝鲜为满足，进犯中国才是它的根本目的。随着事态的进展，越来越多的官员认识到这一点。以"经略"名义东征的宋应昌在给部下的书信中说："关白（秀吉）本以庸贩小夫，袭夺六十六岛，方虚骄恃气，非唯目无朝鲜，且不复知有中国。观其遣巨酋行长等辈，率领兵众，夺据平壤、王京，分兵旁掠八道，为窥犯中原之本。"工科给事中王德完在一份奏疏中说："倭奴兴兵朝鲜，原欲入犯中国。许仪初寄书内地云'关白（秀吉）欲上取北京，称帝大唐'；又云'（关白）善诈和假降以破敌国'。即遐迩市井之人，且有先知矣。"

由此可见，丰臣秀吉发动朝鲜战争之目的，意在"假道入明"，是确凿无疑的。但是，为什么日军六月十五日攻占平壤以后，不再北上？市村瓒次郎《东洋史统》分析日军攻占平壤后不再北进的原因，首先是日本海军的失利，朝鲜海军在李舜臣指挥下，在巨济岛玉浦冲之战、闲山岛之战大败日军。据《惩毖录》记载，李舜臣发明的龟甲船，外层包裹铁甲，前后左右布满火炮，横冲直撞，行动自如，日本兵船一碰上龟甲船，立即粉身碎骨。其次是朝鲜各地义兵蜂起，庆尚道、忠清道、全罗道、京畿道等地的官吏、军人、学者纷纷组织义军，抗击日军,使日军深感兵力不足,捉襟见肘。

但是这些都不足以扭转战局,朝鲜形势岌岌可危。

二、"朝暮望救于水火中"

万历皇帝朱翊钧接到朝鲜国王派官员送来的报告,得知朝鲜国王处境危险,存没未保,向兵部发去谕旨:"朝鲜危急,请益援兵,你部里看议了来说。王来,可择一善地居之。"这是皇帝首次就朝鲜战争表态,要求兵部筹划出兵援助,接纳朝鲜国王避难等事宜。

根据皇帝的指示,兵部于七月十八日召集五府、九卿及科道官会议,商量对策。各位高官的发言,由兵部尚书石星根据记录整理后,呈报皇帝。这个会议纪要的调子可谓五花八门。

定国公徐文璧等元老说:"倭克朝鲜,出师备援允为良策,但缓急之间须酌时而行之。"意思是,出兵援朝应当选择恰当时机,不可冒失。

吏部尚书孙鑨、吏部侍郎陈有年、陈于陛说:"征倭大臣之遣,诚攻心伐谋上策。但我师地形未习,馈运难继,未可轻议深入。"作为主管人事的高官,这三人似乎不主张贸然出兵。

户部尚书杨俊民说:"江海辽阔,险夷难测,刍饷艰难,莫若焕发纶诏，宣谕朝鲜臣民，号召义兵光复旧国。该国素无火器，闻山东巡抚制造殊多，相应颁给。"作为主管财政经济的高官，首先考虑的是一旦出兵，粮饷供给颇为困难。不如提供一些火器，帮助朝鲜义兵光复旧国。

刑部尚书孙丕扬说："沿海督抚宜增备倭敕书，令其画地分防。顺天十路有游兵营，保定六府有民奇兵营，山东有备倭卫。再选曾经倭战之将，令其教习水战。"只字不提出兵援朝，倾向于防守，加强沿海各地的防卫，准备打击从海上入侵之敌。

都察院左都御史李世达谈得最为具体详细，颇为深谋远虑："大臣征倭，义不容已，但揆时度势，施为宜有次第计。倭奴劫掠已满，不久必归，若仍在平壤等处，似宜只遵前旨行，令辽左督抚镇将先发去兵马二支，或再添一支。择谋勇将官多裹粮饷，径入其境，协同彼中各道勇将精兵，相机戮力，共图剿杀。或就近伏兵要害，击其惰归，宜无不胜。即果使倭奴窃据朝鲜两都，住而不起，而国王既来内附，彼中无主，人心无所系属，似必先宣谕国王，令彼中忠义陪臣急择本王子弟宗族之贤者，权署国事，多方号召各道豪杰，戮力勤王，亟图恢复。然后我乃选遣大将，率领精兵，水陆并进，务求殄灭，谅亦无难。又须先将应用兵马、船只、刍饷作何处备，必皆充裕，乃可遣将。

而今之计,唯宜亟行辽左镇抚,多差得当人役,速诣朝鲜,侦探倭奴去住消息,不时驰报,以为进止。"他认为征倭援朝是义不容辞之举,做好兵马、船只、刍饷等准备工作,对敌情有充分了解之后,派遣大将率领精兵,入朝作战,务求歼灭倭奴。

大理寺卿赵世卿说:"朝鲜恭顺有年,一旦倭奴蹂躏至此,即遣官帅师征讨,以存亡国,以固藩篱,亦自长策。但倭奴新破朝鲜,中情遽难尽知,遣官征讨未可轻议。"他赞同发兵征讨,但目前情况不明,不可轻举妄动。

吏科都给事中李汝华等说:"大臣深入征倭,地形不习,兵饷难继,势必不可遣。"他们的意见很干脆,不同意发兵征讨。

河南道御史傅好礼等说:"倭奴不图金帛子女,窃据朝鲜,似有异志。矧关白以匹夫窃国,又兼并多国,遂破朝鲜。此亦劲敌,宜遣文武大臣经略,不宜据议征讨,深入彼境。等因为照,以全取胜者帝王之兵,推亡固存者天朝之谊。"他们的观点有点犹豫不决,主张派遣文武大臣前往"经略",但不赞成深入朝鲜"征讨"。

对于以上各位大臣的发言,兵部尚书石星作如下总结:"顷该朝鲜奏报倭势猖獗,臣等职在本兵,义当扑灭。况已陷我恭顺属国,撤我密迩藩篱,封豕长蛇,宁有纪极!若令深根固蒂,必至剥床及肤。臣等初议,特遣文武大臣称兵征讨,不独彰我字小之仁，且以寝彼内犯之念。兵贵先声，意盖有在。至于道途难知、刍饷难继，诸臣所议固为有见。念国王方寄命于我，望救甚切，彼为向导，道途不患难知；彼资粮饷，军需不患难继。又该臣等曾遣精细人员深入平壤，目睹倭奴招抚人民，整顿器械，名曰二十万，实亦不下数万。似此情形，宁容轻视！但辽东抚镇业发兵往应，特遣文武似应有待，以辽镇足以当之也。今据诸臣所议，言人人殊，均之忠于谋国。内如宣谕朝鲜，号召义兵，犹为振亡首策。乞赐焕发纶音，驰使面谕朝鲜国王，传檄八道陪臣，大集勤王之师，亟图恢复旧业。我则增遣劲兵，共图歼灭。"石星的态度十分明确，应该发兵征讨，所谓道途难知、刍饷难继之类困难是可以克服的。但是似乎有些轻敌，以为只要辽东总兵就足以完成东征的任务。

根据廷臣的商议，以及兵部的意见，皇帝最后拍板，决定东征御倭援朝。兵部遵旨发兵，由于对敌情估计不足，只派辽东游击史儒率领一支兵马前往平壤，人生地不熟，又逢连日淫雨，史儒兵败阵亡。辽东副总兵祖承训随后带领三千兵马，渡过鸭绿江前往增援，又遭惨败，祖承训只身逃回。初战不利，与兵部尚书石星的轻敌有很大关系。

朝鲜国王立即向明朝皇帝发来乞援奏疏，恳乞大振兵威，刻期剿灭。他把此次倭寇侵略朝鲜的始末作了简要回顾，然后说："臣窃念守藩无状,致覆邦域,失守祖先基业,栖泊一隅。钦蒙皇上仁恩,不问失职,反加存恤,遣馈银两,发兵应援,前后宠恩稠叠汪濊,自惟流离危迫,何幸得慈母之依,翘望阙庭,唯知感激流涕而已。臣仍念小邦将卒初败绩于海上,再败于尚州,三败于忠州,四溃于汉江,遂致京城不守,平壤见陷。国中形势尽为贼据,散漫猖獗,日肆杀掠。小邦疆土殆无一邑不被祸者,海隅黎民久荷皇灵,休养生息,乃今骈罹锋刃,肝脑涂地,惨不忍言。"最后,他提及此次明军平壤战败,表达了"朝暮望救于水火之中"的迫切心境:"日前,辽东将官祖承训等仰遵明旨,援兵救援小邦人民,咸幸再苏。不意天不助顺,辱及骁将……自夏徂秋,贼锋环逼,危亡莫保。西向引领,日望天兵早至,各道士民闻恩旨已降,欢欣奋跃,朝暮望救于水火之中。"

初战失利的消息传到京师,朝野为之震动。兵部恳乞皇帝迅即派遣大臣经略征倭事宜:"近得辽东镇臣禀报,倭寇朝鲜,所过伤残已亲见,国王复自平壤避出,及其臣民流离之状,所不忍言。关白(秀吉)燠悍,业必据为巢穴,以图我犯,若使入堂奥而复御之,则已晚矣。今宜大加征讨,预伐狂谋。伏乞圣明轸念社稷生灵安危大计,特遣素有威望、通晓兵事大臣一员,经略倭事,统领蓟昌保定南北兵马,直抵朝鲜,深入境内,大申挞伐之威。一以遏其猖狂，复存下国；一以阻其内讧，固我门庭。"皇帝接受兵部的建议，任命兵部右侍郎宋应昌(字时祥，号桐冈，浙江杭州人)为备倭经略，下达圣旨："宋应昌便着前往蓟保辽东等处经略备倭事宜，就写敕与他，钦此。"同时任命正在宁夏平叛战场的总兵李如松，提督蓟辽保定山东军务，刻期东征。宋应昌接到圣旨，立即表态："臣本书生，未娴军旅，过蒙皇上特遣经略，臣遽承之，曷任悚惕。臣切计之，倭奴不道，奄有朝鲜，诡计狂谋，专图内犯。辽左、畿辅外藩与之比邻，山海关、天津等处畿辅水陆门户，俱系要地……顾今天下承平日久，军务废弛，人心习于治安，玩愒已极，不大破拘挛之见，则国事终无可济之理。"看来他对经略备倭事宜的前景并不乐观。

宋应昌受命后，即去山海关整军备战，声称平日讲求一字阵法，用兵一万，须造车三百六十辆，火炮七万二千门，弓弩二万七千副，毡牌各二千面，弩箭数百万支，火药铅子难以计数，此外还要轰雷、地雷、石子、神球、火龙、火枪等火器，以及军中一应所费，请皇上指示兵部，给予钱粮，制造备用。又请抽调"文武具备，谋略优长"的兵部职方司主事袁黄、武库司主事刘黄裳二人，作为军前赞画(参谋)。调动两名官员赞画军前，是不成问题的；成问题的是一下子要制造那么多的武器装备，似乎有寻找借口的嫌疑。

御史郭实抓住把柄,弹劾宋应昌出任经略不称职。宋应昌乐得顺水推舟,于九月初七日请求辞职,理由是,既然被人怀疑"不知兵",何以号令将士。他说:"今臣未拜朝命,知臣者目臣为不知兵,则三军之士惑而不受令矣。臣又闻之兵法曰:疑志者不可以应敌。臣今内惭无实,外虑人言,不一心矣。以不一心之将统不受令之师,未有能济者……臣以无我之心从虚内照,经略责任在臣实不能堪,台臣之论原非谬也。"皇帝马上下旨:"倭奴谋犯,督抚各守防虏地方,战备一无所恃,且沿海数百里不相连属,一旦有警,深为可虞,特遣经略专任责成。郭实如何又来阻挠?"

九月十三日,宋应昌再次请辞,又被皇帝驳回:"宋应昌已奉命经略,只为郭实一言,遂畏避不肯前去,沿海边务责成何人?浮言反重于朝命,国纪何在?倭报已紧,宋应昌可即择日行。九卿科道依违观望,今亦不必会议。郭实怀私妄奏,阻挠国是,着降极边杂职用。再有渎扰的,一并究治。"

皇帝已经发话,"再有渎扰的,一并究治",宋应昌不敢再辞,很快领了敕书,起程赶往辽阳,履行经略的职责。一面督责沿海地方官整军备战,一面向朝鲜国王发去公文,回应"朝暮望救于水火之中"的呼声。这篇由辽东总兵转交朝鲜国王的公文写道：

> 圣天子赫然震怒，命本部以少司马秉节钺总权衡，爰整六师，大彰九伐。谋臣如雨，运筹借箸者接踵而来；猛士如云，齿剑淬刃者交臂而至。已行闽广浙直集战舰，合暹罗、琉球诸国兵，掩袭日本，以捣其巢。复调秦蜀燕齐敢战之士，并宣大山西诸镇雄兵，深入朝鲜，以殪其众。龙骧虎贲，长驱鸭绿江头；雷厉风飞，直抵对马岛下。合先行会本王，以便合师夹击……今天兵将至，恢复可期，宜收集散亡，召募勇敢，屯刍粮，扼险隘，察敌动止，相敌情形。伏天兵克日渡江，或用奇，或以正，或分道，或夹攻，务灭丑奴，廓清海岳。

三、"爰整六师，大彰九伐"

宋应昌的公文写得气势如虹，"爰整六师，大彰九伐"，"龙骧虎贲，长驱鸭绿江头；雷厉风飞，直抵对马岛下"。落实到具体行动，却十分谨慎。因为他这个经略大臣可以支配的军队数量有限，已经赶到辽东的有蓟州镇兵七千五百名（马步各半），保定镇兵五千名（马步各半），辽东镇兵七千名（马兵），大同镇兵五千名(马兵),宣府镇兵五千名(马兵)。合计二万九千五百名。

尚未赶到的有蓟州镇兵二千九百名,山西镇兵二千名,刘綖部川兵五千名,杨应龙播州兵五千名,延绥入卫兵三千名。合计一万七千九百名。全部到齐也不过四万七千四百名。而提督李如松的主力部队还没有赶到,入朝作战的条件还不成熟。宋应昌不断催促李如松尽快赶来,十月十七日写信:"昨已亟趋辽阳,督促兵马,整饬战具,以候大将军之至。"十一月二十三日写信:"诸凡将兵、粮食、战具,一一整饬,专候大将军驾临,以图进取。"

在此期间,宋应昌所做的是大战前的准备工作。颁布军令三十条,主要是激励士气,严肃军纪。其中第一条宣称:"南北将领头目军兵人等,能有生擒关白(平秀吉),并斩真正首级来献者,赏银一万两,封伯爵世袭;有能生擒倭将平行长、平秀嘉、平秀次等,及妖僧玄苏,及斩获真正首级来献者,赏银五千两,升指挥使世袭。"第二条:"中军旗鼓等官差传本部号令,因而误事者,斩。"第三条:"前锋将领遇有倭中通士说客至营,或拿获奸细,即时解赴本部军前,听指挥发落。有敢私自放归,及容隐不举者,副将以上按军法参治,参将以下,斩。"第四条:"各营将领有不严束兵士,谨防奸细,以致漏泄军机者,自参将以下，斩。"第五条："将士经过朝鲜地方，务使鸡犬不惊，秋毫无犯，敢有擅动民间一草一木者，斩。"第六条："官军有狎朝鲜妇女者，斩。"如此等等。

宋应昌之所以如此严厉，因为他是皇帝特遣的钦差大臣，奉有圣旨"将领以下听节制，违者以军法从事"，且有皇帝赐予的尚方剑，可以便宜从事。黄汝亨《寓林集》，有他的"行状"，特别提及这一细节：

> 诏拜公兵部右侍郎经略蓟辽山东保定等处防海御倭军务，有旨："宋某忠勇任事，又经特遣，这事权都专责任，他督抚毋得阻挠，将领以下听节制，违者以军法从事。"……有中使（太监）数辈来凝视公良久去。俄而持尚方赐出："赐经略宋某白金百两、大红苎丝四表里。"公叩首谢，惊喜俱集。中使耳语曰："上命视先生福器如何？我辈道报先生风姿雄伟，须眉面目英英逼人。圣情欣悦，特有此赐。"公感极泣下，誓以身报国，即伏钺出都门。盖壬辰秋九月杪也。然是时经略创设，部署未定，一切甲兵、糗粮、军器仓卒未备。公从空中辟画，事事皆办。

十二月初三日、初四日，先发吴惟忠领兵三千，又发钱世祯领兵二千,渡过鸭绿江,驻扎于义州、定州,等待李如松到达,发起攻击。

十二月初八日,李如松赶到辽阳,与宋应昌会合,相互誓约"彼此同心,勿生疑二"。两人面议,将东征军士分为三支:中协、左翼、右翼。中协由中军副将都督佥事杨元率领,左翼由辽东巡抚标下副总兵都督佥事李如柏率领,右翼由协守辽东副总兵张世爵率领。十二月十三日,兴师东渡,直趋平壤、王京。

此次东征,适逢平定宁夏叛乱,兵力难以集中,兵部尚书石星对东征取胜没有把握,寄希望于"招抚",得到内阁辅臣赵志皋的支持。所谓"招抚"云云,讲得冠冕堂皇一点,就是不战而屈人之兵。为此,石星派遣市井无赖出身精通日语的浙江人沈惟敬,以游击将军头衔前往平壤,探听虚实,进行游说。关于沈惟敬其人,沈德符《万历野获编》如是说:

> 沈惟敬,浙江平湖人,本名家支属,少年曾从军,及见甲寅(嘉靖三十三年)倭事。后贫落,入京师,好烧炼,与方士及无赖辈游。石司马(兵部尚书石星)妾父袁姓者,亦嗜炉火,因与沈(惟敬)善。会有温州人沈嘉旺从倭逃归,自鬻于沈(惟敬),或云漳州人,实降日本,入寇被擒脱

狱。沈(惟敬)得之为更姓名,然莫能明也。嘉旺既习倭事,且云关白(秀吉)无他意,始求贡中国,为朝鲜所遏,以故举兵,不过折柬可致。袁信其说,以闻之司马(石星)……司马大喜,立题授神机三营游击将军。

十一月,沈惟敬接受石星的秘密使命前往朝鲜义州,表面上是"宣谕倭营",进行"招抚",实际上是寻求和平谈判的可能性。到平壤城北降福山下后,立即与日军将领小西行长会谈。小西行长对沈惟敬诡称:"天朝幸按兵不动,我亦不久当还,当以大同江为界,平壤以西尽归朝鲜。"两人达成休战五十天的口头协议。朝鲜国王接见沈惟敬,向他表示:"小邦与贼有万世必报之仇,前日坚守五十日之约,以待天兵,今反有意许和。以堂堂天朝,岂和小丑讲和乎?"沈惟敬置之不理,仍与小西行长会谈,对他说:"尔国诚欲通贡,岂必假道朝鲜?敕下廷议,若无别议,必查开市旧路(按:即宁波市舶司),一依前规定夺。"李如松认为沈惟敬的做法有"辱国辱君"之罪。

李如松接到沈惟敬的报告:倭酋小西行长愿意接受封贡,请退至平壤以西,双方以大同江为界。李如松不信此言,怒斥沈惟敬险邪,要将他斩首处死。参军李应试说,正可将计就计,出奇兵袭击。

　　经略宋应昌对顶头上司石星的"招抚"主张,不便反对,只能保持一定的距离,可用则用。在他看来,兵不厌诈,只要能完成"经略"的使命,把倭奴赶出朝鲜,使用什么手段都可以,当然包括与战争并行不悖的"招抚",这是他与石星的不同。因此他对于沈惟敬并不信任,多次提醒李如松谨防沈惟敬。在一封信中说:"许掌科书来论沈惟敬事,极诋其诈,与门下、鄙人意适相符。此人遨游二国间,须善待而慎防之。门下驭之必有妙算,不佞谆谆似为赘词。"在另一封信中说:"沈惟敬随带布花(棉布棉花)卖与平壤倭贼。但倭贼所缺者布花,今以此物与之,是借寇兵而资盗粮也……前者本部面审(沈)惟敬,见其言语错乱,疑有未尽之情。今果若此,因小事而误国事,罪莫甚焉。仰平倭提督即将沈惟敬、沈加旺俱留于营中,仍于紧要去处严加盘诘,不许沈惟敬并家人金子贵与倭传报一字。"

　　宋应昌的折中态度,与他的赞画袁黄有很大的关系。袁黄,初名表,字坤仪,苏州府吴江县人,后入籍嘉兴府嘉善县。万历二十年出任经略帅府的赞画,收罗奇士绍兴人冯仲缨、苏州人金相为幕僚。沈惟敬与小西行长谈判"封贡罢兵",袁黄与冯仲缨、金相颇有异议。潘柽章为袁黄立传,记录了三人关于此事的评论,意味深长。请看:

袁黄问："倭请封，信乎？"

冯仲缨答："信。"

又问："东事可竣乎？"

答："未也。"

再问："何谓也？"

冯仲缨答："平秀吉初立，国内未附。（小西）行长关白（秀吉）之嬖人，欲假宠于我以自固，故曰信也。（李）如松恃宠桀骜，新有宁夏功，加提督为总兵官，本朝未有也。彼肯令一游士掉三寸之舌，成东封之绩，而束甲以还乎？彼必诈（沈）惟敬借封期以袭平壤，袭而不克则败军，袭而克则败封。故曰东事未可竣也。"

金相也插话："袭平壤必克，克必骄，必大败，败封与败军两有之。"

袁黄说："善。"

冯、金二人对沈惟敬的看法，对李如松将计就计攻克平壤的预判，为后来的事势所证实。宋应昌策划平壤之战，正是出于这样的考虑。他后来向朝廷报告自己的意图，就是利用沈惟敬与小西行长谈判为掩护，发动突然袭击，一举拿下平壤。他在奏疏中写道："先是，沈惟敬七月内奉本兵尚书石（星）令，至倭营探听。十月内，自倭中回，见本兵，本兵具题，发臣标下听用。（沈）惟敬至山海关见臣，备言倭酋（小西）行长欲乞通贡，约六十日不攻朝鲜，以待回音。今已及期，愿请金行间，使（小西）行长收兵等语。臣默思军前诸务未集，乘此足可缓倭西向，复有本兵亲笔手书，嘱臣给发（沈）惟敬银一千两，臣遂照数牌行中军官杨元付（沈）惟敬前去……适（沈）惟敬复自倭中归，执称（小西）行长愿退出平壤，以大同江为界。臣姑然之，将（沈）惟敬发提督标下拘管，不许复入倭营，令随提督齐至平壤。（李）如松默听臣言，止许（沈）惟敬差家丁往见（小西）行长，约一二日内退出平壤。时（小西）行长尚在踌躇，家丁未及回话，而我兵已薄城下，出其不意，乘其不备，是以平壤遂捷，开城复收。"他把这种策略称为"始事讲贡计破平壤"。战事正是这样进行的。

兵不厌诈。一向骁勇善战的李如松，此番要尝试一下智取的谋略，事先派人与小西行长约定，即将抵达平壤附近的肃宁馆，举行"封贡"大典。

万历二十一年正月初四日，李如松率军来到肃宁馆，小西行长特遣牙将二十人迎接封贡使节。李如松突然喝令拿下，捉住三人，其余牙将逃回。小西行长大惊，以为是翻译没有把意思转达明白，再派亲信小西飞前往说明。李如松为了迷惑对方，对他们抚慰备至。正月初六日，李如松率军抵达平壤城下，小西行长在风月楼瞭望，派部下夹道迎接。李如松命令将士整营入城，对方看出破绽，登城拒守。一场决战不可避免。

宋应昌事先对副将李如柏、李如梅布置了攻城的战术：查得平壤形势，东西短，南北长。倭奴在平壤者闻我进兵，彼必婴城固守。我以大兵围其含毬、芦门、普通、七星、密台五路外，当如新议，铺铁蒺藜数层，以防突出死战。其南面、北面、西面，及东南、东北二角，各设大将军炮十余位。每炮一位，须用惯熟火器手二十余人守之，或抬运，或点放，炮后俱以重兵继之，防护不测。每门仍设虎将一员守之，一有失误，即时枭首。止留东面长庆、大同二门为彼出路。须看半夜风静时，乘其阴气凝结，火烟不散，先放毒火箭千万枝入城中，使东西南北处处射到。继放神火飞箭及大将军炮，烧者烧，熏者熏，打者打。铁箭铅弹两集，神火毒火熏烧，其不病而逃者，万无是理。若逃，则必走大同江，俟半渡，以火器击之，又伏精兵江外要路截杀之，必无漏网。

正月初八日黎明，攻城激战爆发。战争之惨烈前所罕见。茅瑞徵写道："倭炮矢如雨，军稍却，李将军手毙一人。我师气齐，奋声震天。倭方轻南面为丽兵，（祖）承训等乃卸装，露明盔甲，倭急分兵拒堵。李将军已督杨元等从小西门先登，李如

柏从大西门入,火药并发,毒烟蔽空。方酣战时,吴惟忠中铅
洞胸,血殷踵,犹奋呼督战。而李将军坐骑毙于炮,易马驰,堕
堑,鼻出火,麾兵愈进。我师无不一当百,前队贸首,后劲已
踵,突舞于堞,倭遂气夺宵遁。"乘着夜色逃跑的日军,退保风
月楼。夜半,小西行长提兵渡过大同江,退保龙山。

此战斩获首级一千二百八十五颗,烧死、溺死无算。裨将
李宁、查大受率精兵三千埋伏于江东僻路,斩获首级三百六十
二颗。明军乘胜追击,李如柏收复开城,黄海、平安、京畿、江
源四道相继收复。送给朝廷捷报称:本月初六日,至平壤城
下。初八日,登城克捷,斩获倭级一千五百有余,烧死六千有
余,出城外落水淹死五千有余。

从平壤撤退的日军,以及各地分散日军,全部向王京(汉
城)聚集,约有十几万之众。提督李如松过于轻敌,带领三千
人马前往王京打探地形,在碧蹄馆落入日军的包围圈。正当
千钧一发之际,杨元、张世爵率领援军赶到,击溃日军,李如松
突出重围。碧蹄馆之战,明军锐气受挫,李如松感叹众寡不
敌,向朝廷请求以他人代替自己。

在这种形势下,宋应昌决定休整军队,向困守王京(汉城)
的朝鲜军民发去"招降免死"文告,发动分化瓦解的心理攻势:
"示谕朝鲜王京等处被倭所陷军民男妇等知悉:尔等苦倭荼

毒逼胁，勉强顺从。今天兵见在征剿，一战遂取平壤，杀掠倭奴殆尽。平壤军民来降者不下万余，随送尔国王处复学安插。今攻取王京等处在即，尔等被倭所陷者速当反邪归正。执此免死帖，前来军前投降，免死仍与安插。"他还向朝鲜国王发去咨文，希望他密切配合，号召军民里应外合："今平壤既复，大兵已进，当倭奴窜伏之时，正人心鼎沸之日。王速出令宣布军民人等，谕以世受先王恩泽，一旦被倭摧陷垢辱，苟有人心，急宜奋发。在王京者候天兵攻进，或献城门作为内应。其在各道者，或统义兵助斩倭级。其亲戚故旧在于王京者，相与密约内应，并为间谍，协助王师，懋建勋业。"

在宋应昌看来，北山高昂，俯视王京，如果顺着山势而攻，可一举而下，要求兵部尚书石星调兵增援。然而石星一味依赖"招抚"解决朝鲜问题，用"封贡"作为交换条件，促使日军撤退。黄汝亨写道："公（宋应昌）披图熟计谓，北山高逼王京，依山顺攻，可一鼓而下……而本兵（兵部尚书）密令（沈）惟敬议款，恶公转战，所调兵悉令支解：李承勋兵留山东，陈璘兵夺蓟镇，沈茂兵中途遣还浙。公拊臂叹曰：'令我以疲卒当锐师，抑徒手杀贼耶！'"

面对顶头上司石星的压力，宋应昌的选择是有限的，只能把沈惟敬正在进行的"议款"（和平谈判）作为辅助攻战的手段,同时加大军事进攻的气势。最为关键的一招,就是用猛烈的炮火烧毁王京城南的龙山粮食仓库,迫使日军无法长久盘踞王京。这一招非常成功,正如黄汝亨所说:"公(宋应昌)又念倭不退王京,则朝鲜必不可复。而王京城南有龙山仓,朝鲜所积二百年粮食,资以饱倭,则倭必不退。乃夜令死士以明火箭烧龙山仓十三座,粮尽,倭大窘,乃弃王京去。"黄汝亨说得过于简单,促使日军"弃王京去",仅仅火烧粮仓是远远不够的,自然还少不了有关"封贡"的和谈。万斯同说:"二十一年春,师久无功,(小西)行长复请(封贡)于(沈)惟敬。帝从群议,不许。(石)星令(沈)惟敬阴许之。大学士赵志皋助(石)星于内,(宋)应昌附和于外,要以献王京,返王子陪臣,即如约。"事情的经过当然复杂得多。

四、"就其请贡行成之机,
可施调虎离山之术"

兵部尚书石星企图用"封贡"促使日军撤退,得到内阁辅臣赵志皋的支持,宋应昌则在外与之附和。不过宋应昌与石星是有区别的,仅仅把"封贡"当作"调虎离山之术"。他后来在奏疏中解释,之所以这样做的原因,是迫不得已的:

继而倭奴并集王京，合咸镜、黄海、江源等道之众，据报实有二十余万。我兵不满四万人，转战之后，士马疲劳，强弱众寡既不相当，雨霆泥泞，稻畦水深，天时地利又不在我，是以暂为休息。唯广布军声，扬言臣与（李）如松前后统兵不下数十余万。多行间谍，发免死帖数万纸，招出王京胁从之人，以散叛党。修筑开城城垣，以示久住。令死士夜持明火飞箭射烧龙山仓粮，以空积储。又时时添兵运饷于开城间，以示不久必攻王京之意。于是王京倭奴既畏我已试之威，又不识我多方之误，复致书与（沈）惟敬，仍欲乞贡退归。臣复思就其请贡行成之机，可施钧（调）虎离山之术，随即听从。

宋应昌把这种调虎离山之术，当作不战而屈人之兵的手段，多次向部下阐明。在给参军郑文彬、赵汝梅的信中说："兵家用间，当在敌处两难之际。今倭奴欲守王京，则惧我兵火击；欲归日本，又畏关白（秀吉）族诛，正进退维谷时也。乘此机会，陈以利害，诱以封爵，啖以厚赍，无不乐从者。"在给提督李如松和赞画刘黄裳、袁黄的信中说："当其进退维谷之时，伸以甲兵挞伐之势，长驱直捣，谁云不可？但事忌已甚，谋贵万全。故平壤捷后，本部既檄提督间说（小西）行长诸酋，招之来降,待以不死,阴图关白,永绝祸根……况平定安集,圣哲所先;间谍行谋,兵家不废……仰平倭提督即便一面会同刘、袁二赞画,一面转行沈惟敬等,前赴倭巢陈说利害,开谕祸福,令报关白,使之反邪归正,与朝鲜无相构怨,彼此罢兵,永为盟好。仍复许以奏闻朝廷,遣官册封,永为属国。倘使听从,则在中国彰神武不杀之功,在日本有受封之荣,一举三得,诚计之善者。"几天之后又说:"昨闻平行长移书沈惟敬,恳求封贡东归之意,似乎近真。故不佞特意宣谕,开其生路,既不伤上天好生之德,亦不失王者仁义并行之道。此谕幸门下即发王京倭,如听从,亦不战而屈人之兵矣。"他发给平行长(即小西行长)的"宣谕"这样写道:

朝鲜为天朝二百年属国,义所当恤,即覆载内有此凶残,王者耻之。以故我圣天子震怒,特遣司马重臣发兵百万,援彼小邦,用彰天讨。兵压平壤,政所以除暴救民。故直斥沈惟敬通贡乞哀之说,一意进剿。不逾时而斩获焚溺者无算,驱兵长进开城八道等,势如破竹,天朝神威亦稍见矣……汝等果能涤志湔非,尽还朝鲜故土,并还两王嗣以及陪臣等,归报关白,上章谢罪,本部即当奏题,封尔关白为日本国王,汝辈速宜束装回国。

万历二十一年四月八日，双方在汉城府龙山和平谈判，达成以下四点协议：

一、返还先前加藤清正俘虏的朝鲜王子与陪臣；

二、日军从王京（汉城）撤往釜山浦；

三、布阵于开城的明军，在日军撤出王京的同时撤退；

四、明朝派遣使节赴日本谈判有关"封贡"的相关事宜。

四月十九日，日本放弃王京南撤。二十日，李如松率军进入王京。王京收复，国王向宋应昌表示感谢："此缘天声震迭，凶丑丧魂，不敢保聚负固抗拒。王师拯小邦水火之中，措生灵莫居之地，义系存亡，恩浃民心，君臣上下感激无已。"同一天，宋应昌向国王发去回函，表示即将前往王京，筹划善后。信函写得颇有一点文采："本部拟于五月二日自新安馆东发，历平壤以至王京。诵麦秀之歌，则欲谒箕贤之墓；悲草露之泣，则欲吊战场之魂。赈济流离，抚恤士卒。历形胜，由目击以实耳闻；观民风，思心契，以合神会。少图善后之计，协助鼎新之基。务使天造东藩，从兹虎踞，明月沧海，永息鲸波。然后振旅而旋，方敢与王相遇，敬瞻丰度，庶慰积怀。"几天之后，又致函国王，请他速发兵符，号召全罗、庆尚、忠清各道水陆军兵，协助天兵夹剿倭贼。

五月初六日，宋应昌向内阁辅臣赵志皋、张位及兵部尚书石星报告："幸仗洪庇,已得王京,而调兵前后截杀,倘再得成,又何贡事足言哉!近贼于十九日尽离王京,日行止三四十里。二十九日才到尚州,未及一半,且又住下。至五月初三日尚未起身过河过江,随后尽毁船只桥梁,恐我兵追袭故也。若我兵亦不使骤进,缓缓尾后,只当护送,以安其心。"这些话是讲给主张"封贡"的赵志皋、石星听的,宋应昌自己却另有打算,指示部下趁机歼灭日军有生力量,阻止其重返王京。他对新近入朝增援的总兵刘綎说:"国王固已催促汉江以东各路搬运粮草,以济我兵。但残破之余,未知果能集否?不可不深虑也。本国龟船甚利,且发杠瓜子炮,比中国所制更奇。已于三月预设一千余只,并水兵万余,俱集海口,专俟倭归出港,遇其船或撞碎,或烧毁,使其前不可过海,后不可返王京。我兵则须俟其粮尽力竭,一鼓灭之,谅无难者。"宋应昌担心日军的撤退并非真心,关照李如松与朝鲜军队前后夹击:"近倭奴假贡请降,非出真心。本部明知其诈,将计就计,欲诱离王京,无险可恃,庆尚、全罗官军前途邀截,我兵从后追袭,前后夹攻,大加剿杀。"直到五月二十七日,得知日军已经退至釜山,朝鲜全境业已恢复,他还不放心,关照李如松,纵令倭奴全部归岛,也应留兵代替朝鲜防守。

根据协议,明朝议和使节谢用梓、徐一贯前往日本名护屋

（名古屋），谒见丰臣秀吉。六月二十八日，丰臣秀吉提出议和七项条件：

一、迎明朝皇帝之女，为日本天皇之后妃；

二、两国年来因间隙而断绝的勘合贸易（朝贡贸易）应予恢复，希望官船商船往来；

三、明朝大臣与日本大名之间交换通好不变的誓词；

四、朝鲜一分为二，北部四道及京城返回朝鲜，南部四道给予日本；

五、以朝鲜王子及大臣一二人作为人质，送往日本；

六、归还去年俘虏的朝鲜二王子；

七、朝鲜大臣向日本提出誓词。

明朝使节提出三项条件：

一、返还朝鲜全部领土；

二、朝鲜二王子归国；

三、丰臣秀吉谢罪。

七月二十日，谢用梓、徐一贯从日本返回釜山，小西行长随即送出王子、陪臣及家属。大批日军乘船离开釜山回国，小西行长带领部分日军前往海中的西生浦暂住，等待谈判使节小西飞的回音。

问题在于，这一切朝廷并不知晓，一旦明白了原委，立即引起轩然大波。万斯同写道："当是时,(石)星、(宋)应昌以封贡款倭,倭以封贡退师,而中朝犹未知也。六月,倭复送还王子陪臣,遣其将小西飞随(沈)惟敬俱来中朝,始知之。于是兵科都给事中张辅之、巡按山东御史周维翰劾(宋)应昌。应昌初抵讳言:臣许封不许贡,臣之许贡,特借以误倭,前破平壤,收王京,皆用此策,非实许也。"看来张辅之、周维翰对宋应昌有点误解。

八月初五日,宋应昌写信给内阁辅臣王锡爵、赵志皋、张位及兵部尚书石星,说明自己见解:"不佞愚见,讲贡一事,始而平壤,继而王京,皆借此一着,用以退倭。翁台尊意亦复如是。故不佞原无奏疏,前次王京塘报亦只虚虚谈及,不敢实说……今日之事,只宜借用此着,了却前件,若待实做,委为不敢。乃畏倭之反复难定,实非因人言之哓哓也。"待到张辅之、周维翰上疏弹劾,他写了洋洋洒洒的"讲明封贡疏",为自己申辩:"唯是通贡一节,臣原无成心,亦未曾轻许。特以兵家之事,虚实有隐机,经权宜互用。臣固不敢谓始事,而度其计之必行;亦不敢谓既事,而矜其术之已遂。顾廷臣之中有疑臣之迹,而以为许成;又不谅臣之心,而以为开衅。"接下来,他追述了"始事讲贡计破平壤之说""再事讲贡计出王京之说""目前讲贡退釜山之说",来证明原本是"借此一着,用以退倭",并非真正答应"封贡"。他反问道："若谓臣真许其贡，则倭出王京之时，何以令大兵尾进？何以调朝鲜兵船？何以屡檄将领，不曰坐困以逼其归，则曰剿杀以灭其类？何以不奖（沈）惟敬之功劳，而责（沈）惟敬之罪过？"

其实"封贡"的始作俑者是兵部尚书石星，遭到弹劾后，一面请求罢官，一面为自己辩解。他的辩解没有宋应昌那样理直气壮，把宋应昌比作胡宗宪，把沈惟敬比作蒋舟，显得不伦不类："自御倭朝鲜以来，所有一应攻取计划，皆臣与经略宋应昌，或面相计，或书相达。近日议论愈多，观听愈淆，其势必至尽没将士血战之劳，大陷经略叵测之谋，臣之狗马愚衷，亦且死不瞑目。臣见往者胡宗宪有平倭大功，卒挂吏议，身且不免；谋士蒋舟等亦各以罪重遣。臣不及今一言，窃恐（宋）应昌之复为（胡）宗宪，而沈惟敬之再为蒋舟。将使用间机宜，为世大忌，文网过密，展布愈难，尤臣之所大惧也。"他既要揽功，又要推卸责任，一则说："经略（宋）应昌以挞伐为威，以许贡为权，冀成功，无嫌许计。而其遣使行间，臣（石）星实与之谋。"再则说："夫通贡屡奉明诏，孰敢轻许！即封号亦未尝轻假也。（小西）行长尚在西浦，关白未具表文，计出要求，未可遽听。"

皇帝对宋、石两人的申辩，明确表态："朕以大信受降，岂追既往！可传谕宋应昌严备，劝彼归岛，上表称臣，永为属国，仍免入贡。"

皇帝表示不追究既往,可是兵部职方司主事曾伟芳仍然不肯罢休,继续追究既往。在他看来"款贡"一无是处,主张"款贡"的大臣是首鼠两端:"臣窃睹倭奴款贡之害,三尺竖子类能言之。乃疆场当事诸臣犹踌躇四顾而不能决,非谓不款则倭不去乎?臣则曰款亦来不款亦来……今称克开城,复王京,还王子陪臣,以议款故,则彼又何威我慑我,而能就我束缚,守我盟誓哉?且以沈惟敬前在倭营见与为媾,咸安随陷,晋州随拔,而欲恃此许贡以冀来年之不复攻,则速之款者速之来耳。故曰款亦来。夫不款无忧其不去,则何必借款以市其去。款之难保其不来,则何必重款以饵其来贡之当绝。此两者足以观矣。今不料绝贡之无关倭之去来也,而首鼠两端,阳讳阴设,内自树疑,以外招众口,窃为首事者惑焉。今日之计,以中国而守中国则易,以中国而为朝鲜守则难。欲不留兵,将前功尽弃;欲宿重兵,则师老力困,祸无已时。"又说:"宜敕责朝鲜国王,数以荒淫沉湎、失守社稷之罪,朝廷已为若糜金数十万,恢复境土。今以俾汝,若不亟图,天且厌弃。如果不可化诲,其子光海君珲颇堪托国,俾自处分。"

皇帝对他的观点颇为赞同,朝鲜应该自己加强防守,至于更换国王,则以为不可。几天后,他致函朝鲜国王,就此次战事表明态度：

> 尔国虽介海中，传祚最久……乃近者倭奴一入，而王城不守，原野暴骨，庙社为墟。追思丧国之因，岂尽适然之故！或言王娱玩细娱，信惑群小，不恤民命，不修军实，启侮海盗，已非一朝，而臣下未有言者。前车既覆，后车不可不戒哉……大兵且撤，王今自还国而治之，尺寸之土，朕无与焉。其可更以越国救援为常事，使尔国恃之而不设备，则处堂厝火，行复自及。猝有它变，朕不能为王谋矣。

既然皇帝主张"朝鲜自为守"，兵部尚书遂有撤兵之议。宋应昌忿然力争说："吾官可去，兵必不可撤！"立即上疏讲明理由："臣以兵力倦而姑听封贡，权也；守朝鲜全(罗)庆(尚)以备倭，俾不敢生心窥我，经也。臣能逐倭于朝鲜之境内，不能逐倭于釜山之海外。倭今日以畏威遁，他日必以撤兵来。且夷心狂狡，未可据封贡为信。"他已经预料日军他日必定再来，但是朝廷不听，还是下达撤兵命令。宋应昌愤懑不已，突然中风，决定向皇帝乞骸骨归乡。皇帝恩准：宋某东征劳苦，既有疾，着还朝调理，经略职务由蓟辽总督顾养谦代理。回京后，他多次上疏乞休,终于回到家乡杭州,高卧西湖,绝口不谈东事。

五、"秀吉妄图情形久著,封贡亦来"

皇帝给朝鲜国王的国书中,流露了即将从朝鲜撤军之意。蓟辽总督顾养谦(字益卿,号冲庵,南直隶通州人)上疏,力主从朝鲜撤军,皇帝当即批准。万历二十一年十二月,皇帝正式下令撤军,要顾养谦代替宋应昌前往朝鲜处理撤军事宜,蓟辽防务暂令顺天巡抚代管。

兵是撤了,至于是否要同意日本的"封贡"请求,朝廷一时议论不决。多数官员持反对态度,吏科给事中逯中立态度最为鲜明,直斥兵部尚书石星以"封贡"误国。他说:"自东倭未靖,而请封请贡之说兴也,中外诸臣言者甚夥,其揣情形析利害者亦甚备,虽三尺竖子亦知其不可矣……顾是说也,宋应昌始之,顾养谦成之,本兵石星力主之。沈惟敬密计于倭,刘黄裳昌言于朝,请封易而为请贡,请贡易而为开市,开市易而为和亲。顷已专意请封,业已奉有明旨矣。臣窃惟贡不可许,而封亦不可许也。是东征诸臣误本兵,而本兵因以误国也。"接下来,他分析封贡的危害:"自倭奴狂逞,盘踞朝鲜,我皇上宵盱而忧,为之遣将出师者,计年余矣。蹂躏我属国,戕杀我士卒,靡费我金钱,是中国之仇也,而臣子之羞也。今不思灭此朝食,而反欲宠以封号,金册银章,赫奕岛外,此可令四夷见乎?"他毫不客气地批评石星:"当事者以冥冥决事,不曰选将,不曰练兵,不曰沿海修备,而今日议封,明日议贡。倭盘踞于釜山,为敢取之计;我冀望于侥幸,为苟且之谋。倭以款要我,而操术常行于款之外;我以款自愚,而智虑常陷于款之中。排盈廷之公论,捐战守之长策,阻忠臣义士之气,为逃责议功之资。此人臣之利,非国家之福也;旦夕之谋,非久远之计也。"

刚刚受命出任朝鲜经略的蓟辽总督顾养谦,是支持石星的,他主张"封"与"贡"不可以分割,要么都批准,要么都拒绝。其实他是主张既批准"封"又批准"贡"的。皇帝要兵部会同九卿科道研讨此事。

参加此次会议的工科给事中王德完,写了一份非正式的会议纪要,从中可以大体了解当时会议的情况。

王德完责问石星:"外传总督(顾养谦)贻书,有贡市禁绝,能以身任等语,信然否?"

石星答:"难必,倘强索贡市,只革其封号便是。"

王德完又问:"釜山倭户肯尽数归巢否?"

石星答:"难必。"

　　王德完又问："特遣辽东巡按亲至釜山，查看倭户有无归去，可行否？"

　　石星答："不可。"又说："倭得封，即飏去不吾犯也。"

　　王德完反问："倭即犯，胡以卒应？"

　　石星答："吾与总督、巡抚三人当之。"

　　王德完反唇相讥："何足当此？三人即捐躯，其为二祖八宗之神器何？"并追问石星："辽左战士有几？"

　　石星答："不过二千有零。"

　　王德完问："二千之卒何足御数万之倭？"

　　与会的其他大臣说："吴惟忠、骆尚志南兵暂留辽左，不宜速撤。"

　　石星说："业已先奔。"

　　其他大臣又说："刘綎兵撤回，亦要留住辽左。"

　　石星说："川兵难久，不如募土著，倭虏皆可挞伐。"

　　王德完描述道，对话至此，"臣以为本官或自有主见，及叩其所以，茫如捉影捕风"，无怪乎与会大臣"相与咨嗟叹息"。

　　王德完对石星所说"倭之封而不贡，倭之去而不留"云云，给出这样的判断："毫无足凭，何能轻信"。他列举大量事实，揭穿石星所说"只封不贡"，并非真相。比如，在沈惟敬答倭书中写道"既许尔乞降封贡"，显然"封贡已兼言之"。比如，倭国的表文写道"比照旧例"，"永献海邦之贡"，明白直言"既封且贡"。所以他责问石星："何谓一封即可了事？"兴言及此，令人发上指。

石星把九卿科道会议情况报告皇帝，对于多数官员反对封贡，耿耿于怀。他说："一意罢款，两言可决。但三旨许封，岂宜失信。况督臣(顾养谦)有言，若不与封，则小西飞无词以复(小西)行长，(小西)行长无词以复关白(秀吉)。此其说诚为有据。"他主张，由朝廷出具敕书，由小西飞递交丰臣秀吉。敕书内容大略谓："封已许定，断在不疑。但釜山非封命所出之途，留兵非叩关乞封之礼。且表文要约未明，难以遽受，宜即归谕关白，更具表文，备开釜山之倭尽数撤回，永不侵犯。"然后派遣正副使节，从宁波旧道，附关乞款。如果译审无诈，朝廷也派正副使节前往日本册封。皇帝鉴于多数官员反对，下达"未可轻拟"的圣旨："朝廷降敕，事体重大，未可轻拟。还行与顾养谦，一面谕令倭众归巢，一面将倭使赍来表文，验其真正与否，如果倭情真心归化，表文是实，即与奏请，候旨处分。"

尚书陈有年，侍郎赵参鲁，科道官林材、赵完璧、徐观澜、顾龙、陈惟芝、唐一鹏等，陆续上疏反对封贡。

在众多反对封贡的声音中，福建巡抚许孚远(字孟中，号敬庵,浙江德清人)的议论最有针对性,也最为知己知彼。他之所以反对封贡,是基于派赴日本的密探提供的情报作出判断——即使"封贡"也难以遏制日本对朝鲜的入侵。

此事说来话长。万历二十年十二月,许孚远出任福建巡抚,下车伊始,就有两名指挥使级别的军官沈秉懿、史世用来参见,称是兵部尚书石星命他们秘密前往日本,"打探倭情"。许孚远鉴于沈秉懿年老,而史世用体貌魁梧,举止倜傥,便选用史世用作为密探。万历二十一年四月,史世用扮作商人,秘密到泉州府同安县,搭乘海商许豫的商船,前往日本萨摩州,同行的还有海商张一学等。六月出发,七月初四日抵达日本庄内国内浦港,得知萨摩州首领滕义久同中国商人许仪后随关白丰臣秀吉去名护屋(名古屋)。名护屋是关白屯兵发船进攻朝鲜的基地,史世用与张一学分别潜入名护屋,一方面寻觅许仪后,一方面察看关白居住的城堡,刺探其动静起居。八月二十七日,许仪后随史世用来内浦与许豫会见。九月初三日,许豫与史世用带了绸缎等礼品,会见日本人幸侃,由许仪后翻译。九月十九日,大隅州正兴寺和尚玄龙来内浦,会见许豫,问道:"船主得非大明国福建差来密探我国动静之官耶?"许豫回答:"是,尔国侵伐高丽,杀害人民,我皇帝不忍,发兵救援。近闻差游击将军来讲和好,我福建许军门听知,欲发商船前来贸易,未审虚实,先差我一船人货来此,原无它意。"玄龙将信将疑。十一月,滕义久、幸侃又派黑田前再次试探后,准许许豫将购买的硫黄二百余担运载回国,并将滕义久文书一封,转交许孚远。

万历二十二年正月二十四日,许豫回国,把刺探所得报告许孚远。许孚远把情报归纳为七点:

> 探得关白姓平,名秀吉,今称大阁王,年五十七岁,子才二岁,养子三十岁。关白平日奸雄,诈六十六州,皆以和议卒之。

> 前岁侵入高丽,被本朝官兵杀死不计其数,病死与病回而死者亦不计其数。彼时弓尽箭穷,人损粮绝,思逃无地,诡计讲和,方得脱归。

> 关白令各处新造船只十余,大船长九丈,阔三丈,用橹七十支;中船长七丈,阔二丈五尺,用橹六十支。许豫访诸倭,皆云候游击将军和婚不成,欲乱入大明等处。

> 日本六十六国,分作二关,东关名相板关,西关名赤间关。内称有船数千只,限三月内驾至大溪点齐,莫知向往何处。又点兵十八岁至五十岁而止,若有奸巧机谋者,虽七十岁亦用之。

日本明治时期《朝鲜征伐记》写本

日本长岐（崎）地方，广东香山澳佛郎机每年至长岐买卖，装载禁铅、白丝、扣线、红木、金物等货。进见关白，透报大明虚实消息，仍夹带倭奴，假作佛郎机番人，潜入广东省城，觇伺动静。

关白奸夺六十六州，所夺之州，必拘留子弟为质，令酋长出师以侵高丽，实乃置之死地。各国暂屈，仇恨不忘。及察倭僧玄龙与许豫对答语气，滕义久等甚有恶成乐败之意。许豫于写答间，亦微有阴诱之机。

浙江、福建、广东三省人民被掳日本，生长杂居六十六州之中，十有其三。住居年久，熟识倭情，多有归国立功之志。

十月十五日，许豫同伙商人张一学、张一治，把关白城堡侦探事情开报，许孚远加以整理，排除与许豫相同的内容，归纳为以下十一点：

平秀吉始以贩鱼醉卧树下，有山城州倭酋信长，居关白位，出山畋猎，遇平秀吉冲突，欲杀之。平秀吉能舌辩应答，信长收令养马，名曰木下人，又平秀吉善登高树，呼曰猴精。信长渐赐与田地，改名森吉，于是助信长计夺二十余州。信长恐平秀吉造反,嘉奖田地,镇守大堺。有倭名呵奇支者,得罪信长,刺杀信长,平秀吉统兵乘势卷杀参谋,遂占关白职位。今信长第三子御分见在平秀吉部下。

征高丽兴兵,平秀吉有三帅,名曰石田、浅野、大谷,大小谋议俱是三帅。

平秀吉发兵令各州自备粮船干米,船运络绎接应,家家哀虑,处处含冤。

丰护州酋首柯踏,统兵在朝鲜,闻大明助兵,丧胆逃回,平秀吉探知,剿杀一家,立换总督。

兵入朝鲜,在内浦港抽选七十人,近回者止二十人。日向国有大船装倭三百,近回者止五十人,损失甚多。

萨摩州乃各处船只惯泊之处,今从此发,有往吕宋船三只,交趾船三只,东埔船一只,暹罗船一只,佛郎机船二只。兴贩出没,此为咽喉也。

器械不过黄硝、乌铅为害,硫黄系日本产出,焰硝随处恶土煎炼亦多。唯乌铅乃大明所出,有广东香山澳发船往彼贩卖,炼成铅弹,各州俱盛。其番枪、弓箭、腰刀、鸟铳、铁牌、盔甲,诚亦不缺。

城池附在山城州,盖筑四座,名聚乐映淀,俱在大堺等处。每城周围三四里，大石高耸三四重，池河深阔二十余丈。内盖大厦楼阁九层，高危瓦版，妆黄金。下隔睡房百余间，将民间美丽女子拘留淫恋。又尝东西游卧，令人不知，以防阴害。

日本有罪，不论轻重，登时杀戮。壬辰年，一以是六十六州水陆平宁，任其通行贸易。

平秀吉丙戌年擅政，倭国山城君懦弱无为，壬辰征高丽，将天正三十年改为文禄元年。平秀吉号为大阁王，将关白职位付与义男孙七郎。七郎字见吉，年几三十，智勇不闻。

掳掠朝鲜人民，多良家子女，糠餐草宿，万般苦楚。有秀才廉思谨等二十余人，被掳在日本，平秀吉令厚给衣食，欲拜为征大明军师，廉思谨等万死不愿。

用现代眼光衡量，上述情报有不少属于道听途说，不够精确。但在当时信息封闭的时代，许孚远能有如此战略头脑，殊为难能可贵。

在提供上述情报之后，许孚远陈述自己的观点，作为封疆大吏，对于关系国家安危的大事，必须明确表明态度，提醒朝廷当道，平秀吉野心勃勃，即使封贡，也不能阻挡其侵占朝鲜，

进而染指中国的图谋。他在奏疏中特别强调,绝不可小觑平秀吉,此人有奸雄之智,有攻伐之谋,有窥中国之心:

> 看得平秀吉此酋,起于厮役,由丙戌(万历十四年)至今,不七八年而篡夺国柄,诈降诸岛,絷其子弟,臣其父兄,不可谓无奸雄之智。兴兵朝鲜,席卷数道,非我皇上赫焉震怒,名将东征,则朝鲜君臣几于尽为俘虏,不可谓无攻伐之谋。整造战舰以数千计,征兵诸州以数十万计,皆曩时之所未有。日夜图度,思得一逞,不可谓无窥中国之心。

他提醒朝廷衮衮诸公,千万要警惕平秀吉"凭其破朝鲜之余威,思犯中国"的野心。因此他认为当朝大臣的封贡方案,无论从哪一个方面来看,都是不可取的。

其一是,若册封平秀吉为国王,将置山城君于何地:

> 窃谓日本有山城君在,虽其懦弱,名分犹存。一旦以天朝封号加之僭逆之夫,且将置山城君于何地?崇奸怙乱,乖纪废伦,非所以令众庶而示四夷也。

其二是,企图依赖封贡求得日本退兵,迹近于幻想:

平秀吉无故兴兵，声言内犯，陷我属国，东征之师相拒日久，损失亦多，碧蹄战后，暂退釜山，尚未离朝鲜境上。而我以细人之谋，听其往来讲封讲贡，若谓朝廷许我封贡则退，不许我封贡则进，要耶非耶？近朝鲜国王李昖奏称，倭贼方于金海、釜山等处筑城造屋，运置粮器，焚烧攻掠无有已时，至称屠戮晋州，死者六万余人，尚可谓之退兵乞和耶？

其三是，平秀吉豺狼之暴狐兔之狡，变诈反复，毫无信义可言：

（小西）行长、小西飞诸酋慑于平壤、王京之战，未能长驱直入，而又兵入朝鲜者死亡数多，恐无辞于秀吉丧师之戮，则亦姑假封贡之说，以绐秀吉而缓其怒。是以沈惟敬辈侥幸苟且之谋，得行乎其间。若我经略、总督诸臣不过因（沈）惟敬辈而过信（小西）行长诸酋，而错视平秀吉。不知秀吉豺狼之暴狐兔之狡，变诈反复，必不可信义处者也。

其四是，平秀吉狂谋蓄积已久，封贡不足以厌其意：

平秀吉狂谋蓄积已久，一封必不足以厌其意。要而得封，必复要而求贡求市，得陇望蜀，凭陵及我，朝廷又将何以处之……今当事之议，欲令倭尽归岛，不留一兵于朝鲜以听命。顾彼方进兵攻掠，肆无忌惮，又安肯收兵还国，幡然顺从？揆情度势，臣等恐其不能得此于彼也，即使暂时退兵，旋复入寇。败盟之罪又将谁责耶？议者多谓封贡不成，倭必大举入寇，不知秀吉妄图情形久著，封贡亦来，不封贡亦来，特迟速之间耳。

许孚远的奏疏写得有理有据，建立在知己知彼的基础上，预见到"即使暂时退兵，旋复入寇"。同时代人对此给予很高的评价，孙鑛说："时倭挠朝鲜，浪传乞封，本兵议许之，众论不然。方纷纭未定，然其端原自闽发之。公(许孚远)至福建，密募死士，往彼国侦焉。已而侦者来，悉得彼诡谋，并诸岛酋相仇状。疏闻于朝，谓发兵击之为上策，御之中策，不可轻与封。本兵至胶执，见之亦悚然。至亲见司礼道其实，谓即切责某数语，罢封贡最善。"叶向高说："时平秀吉猖狂岛中，滨海岌岌，朝议主封贡。先生(许孚远)侦得其情形，具言：其废主僭位，六十六州劫于威，上下怨毒，势必败。堂堂天朝奈何假之名器，而与之市！"

在此之前，许孚远就向内阁首辅王锡爵表示了对封贡的不同看法。待到"请计处倭酋疏"呈上后，再次向王锡爵陈述自己的观点，如果实行封贡，后患无穷，悔之无及。但是，由于主张封贡的势力过于强大，他的主张虽然得到共鸣，却并未付诸实施。

福建巡按刘芳誉全力支持许孚远，再次力争。他在"侦探倭情有据"奏疏中说："据商人许豫等探称，关白名平秀吉，令各处造船千余，大船长九丈，阔三丈，用橹八十支；中船长七丈，阔二丈五尺，用橹六十支。（许）豫访诸倭，皆云候游击将军和婚不成，即乱入大明等处。"之后他又在"贼臣和亲有据辱国难容"奏疏中，斥责兵部尚书石星辱国："据新回海商黄加等投送朝鲜人廉思谨书，内开和亲一段云：往年游击将军沈惟敬进兵朝鲜时，与倭连和，约送大明王女于日本。据此以质于礼部郎中何乔远、吏科林材、御史唐一鹏之疏，若合符节……（石）星以握枢大臣，辱国至此，尚欲觍颜就列耶？"朝廷不但不予采信，反而把他贬谪为温州知府。

六、"授册封贡，可保十年无事"？

已经任命为"经略"的蓟辽总督顾养谦，是兵部尚书石星封贡主张的坚决支持者,他有一整套似是而非的怪论。

一则说国家的大患是北方的"虏"(蒙古),而不是东方的"倭"(日本):"国家患虏不患倭,倭不能越朝鲜犯中国,其势不足畏。自古御夷常以顺逆为抚剿,权恩威而用之。吾为朝鲜复疆土,归所侵掠,恩至厚。今倭且归命,宜因而听之,即不许贡,而姑縻之以封号,以罢兵为解纷,假虚名纾实祸,计无便于此者。今言者率称战守,战则不能必得志于倭;守则征兵远戍,岁耗大农金钱数十万,疲中国之力,而代受其敝,令虏得乘虚而入,非策也。臣以中国为全局,以朝鲜为局外,假令关酋(平秀吉)王,而与故王不相下,则国内乱不暇谋,朝鲜即能附众立国,必德天朝,不复有异志。此中国与属国两利而俱安之道也。"

再则说:"许则封贡并许,绝则封贡并绝。如用臣议,则谕倭众渡海,然后授册封贡,可保十年无事。如用廷议,势必弃朝鲜,画鸭绿江自守。倘既绝封贡,而又欲保朝鲜,臣不能任也。"他的这种奇谈怪论,遭到廷臣强烈反对。

迫于舆论压力,顾养谦索性掼纱帽,请求皇帝罢免。他说:"九卿科道之议,大都止绝封贡。臣当局而迷,诸臣旁观而清。又刑部侍郎孙鑛所筹划,及先后遗臣书,言之甚辨,断之甚勇。臣抚然自失,请罢免。"皇帝爽快地接受了他的请辞,下旨道："览奏，这封贡都着罢了。本内既荐孙镰才望可任，就着前去经略，专一料理倭事。"

既然圣旨说"这封贡都着罢了"，官员们顿时缄默不言。皇帝感到奇怪，责问兵部尚书石星："朕前见廷臣争讲东倭封贡事宜，自奉旨停罢后，如何再无人言及倭事？你部里亦未见有奇谋长策来奏，不知善后之计安在？今宣捷告庙，为录前功，此事尚未完结。朕衷将此倭情细思之，或遣兵驱去，若待再来，出兵征之；我或不许贡，但许市。这三策，你部里可斟酌复奏。"

石星遵旨，在"三策"之外另提一策：立即着手册封日本国王事宜。其实是老调重弹："事唯决断乃成，人唯专责乃效。今督臣职在封疆，唯以战守为急，议及封事，未免迟回不决。往返商议，便是春汛，再致他虞，谁任其咎？臣既力担封事，遑恤其他，自当吃紧决策，以收完局。为今之计，宜选将二员，一责令赍执檄文，驰赴辽阳地方，即为小西飞伴入山海关前来；一责令直抵釜山，宣谕（小西）行长等，作速率众起行，以表恭顺之心，以俟封使之至。封事既定，则夷使即可遣行。封使既行，釜（山）倭报退，则各回营理事。"皇帝看他说得头头是道，当即照准："有不奉旨阻挠的，奏来拿问。但有腾架浮言，败坏封事，着厂卫衙门多差兵校，严行缉拿重治。"与此同时，朝鲜国王也致信皇帝,请求允许封贡,以保危邦。皇帝指示兵部:"倭使求款,国体自尊,宜暂縻之。"有皇上的圣旨,石星立即派官员赶赴辽阳,伴送小西飞(小西行长的家臣内藤如安)前来北京。同时派官员赶赴釜山,通知小西行长做好准备,一俟封事既定,马上从釜山撤退。

十二月,日本使节小西飞抵达北京,石星优待如王公。阁臣赵志皋提议皇上在御门接见小西飞,皇帝鉴于"夷情未审",拒绝接见,命令把小西飞安顿在左阙门,由有关官员与他会谈。明朝官员向他提出三个条件:从朝鲜撤兵、册封而不朝贡、发誓不再进犯朝鲜。小西飞表示接受,并且留下口词记录三条:一、釜山倭众尽数退归,若得准封,一人不敢留住朝鲜,不敢留对马岛,速回国;二、一封之外,不得别求贡市,任凭分付,并无他求;三、十六年前关白、行长杀了日本国王(意为如今日本并无国王,无碍册封)。口词记录有小西飞的签字画押:"万历二十二年十二月十三日,日本差来小西飞押。"

石星一手策划的册封平秀吉为日本国王之事,于万历二十三年正月正式启动。册封诏书写道:

> 唯尔日本,远隔鲸海,昔尝受爵于先朝,中乃自携于

声教。尔平秀吉能统其众，慕义承风，始假道于朝鲜，未能具达，继归命于阙下，备见真诚。驰信使以上表章，干属藩为之代请，恭顺如此，朕心嘉之。兹特遣后军都督府署都督佥事李宗城、五军营右副将署都督佥事杨方亨，封一日本国王，锡以冠服金印诰命。凡尔国大小臣民，悉听教令，共图绥宁，长为中国藩篱，永奠海邦之黎庶，恪遵朕命，克祚天麻。

皇帝委派的正使李宗城、副使杨方亨，在沈惟敬的陪同下，经由朝鲜前往日本，册封丰臣秀吉为日本国王。不知何故，册封使节的行动十分拖拉迟缓，直到万历二十三年年底，仍旧逗留朝鲜境内，并未渡海。兵科给事中徐成楚弹劾兵部尚书石星，"东封竣事无期"。吏科给事中张正学也因"东封日久，情形可疑"，上疏弹劾石星轻信沈惟敬之言，请封日本，但是正副使节出使将近一年，"久住朝鲜，未闻渡海。顷接邸报，见东封三疏。据正使李宗城则云：（小西）行长五营尚在，（加藤）清正未行，或报阻封惧诛，或报留迎册使。据沈惟敬则云：已择十二月初六日行。凡此数语，俱涉支吾。臣切忧当事之臣轻信无赖，以误国家，损威非少"。沈惟敬所说十二月初六日起行，也是假话。到了万历二十四年三月，正副使节不但没有渡海,反而传来正使李宗城突然逃亡的消息。据邸报的消息,万历二十四年三月,"山东巡按李思孝报,沈惟敬被关白缚绑,李宗城闻知,夜即弃印逃出"。这是个误传的消息,李宗城的逃亡另有原因。据万斯同说:"二十四年,遣临淮侯李宗城、都指挥杨方亨册平秀吉为日本王,给金印。(李)宗城次对马岛,闻太守仪智妻美,欲淫之。(仪)智怒,将行刺,(李)宗城惧,玺书夜遁。"而李宗城自己的说法截然不同,逃亡是为了维护天朝使节尊严:"关白所要七事,不止一封,彼若望封若渴,何无一人相迎? 陡于三月二十八日,有被掳福建人郭续禹,以买药为名,私相求见。职招至卧内,伊谓关白虎狼蛇蝎,使臣者去,必至羁留,且将质以要索,少有不遂,定行杀害。又传,沈惟敬被关白一捆,关白云:予所要者七事,原不为封。又见近日关防甚严,情形渐异,遂于本夜捧节西还,仿古大夫出疆之义。拟至前途飞报,讵竟迷失道路,不食者六日。初八日始至庆州,理合揭报。"

李宗城说得冠冕堂皇,大义凛然,究竟孰是孰非? 看了谷应泰的记载,便可见分晓:

东封之使久怀观望,至是(二十四年正月)始抵釜山。而沈惟敬诡云演礼,同(小西)行长先渡海,私奉秀吉蟒玉、翼善冠，及地图、武经……取阿里马女，与倭合。李宗城纳绮子，经行之营，所在索货无厌。次对马岛，太守仪智夜饰美女二三人，更番纳行帷中，（李）宗城安之。倭酋数请渡海，不允。仪智妻，（小西）行长女也，（李）宗城闻其美，并欲淫之。（仪）智怒，不许。适谢周梓侄隆，与（李）宗城争道，（李）宗城欲杀之。（谢）隆诛其左右，以倭将行刺。（李）宗城惧，弃玺书夜遁。比明失路，自缢于树，追者解之，遂奔庆州。

谷应泰所说是有根据的。万历二十五年三月杨方亨回京奏报出使的全过程，曾经提及"正使李宗城有被谢隆之惑，蓦然潜出"的情节。足见万斯同、谷应泰所说不虚，李宗城则谎话连篇。朝廷任用这样的人去办册封大事，其结果自然可想而知。

皇帝下令扭解李宗城至京审讯，将副使杨方亨提升为正使，任命随员沈惟敬为副使，立即前往日本。

九月一日，使节一行在大阪城会见丰臣秀吉。丰臣秀吉接受了册封诰命书、国王金印、明朝冠服，命相国寺承兑宣读诰命、敕谕。堀杏庵《朝鲜征伐记》说，当读到"万里叩关，恳求内附"时，丰臣秀吉勃然大怒。以后赖山阳《日本外史》进一步渲染夸张说,宣读诰命敕谕时,丰臣秀吉立即脱去冠服,抛到地上,并且把敕书撕得粉碎。据东京大学教授西嶋定生研究,这份敕书至今仍保存得相当完好,丝毫没有撕破的痕迹。万历帝的诰命现藏于大阪市立博物馆,敕谕现藏于宫内厅书陵部。关于诰命敕谕,关西大学教授大庭脩有详细的研究。他说,诰命是册封的辞令,写在青赤黄白黑五色云鹤纹织锦上的,其文字"奉天承运皇帝制曰"云云,及"特封尔为日本国王"云云,以楷书分五十行书写。敕谕是讲和的具体指示,记载了封秀吉为日本国王而赐予的金印、冠服,以及赐予陪臣的官职、物品,最后还附记赐予国王冠服的目录。这些冠服原物至今仍保存在京都市的妙法院。由此可见,丰臣秀吉脱冠服、撕敕书的说法,纯属虚构。

九月二日,丰臣秀吉身穿明朝冠服,在大阪城设宴招待明朝使节。表面上看似乎取得了预期的结果,其实不然。册封事件从万历二十三年正月启动,直至万历二十五年正月,册封使节才回到朝鲜釜山,延续了整整两年,有识之士已经敏感到问题的严重性。

万历二十四年十二月,兵部尚书石星奏报,册封大典已经完成,使节凯旋,釜山倭奴扫荡计在咫尺。兵科给事中徐成楚反驳道,事实恰恰相反:

《明神宗敕日本国书》
（局部，现藏于日本宫内厅书陵部）

今月初四日，接到蓟辽总督孙镰、辽东巡抚李华龙，各为紧急倭情情事，内称：关白密谋大举，朝鲜道咨告急，求调浙兵三四千，星火前进，进驻要害，以为声援……复朝鲜既灭之余烬也，人心内震，士马外残，取之如摧枯拉朽，不但八千釜（山）倭盘踞如故，且曰将以刻下渡海大兵，以明春继进。朝鲜不支，必折而入于倭；朝鲜折而入于倭,则辽以左、山以东,可依然安枕乎?

以后事态的发展,证实了有识之士的预判,册封并不能满足丰臣秀吉的欲望,再次进军朝鲜不过是迟早的事情。万历二十五年正月,册封使节回到釜山,驻扎釜山的日军并未按照协议渡海回国。不久,朝鲜国王李昖因为"倭情紧急",请明朝援助;派遣陪臣刑曹郑其远赶来,痛哭请援。兵科给事中徐成楚根据辽东副总兵马栋正月十五日报告,有倭将(加藤)清正带领倭兵船二百余只,已于十四日到朝鲜海岸,至原住地机张营驻扎,其兵力当不少于二万余。所有防御事宜,应当及早图谋。但是昨日内阁首辅赵志皋说,封事已成,不知徐成楚何故,深自张皇启祸。皇帝命廷臣立即召开会议,研究倭情。二月间,册封使节杨方亨回渡鸭绿江,向朝廷奏报册封经过,隐约而含蓄地提请朝廷注意:"岛夷狡猾叵测,自其天性,乃受封之后,尤为责备朝鲜之语,复欲狂逞肆毒于朝鲜,亦未可知。"

三月,杨方亨回到北京,报告真实的倭情。谷应泰说:"(杨)方亨始直吐本末,委罪(沈)惟敬,并石星前后手书,进呈御览。上大怒,命逮石星、(沈)惟敬按问。"那么杨方亨讲了些什么呢?看他的奏疏题目——"直言封事颠末正欺罔绝祸源",便可知晓他要杜绝欺罔,披露真相。原来他抵达釜山时,为了提防沈惟敬泄密，在奏疏中所写的是冠冕堂皇的假话，什么"关白平秀吉感激锡予封典，怀德畏威，恪遵典制，创公馆而特迎诰敕，率臣民而远效嵩呼"；什么"日本调兵渡海之事，在朝鲜固宜提备，亦不必过为张皇，而日本既听胡搜处分，似宜量为分解"云云，并非真情实况。为什么呢？他透露其中隐情："今往返两国已历二年，目击耳闻颇真，是不敢不言之时。不但今日当言，即臣返棹之时业欲具奏，以(沈)惟敬密迹，若有一言，(沈)惟敬必知，(沈)惟敬一知，倭奴必觉。臣死不足惜，而龙节玺书，及随从数百员役，尚在虎口，万一不测，辱命之罪万死何赎！"那么抵达鸭绿江时的奏疏为何不讲呢？因为收到兵部尚书石星的信函，暗示他"一封之外，别无干预"。所以只能隐约提及"岛夷狡猾叵测"。一旦抵达京师，他再也不敢隐瞒真相，披露石星与沈惟敬联手策划的封事背后的隐情。

其一是，沈惟敬忽然借口提前前往日本，演练册封礼仪，于去年正月十五日随同小西行长渡海而去，音信杳然，人心危疑。恰在此时，正使李宗城受到谢隆追杀，突然逃亡。杨方亨向石星提醒"倭情狡诈，不敢保其无他"，请求派遣得力言官前来釜山查勘，相机而行，可封则封，可罢则罢。石星以"文臣破败封事"为借口，予以拒绝。使得他有一种"甘心为本兵鹰犬"的感受。

其二是,当初双方约定,釜山日军一个不留,始得前往日本册封。然而兵部尚书石星发来公函,要求"釜山倭户务安插得所"。石星还致书小西行长,令杨方亨或住对马岛,或住南戈崖,等候"钦补物件"。"(小西)行长乃日本之奴隶,本兵之与通书,用护封,称先锋,内有亲笔副启。"

其三是,以前所谓日本已无国王,无碍册封云云,显然是无稽之谈。杨方亨说:"又闻日本国王天正为文禄之父,一旦秀吉废其父而立其子,擅作威福,震詟国人。今天正、文禄父子俱在,而秀吉俨受王号,其篡逆之心又于此可见。"

其四是,沈惟敬其人可疑,石星却倚为亲信,由此忠心变而为昏昧。杨方亨说:"大都封事之误,误于(沈)惟敬一人。臣切睹本兵之初心,实忠于为国,但偏于所听,不能知人。沈惟敬何人?而遽任以国家大事;倭奴何人?而遽信为孝子顺孙。始则以(沈)惟敬之欺罔认为忠言,犹不失其本心之忠;继则以误就误,乃至掩耳偷铃。以(沈)惟敬之误己者,乃误国家,此本兵忠赤之心变而为昏昧也。"

其五是,杨方亨指责石星,"倭奴云集海隅,正宜长驱尽扫,何偏听独见,坚执许封。倭众未归,而大兵先撤。恒以省财费为言,更不知昔之所费有限,今之所费无穷"。

其六是,石星在册封使节随员中,擅自安插家人(亲信听差），且地位在其他随员之上。"本兵家人，当禁迹阃中，尚不可履武弁之门，况可以出外国，驷马高盖，博带峨冠，居诸从员之上，是何体也？意谓差官报事不实，故遣家人亲往，所报必实。竟无一字实报皇上，而仍前偏听，不知差家人之心是何心也。"

获悉这些内情，皇帝大怒，下令逮捕石星、沈惟敬，交法司审讯。

已经退休在家的前任内阁首辅申时行认为，石星、沈惟敬操纵的封事，不但误国而且辱国。他回顾道：

> 朝鲜有倭难，连章告急请援兵，朝议皆言可许。乃命将发兵，遣大臣经略，抽选各边精锐以往。本兵檄海上各以舟师来会，中外汹汹。余方卧家，客问余计将安出？余曰："朝鲜固属国，然国家不有其疆土，不征其租赋，与内地异……恶有以天朝戍外国者。朝鲜能自守，则吾助之兵粮，以示恤小之仁，或告谕日本使之罢兵则可耳。"已闻朝廷遣人谕倭，倭将各引还釜山，以王京及所掳王子归朝鲜，诡云欲入贡天朝，为朝鲜所遏，故兴兵伐之。于是封贡之议起矣。庙堂若有主持，许其封而却其贡，即彼遣使来，当令辽东抚臣审实代奏，而后许封。待其表文既至，

而后遣使，乃不失体。今小西飞乃倭将行长一书记耳，本兵尽撤营兵，夹道陈列而迎之；请驾御午门城楼引见，亦甚亵矣。闻京师百官军民无不愤恨，而本兵扬扬自以为得策也。已又遣两使臣赍冠服以往，而关白尚不知使臣，留待半岁。本兵自遣其仆往探之，竟不得命，而讹言四起。使臣且踉跄奔还，不唯误国且辱国，可为扼腕长太息也。

可谓旁观者清，倘若当时他仍是内阁首辅，还能看得如此透彻吗？

七、"战端再起，戛然而止"

就在这时，丰臣秀吉再次发动侵略朝鲜的战争。

万历二十五年正月十五日，辽东副总兵马栋报告，倭将清正带领兵船二百余只，已于十四日到朝鲜海岸，在原住地机张营驻扎，其兵力不下两万。朝鲜陪臣向明朝痛哭求援。兵科给事中徐成楚报告，倭将清正率兵船二百余只，倭将丰茂等帅兵船六十余只，之朝鲜西生浦等处，别起倭船络绎不绝过海而来。他抨击"奸臣党蔽天听，谬为两国相争，只为礼文缺典。

不知世岂有兴师十数万，浮海数千里，争一繁文缛节"之事！

朝廷至此才知道寄予极大希望的"封事"，宣告失败，下令革去蓟辽总督孙鑛的官职，任命邢玠（字式如，号昆田，山东益都人）以兵部尚书出任总督经略，都御史杨镐（字京甫，号凤筠，河南商丘人）经理朝鲜军务，以麻贵为提督，东征援朝。

石星因"封事"误国，皇帝狠狠训斥道："倭奴狂逞，掠占属国，窥犯内地，皆前兵部尚书石星诒贼酿患，欺君误国，以致今日，戕我将士，扰我武臣，好生可恶不忠！着锦衣卫拿去法司，从重拟罪来说。"其实册封的诰命敕谕都是皇帝签署发出的，如果没有皇帝的纵容，石星何至于如此肆无忌惮。现在所有责任全推到他一人身上，法司遵旨从重拟罪：论石星大辟，妻子发烟瘴地面永戍。

石星的悲剧在于，稍有小才，而对外交国防所知甚少，只知一味投机取巧，暗箱操作。在如此重大的外交国防问题上失误，断然难逃一死。日本学者冈野昌子评论道：石星对这场战争始终缺乏信心，以兵部右侍郎宋应昌为经略，以市井无赖沈惟敬为游击将军，确立石星—宋应昌—沈惟敬路线，表面上做筹集钱粮、制造武器、征发渔船、募集士兵的军事准备，暗中进行和平折冲。当时官僚中反对"封贡"者占七八成，赞成"封贡"者不满一二成。和平交涉的结果，是日军的再度入侵。

据明朝官方的情报，此次侵略朝鲜的日军达十二万之众。其中清正一万二千，直政一万八千，行长一万，义弘一万，辉元二万，甲州太守、一州太守、土州太守、云州太守各兵六千，一政六千，隆景四千，安沽、安治四千，义智三千，广门二千。明朝方面看清了日本的野心，朝鲜灭亡势必危及中国，必须采取长期作战的战时体制，因此出动的兵力明显增加，从《明神宗实录》来看，水军与陆军合计九万人；从朝鲜《宣祖实录》来看，明军有十一万之多。需要说明的是，上述明军的数字，都是万历二十六年的统计，万历二十五年战争初期的兵力没有达到这一水平。

日军以兵力优势，很快攻破闲山、南原等地。据明朝方面记载，七月，日军夺取梁山、三浪，进攻庆州、闲山，朝鲜守将元均望风披靡，闲山陷落。闲山在朝鲜西海口，是南原的屏障，全罗的外藩。闲山失守，形势吃紧，经略下令严防王京西面的汉江、大同江，阻止日军西下。八月，日军包围南原，乘着夜色掩护，发动突然袭击。守将杨元毫无防备，听闻倭至，从帐篷中惊起，赤脚逃跑，辽兵护卫他向西奔去。当时全州有明将陈愚衷，忠州有明将吴惟忠，各自扼守要塞。而全州距离南原仅一百里，互为犄角。南原告急，陈愚衷怯懦，不发兵，听说南原已破，立即弃城撤退。麻贵派游击牛伯英赴援，与陈愚衷会合后,驻扎于公州。日军进犯全罗,逼近王京。当时明军兵力单薄,只得依靠汉江天险,退守王京一带。麻贵甚至向邢玠提出放弃王京,退守鸭绿江。海防使萧应宫坚决反对,从平壤日夜兼程赶往王京制止。麻贵发兵守卫稷山,朝鲜也征调都体察使李元翼由鸟岭出忠清道,阻挡日军。身负经略之职的邢玠向朝廷大叹苦经:"朝鲜南原全州已失,倭势甚大。该国官民纷纷逃散,渐遗空城,不惟不助我兵,不供我饷,且将仓粮烧毁,绝军咽喉,反戈内向。萧墙变起,数支孤军,御倭且难,御朝鲜之贼益难。"

据朝鲜人记载,当时战况相当激烈:"丁酉(万历二十五年)九月六日,天将副总兵解生、参将杨登山、游击摆赛颇贵等兵数万,迎战于湖西至境。解生等到金岛坪,巡审用武之便,分兵三协,为左右掩杀之计。陈愚衷自全州退遁,贼兵跟追,已渡锦江。上(朝鲜国王)日夜泣诉于经理(经略杨镐),慰解曰:'倘官军不利,主君宫眷可相救活。'即于麻贵领大军行至水原下寨,遣兵于葛院,埋伏于芥川上下,以为后援。贼兵自全州天安直向京城。五日黎明,田秋福向洪庆院,先锋已至金岛坪。天兵左协出柳浦,右协发灵通,大军直从坦途,锣响三成,喊声四合,连放大炮,万旗齐颤,铁马云腾,枪剑奋飞,驰突乱砍,贼尸遍野。一日六合,贼逝披靡……翌日平明,贼兵齐放连炮,张鹤翼以进,白刃交挥,杀气连天,奇形异状,惊惑人眼。天兵应炮突起,铁鞭之下,贼不措手,合战未几,贼兵败遁,向木川清州而走。"日将加藤清正损兵折将相当惨重。明朝方面报道说:"先是,倭分三路,欲拥犯朝鲜王京,解生挫于稷山,又转向东南。彭友德等又进至青山等处。倭众遂溃南遁。"这是再次开战后第一个胜仗,即所谓稷山大捷。

万历二十五年十一月二十九日,经略邢玠带着皇上颁发的犒赏银两,以及皇上钦赐的尚方剑,与监军御史陈效一起,率领增援兵力抵达王京。随即在王京召开军事会议,把全军分为三协:左协由副总兵李如梅指挥,右协由副总兵李芳春、解生指挥,中协由副总兵高策指挥。总兵麻贵与经理杨镐率领左协与右协军队,从忠州鸟岭向东安趋庆州,专攻日军加藤清正部。为了防止小西行长前来增援,命中协兵马策应左右两协,遏制全罗来援之敌。十二月二十日,杨镐、麻贵进至庆州,勘察蔚山敌情。二十三日,明军向蔚山发起进攻,先由游击以轻骑引诱日军进入埋伏斩杀日军四百余人,日军南奔岛山,构筑三寨固守。翌日,游击茅国器带领浙兵先登,连破三寨,斩杀日军六百六十一人。日军坚壁不出,等待援军。

监军御史陈效向朝廷报告蔚山大捷:"督臣(邢)玠扼守王京,总兵麻贵、抚臣杨镐先后于十二月初八等日,由王京起行,齐至庆州,定计专攻蔚山。于二十三日巳时抵巢,贼兵万余迎战。斩获倭级四百四十余颗,生擒十名。贼弃蔚山,追走争渡,溺死甚众,退守岛山新城。二十四日抚镇督率官兵攻岛山,遂破伴鸠亭、城隍堂、太和江三寨,生擒倭贼四名,斩获首级六百一十一颗,焚烧寨内铺面住房万余,仓粮牲畜尽数烧毁。二十五日,复攻岛山。城险备周,不能遽上。"

正当蔚山日军岌岌可危之时,小西行长派援军赶来解围。小西行长担忧,如果倾巢出动,釜山空虚,一面挑选铳兵三千赶来,一面虚张旗帜于江上,制造大批援军从海上赶来的假象。朝鲜将军李德馨为假象迷惑,谎报"海上倭船扬帆而来"。杨镐未加核实,来不及下令,就率先西奔,大军失去指挥,顿时溃乱。加藤清正乘机反扑,明军死伤万余。

李光涛评论道:"朝鲜君臣乃至额首称庆,认为清正不难成擒矣。孰知天不欲灭倭,譬如大兵进围蔚山别堡之所谓岛山,凡十余日,而倭众正困于饥渴交迫,清正且一再至欲拔剑自裁。不意天忽大雨,以解其危,更兼倭援大至。当此之际,杨镐仓卒撤军,结果反为倭兵所乘,不利而退。"所谓"不利而退"云云,过于轻描淡写,其实是小胜之后的大败。杨镐、麻贵奔往星州,退守王京。

皇帝接到蔚山大捷的喜讯,下令嘉奖:"东征再捷,此皆总督运筹,抚镇奋勇,以致将士争先效劳,由此奇捷,朕心嘉悦。杨镐亲冒矢石,忠尤可嘉。邢玠赏银一百两,杨镐、麻贵各八十两,再发太仆寺马价银五万两,犒赏将士。"孰料,这一嘉奖令及犒赏银两还未送到前线,就传来惨败的消息:"二十七日,大雨昼夜,二十八日,东南风大作,海上援倭俱至。二十九日,海倭寨倭上下夹攻。至戊戌(万历二十六年)新正初二等日,李如梅、李宁、卢得功、屠宽、解生、祖承训、杨登山等九员大溃,死伤官兵十七八。经理(杨)镐、总兵(麻)贵俱遁。我兵自相蹂践,死者无数,合营俱败,三日方抵中州。"有关官员纷纷指责杨镐、麻贵"以败报胜,以罪报功"。

朝鲜赞画、兵部主事丁应泰弹劾杨镐等人"贪猾丧师酿乱,权奸结党欺君",不但批判杨镐,还谴责麻贵、李如梅等将领,还牵连到内阁辅臣张位、沈一贯。他的奏疏写得非常尖锐,批判杨镐有这样的话:"抚臣杨镐,谬妄轻浮,机械变诈,既丧师而辱国,敢漏报而欺君。倭至则弃军士之命而潜逃,兵败则画屯守之策而掩罪。"谴责李如梅有这样的话:"副将李如梅,贪淫忌刻。欺罔奸谗,张虏势而凌眇将官,挟上交而淫掠属国。逗留观望,则且进且退;擅离信地,则独往独来。"谴责麻贵有这样的话:"提督麻贵,巧于避罪,而文致报章;忍于弃军,而仓皇驰马。既已损威偾事,乃复冒赏乱功,诸将拊心,三军切齿。"他还揭露内阁辅臣张位、沈一贯"交结欺蔽之状"。皇帝对此十分重视，批示说："朕览此奏，关系军国切要重务，着五府、大小九卿、科道官，公同看议来说。"

府部科道看议的结果，一是杨镐革职，回籍听勘；二是张位罢官、削籍。皇帝圣旨说得振振有词："杨镐乃卿密揭屡荐，夺情委用，专任破倭。乃今朋欺，隐匿军情，致偾东事，辱国损威，莫此为甚。"

战事陷入了相持局面。

不料风云突变，从日本传来丰臣秀吉于七月九日死去的消息，日军士气顿时低落，阵脚大乱。据说，丰臣秀吉的死讯是严格保密的，五大老、五奉行向在朝鲜的大名发去撤退的指令。但是为此必须向明朝方面提出撤退的名分，例如以朝鲜王子为人质，朝鲜每年向日本缴纳稻米、虎皮、豹皮、药材、清蜜等租税。中国和朝鲜似乎已经刺探到丰臣秀吉的死讯，断然拒绝日本方面的要求，出兵追击撤退的日军。追击的主要指挥者是水军将领李舜臣。他阻断了小西行长的退路。这时，釜山和蔚山的日军撤退之后，小西行长和岛津义弘的军队成了殿后。小西遭到李舜臣的袭击，岛津为了援救小西，在露梁津与李舜臣的水军展开激战。李舜臣在这场海战中中弹而死。

邢玠抓住战机,命总兵刘綎、董一元、麻贵分兵三路出击。日军各部无心恋战,纷纷渡海东归。战火终于熄灭。

如果丰臣秀吉不死,这场战争还将旷日持久地进行下去。他的死,导致日军的失败提早到来,吞并朝鲜的黄粱美梦化作泡影。

万历二十七年三月,皇帝降旨:征倭总兵麻贵班师回朝;任命李承勋提督水军,充任防海御倭总兵官,驻扎朝鲜;周于德移镇山东,为备倭总兵官。四月十五日,皇帝破例来到午门城楼,接受朝贺,并把平秀正等六十一名俘虏当场正法。闰四月初八日,皇帝为东征御倭胜利,向全国发布诏书:

> 朕念朝鲜称臣世顺,适遭困厄,岂宜坐视!若使弱者不扶,谁其怀德;强者逃罚,谁其畏威?况东方乃肩背之藩,则此贼亦门庭之寇,遏阻定乱,在于一人。于是少命偏师,第加薄伐,平壤一战,已褫骄魂。而贼负固多端,阳顺阴逆,本求伺影,故作乞怜。册使未还,凶威复煽。朕洞知狡状,独断于心,乃发郡国羽林之才,无吝金钱勇爵之赏,必尽卉服,用澄海波。

然而,在当时人看来,这场战争胜之不武,有不少负面评

论,许重熙《嘉靖以来注略》反映得比较集中。他关于此次战争收场的记述,颇有讽刺意味:

> 万历二十六年十一月,倭将各统兵归国。时平秀吉已于七月九日死,诸酋久有归志。邢玠敛军中数万金贿诸酋,随之渡海,求秀吉之子永结和好。诸酋欣然扬帆,同日南去。经略万世德自六月受命(代替杨镐),迁延不敢前。比闻倭退,兼程驰至王京,会同邢玠奏捷,遣三百人分送三酋渡海,而三酋亦遣百人送(邢)玠渡鸭绿江。(邢)玠即缚之以献俘云。

赞画(参谋)丁应泰弹劾邢玠、杨镐,言官徐观澜弹劾阁部大佬,受到高层官员打击报复。许重熙披露了一些细节:随邢玠、杨镐东征的赞画丁应泰,弹劾邢玠、杨镐"假官赍贿,随倭渡海,并无战功,伪奏肤捷"。给事中刘余泽、陈如吉诬陷丁应泰"妒功",皇帝下旨"应泰回籍听勘"。言官徐观澜弹劾阁臣沈一贯、兵部尚书萧大亨、总督邢玠、经略万世德,斥之为"四凶","党和卖国"。奏疏送到北京,被户部侍郎张养蒙扣下。徐观澜再次上疏,揭露"师中积蠹、阃外虚文弊端种种"。这是他亲自前往釜山、蔚山、忠州、星州、南原、稷山等地,"查核各处败状",收集来的证据,据实报告朝廷。沈一贯利用职权,以"回籍调理"的名义,把徐观澜罢官。

列举了上述事实,许重熙引用董其昌的评论表明自己的观点。董其昌说:

> 倭以平秀吉之死,因而惰归,非战之功也。(丁)应泰以(邢)玠为赂倭,科臣即以(丁)应泰为党倭,岂为笃论。而(丁)应泰以此永废,可惜矣!(邢)玠谓(陈)效之死为(丁)应泰所逼,不胜愤懑,以激皇怒可耳。夫御史气吞郎署,岂受(丁)应泰凌轹且死哉。即言观理,是非自见。

在班师回朝之后的庆贺声中,人们看到的是一个论功行赏的圆满结局:邢玠晋升为太子太保,荫一子锦衣卫世袭;万世德晋升为都察院右副都御史,荫一子入国子监;麻贵晋升为右都督;杨镐以原官叙用。对此谷应泰不无讥刺地议论道:"邢玠飞捷之书,杨镐冒功之举,罔上行私,损威失重。煌煌天朝举动如此,毋怪荒裔之不宾也。向非关白贯恶病亡,诸倭扬帆解散,则七年之间,丧师十余万,糜金数千镒,善后之策茫无津涯,律之国宪,其何以辞。乃贪天之功,幸邀爵赏,衣绯横玉,任子赠官,不亦恶乎!"显然,谷应泰的批评不仅针对邢玠、杨镐的"罔上行私"，而且对于"煌煌天朝举动如此"，也有所微词。谷氏虽然生于明末，但编写《明史纪事本末》已是清朝初年，敢于无所顾忌地追究神宗皇帝的过失："盖以用兵之初，神宗怒自甚锐，怒则望其速济，故必欲核其真。用兵之久，神宗忧自渐深，忧则幸其成功，故不欲明其伪。卒之忠言者落职，欺君者冒功，而所遭逢异矣。"从"必欲核其真"，到"不欲明其伪"，看似两个极端，本质却是一致的。

乾隆时刊行的《明史》，其中"日本传"的议论很有独到眼光："秀吉死，诸倭扬帆尽归，朝鲜患亦平。然自关白（秀吉）侵东国，前后七载，丧师数十万，糜饷数百万，中朝与朝鲜迄无胜算。至关白死，兵祸始休，诸倭亦皆退守岛巢，东南稍有安枕之日矣。秀吉凡再传而亡。终明之世，通倭之禁甚严，闾巷小民至指倭相詈骂，甚以噤其小儿女云。"在民间百姓中，留下了既憎恨又恐惧的阴影。

如今再来评价这场战争，实在是一言难尽。

2016 年 12 月

本文原载《书城》2017 年 2、3、4 月号

在世界背景下书写
中国文学史
——从翟理斯到王国维、胡适

戴 燕

一

　　1902 年 3 月,英国剑桥大学的翟理斯(Herbert Allen
Giles, 1845—1935)应邀在美国哥伦比亚大学做了第一场丁
龙(Dean Lung Professor)讲座的报告,他的题目是 China and
Chinese(傅尚霖译作《中国与中国人民》,见其《英国汉学家翟
里斯教授的生平和著作》,《国立中山大学文学院专刊》第二
期,1935 年 6 月;罗丹、顾海东、栗亚娟所译题作《中国和中国

人》,金城出版社,2015 年)。第一讲介绍中国的语言,开始就说汉语分两种,一种是口语,一种是书面语,口语基本上三个月后就能应付日常,书面语却要活到老学到老。

对于想要认识和研究中国的西方人来说,汉语是必备的工具。翟理斯曾说如果懂汉语,西方人便能与占全球三分之一人口的中国人做生意,也能同中国建立外交关系,并且了解曾国藩、李鸿章他们何以让西方外交官相形见绌。基于这样的意识,像翟理斯这样的 19 世纪以来的西方汉学家,有不少首先是汉语的语言学家。他们往往会利用自己的西方语言学知识,对汉语加以描述和分析,也会编一些英汉词典,例如理雅各编有《英汉及马来语词典》(1814)、马礼逊编有《英华词典》(1817—1823)、威妥玛编有《语言自迩集》(1867)、卫三畏编有《汉英韵府》(1874),翟理斯也编过一部《华英字典》(1892)。而在卫三畏的《中国总论》(1848)等著作中也可以看到,他们对中国语言的看法,大体上是认为中文为世界上最古老的语言,单音节,没有时间性,书面文字和口语有差别。在翟理斯看来,中文的书面语两千多年来没有什么变化,可是口语里却有八大方言,现在是以北京方言为普通话即官方语言,他建议"打算学习中文的学生都应该学习普通话的口语"(罗丹等译《中国和中国人》,10—11 页)。

其次,19世纪以来的西方汉学家有很多也是翻译家,如理雅各就是在王韬的协助下翻译了《中国经典》(1861—1893),包括有四书五经、《道德经》《庄子》和《太上感应篇》等;而中国文学在西方的翻译及流传,最为人熟知的应该是元杂剧《赵氏孤儿》。《赵氏孤儿》早在1732年至1733年即由耶稣会士马若瑟译成法文,因这一译本被收入杜赫德的《中华帝国志》(1735),随着《中华帝国志》很快被译成英文,它也有了英文本,随之又有了德文、俄文本,并同时有了英国人、法国人的评论。法国作家伏尔泰认为它可以"使人了解中国精神",于1755年将这一"历史悲剧"改编成《中国孤儿》在巴黎上演;1781年,歌德又据以写作了 *Elpenor*(陈受颐《十八世纪欧洲文学里的〈赵氏孤儿〉》,1929年《岭南学报》第一卷第一期)。与《赵氏孤儿》一样在18世纪传入欧洲的,还有清初署名名教中人所编的《好逑传》,它1719年由住在广州的东印度公司詹姆士·威尔金森所翻译,起初只是为学习中文而作的翻译练习,后经配尔西整理出版;1766年又有了法文本,然后是德文本。歌德在与席勒的通信中就提到过德文本《好逑传》,据说他还读过元代武汉臣的《老生儿》(德庇时英译,1871)以及《花笺记》(汤姆士英译,1827)、《玉娇梨》(雷慕沙法译)、《中国短篇小说集》(德庇时译法文本《今古奇观》选)等。20世纪以前,传入西方的中国文学主要是小说、戏曲,欧洲评论家对于描写中国社会生活的小说,如《幸运之盟》《玉娇梨》等较有兴趣,当儒莲将《平山冷燕》译成法文(1860)后,就有评论家称赞它的文体、结构可以媲美欧洲的任何一部小说。翟理斯也翻译过相当多的中国典籍,有如《古今诗选》(1898)、《佛国记》《庄子》,也有《聊斋志异选》(1880),还有包括《三国演义》片段的《古文选珍》(1884)。

二

到哥伦比亚大学讲演的前一年,翟理斯应"世界文学简史"(*Short Histories of the Literatures of the World*)丛书主编艾德蒙·高斯(Edmund W. Gosse)的邀请,编写出版了一部《中国文学史》(*A history of Chinese literature*, William Heinemann & Co. 1901。参见王绍祥的博士论文《西方汉学界的"公敌"——英国汉学家翟理斯[1845—1935]》第四节《一部〈中国文学史〉》,267 页,2004 年),这是迄今所知最早的一部英文版《中国文学史》。更为重要的是,在 19 世纪末 20 世纪初"文学史"的编写潮流中,中国文学第一次被纳入了世界文学的版图。翟理斯在《中国文学史》的初版序言中就说:这部书代表了一个新的努力方向,过去的英国读者,如果想要了解中国的整体文学(the general literature of China),即便是浅显地了解,都无法在任何一部书中得到(郑振铎《评 Giles 的中国文学史》,1922 年 9 月 21 日《文学旬刊》第五十期)。

《中国文学史》(刘帅译中文本,首都师范大学出版社,2017 年)按时代顺序分八个章节:

第一卷分封时代(前 600—前 200)从传说时期讲起,以公元前 6 世纪为研究中国文学史的起点,而以孔子为中国文学的奠基人,介绍五经四书、孙子、荀子、《尔雅》《穆天子传》,以及诗人屈原、宋玉和铭文,也介绍"与儒家分庭抗礼"的道家文学老子、庄子、列子、韩非子、《淮南子》。

第二卷汉代(前 200—200)从秦始皇焚书坑儒讲起,提到李斯、晁错、李陵、路温舒、刘向、刘歆、扬雄、王充、马融、蔡邕、郑玄等一系列作家,诗人有汉武帝、班婕妤,史家有司马迁,还有编纂词典的许慎,佛学方面则有法显、鸠摩罗什至唐玄奘。

第三卷三国两晋南北朝时期(200—600)主要介绍建安七子、曹操、曹植、竹林七贤、陶渊明、鲍照、萧衍、薛道衡、傅奕、王绩的诗,经学和一般文学则有皇甫谧、郭象、郭璞、范晔、沈约,最后是编了《文选》的萧统。

第四卷唐代(600—900)仍以诗为中心,谈到王勃、陈子昂、宋之问、孟浩然、王维、崔颢、李白、杜甫、韩愈、白居易、李贺、马自然等诗人,以及司空图的《二十四诗品》,也谈到作为学者的魏徵、颜师古、李百药、孔颖达、陆法言,有道家倾向的张志和,还有散文作家柳宗元、韩愈、李华。

第五卷宋代(900—1200)首先谈到活字印刷术的发明,史学、经学和一般文学领域有欧阳修、宋祁、司马光、周敦颐、程颢、王安石、苏轼、黄庭坚、郑樵、朱熹,诗人有陈抟、杨亿、王安石、僧人洪觉范、叶适等,但诗整体进入衰落期。有《广韵》《六书故》等几部字典,也开始出现对文学影响颇大的百科全书,如《事类赋》《太平御览》《太平广记》《通典》。又有一部神奇的法医学著作《洗冤录》。

第六卷元朝(1200—1368)首先介绍诗人文天祥、刘基,同时指出元代的诗已经不像汉族政权统治时期那样丰富,质量也有所不及,但戏剧和小说的产生,却足以作为中国文学史的两个重要领域而被铭记。戏曲有《赵氏孤儿》(纪君祥)、《西厢记》(王实甫)、《合汗衫》(张国宾)等,小说则有《三国演义》《水浒传》《西游记》。

第七卷明代文学(1368—1644)首先介绍了宋濂、方孝孺、杨继盛、沈束、宗臣、汪道昆、许獬、李时珍和徐光启,不过重点还是在小说和戏剧。小说提到《金瓶梅》《玉娇梨》《(东周)列

国志》《镜花缘》《平山冷燕》《二度梅》，戏剧提到《琵琶记》。诗
人有解缙，又有赵彩姬、赵丽华这样的妓女诗人。

第八卷清代文学(1644—1900)重点介绍了小说《聊斋志
异》《红楼梦》，也讲到康乾时代编纂的《康熙字典》《佩文韵府》
等文学大工程。学者提到顾绛、朱用纯、蓝鼎元、张廷玉、袁
枚、赵翼、阮元等，又提到道教的《感应篇》《玉历抄传》，而以
1849年阮元去世作为中国"与外国直面相对"的新阶段的开
始，这以后开始出现公告、翻译等新的文体。

整部文学史篇幅不大，点到名字的作家很多，却蜻蜓点
水，只有三言两语的介绍，占比重较大的是作品，不光有诗文，
还有戏曲和小说的节译。

三

翟理斯无疑是当时最具声望的西方汉学家，他在中国也
很有名，1935年2月13日他去世，在中国几乎就有同时的报
道。潘文夫在《英国汉学家翟理斯去世》一文中介绍他"关于
我国语文的著作"就有二十三种，又有"如老庄及我国诗文的
翻译，都是艰巨的大业"，他的代表作为"空前未有"的《华英字
典》，而他所著《中国文学史》，"亦为同类西文著作中的杰构"

(1935年4月10日《文化建设》第一卷第七期)。同年，傅尚霖撰文评介英国汉学家翟理斯教授的生平及其著作概略，说他能用"流利之标准国语谈话"，也能讲广州、汕头、厦门、宁波、上海等地方言，"对中国的文化经典，能有充分的敬重和赏识"，同时有"西方治学的科学脑想"，所以能成汉学家，而非"字纸箩中讨生活自炫深博的腐儒"，并且他"先有良好的中英文基础，进而从事编译，由编译而创作，由创作而升为教授，为教授而宣传中国文明，由其宣传而令中国文化得欧西人士普遍的鉴赏，由鉴赏而令汉学成为欧美大学中一种科学，其功非常伟大"，是"汉学史中一个不朽的人物"。(傅尚霖《英国汉学家翟里斯教授的生平和著作》，1935年6月《国立中山大学文学院专刊》第二期)赵元任晚年回忆1924年他去欧洲游学，与翟理斯有一面之缘，也表扬他是"那个时代的一位伟大的老人"，《华英字典》迄今仍是权威性的参考书。(罗斯玛丽·列文森《赵元任传》，焦立为译，157页，河北教育出版社，2010年)

而最早对翟理斯加以评论的中国人，也许要算是辜鸿铭。在用英文出版的《中国人的精神》(*The Spirit of the Chinese People*，又名《春秋大义》，北京每日新闻社，1915年首版)一书中，辜鸿铭批评翟理斯"实际上并不真懂中国语言"，也"没有哲学家的洞察力及其所能赋予的博大胸怀"。他还说翟理斯英文流畅,也能翻译中文,"却不能理解和阐释中国思想",他所有的著作,"没有一句能表明他曾把或试图把中国文学当作一个有机整体来理解的事实"。由此,他更质疑"所有外国学者关于中国学问和中国文学的研究成果缺乏人道的或实践的意义"。虽然他称赞翟理斯翻译的《聊斋志异》堪称"中文英译的模范",但又指出"《聊斋志异》尽管是优美的文学作品,却仍然不属于中国文学的最上乘之作",言下之意,便是针锋相对地批评翟理斯缺乏对于中国文学的整体认识和判断(辜鸿铭《中国人的精神》,黄兴涛、宋小庆译,《序言》4 页、《一个大汉学家》122 页,海南出版社,1996 年)。辜鸿铭是通晓中西文化的晚清学者,在他看来,西方世界除了法国,英、美、德国人都不能理解中国文明,可是在当时,又唯有中国文明能够拯救欧洲文明于毁灭。而所谓中国文明就是"义与礼",他说中国人因此有着成年人的智能和纯真的赤子之心,中国人的精神是心灵与理智的完美结合,在文学艺术中,也是心灵与理智的和谐使人得到愉悦和满足。他还谈到中国的语言,称之为一种"心灵语言",说外国人以为汉语难学,是由于他们接受了太多的教育,受过理性与科学熏陶的缘故(辜鸿铭的论文《中国人的精神——在北京东方学会上所宣讲的论文》,载《中国人的精神》29—77 页)。

如果说辜鸿铭评论翟理斯这位"大汉学家"有借题发挥之意，目的是要说明西方汉学家对中国文化的认识并不准确，评价也并不公允，那么，郑振铎的《评 Giles 的中国文学史》大概算是中文世界关于翟理斯《中国文学史》的第一篇真正的学术书评。不过，与辜鸿铭的结论一样，郑振铎也说翟理斯对中国文学"实在是没有完全的研究，他的谬误颠倒的地方，又到处遇见"，而由于他写的是第一部英文本中国文学史，他个人最近"且因研究中国文学的功绩，受了尊贵的勋位"，所以必须要加以批评，以免他"以误传误"，使西方世界对中国文学产生误会。他对翟理斯的第一个意见，就是对作家的选择"太疏略"，好些影响大的作家如谢灵运、李义山、元好问、王渔洋、方苞等都未提及。不仅如此，令人"百思不解"的是，他对李白、杜甫的关心不及司空图，他谈《红楼梦》也谈得太多，尤其奇怪的是对"事实既多重复，人物性格亦极模糊"的《聊斋志异》"推崇极至"。总之，这部《中国文学史》"百孔千疮，可读处极少"，根源在于翟理斯"对于中国文学没有系统的研究"，"对于当时庸俗的文人太接近"。郑振铎最后表示，应该有中国人写出英文的《中国文学史》来，"矫正他的错失，免得能说英文而喜欢研究中国文学的人类，永远为此不完全的书所误"，但他又说"中文本的中国文学史到现在也还没有一部完备的"，所以"这恐怕是一种空幻而不见答的希望"。

郑振铎后来果然出版了四册本的《插图本中国文学史》(1932—1933),这一文学史,是要记述"我们往哲的伟大的精神",一方面"给我们自己以策励",另一方面,"也给我们的邻邦以对于我们的往昔与今日的充分的了解"。(郑振铎《插图本中国文学史》第一册《绪言》,8页,朴社,1932年)

四

然而,一部完备的中国文学史并不可能一蹴而就,按照批评郑振铎《插图本中国文学史》似乎连给中学生"作参考书翻一下"的资格都没有的吴世昌的说法,那必须要等到各时代的断代文学史完备以后,才可能"有像样的整部文学史出现",而比郑振铎更为理想的文学史,一个是王国维1915年出版的《宋元戏曲考》(又名《宋元戏曲史》),一个是胡适1926年出版的《白话文学史》(吴世昌评《插图本中国文学史第二册》,1933年3月《新月》第四卷第六期)。

王国维写《宋元戏曲史》,有学者认为是受了日本汉学家的影响,并通过日本汉学家间接受西方学者的启发,表现在对《窦娥冤》《赵氏孤儿》"即列之于世界大悲剧中,亦无愧色也"

这样的评价上（黄仕忠《王国维著〈宋元戏曲史〉·导读》，21页，凤凰出版社，2010年）；而更早在傅斯年的推荐评论中，则是特别强调王国维研究元曲"具世界眼光"。傅斯年说"研治中国文学，而不解外国文学，撰述中国文学史，而未读外国文学史，将永无得真之日"，王国维论元曲，"皆极精之言，且具世界眼光者也。王君治哲学，通外国语，平日论文，时有达旨"。（傅斯年《评〈宋元戏曲史〉》，1919年1月《新潮》第一卷第一号）这里所说的世界眼光，是指研究中国文学，同时了解外国文学，即是将中国文学放在世界文学范围内重新解读、重新评价。而在世界文学范围内谈论中国文学，王国维首先看到的便是"我国戏曲之译为外国文字"，很早便有《赵氏孤儿》，还有《老生儿》《汉宫秋》《灰阑记》《连环计》《看钱奴》等，"《元曲选》百种中，译成外国文者，已达三十种矣"，他自己读这些为曾经的儒硕所"鄙弃不复道"的元杂剧，"以为能道人情，状物态，词采俊拔，而出乎自然，盖古所未有，而后人所不能仿佛"（《宋元戏曲史》《余论》《自序》），因此有志于探究它的渊源、变化。

元杂剧的文学价值，王国维说在其文章自然，"能写当时政治及社会之情状"，"又曲中多用俗语"（《宋元戏曲史》第十二章《元杂剧之文章》）。这个评价，已经相当近乎西方人接受中国文学的标准：一是从文学中看到中国社会，二是从文学中学习汉语。

五.

当王国维 1913 年于日本撰写《宋元戏曲史》时,胡适正在美国留学,他和赵元任都是利用庚子赔款 1910 年到美国的第二届留学生。赴美之前,胡适在上海的一位英文教员正是辜鸿铭的学生(胡适《四十自述》四《在上海[二]》,《胡适文集》1,北京大学出版社,2013 年)。1915 年,他从康奈尔大学转到哥伦比亚大学师从杜威,也跟德国籍的首任丁龙讲座教授夏德(Friedrich Hirth,1845—1927)辅修汉学(唐德刚译注《胡适口述自传》第五章《哥伦比亚大学和杜威》,《胡适文集》1,北京大学出版社,2013 年)。

留学期间,胡适因教人汉语,总结了一个教学方法,是"先授以单简之榦子。榦子者(root),语之根也。先从象形入手,次及会意、指事,以至于谐声",这个方法,他以为"亦可以施诸吾国初学也"。这是他开始借用英文"语根"的概念来分析汉字结构,而且认为不光可以此教外国人,也可以教中国人,就是说中国人也可以接受这一分析。他和赵元任在康奈尔大学时,经常一起讨论中国语言问题。他以希腊、拉丁文来比拟中国的文言，说前者已为死文字，文言尚且在用，是半死的文字。教文言时，第一要"与教外国文字略相似，须用翻译之法，译死语为活语"；第二在童蒙阶段，应从象形指事字入手，到了中学以上再习字源学，使人由兴趣记忆字义；第三要借助《马氏文通》，以文法教国文；第四要采用标点，以求文法之明显易解及意义之确定不易。（曹伯言整理《胡适日记全编[二]》卷十一，1915 年 8 月 26 日记《如何可使吾国文言易于教授》，安徽教育出版社，2001 年）这几条，都是挪用了西方的语言分析方法。

在美国七年，让胡适在审视自己的母语汉语时，也逐渐带上了西方人的视角。1916 年，他写信给陈独秀说："今日欲为祖国造新文学，宜从输入欧西名著入手，使国中人士有所取法，有所观摩，然后乃有自己创造之新文学可言也。"（1916 年 2 月 3 日胡适寄陈独秀，耿云志、欧阳哲生编《胡适书信集[1907—1933]》上，69 页，北京大学出版社，1996 年）便是非常清楚地表现了这种转变。这也是胡适与年长他三十多岁的辜鸿铭之间的很大不同，在中国与西方之间，胡适认为西方文学及文化更值得取法。但是，在对待西方汉学家的态度上，他却和辜鸿铭一样不免心存怀疑。他在英国《皇家亚洲学会报》（*Journal of the Royal Asiatic Society*）上读到翟理斯之子 Lionel Giles 发表的《〈敦煌录〉译释》一文，发现它"讹谬无数",以为"彼邦号称汉学名宿者尚尔尔,真可浩叹",于是为文正之,为该会报刊载,这让他一面有"西人勇于改过,不肯饰非"的感慨,一面也得到"西人之治汉学,其用功甚苦,而成效殊微"的经验,并且相信"此学(Sinology)终须吾国人为之,以其事半功倍,非如西方汉学家之有种种艰阻不易摧陷,不易入手也"(《胡适日记全编[一]》卷五,1914年8月2日记《解儿司误读汉文》;《胡适日记全编[二]》卷八,1915年2月11日记《西方学者勇于改过》)。

就在这段时间,由于主张"文学革命",胡适提出了"历史上的文学革命"这样一个思路,其中最重要的一点,就是将中国文学的历史看成中国文学的"语言工具"变迁史,变迁的趋势是活文学代替死文学。所谓活文学,即是白话所写,死文学指半死的文言所写。他以但丁创意大利文、乔叟等创英吉利文、马丁·路德创德意志文为例,说中国文学应该是"至元代而登峰造极",因当时的词曲和剧本小说,"皆第一流之文字,而皆以俚语为之。其时吾国真可谓有一种'活文学出世'"。(《胡适日记全编[二]》,1916年4月5日记《吾国历史上的文学革命》)这恰好与撰写《宋元戏曲史》的王国维意见相近。而在与任叔永等人讨论过后,他又指出白话是文言的进化,文言的文字可读不可听,无法用于演说、讲学和笔记,白话的文字却是既可读又听得懂，"今日所需，乃是一种可读，可听，可歌，可讲，可记的言语。要读书不须口译，演说不须笔译；要施诸讲坛舞台而皆可，诵之村妪妇孺而皆懂。不如此者，非活的语言也，决不能成为吾国之国语也"。（《胡适日记全编［二］》卷十三，1916年7月6日追记《白话文言之优劣比较》）

1922年，胡适在当时教育部的国语讲习所讲了他的"国语文学史"，后来他自己整理修订正式出版时更名为《白话文学史（上卷）》。这一文学史虽然只讲到汉唐部分，可是在1920到1936年间，胡适还是花了很多精力在元以后古典小说的研究上，写下涉及《水浒传》《红楼梦》《西游记》《三国演义》《三侠五义》《官场现形记》《儿女英雄传》《海上花列传》《镜花缘》的三十多篇论文，同时与亚东图书馆合作，印行采用新式标点并分段的白话小说。在为亚东出版的《水浒传》写的《〈水浒传〉考证》（载汪原放标点本《水浒》，亚东图书馆1920年）里，他特别交代新的版本删去了金圣叹的总评和夹评，是为了避免读者受旧式读法的影响，而能够以新的历史眼光去看梁山泊故事由南宋末至明代的演变。而他对《红楼梦》作者、时代、版本、续作者的考证，也得到过鲁迅"较然彰明"的肯定。（鲁迅《中国小说史略》，北新书局，1927年4版）

不管是不是赞成以白话文学为正宗的理论，从"语言工具"入手的中国文学史书写,完全改变了对中国文学传统的看法。正如1932年胡适在为孙楷第《日本东京所见中国小说书目提要》(《胡适文集》5)写序时所说,"十四五年前我开始作小说考证时,那时候我们只知道一种《水浒传》,一种《三国演义》,两种《西游记》,一种《隋唐演义》",可是,现在我们知道的《水浒传》明刻本就有六种之多,《三国演义》靠着日本所藏几个古本,也"差不多可以知道元朝到清初三国的故事演变",《西游记》在日本已知有七部明刻本,加上宋刊的两种《三藏法师取经记》和盐谷温印行的吴昌龄《西游记杂剧》,"从此《西游记》的历史的研究可以有实物的根据"。现在"我们可以说:如果没有日本做了中国旧小说的桃花源,如果不靠日本保存了这许多的旧刻小说,我们决不能真正明了中国短篇与长篇小说的发达演变史",我们可以了解孙楷第"渡海看小说"使命的重大!而中国学界对中国小说戏曲的研究,实在是既受到过西方汉学家的启发,最终也超越了东西方汉学家的水平。

2016 年 12 月

本文原载《书城》2018 年 3 月号

一个科学史研究者眼中的爱因斯坦

江晓原

> 爱因斯坦有着丰富的人生和伟大的成就，每一个关注爱因斯坦的人，眼中看出来的爱因斯坦很可能各不相同。

关于爱因斯坦，已经出现了无数相关的文本——学术研究、大众文本、传记、电影等。对于中国公众来说，爱因斯坦主要被用于赞美科学、鼓吹民主、少年励志这三个方面作为典型，因此中国公众对爱因斯坦的了解经常是不全面的，而且往往是不真实的，爱因斯坦的形象往往是人为建构的，目的是为上述三个方面的教化工作服务。

作为一个科学史研究者，关注爱因斯坦，几乎可以说是这个行业的"标准动作"之一，笔者也不例外。由于爱因斯坦有着丰富的人生和伟大的成就,每一个关注爱因斯坦的人,眼中看出来的爱因斯坦很可能各不相同。下面提供的,是笔者眼中的爱因斯坦。但笔者不求面面俱到,只着重介绍以往未被公众注意到的那些方面。

曾经的"民科"爱因斯坦

如果我们将没有在主流科学共同体中任职,同时却对科学有着浓厚兴趣的人称为"民科"(民间科学爱好者)的话,那么爱因斯坦就曾经是一个超级"民科"。

1895年秋,16岁的阿尔伯特·爱因斯坦投考当时欧洲最好的学校之一苏黎世综合技术学院,不幸名落孙山。他不得不进入瑞士的一所补习学校(约略近于国内今天的"高考复习班"或"复读班"),两年后(1897年)才如愿以偿。

在大学里,爱因斯坦很快就和女同学米列娃堕入情网。米列娃比爱因斯坦年长,脚有一点跛,她出身奥匈帝国官宦之家,自幼有才女声望,在男校读完中学,和爱因斯坦同年进入苏黎世综合技术学院。由于米列娃不是犹太人,因此爱因斯坦和她的恋情遭到父母的强烈反对。然而1901年米列娃珠胎暗结,她不得不回到父母家生下孩子,再回到学院却未能通过毕业考试，无法得到文凭——这是一个典型的女大学生早恋并婚前怀孕而导致学业失败的悲惨故事，爱因斯坦在此事中就像一个坏小子。

爱因斯坦1900年拿到了这所名校的毕业文凭，可是他未能获得学校的助教职位，只好到处打零工。晃荡了两年工夫，靠一位同学父亲的推荐，才在伯尔尼专利局获得了一份"三级技术鉴定员"的工作，年薪3500法郎，任务是鉴定新发明的各种仪器。

爱因斯坦对米列娃总算没有始乱终弃，1903年和她结了婚——但这场冲破重重阻力赢得的婚姻并未能白头偕老（十多年后他们黯然离婚）。婚后米列娃因没有文凭，无法找到工作。次年儿子汉斯出生，那几年沉重的家庭负担，使专利局年轻职员爱因斯坦的生活看起来有点潦倒落魄。

一个专利局的小职员，当然没有机会与当时的主流科学家来往。爱因斯坦在伯尔尼只有几个青年朋友，最重要的是哈比希特兄弟和索洛文。这一小群年轻人经常在工余和课后聚首，一起散步、阅读或座谈。

他们研读的哲学和科学著作留下了记录，其中包括：斯宾诺莎、休谟、马赫、阿芬那留斯、毕尔生的著作，安培的《科学的哲学经验》，物理学家亥姆霍兹的文章，数学家黎曼的著名演讲《论作为几何学基础的假设》,戴德金、克利福德的数学论文,彭加勒的《科学和假设》等。他们倒也并不"重理轻文"——他们还一起读过古希腊悲剧作家索福克勒斯的《安提戈涅》、拉辛的作品、狄更斯的《圣诞故事》、塞万提斯的《堂吉诃德》以及世界文学中许多别的代表作品。

一起阅读的乐趣在于思想的交流,这群年轻人被这种乐趣迷住了,虽然清贫,但是他们充实而幸福,感到"欢乐的贫困是最美好的事"。他们将这难忘的几年命名为"不朽的奥林匹亚学院"。

从爱因斯坦留下的这一阶段的读书记录我们可以判断,他虽然未能进入高校或科研院所从事科学工作,但他毕竟受过良好的科学教育,所以一直保持着对科学的兴趣和关注。他阅读的黎曼、彭加勒、亥姆霍兹等人的著作,都可以说是那时科学的前沿作品。

爱因斯坦奇迹年

1665 年至 1667 年间,牛顿因躲避瘟疫离开剑桥到故乡待了几年,在那几年中他得出了微分学思想,创立了万有引力定律,还将可见光分解为单色光,在数学、力学、光学三个领域都作出了开创性的贡献。"奇迹年"这个拉丁语词（annus mirabilis）原本是用来称呼牛顿的 1666 年的，后来也被用来称呼爱因斯坦的 1905 年。

1905 年是"爱因斯坦奇迹年"——这一年中，26 岁的爱因斯坦发表了五篇划时代的科学论文，其中最重要的当然是创立狭义相对论的《论动体的电动力学》和《物体的惯性同它所含的能量有关吗》。一年之内，爱因斯坦在布朗运动、量子论和狭义相对论这三个方面都作出了开创性的贡献，这些贡献中的任何一个都足以赢得诺贝尔奖。

一个根本没有进入当时主流科学共同体的小职员，凭什么能创造这样的奇迹？一小群年轻人，三年的业余读书活动，为什么竟能孕育出"爱因斯坦奇迹年"？

爱因斯坦后来多次表示，如果他当时在大学里找到了工作，就必须将时间花在准备讲义和晋升职称的论文上，恐怕就根本没有什么闲暇来自由思考。他在逝世前一月所写的自述片段中，说得非常明确：

> 鉴定专利权的工作，对于我来说是一件幸事。它迫使你从物理学上多方面地思考，以便为鉴定提供依据。此外，实践性的职业对于像我这样的人来说简直是一种

拯救：因为学院式的环境迫使青年人不断提供科学作品，只有坚强的性格才能在这种情况下不流于浅薄。

也就是说，奇迹源于自由的思考。杨振宁曾对青年学生说过，应该"经常思考最根本的问题"，才有望在科学上有所建树。爱因斯坦在伯尔尼那几年间的故事，可以有力地证实杨振宁的说法——相对论就是"思考最根本的问题"所产生的最辉煌的结果。

但是，换一个角度来看，爱因斯坦在1905年之前几年中的表现，其实非常符合我们今天的"民科"标准：未能在主流科学共同体中得到职位，搞出来的东西又不是在现行主流理论基础上的添砖加瓦——特别是相对论，简直是横空出世天马行空，其中的光速不变原理严重违背日常经验，难怪诺贝尔奖的评委们始终不肯将物理学奖颁给相对论。可以说，爱因斯坦当年就是一个超级"民科"——只是由于他在1905年是如此成功，以至于没有人将他视为"民科"了，他反而成为主流科学的神话和科学共同体一致膜拜的教主。

"爱因斯坦奇迹年"为我们提供了深刻的教训和启发。可惜的是这些教训和启发经常是被忽视的。人们习惯于将注意力集中在1905年时的"物理学危机"之类的话题上，只注意物理学，不注意人和人的生活。例如，在《爱因斯坦奇迹年》一书的导言中，主编施塔赫尔（John Stachel）比较了牛顿和爱因斯坦这两个"奇迹年"的多项异同，但是有一个非常重要的共同点，他却完全没有注意到，这个共同点也是经常被后来的科学家们有意无意忽略的，那就是——牛顿和爱因斯坦创造奇迹时，都没有用过一分钱的"科研经费"！

事实上，科学史上许多伟大的发现，都是在不用国家一分钱的状况下完成的。用我们今天的套话来说，爱因斯坦毫无疑问是"国际一流"的科学家，但是令人感叹的是，这个国际一流的科学家完全是自发生成的，他既没有得到过某某基金的资助，也没有在官方的项目中拿过什么"课题"。而如今那些用掉纳税人亿万金钱所取得的"科研成果"，与万有引力和相对论比起来，绝大多数都显得平庸、匠气、令人汗颜！"爱因斯坦奇迹年"完全是学术自由、思想自由的产物，而不是计划经济或"计划学术"的产物。

相对论及其 1919 年验证公案

爱因斯坦 1905 年提出狭义相对论，1915 年提出广义相对论，但是，直到 1955 年爱因斯坦去世，诺贝尔物理学奖也没

爱因斯坦 1921 年获得诺贝尔物理学奖时的官方肖像

有因为相对论而颁给爱因斯坦。后来以他 1905 年提出光电效应的名义给了他诺贝尔物理学奖(1921 年),算是一个交代。

现在回过头来看,相对论始终未能获得诺贝尔物理学奖,倒也有一定的合理性——实际上直到爱因斯坦去世,广义相对论仍未完全得到验证。

有一些进入了教科书的说法,即使被后来的学术研究证

明是错了，仍然会继续广泛流传数十年之久。"爱丁顿1919
年观测日食验证了广义相对论"就是这样的说法之一。即认
为爱丁顿通过1919年5月的日全食观测，验证了爱因斯坦广
义相对论对引力场导致远处恒星光线偏折的预言。这一说法
在国内各种科学书籍中到处可见，稍举数例如下：

理查德·奥尔森等人编的《科学家传记百科全书》"爱丁
顿"条称："爱丁顿……拍摄1919年5月的日蚀。他在这次
考察中获得的结果……支持了爱因斯坦惊人的预言。"著名
的伽莫夫《物理学发展史》、卡约里《物理学史》中都采用同样
的说法；在非物理学或非天体物理学专业的著作中，这种说
法也极为常见，比如在卡尔·齐默所著《演化：跨越40亿年
的生命纪录》一书中，为反驳"智能设计论"，举了爱因斯坦广
义相对论对引力场导致远处恒星光线偏折的预言为例，说
"智能设计论"无法提出这样的预言，所以不是科学理论。作
者也重复了关于爱丁顿在1919年日食观测中验证了此事的
老生常谈。这个说法还进入了科学哲学的经典著作中，波普
尔在著名的《猜想与反驳》一书中，将爱丁顿观测日食验证爱
因斯坦预言作为科学理论预言新的事实并得到证实的典型
范例。他说此事"给人以深刻印象"，使他"在1919年至
1920年冬天"形成了著名的关于"证伪"的理论。爱丁顿验

证了广义相对论的说法,在国内作者的专业书籍和普及作品中更为常见。

这个被广泛采纳的说法从何而来的呢?它的出身当然是非常"高贵"的。例如我们可以找到爱丁顿等三人联名发表在1920年《皇家学会哲学会报》(*Philosophical Transactions of the Royal Society*)上的论文《根据1919年5月29日的日全食观测测定太阳引力场中光线的弯曲》,作者在论文最后的结论部分,明确地、满怀信心地宣称:"索布拉尔和普林西比的探测结果几乎毋庸置疑地表明,光线在太阳附近会发生弯曲,弯曲值符合爱因斯坦广义相对论的要求,而且是由太阳引力场产生的。"这个结论当时已经得到科学共同体的权威肯定,因为在此之前爱丁顿已经公布了他的上述结论,在1919年《自然》(*Nature*)杂志上连载两期的长文《爱因斯坦关于万有引力的相对论》中,已经引用了上述爱丁顿论文中的观测数据和结论。

然而,爱丁顿其实未能验证爱因斯坦的预言。

诸如相对论、物理学、天体物理之类的学问,在西方通常被称为"精密科学"——指它们可以有精密的实验或观测,并可以用数学工具进行高度精确的描述。但是,即使是这样的学问,仍然有很大的不确定性。而这种不确定性是我们传统

LIGHTS ALL ASKEW
IN THE HEAVENS

Men of Science More or Less Agog Over Results of Eclipse Observations.

EINSTEIN THEORY TRIUMPHS

Stars Not Where They Seemed or Were Calculated to be, but Nobody Need Worry.

A BOOK FOR 12 WISE MEN

No More in All the World Could Comprehend It, Said Einstein When His Daring Publishers Accepted It.

1919 年 11 月 10 日《纽约时报》刊登新观察证实相对论的消息，形容这是爱因斯坦理论的大胜利的"科普"中视而不见或尽力隐瞒的。具体到在日食时观测太阳引力场导致的远处恒星光线弯曲(偏折)这件事,事实上其中的不确定性远远超出公众通常的想象。

之所以要在日食时来验证太阳引力场导致的远处恒星光线弯曲,是因为平时在地球上不可能看到太阳周围(指视方向而言)的恒星,日全食时太阳被月球挡住,这时才能看到太阳周围的恒星。在 1919 年的时代,要验证爱因斯坦广义相对论关于光线弯曲的预言,办法只有在日食时进行太阳周围天区的光学照相。但麻烦的是,在照片上当然不可能直接看到恒星光线弯曲的效应,所以必须仔细比对不同时间对相同天区拍摄的照片,才能间接推算出恒星光线弯曲的数值。

比较合理的办法是,在日食发生时对太阳附近天区照相,再和日食之前半年(或之后半年)对同一天区进行的照相(这时远处恒星光线到达地球的路上没有经过太阳的引力场)进行比对。通过对相隔半年的两组照片的比对和测算,确定恒星光线偏折的数值。这些比对和测算过程中都要用到人的肉眼,这就会有不确定性。

更大的不确定性,是因为即使在日全食时,紧贴太阳边缘处也是不可能看得到恒星的,所以太阳边缘处的恒星光线偏折数值只能根据归算出来的曲线外推而得,这就使得离太阳最近的一两颗恒星往往会严重影响最后测算出来的数值。

事后人们发现，爱丁顿 1919 年观测归来宣布的结论是不可靠的。

在这样一套复杂而且充满不确定性的照相、比对、测算过程中，使最后结果产生误差的因素很多，其中非常重要的一个因素是温度对照相底片的影响。爱丁顿他们在报告中也提到了温度变化对仪器精度的影响，他们认为小于 10°F 的温差是可以忽略的，但在两个日食观测点之一的索布拉尔，昼夜温差达到 22°F。在索布拉尔一共拍摄了 26 张比较底片，其中 19 张由一架天体照相仪拍摄，质量较差；7 张由另一架望远镜拍摄，质量较好。然而按照后 7 张底片归算出来的光线偏折数值，却远远大于爱因斯坦预言的值。

最后公布的是 26 张底片的平均值。研究人员后来验算发现，如果去掉其中成像不好的一两颗恒星，最后结果就会大大改变。

爱丁顿当年公布这样的结论，在如今某些"学术打假恐怖主义"人士看来，完全可以被指控为"学术造假"。当然，事实上从来也没有人对爱丁顿作过这样的指控。科学后来的发展最终还是验证了他的"验证"。

在 1919 年爱丁顿轰动世界的"验证"之后，1922 年、1929

年、1936年、1947年、1952年每次日食时,天文学家都组织了检验恒星光线弯曲的观测,各国天文学家公布的结果言人人殊,有的与爱因斯坦预言的数值相当符合,有的则严重不符。这类观测中最精密、最成功的一次是1973年6月30日的日全食,美国人在毛里塔尼亚的欣盖提沙漠绿洲做了长期的准备工作,用精心设计的计算程序对所有的观测进行分析之后,得到太阳边缘处恒星光线偏折值为$1.66''\pm0.18''$。为了突破光学照相观测的极限,1974年至1975年间,福马伦特和什拉梅克利用甚长基线干涉仪观测了太阳引力场对三个射电源辐射的偏折,终于以误差小于百分之一的精度证实了爱因斯坦的预言。

也就是说,直到1975年,即爱因斯坦去世20年之后,广义相对论的预言才真正得到了验证。但这一系列科学工作却没有得到公众和媒体的关注。

恋爱中的爱因斯坦

前些年有一部电影《恋爱中的莎士比亚》(*Shakespeare in Love*, 1999),获奥斯卡最佳影片奖,但后来《莎翁情史》的译名更为流行。所以《恋爱中的爱因斯坦》(*Einstein in Love*)也不如译成《爱翁情史》更为上口。何况从字面上说，"爱翁"也比"莎翁"更适合有"情史"。对于了解爱翁情史而言，这本书是相当理想的读物。

要说科学家的传记，我们习惯于抱着利用的目的来撰写——利用它们来教育人们，因此起先我们总是断然过滤掉那些"有损崇高形象"的内容。后来说要"有血有肉"了，也只是加进一些诸如走路撞了树还说对不起之类的调料。这些调料本意在于美化科学家，却不知在新一代读者眼中，适成丑化而已。

在中国人心目中，最"有损崇高形象"的莫过于性这件事情了，科学家既是我们要塑造的崇高形象，那就绝不能让科学家和"风流倜傥"之类的事情沾边。所以对于中国学者来说，写一部《恋爱中的×××》这样的科学家"情史"，至今还是想也不敢想的事情。然而在《恋爱中的爱因斯坦》的引言《圣人和俗人》中，作者引用了爱因斯坦的两句诗：

> 上面的一半作出思考和计划，
> 但下面的一半决定我们的命运。

这两句诗似乎颇有深意。很多人都认为，恋爱对于精神上的创造性活动,包括科学理论、文学创作、艺术灵感等,有奇妙的激发作用。爱因斯坦和米列娃的恋爱,对于爱因斯坦的科学创造,起了怎样的激发作用? 米列娃对相对论到底有多少贡献? 这些都是西方的爱因斯坦传记撰写者们乐意探讨的问题。

问题还可以换一种提法:如果大学毕业前后,爱因斯坦的恋爱对象不是米列娃,而是另一个女性,那么这样的恋爱还能不能激发出相对论呢? 我猜想的答案是:不能。也许爱因斯坦会在别的科学理论上被激发出创见,也许他会被激发至——比如说吧——下海经商或从事艺术? 我想这很大程度上取决于他恋爱对象的知识背景和兴趣爱好。在这方面我们有强有力的例证:李约瑟原是一个前程远大的生化学家,但是受到年轻美貌的鲁桂珍的激发,他竟转而投身于对中国科学文明史的研究,而且将此后大半生的精力全数投放于此! 可见恋爱产生的激发作用,足以使一个事业有成的中年人一举偏离他原先的人生轨道,更何况年轻的爱因斯坦那时还根本未曾形成他的人生轨道呢。我觉得我们甚至可以说,正是米列娃,帮助爱因斯坦形成了他的人生轨道——也许这就是上面所引爱因斯坦诗句背后的深意吧?

这里还有一个有趣的事实。"文革"期间,中国曾掀起过批判相对论和爱因斯坦的风潮，认为相对论的时空理论"是彻头彻尾的形而上学唯心主义的"，"在物理学中掀起了一股强大的唯心主义逆流"，爱因斯坦则被认定为"本世纪以来自然科学领域中最大的资产阶级反动学术权威"。但是在这样的"批判"中，却从未利用爱因斯坦私生活方面的问题来发难。要知道，按照中国人的传统，要批判某人，最犀利、最有效的莫过于利用在私生活方面的问题。"爱因斯坦在爱情上并不专一，而且几乎一贯如此"，岂非极好的"炮弹"？我猜想，这些"炮弹"之所以未被利用，很可能是因为惯会写大批判文章的人当时还根本不知道有这些材料。

后来爱因斯坦在中国重新成为正面形象，这时中国人"圣人无性"的隐性传统又开始起作用了，要为尊者讳，为贤者讳，对于爱因斯坦离过婚、有过婚外恋、爱情不专一等事，即使中国作者已经知道，通常也会避而不谈——就像对几位偶像人物的婚外恋、重婚等事多年来一直避而不谈一样。谁要是谈了，就会遭到道德谴责，会被严厉追问：谈这些事情到底出于什么动机？

FBI 监控下的爱因斯坦

在 1933 年纳粹掌握德国政权前夕，爱因斯坦流亡到了美国。1940 年 10 月 1 日,在第二次世界大战的连天烽火中,爱因斯坦和他的养女玛戈、秘书杜卡斯宣誓成为美国公民。1955 年 5 月,爱因斯坦在美国去世,艾森豪威尔总统在悼词中说:"他在追求知识和真理的过程中,于此地找到了自由的气息,为此美国人民深以为傲。"

然而,爱因斯坦本人对美国的观感,却有与此大相径庭者。

在 1948 年 7 月 1 日的晚宴中,爱因斯坦对波兰驻美国大使了这样一番话:"我想你现在应该意识到,美国再也不是一个自由国家了。我们这段谈话一定有人正在录音。这个大厅装了窃听器,我的住所也受到严密监视。"

在 FBI(联邦调查局)的秘密档案中,爱因斯坦在 1947 年 12 月作过如下声明:"我来到美国是因为我听说在这个国家里有很大、很大的自由,我犯了一个错误,把美国选作自由国家,这是我一生中无法挽回的错误。"

1983 年,FBI 关于监控爱因斯坦的秘密档案开始解密。对于这批总共厚达 1427 页的秘密档案,《新爱因斯坦语录》(*The New Quotable Einstein*)的编者艾丽斯・卡拉普赖斯表示:"我看到的东西使我难以置信",如此粗暴地侵犯个人——而且是世界上最伟大的科学家——的私人生活,竟会发生在一贯标榜"自由"的美国？但事实真的如此。卡拉普赖斯建议读者阅读弗雷德·杰罗姆的著作《爱因斯坦档案》(*The Einstein File*)，因为后者全面研究了这批档案。

FBI的秘密档案表明，早在1932年，对爱因斯坦的指控已经出现在美国。在一封由"爱国女性协会"提交给美国国务院的16页控告信中，爱因斯坦被说成是共产党人和无政府主义者"公认的世界领袖"，信中甚至说："和阿尔伯特·爱因斯坦有牵连的无政府共产主义国际团体多如过江之鲫，即使斯大林本人也望尘莫及。"这样荒唐的信件居然会被转交到美国驻柏林领事馆，导致爱因斯坦去领事馆"面签"时遭遇特殊审查。结果爱因斯坦拂袖而去，愤怒质问："这是什么，宗教法庭吗？"并在电话中告诉领事馆，如果他24小时内拿不到签证，美国之行就告取消。领事馆这才赶紧发出了爱因斯坦的签证。

但是这封指控信件此后就成为FBI为爱因斯坦建立的秘密监控档案的开头16页。而FBI后来对爱因斯坦及与他往来人物的监控行动，包括窃听电话、偷拆信件、搜检垃圾桶、进入办公室和住宅秘密搜查——简直太像好莱坞匪警片中的老套情节了。

非常荒诞的是，在二战结束后，对爱因斯坦的严密监控反而进一步展开了。FBI 的一些低级特工们，一直将爱因斯坦视为可能向国外泄露美国核武器机密的嫌疑人（特别是爱因斯坦担任"原子能科学家紧急委员会"主席之后），因为他们的局长胡佛从未告诉他们，他早已成功地将爱因斯坦排除在研制原子弹的"曼哈顿计划"之外了，爱因斯坦其实无密可泄。

尽管爱因斯坦无密可泄，但是胡佛却依然不肯放过他。据说这与胡佛和罗斯福总统的遗孀埃莉诺·罗斯福相互之间的极度恶感有关。埃莉诺曾对罗斯福总统说："我们在培植美国的盖世太保，这让我害怕。"而胡佛则曾对副手说："知道我为什么一直不结婚吗？因为上帝造出了埃莉诺·罗斯福这样的女人。"1950 年 2 月 12 日，埃莉诺主持的电视谈话节目《今夕与罗斯福夫人对谈》邀请爱因斯坦作为嘉宾，爱因斯坦在节目中警告公众说：氢弹这样的核武器可能会导致人类的灭亡。第二天胡佛就下令强力展开清算爱因斯坦的行动。这一阶段行动的主题，是要证实爱因斯坦是共产党间谍。

当时麦卡锡主义正在美国大行其道，许多知名人物被怀疑或指控为共产党。偏偏爱因斯坦有点左倾，有时会公开为被指控的人士辩护。在 FBI 整的爱因斯坦"黑材料"中，爱因斯坦至少和 33 个"反动组织"（有时就被称为"共产党组织"）有着种种关联，比如担任荣誉会长、代言人、担保人、赞助人、文件的联名签署人等。于是 FBI 根据一些捕风捉影甚至胡编乱造的所谓"线索",在美国和欧洲到处调查,虚耗了美国纳税人不知多少金钱,最终却一无所获。

另一条针对爱因斯坦的"战线",是美国移民局在 1950 年开辟的。移民局也求助于 FBI,要求帮助收集证据,目的竟是要撤销爱因斯坦的美国公民身份,并将他逐出美国! 这一请求当然正中胡佛下怀,FBI 全力配合。这条"战线"上的荒诞故事和"爱因斯坦间谍案"正相伯仲,最终也一无所获。

爱因斯坦晚年在美国和全世界享有极其崇高的声誉,这确实是事实;他在普林斯顿享受着类似"奥林匹斯山上的诸神"那样的尊崇,这也是事实。但是在这些事实的背后,FBI 就像一个阴魂不散的小人,一直在暗中纠缠着爱因斯坦。直到 1955 年爱因斯坦因病逝世,对他的监控活动才告结束。

这不完全是因为爱因斯坦人已去世不会再当间谍(间谍案可以在人死后继续深挖),也和麦卡锡主义恰好在此时退潮有关——1954 年 12 月 1 日,美国参议院通过法案,谴责麦卡锡的政治迫害行为。也因为持续多年的监控活动,实在挖不出爱因斯坦任何对美国不"忠贞"的证据,胡佛自己也已经气馁。从解密档案来看,在爱因斯坦去世前夕,他已经打算结束这项徒劳无功的监控计划了。

爱因斯坦与原子弹

爱因斯坦一生当然与许多名人有书信往来,但是这些信件中对人类历史影响最大的,毫无疑问是他致罗斯福总统的两封信,即"为建议研制原子弹给罗斯福总统的信"。1939年8月2日的信是匈牙利物理学家齐拉德为他起草的,信中指出了制造原子弹的可能性,并对纳粹德国可能率先造出这种超级炸弹提出了警告。由于感到总统迟迟没有采取有力行动,爱因斯坦在次年三月又给罗斯福写了第二封信。到1941年,美国政府终于决定抢在德国之前造出原子弹,这就是后来著名的"曼哈顿计划"。

这项秘密计划当然需要顶尖科学家的参与,在最初提出的31位科学家名单中包括了爱因斯坦,但是负责对这些科学家进行"政审"的陆军情报署求助于FBI,结果FBI提交了这样的结论:"鉴于爱因斯坦博士的激进背景,本局不推荐雇用他从事机密性质的工作,除非经过极其审慎的调查。因为像他这样背景的人,似乎绝无可能在如此短的时间内变成一个忠贞的美国公民。"于是爱因斯坦竟被排除在本来是发端于他本人向罗斯福总统建议的"曼哈顿计划"之外。

爱因斯坦"政审"未能通过的情形，从来没有向他本人告知过。不过以爱因斯坦的智慧，他很快也就心知肚明了。所以当"曼哈顿计划"的负责官员后来请他担任"顾问"时，他一口拒绝了。

与陆军方面对爱因斯坦缺乏信任不同，美国海军却愿意信任爱因斯坦。1943 年，爱因斯坦担任了海军潜艇作战和烈性炸药方面的科学顾问。他对这项工作相当高兴，有时还会向朋友夸耀一番。当然世界大战很快就结束了，他的这项工作只持续了一年多。

1952 年 9 月 15 日，日本的《改造》杂志写信给爱因斯坦，向他提了四个问题，其中第四个是："尽管您完全明白原子弹的可怕的破坏力，可是您为什么还要参与原子弹的制造？"这家杂志似乎不知道爱因斯坦其实被排斥在原子弹制造之外。不过爱因斯坦还是发表了《为制造原子弹问题给日本〈改造〉杂志的声明》一文，正面回答了日本人的问题："我那时只能这样做，再无其他可以选择的余地，尽管我始终是一个虔诚的和平主义者。"爱因斯坦还指出："反对制造某些特殊的武器，那是无济于事的；唯一解决的办法是消除战争和战争的威胁。"爱因斯坦当然用不着提醒那家日本杂志，在美国和日本之间，是日本偷袭了珍珠港，发动了太平洋战争；而原子弹至少对于结束这场战争起到了促进作用。

　　虽然后来不少人认为原子弹太残酷，会毁灭人类等，但当年爱因斯坦建议美国赶在纳粹之前研制原子弹，确实体现了一个科学家的社会责任感。而到了晚年，爱因斯坦明确表示反对制造氢弹，反对核军备。1955 年 4 月 11 日，他和罗素签署了《和平宣言》，这同样是社会责任感的体现。七天之后，爱因斯坦与世长辞。

本文原载《书城》2014 年 10 月号

火星故事
——在幻想与现实之间

江晓原

火星的名称与神话

在西方，不管是苏美尔还是希腊、罗马，火星都代表战神，有三个名字：Nergal、Ares、Mars，我们比较熟悉第三个，现在英语里面就是用这个 Mars 代表火星，这是罗马人命名的。奇怪的是这些名称来自不同的民族和文化，在古代早期这些文化之间也许是没有什么交流的，但是大家不约而同都把火星看成战神。古代中国人虽然没有把这些行星弄成神，但是我们让它们管一些事情,或者象征一些事情,而火星在星占学上象征的,恰恰也与战争有关。这种巧合是奇怪的,实际上在天文学上有很多奇怪的事情,有些知识的来历有很大的遐想空间,关于火星名称和神话的来历也有这样的遐想空间。

火星运河的故事

如果对天文学史有所了解,应该都听说过威廉·赫歇尔这个人。他最早在 1784 年提出了"火星运河"这个概念。

从 17 世纪初伽利略开始用望远镜观天之后,天文学家就发现,我们通过望远镜往天上看,可以看出好多新的东西来,从那时以后,人们就开始不停地造望远镜。望远镜从 1609 年伽利略报告用它观天,到 1784 年已经过了 170 多年,望远镜已经造得很大了。越来越多的、越来越大的望远镜不停地对着天空看,人们才发现,在望远镜里,行星和恒星有区别。我们用肉眼就可以看见月亮,它是一个圆盘,但是所有的行星和恒星,我们用肉眼看的时候,它们都不是一个圆面,而是一个光点。但是你用望远镜再往上看的时候,行星可以让你看到一个圆面,而远处的恒星仍旧是一个光点。所以火星、金星这样的行星在望远镜里开始有圆面。

人们用望远镜去看一个天体的时候，会把它们画下来，说明我看到的那个天体上有些什么东西。从伽利略看月亮的时候开始，人们就这样做了。所以，赫歇尔也开始画那个火星圆面上的图，他说他在上面看到了像是运河的东西。

这个提法在当时是非常让人兴奋的，因为当时对于火星上有些什么东西的想象空间比今天要大得多。赫歇尔有一个结论在今天看来还是对的，即火星是太阳系中和地球最相似的行星。当然这里"相似"也只能从不太严格的意义上来理解。

在"火星运河"的故事中，有一个非常重要的人物是意大利天文学家夏帕雷利。当时很多人都在用望远镜观测火星，夏帕雷利不久就宣称自己在火星上看到了运河。夏帕雷利当时用了一个意大利文 canali，这个词既可以理解为"运河"，也可以理解为作为自然地貌的"河流"。等到他观测的这个东西被译到英语中时，就用了 canal 这个词，现在天文学史家已经搞不清楚是谁最先用的，但是这个词一用，它的意思就变了，因为这个词的意思是"人工开凿的运河"。

有很多科学概念，在它传播时的用词是非常重要的。本来科学家应该对选择的词汇深思熟虑，同时还应该考虑到这个词汇一旦被广泛使用会唤起什么样的联想。但是通常科学家们不会在这种事情上花工夫，他们往往当时随口就用了一个词,我们今天很多科学上用的词汇都有类似的故事,某个词汇最初是随便用的,用的时候也没有深思熟虑,等到用了好多年,人们发现这个词汇会带来一系列问题,但这时候问题已经形成了。

所以从夏帕雷利的意大利文到英语的转译过程中,这个自然地貌的"河流"选项就自动被排除了,现在它就是"运河"了。等到后来大家再谈论这个事情的时候,人们就想当然地认为它是"运河"。而当你在用"运河"这个词语的时候,就想当然认为这是人工开凿出来的,自然界本来形成的河流不会被称为运河。所以当时大家在谈论"火星运河"的时候,当然意味着火星上有高等智慧生物,他们搞了工程,挖了运河。

两个著名"民科"借火星修成正果

在火星观测史上,有两个人有重要地位,这两个人在大洋两岸。

一个是弗拉马利翁,我们知道他是法国天文学家,今天法国有一座天文台就是以弗拉马利翁的名字命名的。我们还可以在书店里买到弗拉马利翁的三卷本《大众天文学》,这部书让他名垂青史。

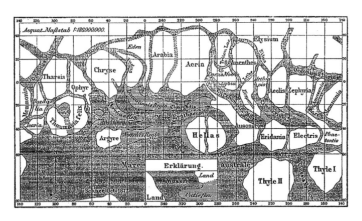

乔凡尼·夏帕雷利绘制的火星地图

　　弗拉马利翁是什么人呢？他本来不是职业天文学家，而是一个民间科学爱好者。这个人家里很有钱，当时造望远镜的热潮已经持续了两个世纪，有钱的人就在家里造一个天文台，弗拉马利翁也是有钱人，他也在家里造了一个天文台，他自任台长。1882年他开始在这个台上观天。

　　弗拉马利翁极有活力，社会活动能力很强，不久就创建了法国天文学会，他自任会长。一个学会就要有自己的出版物，接下来他就创办了天文杂志，当然他又自任主编。这一切都是他自己出钱搞的，那个时候就是这样，这就是我说的科学的纯真年代。

弗拉马利翁最大的兴致是观测火星,他说他在火星上看到了 60 多条运河,20 多条双运河。双运河就是两条并行的河流,当时这个双运河的概念更增添了它是人工开凿的色彩。你想自然界怎么可能形成两条并行的河流呢?

弗拉马利翁写了《火星和它适宜居住的环境》,这本书很畅销,当时凡是谈论这种话题的书,都容易畅销。那个时代是 19 世纪末期,当时公众对科学的兴趣非常浓烈,从我们现在看到的一些情况来推测,应该比我们现在要浓烈。尽管今天科学对我们生活的介入比那个时候更多,但实际上公众对科学的兴趣已经没有那时候那么浓烈了。

弗拉马利翁观测火星是在法国。当时的另一个土豪在哪里出现呢?在北美。也是烧钱准备搞天文观测的人,他叫洛韦尔。

洛韦尔家族非常有钱。因为当时美国刚刚爆发,很多土豪什么东西都要学着欧洲,要跟着欧洲的潮流。洛韦尔一看弗拉马利翁这么搞,于是他就在亚利桑那州旗杆镇,也建了一个私人天文台,他去买最贵的望远镜装备起来,也自任台长。他天天晚上爬在望远镜那儿观测,一下子就超过了弗拉马利翁,他宣称他看到了五百多条运河,这个数量比弗拉马利翁多好多倍。洛韦尔也开始写畅销书，做法和弗拉马利翁一样。他一共写了三本畅销书，其中最畅销的是《火星》，后来又写了《作为生命居所的火星》，跟弗拉马利翁那本书差不多，名字也接近。

弗拉马利翁和洛韦尔这么做的时候，正统的天文学界在干吗呢？正统的天文学家对弗拉马利翁和洛韦尔都是看不上的，觉得这属于"民科"，民间科学爱好者，业余的，自己在那里瞎搞。但是这两个人搞天文台确实又是照着天文台的规矩搞的，他们的天文台照样出版他们的观测资料，这个观测资料还跟世界各地的天文台交换。比如这是我们观测到的火星，今天最新的运河我们也画出来是哪一条，完全是按照天文的规范在那里做。你们看不上就看不上，我们干我们的。

最后很奇怪，今天你去看天文学史，包括那些最正统的天文学史，都不得不承认弗拉马利翁和洛韦尔，给他们留下了一笔，给了他们应有的地位。这两人当时虽然狂热，但确实做了大量观测。

洛韦尔后来还有一件事情，让他也有了一点名堂。就是太阳系的那些行星，除了古人早就知道的五大行星，后来的那几颗，天王星、海王星、冥王星，都是通过推测而去观测到的，就是说不是偶然看到的，是根据天体力学推测出来，根据摄动,推测在这颗星外面还有一颗星,然后有目的有方向地进行搜寻。洛韦尔也加入了这种推测——业余天文学家还真的懂天文学,他自学的,他也预言了冥王星的存在,后证明这个预言是对的。所以正统天文学家也承认他在那方面做了一些工作。

今天天文学史给了这两个人应有的地位,他们就算是修成正果了。当然他们两个人都是无所谓的,你们看不看得上我们都无所谓,反正我们的书很畅销。而天文学家又写不出像他们那么畅销的书来,弗拉马利翁的书一直畅销到今天,他的《大众天文学》在世界上被译成好多语言,我们中文版也有,公认它是经典著作。在这些事情上,狂热的民间科学爱好者的能量明显超过了正统天文学家。

和火星文明通讯

经过这两个人的观测,特别是那数百条"火星运河",按照我们地球人的知识,那一定是高等智慧生物为了灌溉、运输而开凿的,所以火星上有高等智慧生物的想法已经变得深入人心。这时另外一些科学家又介入进来了,以至于在 19 世纪末,科学研究最前沿的课题之一,就是如何和火星上的高等智慧生物通讯，试图和他们建立联系。

这里我们可以提到科学史上的四位名人：高斯、马可尼、高尔顿、特斯拉。学过数理科学的都知道，高斯在这四个人里名头最大，他的名字出现在很多物理和数学公式里，比如"高斯公式""高斯定理"等。马可尼是发明无线电的人。高尔顿，名声不大好，他有个"优生论"，不过通常大家知道他是达尔文的亲戚。特斯拉，我们现在有一个物理量就是用他的名字命名的，也是一个在电磁方面有贡献的人。

当时这四个人热衷于用他们发明的手段去和火星上的高级智慧通讯。设想中主要有两个途径：一是搞无线电，当时马可尼、特斯拉都在无线电方面有贡献有发明，他们向公众宣称已经发明了仪器可以和火星上的高等生命通讯。高斯首先是一个数学家，他的想法跟物理学家不一样，他主张用巨型镜面在地球上排列成特定的几何形状，巨型的镜面反射太阳光，那就会变成一个极亮的大三角。这样就能够让月球上、火星上的智慧生物发现，这样一个特定的几何形状不可能是自然形成的，必然是人工的，他们就能知道我们这里是有高等智慧生物的。高斯这个方案最初是为了和月亮上的智慧生物沟通，当时人们相信月亮上是有居民的，后来又有人把他的方案用到火星上。

这些想法我们现在看来都是天方夜谭，当时他们都是著名科学家,他们这些方案都是发表在当时严肃的科学刊物上,不是当小说写着玩玩的。很多名气非常大的刊物,比如《自然》杂志(Nature)、皇家学会《哲学通汇》等,尽管我们现在一说起来都把它们捧在神坛上,认为都是很高级的科学刊物,其实大部分人并不会去看它们,真的去看你就会发现,当年它们登过许多荒谬的东西,还有各种好玩的东西。当时刊登是因为他们都在认真考虑这些事情。

和外星高等生物通讯,也不止针对火星,在当时欧洲科学家心目中,月亮、火星、太阳上面都可能是有高等生物的。这种讨论一直到 18 世纪末还很热,但是为什么今天我们去看科学史或天文学史著作,这些讨论就没影了呢?这是因为,后人写科学史的时候,有这样一个传统:只写科学史上成功的事情。其实科学的发展过程中肯定走过弯路。但科学探索过程中的那些弯路都会被略掉,科学的历史,通常被写成从一个成就走向另一个成就的历史。其实在同时,比这些伟大成就更多的,是做了无用之功、搞了骗局、弄出笑话的历史。

科学发展终止了火星狂想曲

到了 20 世纪初,有两件事让火星故事的热度骤然下降。

第一是望远镜越造越大，终于大到能把那些"火星运河"看清楚了—知道这是自然地貌；第二是有了光谱分析的手段。比方看到金星上有大气，不需要把人弄到那个行星上取样本回来，所有的远处天体的大气里面是什么成分，我们都可以用光谱分析来获知。所以我们就知道火星上面残存的那点大气，人也是不能呼吸的，人到了那地方肯定会死掉。

两项技术发达到这个程度时，人们一下子就知道了，原来火星表面没有水，是一个干旱的环境，当然看不到什么运河了；它几乎没有大气，人或类似于人的高等生物都是不可能在那里生存的。光谱分析造成的最大打击，是对于太阳上有智慧生物的想法，因为光谱分析让我们知道太阳表面的温度是多么高，在那个温度下没有任何生物能够存在，于是大家都知道太阳上不可能有生物。那么月亮上呢？那个时候就知道得更清楚了，月亮上根本就没有大气。

我们所能想象的生物形式，当然只能以我们地球上的作为例子，如果有生命，就必须有阳光、空气和水，这三个必要条件只要缺一个，生命就无法存在。所以到了 20 世纪，火星文明的科学故事结束了，包括月亮上和太阳上的文明，都结束了，这个时候想象的空间就被科学发展压缩了。科学发展到了 20 世纪，人们就很难想象火星上会有伟大文明了。从那个时候开始,火星从一个科学研究的对象很快变成了文学想象的对象。

当代的火星探测

我们想要了解太阳系中那几个邻居,我们对火星的探测兴趣远远大于金星,尽管金星也很适合探测,它比火星还要明亮,但因为金星表面有一层非常浓厚的大气,那层大气实在是太厚了,把整个星球包在里头,根本看不见它里面有什么东西。所以,天文学家对着金星大气,直到现在也无能为力,因此对金星的探测远远不如火星。

对月球的探测,是因为它近,但是月球太小,而且它没有任何大气,所以是一个死寂的世界。后来美苏争霸,又开始有其他想法了,比如如果在月球上建一个军事基地的话,那就在地球外层空间占据上风了。随着中国科技力量的崛起,我们的决策人士应该也想过这方面的问题。联合国曾通过一个决议,宣布月球是全世界共同的领土。据说美国人曾经想宣布月球是他们的领土,但这个事情在联合国没有能通过。

现代对火星,从观察发展到探测,主要是向火星发射探测器,让它飞到火星上去。这个事情从 1960 年开始,主要是由苏联和后来的俄罗斯以及美国搞的。虽然还有欧洲、日本和印度,这三家其实都只搞过一次,其他 39 次都是美苏两家搞的。42 次里 25 次是明确宣布失败的,前五次都是苏联搞的,这五次都失败了,第六次是美国搞的,也失败了,接着美国搞了第七次才成功了。

什么叫成功,什么叫失败呢？发射一个探测器让它飞到火星上空,然后让它着陆,之后还能发回信号来,那就算成功了。不过这些探测器能获得的信息很有限。这些探测器里最成功的是美国的"海盗号 1"和"海盗号 2",它们先后都在火星成功着陆了。还有类似于月球车一样的东西,让它着陆之后还能在火星表面运动,不断向地球发回一些信号。有时候并不把发射器着陆在火星上,而是让它绕着火星转转,拍拍照。火星上拍照和金星不同,火星上大气十分稀薄,不妨碍拍照。

商业骗局"火星移民计划"

前不久"火星移民计划"在我们媒体上热炒过,连央视也不止一次报道过。这个计划再度引起了人们对火星的兴趣,但计划本身却是完全不靠谱的,我们下面花一点时间来分析这个计划。

简单来说是这样一个计划：一家荷兰的私人公司,向全世界宣布要搞火星移民。公司有一系列的时间表,哪一年干什么,其中最重要的是 2023 年,要把四名志愿者送往火星。这四名志愿者去了火星就不回来了,他们要住在火星,所以说是移民。还计划又过若干年要让那些移民达到 20 人。

第一轮宣传之后不久,就有媒体对它产生怀疑了：这样一个私人公司能搞成这事吗？到了 2015 年,这个公司推出第二波宣传攻势,调门更高了,开始讨论“未来火星自治社会”,想象移民到那里去了之后,要建立新政府,就要有个新社会了。这个计划向全世界征集宇航员,谁都可以报名,中国据说有一万多人报名,全世界有 20 多万人报名。报名是要交报名费的,报名费也不很贵,一般人也支付得起,当然报名费不会退还。

前不久有媒体曝出,这家公司总部在一个出租屋里,人们就怀疑这是不是一个骗局。结果公司也承认了,说我们是租了那个房间办公,这听着就更像是个骗局了。这个事情到底是不是骗局,我们是可以判断的。

在作这个判断之前,我们不妨了解一点火星的参数。最重要的有：

火星和我们地球的距离：大概在 5 500 万公里到 4 亿多

公里之间变化。

火星年：和地球一样，一年绕太阳转一圈，它绕太阳转一圈差不多等于地球两年。

火星直径：约为地球的一半，说明它比地球小很多。

火星表面重力：是地球表面重力的40％——这一条非常重要，我们判断火星是否能移民就必须考虑这一条。

那么这个火星移民计划是否可行呢？

首先，那几个人到火星上是不回来的，这就意味着他们要在火星上住下来。火星上的大气本身非常稀薄，成分也不是人可以呼吸的，那就必须要生活在一个密封的空间里，呼吸那里面的空气。人类在地球上已经做过实验，制造过一个系统，里面有土壤、空气等，把它密封起来，然后让人在里面生活，希望它自己能够循环，但是这个实验到现在为止都是失败的。这种人工制造出来的小型封闭系统，时间稍微长一点(比如几年)，就恶化崩溃了，至今没有成功。那个荷兰公司说他们要在2023年把人送上火星，离开现在只剩八年了，这样的生命支持系统在地球上已经实验了几十年都没成功，还剩八年能不能成功？大部分人认为是没有希望的。

其次是航天器的运载能力问题。就算上面的系统成功了，这个系统必然是非常庞大的，是把这个系统造好了运到火星上去呢,还是把材料运到火星上去装配?无论哪种方案,以人类现有的航天能力,都是远远做不到的。从一九六〇年起苏美发射的那些火星探测器,都是非常小的东西。在飞往火星的路上,航天器的大部分体积和重量都损耗在燃料上,只能把很小的一个东西送到那里去。在可见的将来,要把上面讲到的这种生命支持系统送上火星,是不可能的。把器材送过去装配,或者装配好了送过去都是不可能的,现有的航天运载能力离这个还有非常大的距离。

不妨对比一下美国新的火星探测计划,这是 NASA(美国国家航空和宇宙航行局)最近公布的,要在 2035 年左右把人送上火星。假定这个计划可行,也要比荷兰公司的计划晚 12年。美国人的计划只是把人送到火星上去,还要回来的,就像他们派宇航员到月球上去登陆,登陆一下就回来,不需要上面讲的那种生命支持系统。而 NASA 这样的机构,虽然这些年经常面临经费削减问题,但是它所拥有的资源,跟荷兰的私人公司比是可想而知的,NASA 的资源不知道比那个荷兰公司雄厚多少。

虽然历史上像弗拉马利翁、洛韦尔的天文台都是私人的,但是航天毕竟和搞个望远镜看看不一样,航天需要的钱远远超过私人天文台许多个量级。

致命的火星大气问题

最致命的问题是火星大气,这个问题不解决,所有火星移民计划都无从谈起。

按照现有的科学理论,行星大气是可以制造的,行星大气成分也是可以改变的。这两条在理论上是可以成立的,不过在技术上当然还从来没有人实践过。比如科学家早就设想过如何改造金星的大气,让它适合人的呼吸,这种想法是有的。

但是火星上的致命问题是,火星现在只有非常稀薄的一点点大气,它的大气只有地球大气密度的0.8%,连1%都不到。为什么它的大气如此稀薄?就是因为火星的重力太小了一刚才我们说到它的重力是地球表面重力的40%。要知道,一个行星要有足够大的表面重力,才能把空气吸住,保留它的大气。我们地球刚好是有这个重力的,大气是浓厚的。月球上为什么一点大气都没有?就是因为月球的重力只有我们地球重力的1/6,所以它任何空气都吸不住。火星上的重力太小,吸不住空气,所以即使可以制造出一个火星大气来,也保存不住,不久它也会散逸到太空中去。

以人类现有的科学能力,改变一颗行星的重力是不可能的。

　　火星移民不可能长期生活在密封的罐子里,现在去火星移民计划的网站上看,宣传主页上就是一个一个大罐子,是打算给早期移民刚去的时候住的。但你要去征服这颗行星,你就要跑出去,而跑出去你就没法活。尽管还可以想象宇宙中有别的生命,那种生命不要空气不要水,它也可以是某种生命,但这肯定不是我们人类。

　　2023年离现在太近了,八年很快就会过去,如果大家八年后还记得此事的话,大家会同意我现在的判断是对的。我很有把握,八年后这个事情当然是不可能的。所以我一开始就对媒体说这个事情是不靠谱的。

媒体在"火星移民计划"上的表现

　　这个火星移民计划和媒体之间有一些明显的互动,值得我们谈谈。

　　在这个事情上,我们国内媒体的表现,总体说来是令人失望的。在第一波报道中,我们的媒体普遍正面报道了这个计划。你们如果现在去查的话,在第一波报道里几乎查不到任何质疑的意见。

我那个时候就对媒体发表了质疑的意见，结果报纸把我的话缩到很小，在报道了整整两个版面之后，在最后一版最右下方的一个角落里，留了两句话，说江晓原表示这个事情是可疑的。

当时他们采取什么方式来报道呢？第一是跑到那个公司的官网上去，把它的宣传材料翻译过来，自己的官网当然是正面宣传它自己的。第二，不是有一万多个中国人报了名吗？他们就去采访那些报了名的人，那些报名的人就说自己有航天梦想，他们展开幻想，想象我们作为第一批从地球派到火星的移民，将来为人类寻找第二个家园。这样一讲，听得人很兴奋，热血沸腾。

连央视都不止一次播报过这个计划，这实际上是在替这个公司做商业宣传。本来这个公司就有点像空手套白狼，它想靠在国际上宣传来筹钱。我们的媒体在两个层面上误导了观众：

一是科学层面，因为这样正面报道这个移民计划，就让公众误以为移民火星在科学上是有可能的；第二，媒体是有义务的，我们要求媒体给公众以正确的信息，正面引导公众。给一个商业骗局做宣传，这实际上是给我们中国媒体丢了脸。

如果你不想在这两个层面上误导观众，首先，你在第一阶段为什么不去采访我们航天界的专家呢？你干吗老是去采访那些报名的年轻人？那些年轻人对科学不太懂，只是出于好奇或好玩才报名的。到了第二阶段，有的媒体才想起来去采访欧阳自远院士了，欧阳院士当然告诉他们这个是不靠谱的。

当时这些媒体是一头热的——只知道热爱科学，他们一听往火星上移民，这个事情太科学了，又是航天，又是寻找第二个人类家园，从一开始他心里就打定主意了，主题先行了：这个事情好，我要给它宣传。

后来我在《文汇报》上写了一篇文章分析这个事情，我们的媒体为什么会这样做，是因为他们脑子里的科学主义。科学主义就是无限崇拜科学的，一听到有人在搞一个科学项目，要往火星移民，他想当然就认为这个项目是美好的事情，他就不会去想这个项目是不是有问题。比方说宇航员的身体要求是多么高，你到全世界去海选宇航员？你又让大家交报名费，那不是敛财吗？像这种事情，你如果脑子里有一根弦，你一看就会怀疑的。再说你还有科学常识嘛，知道那个事情是不靠谱的。

等到后来国外一些媒体也开始质疑这个计划了，说这个计划是不靠谱的，我们国内一些媒体还不肯改正前面的错误。我们当然也不会要求他登一个道歉启事说我们前一阵子的报道不正确，但你至少现在把正确的信息报道了也行。但是我们有些媒体是这样的，前一阵子义务宣传很起劲，后来知道有问题了，就都不响了，也不提这件事情了。还有的媒体为自己辩护，说不应嘲笑人们的航天梦想，好像这么一辩护，那个错误就没了。对啊！航天梦想是不应嘲笑，我也不主张嘲笑，但是媒体是有责任的，你对公众负有责任，公众现在在很大程度上还是会受媒体影响的，你知道你能够影响公众，你在这种问题上就应该持慎重态度。

对这个所谓的火星移民计划，我前不久写过一篇专栏文章，我认为我们用不着整天去讨伐它，我们知道它是一个商业骗局，看它能不能玩下去，看它能玩到什么程度，最后到了2023年，这种骗局最大的可能是不了了之。最后那些钱，像我开玩笑说的，付房租被付掉了一部分，还有一些宣传费用什么的，然后不了了之，那也不会有多大的危害。现在看来它也不至于给社会造成多大危害，基本上就属于西方那种层出不穷的骗局。

幻想中的火星文明

最后，我们来回顾幻想中的火星文明。自从科学发展压缩了火星的想象空间，大家都知道眼下火星是不可能有高等智慧生物了,但它变成了幻想对象,倒是如火如荼了。在这个幻想的途径上,产生了大量的科幻小说和科幻电影作品。

关于火星文明的科幻小说,最有名的就是英国威尔斯的《星际战争》,注意它的年份是1898年,那时火星的想象空间还没有被压缩掉,大家还相信火星上可能有智慧生物。威尔斯的《星际战争》就是我们熟知的"火星人大战地球",电影也至少拍过两次。最后一次是汤姆·克鲁斯演的。小说里想象的,是火星上的高等智慧生物来侵略地球,不过最后虽然在科技上把地球人打得落花流水,却因为受不了地球上的病毒,被地球上的病毒感染后失去了战斗力,这才失败。这个属于比较简单的想象,想象外星生物侵略地球,这种类似的故事有很多。

科学家们不是说火星这会儿表面水也没有了,大气也几乎没有,那是一个死寂的世界,但是我们可以想象火星曾经有过非常发达的文明。电影《火星任务》(Mission to Mars)代表着一种对火星文明的更高级的想象,这种想象到现在还有生命力。想象的故事是这样的:

火星人在几亿年前就发展出了强大的星际航行能力,已经找到了新的家园,他们知道火星这个星球已经不能用了,就在几亿年前迁走了,迁到了太阳系外的某个行星上去。临行他们在邻居地球上播撒了一些生命的种子,然后留下一个火星人留守在火星上，给她的任务是在火星上等待，一直要等到地球上的生命逐渐进化，进化到有一天地球上的宇宙飞船飞到火星上来的时候，她的任务才算完成，她就可以回去了。这个火星人在火星上留守了几亿年。你想想看，几亿年一个人留守在那里，多痛苦啊！所以当她一看见地球上的宇航员时，眼泪就流下来了！火星人终于看到了，他们播种的那个生命，经过了几亿年的进化之后，终于进化到可以弄一艘飞船飞上来的地步。

这样的想象空间一旦被打开的话，就是无穷大的，你甚至可以想象上帝就是一个火星人等等。

在电影《火星任务》里面，还利用了一个很重要的传说——"火星人脸"。电影中火星人就是从一个巨大的、像人脸一样的建筑中出来的。好多年前就有一张照片流传着：在火星上有一张人的脸。网上这张照片也很流行，并且有一种说法，说这个照片是NASA流传出来的，说是NASA派的探测器在那里拍摄的，当然NASA是否认的，说这完全是"光与影的幻觉"而已。但网上经常有这样的东西，民间总是想象说，NASA这种机构经常干不可告人的事情，经常有政府让它搞些秘密计划，他们偷偷在火星上探测神秘的文明遗迹等等。关于"人脸"的传说在很多有关火星的书上都会提到，看看那张照片,确实像人的脸,但这也完全可能是自然地貌形成的巧合。

关于火星的幻想作品中还有改造火星大气的,比如电影《红色行星》(*Red Planet*),故事里科学家改造了火星大气,使得人能呼吸了。当然这个作品回避了火星大气的致命问题,即火星重力保不住它的大气。但是我们知道在幻想电影里,大气这个问题经常是被忽略的。那些星球上就算有大气,也是不能呼吸的,因为成分不对,如果大气成分和我们地球上的不一样,对地球人来说就是毒气,一呼吸就会死掉的。但拍电影不能一直让宇航员戴个头盔,那我们连俊男美女的脸都认不出来了。科幻作品主要也不是给你上科学常识课,所以作品里有很多地方可以突破或忽略那些常识,为的是强调它的主题。

那颗行星上到底发生过什么呢?

最后,这是我个人的看法,在我看来,即使我们同意科学家现在说的都对,那我们对火星的想象空间也没有被压缩到零。这个想象空间还是有的,因为我们对火星的了解还远远不够。比如,现在还有没有人类踏上过那个行星。那个行星有几十亿年的历史,在这几十个亿年中,那颗行星上发生过什么事，确实很难说。那颗行星上曾经有过某种高等文明的可能性，也不是能够绝对排除的。

比方说，那上面奇怪的生物只需要呼吸非常少的空气就够了，以至于它那个只有地球大气0.8％密度的空气已经够了，可不可能呢？甚至在那里的生命形态是不需要空气的，那也不是不可能的。另外，现在它表面没有水，不代表以前没有产生过表面上的水。现在又有一些证据说，它地下可能是有水的，我们知道在几十亿年里一颗行星的地质变化也是非常可观的，也不排除它表面上曾经是有过海洋的，谁知道呢？也许，现在在它的下面有水，下面有水本身也有很多的想象空间。那我们按照地球上的生命要素，水也有了，也许在那个密闭的地下空间里连空气都有呢？

这些事情都是很难说的。关于火星的故事，我为什么说"在幻想与现实之间"？因为这个故事确实还没有结束，随着科学的发展，如果有一天，人类到火星上面去了，有了更多的发现，这个故事也可能完全重写。

本文系江晓原教授2015年4月25日在新华·知本读书会所作演讲，刊发时经作者审定，原载《书城》2015年7月号

文明的地图：回顾与前瞻

张信刚

有些问题未必会陷人类文明于困境，却是全人类每一分子都会有的困惑。

我今天的演讲将带领大家一同走过人类文明的 750 万年路程。主要为大家讲的内容大致可分为甲、乙、丙、丁、戊、己六个段落：文明的基因、文明的发展、文明的板块、文明的互动、文明的困境、文明的展望。

甲、文明的基因

"基因"这个词现在很流行，"文明"这个词大家也都非常熟悉。那我们文明的基因是从哪里来的？使我对整个人类文明真正有兴趣并且有意识地想去了解的,是一张照片。这是我在埃塞俄比亚国家博物馆里拍到的一张照片。这张像的主角被人类学家昵称为露西(Lucy),是生活在距今320万年前的类人类。从照片中可以明显看出,她双足可以直立行走,前肢比后肢短。她的后人慢慢地走出了埃塞俄比亚,并且走到了全世界。按照今天绝大多数古人类学家的看法,露西应该是我们人类共同的祖先。但她的颅容量跟现代人还有很大的差别,所以科学家只能将她归类为原始人类(Homonid),而不是现代意义上的人。从已发现的化石来判断,人和猿分开的时间大概是在750万年前:大约300万年前有了非洲猿;200万年前出现了会制造工具的巧人(Homo habilis);大约150万年前出现了直立人(Homo erectus),直立人不但有工具,可能还会用火。他们从非洲东部走出来,经过中东,到达亚洲(爪哇人和北京人应该都是他们的后代),也去了欧洲;大约50万至20万年前,留在非洲的直立人进化成智人(Homo sapiens),但和直立人的区别并不十分明显。这些智人在大约20万年前也走出了非洲,他们的部分后代被称作尼安德特人(Homo neanderthalensis),在中东和欧洲留下许多遗骸、工具和人为埋葬的痕迹;大约10万年前出现的现代智人(Homo

埃塞俄比亚国家博物馆里的"露西"（Lucy）

sapiens sapiens)和今天的人类在解剖学上基本上是相同的，我们大家应该都是这一批现代智人的子孙。

在10万年前，人类大致可以分为两支，较为古老的一支是主要在中东和欧洲的尼安德特人；另一支是从非洲散布到中东、亚洲，后来又到了欧洲的现代智人。在欧洲的现代智人消灭了尼安德特人，虽然他们也曾经和尼安德特人交配混血。这两支人类的前额、眉骨和下巴的形状都不一样，显示了他们进化的过程不同。

大约4万年前，地球还处于冰河期，印尼与澳大利亚、新几内亚之间的水道还很窄狭，一部分现代智人就从印尼渡海迁移到了澳大利亚和新几内亚，成为这两个地方最早的人类。后来由于天气变暖，地球进入现在的第四纪间冰期，海面上升，陆地缩小，澳大利亚、新几内亚与印尼和亚洲大陆就更加隔绝了，因此澳大利亚和新几内亚的现代智人在几万年的时间里和其他地区的现代智人没有交往，导致澳大利亚、新几内亚和欧亚大陆有很不同的发展。

大约2万年前，人类用皮毛御寒的能力逐渐提高，一部分现代智人就慢慢从亚洲东部迁移到西伯利亚居住，并在15 000年前，当冰川还没消退的时候，渡过白令海峡进入阿拉斯加。这些人就是今天北美洲和南美洲原居民的先祖。从考古学证据来看,人类从白令海峡进入美洲之后不到一千年,就到达了南美洲的南端,平均每年向南移动大约15公里。从人类学角度看,美洲的原居民和今天亚洲东北部的居民十分相似,现在的DNA研究也证明了这一点。

既然现代智人来自同一祖先,那么人和其他动物有什么分别,人的基本特征是什么呢?这是哲学家要探讨的问题,我说不清楚,作为一个研究科学的人,我只能罗列以下四点:1. 人有比其他动物更复杂和精细的喉部结构,有用声音交流信息的能力,这就是语言;2. 人有懊悔、羡慕、思想等感情,这些感情的深度和广度是其他动物所不能及的;3. 人能用自己的理性根据一定的法则来理解事物,除了感性地看到一定的事物以外,还能理性地推断一定的事物;4. 人会集群而居,社会组织力量和复杂度要比其他动物高得多。另外由于进化,人的眼睛有白眼球,而猴子、猩猩就没有。因为有了白眼球和黑(蓝、绿)眼珠的对照,人就可以"眉目传情",可以"怒目而视",也可以"斜眼看人";在想什么、有什么感情都会被别人知道。动物中只有人会抛媚眼,狗和猴子再聪明、再善解人意,也还是不会抛媚眼。

开始写人类文明史或开始讨论文明的都是农业社会出身的人,因此,文明的开始可以定义为人类开始有意识地种植植物作为食物。那么首先生产食物的地区应该就是文明的起源地。让我们先看在地理上与欧亚非三洲互相隔绝的美洲，它自己形成了一个单独的生态系统。在中美地区，最早有生产和储存食物的证据，主要的作物是玉米和豆类。后来南美洲安第斯山区也出现了食物生产，主要是豆类和马铃薯；再看亚非欧三洲。这三大洲上有四个原始的食物生产区，各有自己的特别作物，而这些作物当然和当地原有的野生植物有关。非洲西部很早就有了农业，最早种植红薯。亚洲西部的美索不达米亚是人类最早出现农业的地区，有种植也有畜牧。这里首先种植的小麦和大麦后来逐渐传到了欧洲、北非、南亚和东亚。印度恒河流域很早就有了独立的农业，但是现在不知道它的原始作物主要是什么。东南亚（湄公河流域）是稻米的原产地，大约八千年前就开始种植稻米了。稻米由东南亚传播到中国南方、印度以及非洲东南部。中国黄河流域的农业是自生的，主要种植小米。小麦则是后来从中东传过来的。

我刚刚说的都是作物，但是农业不单是作物，一开始就有畜牧。人类最好的朋友是狗，有 12 000 年了，在动物之中，狗是最早也是唯一不是因为人要吃它的肉而被驯化的；绵羊和山羊是在西南亚首先被驯化，大约有 1 万年了；猪大约是 1 万年前在中国被驯化的。猪对于中国人来说真是太重要了！

"家"这个字就是屋顶下面一头猪。而"家"对古代中国来说是最主要的社会单位和力量来源。牛、水牛、马、驴也该说一下。牛大概是8000年前在印度被驯化的,水牛6000年前在中国被驯化,马是6000年前在乌克兰北边的草原被驯化的。一开始是为了吃马的肉,后来用它来驮东西,最后发现还能骑它。马脖颈很长,看得很远,可以识途,聪明灵敏,所以就被人类作为运输和作战的工具了。从这以后,才有了游牧这种生活方式,也才有游牧民族。驴别看它小,对人类还真有用。它是6000年前在埃及首先被驯化的,公驴和母马交配可以生骡子。骆驼有两种,中亚的双峰骆驼和阿拉伯的单峰骆驼,但两者之间不能交配生后代。

人和动物有了不解之缘后,当然好处有很多很多,但它们也会给我们带来致命的"礼物"。人其实本身是带有病菌的,动物也会有。天花、麻疹、百日咳、流行性感冒这些病都是从动物身上来的,像现在的H7N9病毒就是从家禽身上来的。

乙、文明的发展

我们对人类早期文明的认识主要来自考古学。19世纪以来,考古学和古文字学成为欧美各国学界非常重视的学科。

学者们在世界各地进行大规模考古挖掘后，发现了许多珍贵的古物，例如陶器、铜器和古代文书等。从这些古物中，考古学家推测出不同地区和不同时代的生活方式，以及它们之间的关系（比如希伯来文明、地中海文明以及它们的关系）。后来历史学家把考古学家的成果借鉴过来，将某些特定的但范围较大的地理区域里较为固定的物质生活方式称为文明（civilization），而把较为抽象的信仰和价值观等称为文化（culture）。其实，这两个词都是欧洲人在18世纪根据拉丁文词根提出的新名词（civilization 源自 civilis，意为城邦公民；culture 源自 cultura，意为耕耘）。它们经常被不同的学者赋予不同的意义，二者也时常被视作近似词而被互相代用。

大约距今12000年前，地球刚进入当今的间冰期，那时地球的不同地区已经居住着不同的人群。天气开始变暖，可供食用的物种和数量增加，人类可以向以前无法居住的寒带移动，追捕一些习惯寒冷气候的大型动物，如驯鹿。在那个时候，农业还没开始或者刚要出现。也就是说，五大洲（如果包括大洋洲就该是六大洲）上的人类似乎都是在一条起跑线上。跑到6000年前，中东、南亚和东亚的农业社会领先发展，澳大利亚、美洲和非洲南部落后了许多。但到了今天，却是西欧各国人，以及他们在美洲、非洲和大洋洲的后裔所建立的工业社会和后工业社会最为领先。东亚和东欧正在急追但是仍然追不上，撒哈拉沙漠以南的非洲、南美洲的内陆以及内陆亚洲和东南亚的山区似乎最为落后。

19世纪中叶，正当欧洲殖民帝国统治世界各地，具有绝对优势的时候，达尔文的生物进化论出现了。这给了那些本来就具有种族优越感的欧洲人一个借口，认为白种人天生就优越，而黑、棕肤色的人则是先天愚蠢和懒惰。这些种族主义者，一方面称相信上帝，满口"爱你的邻人"，另一方面却又错误地演绎达尔文的进化论，把它转成社会达尔文主义，相信种族和民族的"优胜劣败"和"存优汰劣"，进而宣扬"胜即优，败即劣"以及"优当存，劣当汰"，进行种族灭绝。

这些观点被殖民主义、种族主义和纳粹主义的拥护者到处宣传，以致许多受害者都认为事情本来就该如此。在近代中国，也有不少人不自觉地信服这些谬论。简单地说，他们相信，因为某些人种/民族的智力比较低，人比较懒，所以这些人的发展就落后。但他们无法解释的是，中国汉族和西欧各民族的基因库在近一千年中都没有大的改变（倒是在4世纪到6世纪时，双方各自有过大规模的民族融合，基因库因此可能有不小的改变），为什么中国社会在7世纪到15世纪明显领先于西欧，而18世纪至20世纪则是欧洲明显领先于中国？

且不论这个问题是否有恰当的答案，一个被种族主义和社会达尔文主义影响的人，就会在自己的言行中不自觉地对欧美人士礼貌十足，而对贫穷落后国家的人民和本国的少数民族就不免要自我感觉良好。

这里，我想花几分钟特别针对上面的问题，讲一讲进化论的科学演绎，以及地理环境对人类历史的影响。

大家都知道，寒冷地区的人一般个子比较高，皮肤比较白；热带地区的人个子比较矮，皮肤颜色较深。从进化论基因异变的角度，这个很容易解释。

我先说肤色的"物竞天择"。大家都知道，强烈的紫外线照射会使皮肤致癌。皮肤的色素能够挡住紫外线，因此可以避免皮肤癌。肤色白的人在热带会因为皮肤癌而降低存活的几率，也就难以繁衍；通过基因的异变，肤色深的人就容易在热带繁衍。肤色还和维生素 D 的合成有关。紫外线的照射有利于身体内合成维生素 D，而维生素 D 对人体骨骼的强健来说很重要。在高纬度的寒带，阳光照射少，紫外线不够强，如果肤色太深就没办法合成所需的维生素 D，因此不利于骨骼健康。这样，在寒带的人如果皮肤颜色浅骨骼就会比较健康，也有利于繁衍。因此，无论从防皮肤癌还是从骨骼健康的角度来看，近赤道的人皮肤会比较黑，近北极圈的人皮肤会比较白。进化论解释了这个大家都会注意到的肤色分布现象。

再谈个子的高矮。任何动物,包括人,冬天会怕身体里的热散得太快,夏天会怕身体里的热散不出去。要想散热慢,就应该减低体表面积与身体体积之间的比例;要想散热快,就应该增加体表面积与身体体积之比。现在设想有两个方块,一个是每边一厘米,另一个是每边两厘米。它们的表面积和体积之比分别是 6:1 和 24:8(也就是 3:1)。因此个子高大的人散热比较慢,在寒带比较容易存活,夏天他们散热慢不要紧,因为寒带的夏天不会太热;而个子矮小的人则是在热带比较容易存活,冬天散热快不要紧,因为热带的冬天也不很冷。因此,从进化论可以很清楚地解释,为什么有些人黑,有些人白,有些人高,有些人矮。还有,根据近年来的基因研究,人类现有的各种体型、肤色、头发、鼻子、眼睛的差异,都可以在 5 万年的时间里因为基因变异而产生,也就是说,今天所有的人类都有可能是源于 5 万年或更早之前的某一个小群体,尽管这不是必然的。

既然人类的基因和潜能都差不多,那么种族论优劣的说法就完全站不住脚。那么,又如何解释有的地区的人在几千年之前就已经有了辉煌璀璨的文明,有的地区的人却在不久之前都还没有跨进农业生产而停留在原始生活状态呢?

先让我们看一下世界各大洲的地图。欧亚大陆是地球上最大的一块土地，全部都在北半球，而且主要在温带。穿过欧亚大陆的轴线是东西向，在北纬40度到50度之间，因此要从大陆的东部到西部，不用穿越很不同的气温带，而且还有从多瑙河到大兴安岭的连续不断的大草原；再看非洲，它最宽的地方在赤道附近。贯穿它的轴线主要是南北向，穿越不同的温度带；再看南美洲，也是如此。它形状狭长，跨越赤道，而且还有一个南北向的安第斯山脉把它割裂成三大区，一个是太平洋区，另一个是大西洋区，再有一个就是以热带森林为主的亚马逊河流域。因此，单从地形来看就可以知道，在亚洲和欧洲，人畜的往来和货物的运输比较容易，文明容易传播，文化容易交流，而在非洲和南美洲则是相当困难的。

文明的首要条件是农业。它的开始需要有适当的本地作物，这些作物要能够在人的培养之下生长，还要服从季节的变更，但成熟期不能太长。早期人类不可能等候若干年之后才会结果实的植物，因为他们没有余粮维持生命。小麦、大麦、小米和稻米都是一年一熟甚至一年两熟，所以才会被人类选为农作物。当然，没有野麦就没有家麦，没有野稻也不可能有供人种植的稻米种子。非洲和南美洲就没有野麦，不能种植小麦；欧洲和东亚本来也没有，因为陆上可以交通，西亚的小麦就传到了欧洲、南亚和东亚。

推动文明发展最为直接的条件是，可以被驯化的、能驮重和耕田的大型牲畜。前面已经说过，牛、马、驴、骆驼这些大型的哺乳动物都是在亚洲被驯化的。一旦有了驯化的动物并且让它们快速繁殖，这些牲口就可以帮着种田，可以载人和运货，当然还可以作为食用的肉类。这些在非洲都没有；非洲有的斑马和犀牛无法驯化，狮子、老虎更是不必谈。北美洲、南美洲和澳大利亚也没有可以驯化的大型动物。有人说，美洲和澳大利亚的土著为什么看着肥沃的土地不发展，而欧洲人去了才一两百年，美国和澳大利亚就成了世界两大谷仓和最重要的棉花、羊毛产地？答案很简单，那是因为欧洲人是在工业革命之后，有了现代化的农业技术和机械设备之后才过去的。前面我也说到，澳大利亚和新几内亚的原住民都是四万年前从印尼渡海过去的，之后水平面就升高了，水道变宽了，直到十八世纪欧洲人到达之前，他们都没有与任何其他人类交往的机会，只有袋鼠与他们为伴。在澳大利亚和新几内亚既有的地理条件（高山、沙漠、海滨）、生态环境和物种分布的情况下，这些土著只能在这些限制下繁衍，没有其他办法，所以他们没有农业。美国最大的农业州是加利福尼亚，可是加利福尼亚的原住民不但没有适当的种子，就算有也没有水去灌溉农田,因为加利福尼亚是个干燥无雨的地方,现在的水是从1500公里之外的落基山脉用运河引过去的。

其实只有一点需要记住:一万年前几大洲的人类都还没有进入文明状态,所以大家都在一条起跑线上;但是有的文明发展得很快很好,有的似乎还在原地踏步。这不能全怪落后的,至少不能简单地说他们的能力低,因为大家脚下的路并不一样,有的笔直而平坦,有的则是崎岖难行,因此文明就有了不同的发展。

丙、文明的板块

因为不同地区的人们面对不同的自然环境,不同的文明板块就出现了。

第一个是美索不达米亚。西亚的两河流域在很早的时候就已经有了令我们今天还会吃惊的成就,比如说,它4000年前铸造的铜像,数学上的求立方根,天文学上的黄宫十二道(因此发明了12进位制,一年12个月,一天24小时,一小时60分钟),等等。其实任何地方的文化都不是全部由自身创造出来的,彼此的交流和借用十分重要。澳大利亚四万多年都没有机会和别的地区往来,结果那里的人一直停留在打猎和采食阶段。

苏美尔人4 000年前的一幅皇家旗帜现在被英国大英博物馆保存。大约3 800年前明文颁布的《汉谟拉比法典》的内容相当详细，其中一个基本原则是用者自付，比如说做买卖，不像我们现代人，还有售后服务，当时是你一旦买了东西，卖方就不管后面的事情了。还有就是"以眼还眼、以牙还牙"，后来的犹太法典就承袭了这个原则。犹太人和比他们早的古巴比伦人以及比他们迟出现的亚述人都说同一种闪米特语言。他们最早出现在迦南地，就是今天叙利亚之南的巴勒斯坦，他们的祖先亚伯拉罕和宗教思想就是来自美索不达米亚。

第二个是尼罗河谷。埃及把从美索不达米亚传来的外来文明发展得非常昌盛，它有一条尼罗河。尼罗河三角洲每年被上游冲下来的泥土洗刷一次，土地非常肥沃。尼罗河上游有几个瀑布，它们使尼罗河的上游和下游之间无法航行，因而分为两个地理和文明区；上游人口稀少，下游富庶丰裕。埃及一向受尼罗河影响：埃及95%的人口住在尼罗河两岸只占国土5%的土地上，而另外5%的人住在占总面积95%的沙漠里。所以它是高度集权的文明，而尼罗河就是它的生命线。尼罗河上游，物产不丰厚，多数时间都被下游的人左右。

第三个是印度河谷。今天的印度人并不是印度河谷文明的直接继承人，虽然在血统上可能有一部分关系，但文化上不是。印度河流域指的就是旁遮普（Punjab）五条河流域地区。古代印度河文明的遗迹是英国人在一次大战前后发现的。他们挖掘出来几个城市：摩亨齐达罗（Mohenjo Daro）在 6 000年前就有浴室、下水道和暖水器，在那还出土了一个舞女的塑像和群葬的遗址；哈拉帕（Harappa）有整齐的街道，从那出土过一个男性的上身塑像，他应该是黑肤色的印度原住居民，不是今天印度河谷居民的祖先。不知什么缘故，这个文明后来就消失了，3 500 年前雅利安人入侵印度的时候，并没有遇到有高度文明的本地人的抵抗。所以 3 000 多年来的印度人并不知道印度河古代有过这样的文明。美索不达米亚和古印度有很多相同的地方，因此它们中间一定有来往和交流。比如，在两地都出土了圆柱形的滚动印章。

第四个是黄河流域的文明。现在已经知道的有 5 000年前的丝绸，3 500 年前的非常精致的青铜器，以及 2 300 年前的马车。我想马车应该不是中国独立发明的。4 500 年前美索不达米亚就有战车，战车有轮子，轮子还有轮辐。在这 2 000年之后，周武王也使用马拉战车，这应该不是巧合。马大概是6 000 年前在今日乌克兰一带被驯化的。而马王堆古墓里发现的 2 100 年前的丝制旗帜已经非常细致和华丽了。其实，我觉得中国的四大发明的次序很有意思,先发明了穿着和书写用的丝,几千年后才有较简单而更重要的纸。

古印度(Indic)文明很早就已经存在,但是后来却离奇地消失了。3 000多年前从阿富汗进入印度的雅利安人和印度原居民融合后创造了(西方人所谓的)印度教(Hindu)文明。从体质人类学的角度看,今天印度北方和西方的人,平均而言,肤色比较浅一点,个子高一点,鼻子尖一点;而南部人平均来说皮肤要黑一点,个子要矮一点,鼻子要扁一点。也就是说,雅利安人进入印度3 000多年之后,由于地理位置的缘故,印度南方人和雅利安人的混血程度依然比较低。今日印度的主要语言和欧洲各地以及伊朗的语言是同源的,属于印欧语系。古印度文明的创造者说什么语言,现在仍然不清楚。今天的印度有29种官方语言和14种法定文字。今天的印度(Indian)文明也是几种文明的并存,主要是印度教(Hindu)文明和伊斯兰(Islamic)文明。

美索不达米亚文明有几个继承者。第一个是犹太人所建的迦南文明,在巴勒斯坦地区;另一个继承者在今天土耳其的东部和中部,叫作赫梯文明。赫梯文明大概在公元前1900年到公元前1500年达到颇高的水平,但今天的土耳其人并不是赫梯人的后代；第三个是受到美索不达米亚文明的影响，但也受到埃及文明影响的由克里特岛上发展出来的米诺斯文明。岛上发现了许多很精致的陶器，还有栩栩如生的岩画，也有一种因为现存遗迹不多，还没有被破解的古老文字。迦南文明和克里特文明融合后产生了地中海文明，希腊和罗马的文明都属于地中海文明。（当然也还有从地中海东岸迁移到北非迦太基的腓尼基文明。）地中海文明和迦南文明有两个共同继承者，分别是西方基督教文明和伊斯兰文明；还有一个，那就是斯拉夫人在公元 1000 年左右接受了希腊东正教之后所创造的俄罗斯（以及乌克兰、塞尔维亚等）东正教文明。

丁、文明的互动

在这一段里，我准备用一些实例来说明文明的互动性，其中不少是我在各地旅行时自己认为有所发现而特别拍的照片。

中国多个世纪对外往来的主要通道是"丝绸之路"。这个名字是 19 世纪德国一个地理学家起的，非常之恰当。总括来说，丝绸之路有北路、中路、南路。在蒙古高原之北和西伯利亚针叶林之南的中间地带有一片从匈牙利直达大兴安岭的欧亚大草原,这就是草原丝绸之路。历史上有吐火罗人、斯基泰人从欧洲经过这条通道来到东亚,而匈奴人、突厥人还有后来的蒙古人又经过这条通道从东亚到达西方。这些人口的移动是文明之间互动的最为明显的例子;在中国南方,从四川、云南南下缅甸可以出海到印度洋,再转往波斯湾或是也门,最后到地中海东岸。也可以从广州出海,沿越南海岸绕过马来半岛进入印度洋,再转去地中海。这是海上丝绸之路。考古发现证明,埃及的货品在秦汉之交就已经从海上来到了广州。提起丝绸之路,大家最熟悉的当然是张骞、法显、玄奘等人去中亚时所走过的,从长安出发,穿过河西走廊和沙漠,越过高山,由绿洲所串起来的绿洲丝绸之路。说明丝绸之路的开发固然以丝绸贸易为初始驱动力,但是它实质上促进了不同地区的交往和展现了文明之间的互动;除了丝绸和其他物质的交换,信仰和生活方式的交流其实对后世的影响更长远。别的不说,单就是佛教传入中国就已经是人类历史上的一件大事。

2006 年春天,我在巴黎大学的索邦校区作一个月的学术休假,主要是研究欧洲中古史。有一天清早我在校区附近散步,看见一个以前没注意到的教堂。它门口的法文—阿拉伯文铜牌和告示说明,这座教堂属于叙利亚礼仪天主教会,做弥撒用古叙利亚文,辅以阿拉伯语。叙利亚礼仪天主教会与(独立于罗马教皇的)叙利亚东方正教不同,但也有别于由教宗直接任命主教的拉丁系的天主教会。它在18世纪和罗马天主教教廷签订了合并协议,承认自己是天主教的一部分,也承认罗马教宗的领袖地位,但是却可以选举自己的宗主教(Patriarch)和保持原有的独特礼仪。今天想特别介绍一下。

基督教最早的教会当然不在罗马,而是在巴勒斯坦、叙利亚、小亚细亚和埃及等地。这些地方的教会各有各的传统、教仪与信众,没有谁从属于谁的问题。后来罗马帝国定基督教为国教,就有了谁是正统的问题。经过几百年的政治和社会变迁,基督教出现两大支派,一个是由罗马教区的主教所统领的(奉行拉丁礼仪和规章的)拉丁教会(一般称为"罗马天主教"),另一个是由君士坦丁堡的大牧首为统领的(奉行希腊礼仪与规章的)希腊正教。这两大支之外,还有几个较大的支派(埃及、亚美尼亚和埃塞俄比亚的教会)和许多小支派。公元5世纪,西罗马帝国灭亡,在没有皇帝的混乱中,拉丁教会成为西欧社会的稳定力量,与使用希腊语并且受制于东罗马皇帝的希腊教会渐行渐远。公元7世纪,东罗马(拜占庭)帝国的埃及、巴勒斯坦和叙利亚几省被穆斯林占领,这些地方的基督教会虽然受到伊斯兰法律的保护,但它们和东罗马帝国的联系大为减弱。11世纪，拉丁教会和希腊正教正式决裂，互相判处对方要受"绝罚"（ex-communication），但一些小支派仍然保持独立。十字军占领巴勒斯坦和叙利亚时，当地不少基督教派愿意和拉丁教会合并，但因为语文、礼仪、法规等问题，没有具体的结果。16世纪，奥斯曼帝国灭了东罗马（拜占庭）帝国，也控制了早已伊斯兰化了的埃及、巴勒斯坦、叙利亚和伊拉克。奥斯曼帝国的统治者对不同的基督教会有所偏颇：与拉丁教会亲近的受到打压，与希腊正教亲近的则较为好过些。但是一个多世纪后，拉丁教会的力量因为欧洲的兴起而增强，希腊教会因为奥斯曼帝国的转弱势反而更加自主。18世纪，西欧在中东的力量越来越强。在这个背景下，叙利亚东正教一位刚上任的宗主教忽然宣布他自己皈奉罗马天主教，引起了叙利亚教会的分裂，他自己带领部分追随者迁往黎巴嫩设立新的总部。他随即与罗马教廷签订协议，把他领导的教会与天主教合并，但保留了叙利亚文和原有的东方礼仪。

中亚的突厥裔穆斯林从11世纪起就经常南下到印度的德里，后来还建立了据点。12世纪末叶起，印度北方逐渐被穆斯林占领和统治。这个时期由中亚南下的穆斯林除了在德里建立了巩固的政权之外，还有不少人在印度北部和中部的某些地区也建立了地方政权。从12世纪到15世纪，印度北

库特伯高塔（Qutb Minar）

部、中部由穆斯林统治的地区被称为德里苏丹国。德里苏丹
国统治的人口其实大半是印度教徒；而在印度北部和中部同
时还存在着许多信奉印度教的王公所统治的大大小小的公
国。这些穆斯林政权和印度教政权的领土犬牙交错，统治者
也经常合纵连横，相互兼并。政治与军事的联盟关系并不完
全以宗教信仰划线。跨宗教的联盟以及军官和文人先后效忠
于印度教王公和穆斯林苏丹的情况也屡见不鲜。今天印度

(或者全世界)最优雅美观的建筑物之一是在新德里南部的库特伯高塔(Qutb Minar)，它是穆斯林统治者为了纪念消灭德里印度教政权，在13世纪初起建，费时1百余年才完成，塔高73米，有5层阳台，塔身的横断面是圆形的莲花瓣，下粗上细，用不同色彩的石料装饰。我去参观的时候，导游是一个充满宗教激情的印度教徒。他特别给我建议了几个好角度拍照，并且指出整个塔身的切面是莲花形状，而莲花是印度教(和佛教的)标记。他认为当时替征服者设计和建筑这个高塔的工匠应该是和他一样忠诚的印度教徒。在高塔的底部有一个说明，库特伯高塔的塔基所用的石材是来自德里几个被拆毁了的印度教庙宇。

就在差不多同一个时代(12世纪至15世纪)，今天土耳其也是分别由不同的穆斯林政权和希腊正教政权统治。前者以塞尔柱突厥人为主，称为塞尔柱(Seljuk)苏丹国；后者主要是十字军第四次东征后，各地兴起的希腊人政权，其中最大的是今天土耳其东北部的特莱博宗(Trebzon)王国。我去过特莱博宗，还参观了仍然矗立在那里的晚期拜占庭建筑精品——圣智教堂(Higia Sophia，和伊斯坦布尔的早期拜占庭经典建筑同名)。这个教堂建于14世纪，当时塞尔柱人已经包围了特莱博宗王国并且正在蚕食它。教堂的部分石雕有明显的塞尔柱突厥人的伊斯兰风格，制作这些石雕的匠人有可能是受雇于希腊业主的塞尔柱突厥人。

从土耳其和印度这两个例子可以看到，文明之间的借鉴是双向的。整体强大的可以向正在式微的文明借鉴；正在衰落的文明一般都会向强盛的文明学习，也可以从强大文明地区聘请对自己有用的专才。

下面我要给你们看看我在湄公河流域旅行时拍的照片。这一张是经过导游指点后拍的，地点是吴哥窟废墟中一面不太为人注意的墙上的浮雕：从这些拿着武器的人头上的发髻和饰物，可以判断他们应该是南宋（或是仍然未改制服的元朝初年的南方）士兵。吴哥窟是真腊王国时代的柬埔寨用时 30 多年建造的皇室陵墓，是世界上最大的宗教纪念馆，先是印度教的，后来改为佛教的。中国史书上提到元初周达观驻节真腊一年后回国写了《真腊风土记》，当时他所带的士兵是什么打扮我不敢说。无论如何，12 世纪至 13 世纪来自中国的士兵出现在深受印度宗教影响的真腊国皇家祭祀建筑群的浮雕中，的确是文明互动的一个表现。

下面的文明互动就更实在了，但史书中没有记载。我在老挝的首都万象大街上溜达，见到一家"辽宁饺子馆"。走进去唠嗑了几句，就从我的辽宁老乡那里白蹭了一顿饭。

吴哥窟废墟中一面不太为人注意的墙上的浮雕

　　世界上早期的书写方法都很麻烦,字母的发明和使用是一个重大的改进。大约 3 400 年前,腓尼基人发明了字母,一共 20 个辅音,没有元音字母。这对于只有三个元音,而且变化有规则可循的闪米特语言来说,不是一个大问题;今天阿拉伯文的报刊也不标注元音。腓尼基字母传播得很广,它的继承者是说阿拉美语的巴比伦人所使用的阿拉美字母。公元前

6世纪，波斯人打败了巴比伦人，成了中东的新霸主，但阿拉美语仍旧是中东地区的通用语。巴比伦人曾经把大多数犹太精英迁移到巴比伦，这就是犹太历史上的"巴比伦之囚"。波斯灭了巴比伦之后又把犹太人放回到以色列。在这之后的好几个世纪里，犹太人继续说阿拉美语。耶稣说的就是阿拉美语。耶稣受难后，最早的基督徒在今天的叙利亚和土耳其。后来叙利亚的基督教徒又用叙利亚文翻译希腊文本的《圣经》，于是公元2世纪的叙利亚人通过宗教文书就和犹太人、巴比伦人、腓尼基人联系起来了。叙利亚文流行后，中东地区的基督教、摩尼教和景教都用叙利亚文书写他们的文书，彼此之间的写法只有少许差别。由于景教（聂斯托里派基督教）被正统基督教迫害，被迫离开叙利亚，它的信徒辗转到了波斯和今天的乌兹别克斯坦，劝化了很多本来信仰袄教（俗称拜火教）的粟特人。粟特人在公元4世纪至10世纪是丝绸之路上最为活跃的商人。唐代所谓的胡人，最主要就是指粟特人，而中国历史上最被人所知的粟特人是出生于辽东的安禄山。

20世纪初，在敦煌附近的一个长城烽燧下发现了七封信札。据研究结论，这些信札是住在甘肃和新疆的粟特商人写回家的，时间在4世纪初，却不知什么缘故没有被投递出去而遗留在了烽燧下长达 1 700 年！它们是现存的最古老的粟特文书。这些信清楚地反映了当时粟特商人在中国做生意的情况。还有一封信是一个被丈夫遗弃的粟特妇女写的个人凄惨故事。这批粟特信札以及许多现存的粟特文书是用粟特字母拼写的粟特语，即是东伊朗语的一种；粟特字母是经过改造的叙利亚字母。由于粟特人在很多地区做生意，所以就把他们的宗教传给了一些本地人。特别是属于突厥族裔的回鹘人；他们有的信佛教，有的信摩尼教，也有不少人信奉景教。回鹘人受到了中国人和粟特人的双重影响，所以回鹘文是把粟特字母加以改造，然后把每个字母旋转 90 度，竖着成行书写。后来成吉思汗命令一个维吾尔学者为蒙古造字，这位学者就把回鹘字母又改造成了竖着写的蒙古字母，这就是至今仍然在使用的蒙古文。

这里有一封西亚的伊尔汗阿鲁浑用蒙古文写给法国菲利普国王的信，内容是说我想打埃及，如果你们想要耶路撒冷，不如和我们一起出兵；你拿下耶路撒冷，战利品我们平分。这封信上还盖着忽必烈汗所赐的伊尔汗国的国玺，上面用篆书刻有"辅国安民之宝"六个汉字。伊尔汗阿鲁浑找了一个常驻波斯的热那亚商人给他送信，但是当这封信送到巴黎的时候，法国人已经不想去打耶路撒冷了，就回信婉拒了这个建议。

这个受人之托忠人之事的热那亚商人又用了很长的时间把法国人的回信带到伊尔汗国，哪知伊尔汗阿鲁浑已经死了。但是死者 1289 年写的那封信却成了欧亚外交文件中的珍品，现在收藏在法国国家图书馆里。

我们可以总结一下：腓尼基字母，向西北传到了希腊；希腊语属于印欧语系，元音的用法很复杂，而腓尼基字母没有元音，希腊字母却兼有元音和辅音。希腊字母的第一个是元音，叫 α(alpha)，第二个是辅音，叫 β(beta)，因此整套字母就叫作 alphabet，是头两个字母的结合；希腊字母向西北传，变成了拉丁字母；第 10 世纪向北传到了斯拉夫民族的地区，成了西里尔(Cyrille)字母，所有信仰东正教的斯拉夫民族（如塞尔维亚）和后来受到俄罗斯文化影响的国家（如哈萨克斯坦和蒙古）都用西里尔字母拼写自己的语言；腓尼基字母向南传，成了希伯来字母。再向南到了埃塞俄比亚，成了今天仍然在使用的阿姆哈拉字母（阿姆哈拉语也属于闪米特语族）。腓尼基字母向东传到了巴比伦，就成了阿拉美字母；阿拉美字母向西南传到阿拉伯半岛，先出现了那伯泰恩(Nabataen)字母，后来经过改变成了今天的阿拉伯字母。阿拉美字母往西北传就是刚才提到的叙利亚文（包括摩尼教的字母和景教的字母），接着就是粟特字母；把粟特字母稍加改变成了回鹘字母，从横写变成竖写就成了回鹘文；而后来回鹘字母变成了蒙古字母，蒙古字母又变成了满文字母。顺便加一句，南亚和东南亚的多种文字大都源于印度的梵文，用弯曲的婆罗米（Brahmi）字母书写。婆罗米字母并不是直接从腓尼基字母的形状变异而来的，但是由于雅利安人早期和中东的联系，字母这个概念应该是从腓尼基字母引入的，字母的形状和发音则是印度的产物。

全世界各种文字的书写系统十分庞杂，但仍然有脉络可寻。要说明文明之间的互动性以及文明之间的联系没有比这个事例更合适的了。

戊、文明的困境

文明到了今天有很多问题出现：首先是水资源的问题，很多地方水资源不够。中国以人口计算是非常缺水的，然而加拿大和俄罗斯这两个北方寒带的国家是不缺水的。北美洲的五大湖区是全世界最大的淡水系统，而贝加尔湖则是全世界最深也是储水量最大的淡水湖。其次是森林，有一些森林被改为耕地了，有一些被楼房占去了，还有一些被当成高尔夫球场了。巴西的亚马逊河流域是世界上最大的热带森林，马来西亚和印尼也有不少。和森林资源不可分的当然是碳排放和化石能源的问题，这是国际争端的一个重要因素。由于利用石油或者其他碳氢化合物作为燃料，就会产生二氧化碳，就会带来地球的暖化，这不是某一个文明的困境，而是全人类的困境。中国现在是全世界最大的碳排放国，虽然人均排放量还不算大，但是在北京和其他大城市，二氧化碳的排放量就很大了。如果由于温室效应，气温升高4摄氏度至6摄氏度，全球的冰山融化，海平线上升，许多地方就会被海淹没，许多河流也会产生海水倒灌的现象，就不能种田了。就算食物和住房的问题可以解决，细菌和病毒也会大行其道，人类文明就会面临前所未有的危机。

不同的社会有不同的统治方法，古埃及的法老王，也包括黄河流域在内的农业文明的基本统治方法是当政者专权，就是什么事都是当政者"说了算"。工业革命以来许多近现代政府扮演的角色有了一定的限制，比如，在限定依法收税和开支、处理外交和国防事务等方面。现代的公民意识增高了，人民之间的联系方法进步了，所以在社会生活中，除了政府部门外还有非政府组织。作为政府，怎样处理好税收、征地、建设公共设施、环保等涉及公共利益的问题，一直没有一个令人真正满意的制度或是办法。人类的文明在认识和利用自然方面已经比几百年前高明了许多倍，但是尽管现在教育普及，交通十分便捷，人类对于处理人和人之间的矛盾，却没有任何一个现有的政治制度能够胜任。这是非常值得我们思索的问题。

联合国的一国一票形式，是从一次大战后建立的国际联盟那里借鉴过来的，是标准的民族国家（nation states）的世界构建模式，在古代是没有的。明确规定了每个国家的法律行政边境。无论如何，今天有海盗、难民、流行病、气候等问题。这些问题不可能在民族国家的框架下得到解决，更不是单靠在联合国的投票便能彻底改善的。这样的问题在许多国家蔓延，难以处理，但又不能回避。所以民族国家的概念受到冲击，但却又没有别的、好的可以取代。在这中间我提一件事情，一次大战以后，奥斯曼帝国解体，美国总统威尔逊提出十四原则，其中说到用民族自决来解决上述的难题，比如阿拉伯人就阿拉伯国家自己管理，但是国家边境划好以后，每一个国家里的民族跨境的情况多得很，特别是非洲。所以靠民族自决来解决这个问题，好像是不太合理的事情。威尔逊没有想到的是，我这个不需要民族自决的人在他去世百年后还在思考这些问题。

我上面说的文明发展似乎是假设人类文明有一个固定的

方向和目标，朝着它走便是进步，否则就是落后。但是事实上并没有这样的前提或者共识。在每个人的心底，哪种生活更快乐呢？或者说进步到底是什么意思？这才是整个文明所要解决的问题。人类文明要向什么方向走，下面的三个问题是无法回避的：

一、每个人都要面对生老病死。人在世界上到底是为了什么？这不仅是宗教的起源，也是每一个能思考的人必然会想到的。人生的终极目的是什么，要怎样才算是满足和幸福？个体对于这个问题的思考会影响到整个社会的发展，而整个社会的意识形态又必然会影响到个人的思考，因此绝不能说宗教、哲学、伦理等是没有意义的。

二、假如人类社会目前的状态是文明发展中的一站，社会应该做些怎样的改变才能够使大多数人更加满足，更觉得幸福？在人的内心世界和外在行为的相互关系中，在一个人和其他人的交往关系中，在人类和自然界的互动关系中，也就是在上述的错综复杂的大致可以分为三个层次的互动关系中，个人如何才能使社会逐步趋向他/她心中的满足感和幸福感，而不是与此背道而驰？

三、社会应该由什么样的人，用怎样的方式管理，才能把个人心中的满足感和幸福感最大化？

这些问题未必一定会陷人类文明于困境,却是全人类每一分子都会有的困惑。

己、文明的展望

以上的问题我不敢回答,也不认为现在的社会里有很多人真正关心这些比较抽象的问题。所以这个演讲最后要做的是用宏观而又客观的眼光看看现实的世界。

首先,信息技术会给文明的发展带来很大的冲击。电脑给予人的信息量和速度,它所带来的生活方式和价值观的变化,大家都已经见到了,但还只是初见端倪。其实电脑的运作程序需要一种简单而求实效的逻辑。为了适应电脑运作,越来越多的人会把电脑的思维方式应用到实际生活中,它所产生的社会效应可能会非常深远,但是今天还没有办法预见。其次,生物技术会对人类社会造成非常巨大的影响。有人说,人将来可以活到两百岁,你相信吗?这里有转基因食品的问题,有干细胞的问题,还有医疗资源分配的问题,这些自然会影响人的伦理观;第三,空间技术可以使人类得到很多新信息、新材料和新的能源开采方法。新材料的合成可以在空间进行,无重力无污染状态下的分子结晶可以产生许多新材料。从地球之外还可能获得新能源，比如，把太阳能在空间聚集之后，再用一种特别的微波定向发射回地球某处，经过转化后就可以成为可用能源，这将会是一种几乎用之不尽的能源。

科技的力量对于文明的冲击绝对是巨大的，但是在工业化的进程中，特别在当今的新兴经济体中，环境污染问题却十分严重，令人忧心。空气、水质和土壤的污染都不是一朝一夕能够治理得好的。大家对于空气和水的污染比较有认识，其实土壤污染更可怕；空气和水还能流动和更新，土壤不能在短期内更换，也无法简单地去除已经受到的污染，它的污染会严重损害人体健康，会对农业造成沉重的打击。虽然时间不是很够了，我还是想要讲一个历史故事。以前罗马和北非的迦太基打仗，罗马打胜了，就把盐撒到了迦太基的土地里，目的是让那里不产粮食，而迦太基人果真从那以后就无法再兴兵威胁罗马了。这样的故事在现代工业社会仍在重复着，那些不遵守环保法律的工业正在这么做，不同的是，他们影响的土地面积比罗马人要大得多。

语言、娱乐、传媒对于未来世界的文化发展方向以及对于各个文明系统的往来都是非常重要的。今天以及可以预见的将来，英语都肯定会是世界上最重要的语言。由于最近 300

年来先后两个世界最强大的国家都说英语，所以今天世界上的外交、商业和科技等都以英语为通用语。在传媒和娱乐界，英语也是最受欢迎的语言，这就更增加了英语的重要性。我在1980年，苏联解体之前十年，到匈牙利参加国际学术会议，听见民主德国和波兰的科学家彼此说英语，很有一叶知秋的感觉：俄语在苏联主导下的东欧都不是英语的对手，何况在全世界呢？我非常喜爱我的母语，特别是汉字，也十分高兴地见到汉语逐渐在国际上受到重视。但是我不认为汉语在任何可预见的将来能够成为与英语并列的世界通用语。

对人类文明发展很重要的一点当然是地球上的人口。过去几十年里大家所注意的人口爆炸已经放缓。生活和医疗条件的改善使全球老年人的总数急剧上升，而生活方式和价值观的改变使较富裕社会的年轻人少生或是不生子女。未来国家间的竞争将不只是针对资源和市场；能够吸引到大量受过良好教育的年轻人前往移民的国家将会有一个21世纪的"人口红利"。

现在说说天下大势。我想从综合国力的比较中看看分属不同文明体系的几个重要国家和地区。从世界的全局看，19世纪跨大西洋的贸易最为重要，20世纪跨大西洋和跨太平洋的贸易差不多同等重要，在21世纪，跨太平洋的贸易将会远超跨大西洋的贸易。世界经济重心向太平洋两岸逐渐转移，已经不可阻挡。世界上只有北美洲的三个国家(加拿大、美国和墨西哥)既面向大西洋又面向太平洋，所以世界经济重心的转移不影响它们。并且，由于国土两边都面对大洋，不会受到邻近国家的可能威胁，所以北美洲三国有额外的地理优势。

美国地处温带，物产丰饶，人口超过三亿而且老化较慢，除了两岸没有邻国之外，南北的邻国也对它没有威胁，所以国土安全的系数最高。论科技实力，互联网、卫星遥感技术、无线通讯、基因工程、干细胞、纳米技术、新能源等，都是美国创造出来的，并且仍然远超其他国家。美国社会非常鼓励创新，重视吸纳外国移民(特别是科研人才)，社会上自我调适的能力很强。这些是美国的核心竞争力。真正能够让美国综合国力下降的，不是别的国家的竞争，而是它内部滋生的亚文化。这包括相当比例的人口对社会现实的不满、教育水平的下降和工作慵懒等。当然，某些基督教基本教义派的主张以及与此相关的狭隘"爱国思想"也是负面因素。

再看俄罗斯。由于苏联时期遗留的民族和领土问题很多，而苏联解体后俄罗斯和土耳其、伊朗之间的缓冲带不存在了，这就使它在新国土的南部地区少了回旋的余地。中东的恐怖主义蔓延到北高加索地区，导致俄罗斯南部地区出现许多安全问题。俄罗斯的人口渐现老化，人口总数也在下降；远东地区人口本就稀少，最近还逐渐向西迁移；欧盟和北约在波罗的海三国和乌克兰不断施压，使俄罗斯很难集中精力改善经济。但俄罗斯幅员辽阔、资源丰富，加之科技实力和不屈不挠的文化传统，这些都是它的底气。

回头看看中国。过去三十几年中国的现代化进程是全世界的头等大事。中国未来的发展同样也会是最能影响到天下大势的因素。中国有任何国家所不能比拟的丰沛的人力资源，中国百姓想要国家现代化和社会进步的意愿十分强烈，中国社会的文化凝聚力非常坚固，中国农村人口城镇化的趋势不可阻挡，将会是经济发展巨大而长期的推动力。我认为，只要不爆发毁灭性的大规模战争，中国的振兴将是可期的。

世界上目前最不安宁的地区是中东。最近几十年来中东问题的成因是多维度的，它包括奥斯曼帝国解体后英法托管时期所遗留的领土问题，美苏长期冷战所形成的对立，当今几个世界强国和中东几个大国的博弈，以及中东各国内部不同社会力量的角力等。

未来几十年里，中国和美国将会是世界上最富经济活力的两个国家。合作就能双赢，对抗就成两伤。各国的领导人一般都不糊涂，他们会以理性的态度，根据国际和国内的各种条件来定决策。未来三四十年，科技发展和人口变化将会导致生活方式、社会结构和价值观的巨大变化。

本文系张信刚教授 2014 年 3 月 22 日在新华·知本读书会的演讲，原载《书城》2014 年 6、7 月号

《书城》精选

（下）

《书城》杂志 编

上海三联书店

目　录

陆羽与茶道审美

郑培凯

茶之为用，味至寒，最宜精行俭德之人。

——陆 羽

今天来跟大家讨论讨论陆羽与茶道，特别是从唐代起通过饮茶所发展出的审美观，涉及了非常有意义的文化现象。关于茶的历史资料，我是很偶然进入的。我一直在美国教书，1991年我回到我的母校台湾大学教明代文化意识史，探讨社会经济演进与人们心理意识变化的关系。那个时候台湾发展茶室文化，提倡品茶，希望借着喝茶审美，从中体会中国传统文化。有一位朋友说，日本人发展茶道，我们中国人也可以发展茶艺，我就说，道和艺之间是有区别的，道涉及形而上的思考、文化价值的思考;"茶艺",只会引向技艺方面的提升,层次是比较低的。他说,你学历史的,请你去找点茶文化资料,整理整理,让我们知道中国历代到底是怎么喝茶的。给他们这么一激励,我就去整理了有关茶的历史文化。

我做的这些研究,是研究茶的历史文化,研究茶饮文化的历史进程。本来只是为了厘清历代饮茶方式的不同,解释茶道发展的原因,说明为什么其中出现了审美意识,影响了中国人的生活美学。没想到一发不可收拾,出了很多跟茶有关的书,有的大陆出了简体字版,有的大陆没出版。在2000年左右,我跟南京农业大学的朱自振先生一起做中国历代茶书校注,包括散佚的,一共有114种,做了全面的、世界性的普查,校注了各种存世的版本,在2007年出了《中国历代茶书校注本》上下两册。这个工作我们带着一个团队,整整做了六年,需要去全国各地图书馆查一些孤本,或者是秘而不宣的珍本,再进行校对。这套书到目前为止,应该是资料最好用的书。很可惜,在大陆不是很好买,因为是香港商务印书馆出的。时常有朋友说,可不可以帮我买一套,我又不好意思,只好买了送他们,很贵。后来我就跟香港商务印书馆说,你们还是应该跟大陆出版社安排安排,在大陆出,结果因为版权及版税没谈拢,到目前还没出大陆版,需要时只能去网购。去年朱自振先生通知我,广西有一对父子剽窃了这套书,删削改编出版了简体版,气得他要到法院维权。这套书涉及很多学术、校注的问题,立论比较审慎,而且编辑得体,删削了大量重复数据,又标明重复引述的来源,很好用,近年来印行了第三版,虽然算不上畅销,倒是本长销书。

《茶书隽语》这本书就把历代跟茶有关系的精粹语录摘录出来,是从《中国历代茶书校注本》里面选出来的。《茶道的开始》这本书大陆出版了,原先是我为台湾出版社写的,价钱不菲,后来他们把版权卖给了海豚出版社,出了简体字版,很便宜,才20块钱。香港艺术馆的分馆茶具博物馆,收藏了很多历代茶具,我帮他们办了一个展览,出了《茶饮天地宽》这一部书,基本上是带有说明的图录。《茶与中国文化》是一本学术研讨会的论文集,广西师范大学出版社出版,分成三大部分:一部分是茶的历史文化;一部分是茶科研,是研究茶的生物学、生化学,研究茶多酚、氨基酸等东西,我不是很了解,有农业科学院的陈宗懋院士负责那个部分;还有一部分就是茶产业,现在茶叶生产销售成了一个很大的产业,在2007年的时候,茶产业才刚刚起飞,就有一些论文探讨茶产业发展的前景。《茶香与美味的记忆》这本书,是我为台湾出版社写的,好像吉林文史出版社出版了一个简体字版。内地出版这些书的情况,我不是很了解,都是出来以后朋友告诉我的,也就是说,是我被人"转卖"之后,才有人来通风报信,说给人"卖掉"了。

我们讲茶文化,讲到头来,最了不起的,在人类历史上开创了茶文化深刻内涵的,就是陆羽先生,因为他写了一部《茶经》。这部《茶经》是在唐代写的,其中特别说道:"茶之为用,味至寒,最宜精行俭德之人。"他讲茶的功用,先讲了茶的药用。从古代一直到唐朝,茶作为一个可以解毒的药物,是大家都认识的。可是,再下一步,陆羽提出的东西就很特别,说,最宜精行俭德之人,这完全是精神境界的价值判断,给茶赋予了道德意义,这是陆羽提出,并且一直强调的,从此之后,我们就发现,许多喝茶的人,都跟陆羽一样,不断讨论茶跟人品的关系,使得茶不再是简单的饮料。现在我们总不会说喝可口可乐最宜道德高尚的人;或者,你现在写一部《可口可乐经》,千年以后的人都听你的话,变成了一个文化传统。从这个意义上来说,陆羽创造了历史文化的一个新的脉络。喝茶,本来是喝饮料,或者是喝药,对身体比较好,他却引出了关于精神境界与品格的考虑。

一般都说,陆羽姓陆,名羽,字鸿渐,其实这并不是父母给他的名字。陆羽、陆鸿渐,大概是他长大以后自己命的名,就跟他自号桑苎翁的情况相似。陆羽是一个弃婴,他的父母是谁,我们不知道,他诞生在湖北竟陵,生下来以后被丢在寺院旁边的水滨,老和尚把他收养了。他本该有法名的,但因为后来没有真的受戒,跑掉了。他的名字来自《易经》第五十三渐卦"鸿渐于陆",说的是鸿雁降落在陆地上。然后,他就把陆变成他的姓,羽毛的羽,变成他的名,字鸿渐。你真要问陆羽到底姓甚名谁,我只好说不知道,只能说他是竟陵人,因为寺庙在湖北竟陵。这个弃儿真的很了不起,从唐朝到现在,一千多年,人类的日常生活和审美取向都为他所影响。现在全世界人都喝茶,而且有各种各样的喝法,喝茶被赋予了很多修养与审美的意义,不单单是口感享受,还有丰富的文化意义,这都跟陆羽有关。

陆羽说:"茶之为用,味至寒,最宜精行俭德之人。若热渴、凝闷、脑疼、目涩、四肢烦、百节不舒,聊四五啜,与醍醐、甘露抗衡也。"形容茶像醍醐,好到这个地步。醍醐是什么东西?现代人都不知道了,但是唐朝人很知道的,这是佛教从印度传来的词。在印度,浴佛的时候在佛头上浇酥油,那就是醍醐。现在写武侠小说的不懂,大谈醍醐灌顶,是说老师父按着年轻人的头顶,像输液一样,把毕生功力灌注过去。其实醍醐灌顶的本意,是用醍醐敬佛。用牛乳打出奶油,奶油再打出"cream",就是醍醐,最精华的东西就是醍醐。陆羽的贡献,就是把原来只有物质性作为饮品的茶,提升到带有宗教联想的玄思领域,像佛教的醍醐与道教的甘露,成为精神境界的导引,给人类提供了一个茶道的开始。茶道的意义就在此。日本人经常讲的茶道,也是从中国学来的,有学问的日本茶道大师都知道。可是一般人,尤其是欧美人士,说到茶道,就说是日本文化的精髓,以为与中国文化无关,真是莫大的误会。日本学习中国茶道,主要是唐宋时期。唐朝就开始学,到宋朝的时候,是非常系统地把整个仪式学过去了。日本学了之后,有一些在地的独特发展,形成日本茶道的特色,可是,万变不离其宗,基本的茶道精神和仪式是陆羽创造的。

陆羽《茶经》很有意思,把种茶、制茶、喝茶、茶具、品茶,都当作学问,写得清清楚楚,有很多规矩是他自己总结创造的。唐朝中叶,喝茶的习惯已经相当普遍,不仅限于西南、华中、江南地区,甚至从中原传到了塞外。陆羽总结了历代喝茶的经验,提升了喝茶的道理,写了这本书。他最了不起的,是创造了24种茶具,规定了喝茶的仪式,并且赋予其文化与审美的意义,使得饮茶成为一种愉悦的文化修养过程,可以提升饮者的精神境界。

自古以来,喝茶大概有三种方式。远古的时候,应该是生煮羹饮,把茶叶摘了,煮成汤,喝茶就跟喝菜汤一个道理。古人发现,茶有药用,有提神的作用,喝了之后,让人比较舒服,但是苦涩,所以称之为"茶",就是一种苦菜。生煮羹饮这个习惯,到了隋唐时代就慢慢消失掉了,但是不代表没有,很多偏远的地方,依然有这个方法。第二种就是制团研末,为了保存摘下来的茶叶,就制成茶饼、茶团,有点像今天的普洱茶的制作法。古代保存的方式,还糊上米膏,或封上蜡。喝的时候,把外层刮掉,研成粉末,然后是煮,或者是调成茶膏,打成茶汤。我们发现,日本茶道的主流,还是所谓的制团研末。他们现在制茶,干脆就研成茶末,称之为抹茶。制团研末之法,大概始于魏晋南北朝时,隋唐大盛,宋朝走到顶端。日本在唐宋时期向中国学习佛法、茶道,抹茶就是这个时候传到日本去的,变成日本茶道的主流。日本茶道传统,继承了宋代的寺院茶道,基本上没有变,沿用至今。第三种饮茶方式是芽叶冲泡,把茶叶从树上摘下来,晾干,杀青,炒青,揉捻,烘干,用开水冲泡,这是我们现代中国人最主流的喝茶法。芽叶冲泡法成为主流,而备受文人雅士欣赏的时间很晚,是明朝建立以后的事。

陆羽的《茶经》大约是在 8 世纪中期出现的,《茶经》的出现是划时代的。以文献的有无来划分,《茶经》划分了茶的史前史和历史期。陆羽之前,没有这样的系统调查研究与记录,没有通盘探讨饮茶文化意义的专著，只有零散的文献记载，就是所谓的史前史。讲到喝茶的史前史，人类到底是什么时候开始喝茶的，我们并不知道。《茶经》说茶是神农发现的，当然是引述传说。神农是传说人物，你说是神农发现的，就等于说，我不知道是谁发现的，反正是了不起的文化英雄发现的。传说神农尝百草，乱吃，吃了毒草，后来吃茶，才解了毒。我们讲历史，没有历史证据，就不好这么说，只能说，传说神农发现了茶。而茶的原产地在哪里，这是古生物学家可以告诉我们的，野生茶原产地是在中缅印这一带。在中国西南、滇缅边境，以及孟加拉国的东北角，有野生的古茶树。不过，野生茶与喝茶的历史是两回事。我们知道，所有的植物，包括五谷杂粮，都有野生的物种，远比人类出现要早，你总不能说，饮茶的历史要追溯到恐龙时代吧。讲茶文化、茶饮历史，重要的，是在于人工采集、种植、栽培，人怎么发现、怎么驯化、栽培。我们发现，全世界没有一个民族，像中国人这样，最先把茶种植、驯化、栽培，变成一种饮料，成为经济作物。人工栽培的最早产地，可能是在巴蜀。近来浙江有一个考古发现，在新石器时代的遗迹中有一种植物很像茶，到底是不是茶，还在争论。日本提供的初步检测，认为很像茶，既然在人类居住地区发现，会不会浙江在远古时期也有茶呢？按照现有的考古资料以及上古文献，我们觉得可能性不太大，不见得就是人工栽培作为饮料的茶。

有很多历史资料说到，茶成为作物，是从西南地区开始的。也有考古分布资料的迹象，在长沙马王堆西汉墓，发现了墓葬里面陪葬了"槚一笥"，就证明墓主人是会喝茶的。湖南地区在西汉的时候，在贵族中喝茶已经很普遍了。一直到魏晋南北朝，都是南方人喝茶，北方人不喝茶。茶的历史传播轨迹，显然是从巴蜀，一直沿着长江而下，繁衍到太湖流域。这也就是陆羽《茶经》开篇就讲的"茶者，南方之嘉木也"。

唐朝皮日休曾说，唐朝以前喝茶，都是生煮羹饮，跟喝菜汤没大区别。制作茶饼，应该始于三国时候，但不是很普遍，到了隋唐的时候，才蔚然成风。陆羽写《茶经》的时代，饮茶已经成为全国风尚，有些明显的迹象。第一，不但北方人开始喝茶，饮茶习惯还传到塞外，包括青藏高原地区。唐朝与吐蕃人有许多来往，吐蕃人也喝茶，而且有明确记载，说吐蕃赞普懂得喝高档名茶。第二，茶马贸易的发展，显示了茶作为大宗经济商品，在国防与外贸方面扮演重要角色。中国不大产马，马都在塞外，就用茶来换马。第三，唐朝设立了专管茶业的机构与制度，有茶政，收茶税，显示茶有重要的商品经济价值，已经纳入政府税收。另外一个很重要的迹象，是禅寺普遍饮茶，饮茶也成为民间宗教生活习俗的组成部分。佛教在中国发展出禅宗，可算是中国式或中国化的佛教，特别讲究开悟与坐禅。禅教大兴是在唐朝，特别是唐朝中叶的时候，禅宗已经遍布全国。神宗打坐，最重要的是灵台空静，但是，不想什么事情，坐在那里，很容易就睡着了。禅师发现，和尚打坐经常打瞌睡，特别是小和尚，叫他打坐，过一会儿就睡觉了。打坐而又不能睡觉，那怎么办？禅师发现，喝茶可以提神，打坐就不至于昏睡，所以禅宗寺庙一律喝茶。寺院喝茶还发展出一些寺院仪式，所以禅宗的传播，使得饮茶在全国传播，还连带散布一些宗教的规矩与仪式。茶叶变成经济贸易大宗，饮茶成为人们生活的日常习惯，至少在唐末已经出现"柴米油盐酱醋茶"这样的说法。陆羽写《茶经》的时代背景，就是喝茶已经是很普遍的社会生活一部分，而陆羽的重要性，就在于他总结了历来一切喝茶的经验与规仪，创造性地转化成一套文化审美系统，开创了茶道。

根据陆羽自传及《新唐书·陆羽传》，我们知道，陆羽是个弃婴，是湖北竟陵龙盖寺智积和尚在寺外的水滨捡到的。他在庙里长大，却不喜欢读佛经，喜欢读"儒典"，显然与老和尚的预期不同，有点离经叛道。我觉得，陆羽说的"儒典"，可能不只是"儒家经典",而是佛典以外的中国典籍。他从小在寺院里面长大,不喜欢读佛经,看来是不想当和尚,就跟老和尚有很多冲突,冲突就使他逃家。他是一个出家人,居然还要"逃家",当然是因为受不了寺庙的封闭性宗教生活,这反映了陆羽的性格有其叛逆的一面,想要海阔天空,任他鱼跃鸢飞。老和尚想尽一切办法,没能约束住陆羽,到最后,他终于逃跑成功,流浪天涯。他加入了一个戏班子,这也说明陆羽是个有艺术才情的人,后来做了"伶正",也就是我们现在说的剧团编导,带着戏班子到处跑,所以陆羽是一个在全国各地流浪的艺人。他很聪明,终于被一位郡守发现,留下了他,给他读书进学的机会,奠定了他发挥才学的基础,开始了士大夫文人的高雅追求。

陆羽的学问很好,而且知识面很广,但是没有功名。唐朝社会,不但讲功名,还讲出身、讲家世,是个贵族集团掌权的时代。一直到安史之乱以后,世家的力量慢慢被削弱,科举的力量才慢慢起来。到了宋朝,科举制度才变成主流。唐朝沿袭魏晋南北朝制度,世族力量非常大。陆羽出身低微,全部靠自己努力,逐渐进入上流社会。当时很多人觉得陆羽有才,很了不起,愿意跟他交往。物以类聚,他交的朋友不但有学问,对艺术审美都有兴趣,像皎然、颜真卿等。陆羽写过很多著作,

陸羽茶經 一之源 【印】

茶者、南方之嘉木也、一尺二尺乃至數十尺。其巴山峽川有

兩人合抱者、伐而掇之。其樹如瓜蘆、葉如梔子、花如

白薔薇、實如栟櫚、莖如丁香、根如胡桃。

其字、或從草或從木、或草木并。從草當作茶、其

字出開元文字音義、從木當作檟、其字出本草、草木并

作茶、其字出爾雅。

其名、一曰茶、二曰檟、三曰蔎、四曰茗、五曰荈。

郑培凯书《陆羽茶经》(局部)

绝大部分都佚失了,只有一部《茶经》,完完整整留存了下来。显然大家都觉得这部书写得好,在当时广为流传,产生了巨大影响。到了唐晚期,已经有人称呼他为茶神、茶圣,而且在当时的茶肆中还供奉陆羽的瓷像,使得卖茶这个行业以陆羽作为行业神了。茶肆每天都要用茶水浇在瓷像的头上,就是把浴佛礼俗的醍醐灌顶,转为浴茶神陆羽,可见当时人对陆羽开创茶道的崇敬。

陆羽写《茶经》,有意识地融合了儒释道的精神,发展出茶道的文化审美追求。陆羽很有艺术细胞,而且在审美的体会上,境界也很高。他设计了一个风炉,模仿古鼎的形式,上面要有五行八卦,就是要跟自然合拍,又能继承历史文化。他在创制茶具的构思中,就把喝茶这个形而下的物质生活,提升到了形而上的精神追求。他强调了一些文化因素,跟文化传统儒释道的精神很接近,例如中庸、和谐、主敬这类的超越性追求。陆羽的《茶经》并不长,一共有十节,先讲茶的性质,这是属于植物学及植物分类的,然后讲采茶的方法,怎么辨别茶树的好坏,再列举烹茶、喝茶的器具,再告诉你怎么制茶、烤茶,必须要把茶烤了才能研末的。他还提出了茶和水的关系,他是很早写《水品》的人,可惜那本书已经散失了。他讲到饮茶的精粗之道,把古籍文献中能看到的茶饮资料,都列举下来,提供了中国茶饮的历史概要。他还说了各地的茶产，等于绘制了唐代茶业经济的地图。由于他行踪遍布全国，到各地区探访植茶、制茶的情况，以实际考察的具体经验，知道哪里产什么茶。《茶经》还要求，茶室里面要挂一幅画，或者是展示茶饮的道理。你到日本的茶室，里面一定会挂一幅字，或者插画，衬出文化的氛围，有人说是武野绍鸥的创始。其实，对于饮茶环境与氛围的要求，结合文化审美精神，陆羽早就提到了。

我觉得《茶经》对茶文化最重要的影响，可以归纳成四点：一个是审美感觉的整体性与统一性。他讲得最具体的是茶碗，也就是喝茶最重要的器具，然后延伸到其他的茶具环节。陆羽的《茶经》不但规范了饮茶的道理，还对中国传统品鉴瓷器，产生很大的影响。喝茶要用瓷器，茶碗是很重要的，茶碗的审美就必须配合饮茶，这就影响到了对瓷器好坏的评鉴。他关注的重点，不完全是瓷器的本质区别，不是青瓷本身比白瓷好，而是强调喝茶的时候，青瓷比白瓷好。因为青瓷的釉色配合茶汤，给饮茶者提供的视觉美感经验，可以联想到青山绿水，可以感受大自然的色泽，可以由此体会天人合一的境界。有趣的是，这个对茶具审美的判断，却长期影响了中国对瓷器的评鉴，把本来是陆羽发展出来的一种特殊饮茶审美标准，变成了评鉴瓷器品第高低的普遍准则,放之四海而皆准,使得越窑青瓷在中国瓷器史上独占鳌头,品第第一。

第二,陆羽讲到了择水与用火,讲究"活水"与"活火"。"活水"容易理解,就是自然界流动的水,流动就清澈,就"活",就不是一潭死水。苏东坡贬谪海南,曾写过一首《汲江煎茶》:"活水还须活火烹,自临钓石取深清。大瓢贮月归春瓮,小杓分江入夜瓶。雪乳已翻煎处脚,松风忽作泻时声。枯肠未易禁三碗,坐听荒城长短更。"其中提到的"活水"与"活火",讲的就是陆羽提出的道理。不过,陆羽所说的"活火"比较复杂,除了苏东坡诗中讲的煮水用活火之外,其实还有另一个意思,就是烤茶时所用的"活火"。煮水的活火,要掌握火势的均匀,不可一下子猛烈,一下子消微,目的是掌握水温的平稳上升。在陆羽的时代,烹茶多用煮茶法,要求水沸三次;到了苏东坡的时代,烹茶用研末调膏注水法,则要求水沸达到"蟹眼方至,鱼眼未到"的标准。烤茶的活火,则反映唐代的主流喝茶方式的特殊程序,是制团研末法的茶饮讲究。因为茶团保存不易,受潮之后影响茶汤的色香味,所以在研末之前,需要用"活火"把茶团烤透,使得内外干燥均匀。

第三,陆羽还强调茶的本色。茶本身就有自己的色香味,不要乱加东西。他在《茶经》中说得很清楚:有人用葱、姜、枣、橘皮、茱萸、薄荷之类，和茶一起反复煮沸，或扬弃杂质令其清，或煮掉泡沫来喝，这都无异于沟渠里的弃水，居然还一直成为习俗。陆羽批评唐朝当时饮茶的习惯，认为乱放各种佐料之后，无异于喝阴沟水，骂得也够凶的。自从陆羽发展茶道审美之后，中国精英阶级喝茶，都不添加香料与果物。高雅之士一直尊重陆羽《茶经》的指示，从蔡襄、宋徽宗到明朝的文人雅士，都是遵循茶有本色的规矩。可是老百姓喝茶并不如此，喜欢在里面放各种东西，像宋代茶肆卖的七宝擂茶，什么都放。到了现代，我们的老百姓喜欢标新立异，发展各种各样的喝茶方法，从英国奶茶到丝袜奶茶，从泡沫红茶到里面有青蛙蛋的珍珠奶茶，花样百出。可是中国传统的茶道审美，主流一直是讲究茶本身的真香、真味、本色，是崇尚简约之美的。

第四，陆羽说"茶性俭"，讲求质朴，强调俭朴之美，发展出简约哲学。《茶经》说"茶之为用，味至寒，最宜精行俭德之人"，我译成白话文，就是："茶之为用，因其性寒，最适合品德端正俭朴的人饮用。"这是有史以来，第一次有人把饮茶提升到道德伦理的精神领域，而且强调其苦涩清澹的本质，赋予茶饮简朴平淡而又端正肃穆的品位，开创了延续至今的茶道。从唐朝后期，一直到宋元明的通俗文学中，都有人以茶与酒的差异，专门写了文章，来讨论饮茶与饮酒反映了截然不同的人际处境与性格,很有意思。在敦煌的资料里面,我们看到《茶酒论》,把茶跟酒拟人化,作为人物角色互相褒贬。茶列举自己的优点,酒也不甘其后,自夸好处。茶说,我可以让人们脑筋清醒,修身养性;酒说,我可以促进朋友之间的感情,带来欢乐。吵来吵去,很有意思。在通俗文学传统之中,茶与酒所表现的人际关系,不断出现在宋元明的小说戏曲里面,成了中国人的集体潜意识,对茶与酒的功能有了典型化的认识。好茶的人多为清修之士,追求精神领域的精进,修持自我内在的品德;好酒之人则任性纵情,沉溺于世间肉体的欢乐,甚至可能有纵欲的倾向。

我觉得这四个方面很重要,都产生了长远的文化影响。陆羽的重要性就在于,他开启了茶饮之道,立下了规仪,指明的发展的取向,赋予文化审美的意义。之后所有的茶道的演变,都万变不离其宗,不管是唐宋宫廷的茶宴、士大夫点茶斗茶,或者是寺庙里面的饮茶规仪、明清文人清雅茶局、日本茶道的一期一会和茶禅一味,都来自陆羽的茶道精神,和它一脉相承,只不过在不同时空中,各地会有相应的变化而已。

我要特别讲讲茶饮与审美统一性的问题,因为这涉及了陆羽审美思维的全面观照,还考虑到了感官认识的心理活动,如何与自然协调,达到天人合一的境界。陆羽《茶经》最明显的例子，是讲茶汤跟茶碗的关系，讲的是味觉、嗅觉、视觉的审美统一性，也就是饮食审美所说的三大要素：色、香、味。

唐朝饮茶所用的茶碗瓷器，最著名的是南方的越窑青瓷与北方的邢窑白瓷。越窑青瓷出产在今天浙东的慈溪、上虞这一带，最重要的是上林湖区，这个湖旁边都是瓷窑，现在已经变成国家重点文物遗址给围起来，除了进行考古调查与发掘，一般人进不去。我曾去上林湖区做过调查，发现那个地方遍布了从东汉到北宋的瓷窑，湖边散布着瓷片，有一些烧坏的瓷器、匣钵、垫饼，有些瓷片闪烁着耀眼的青釉，色泽与后来的龙泉窑相类似。在北方，邢窑烧的是白瓷，晶莹雪亮，直接影响了定窑的工艺，是非常好看的雪白色瓷器。唐代还有很多窑烧造茶具瓷器，如浙江金华一带的婺州窑、安徽淮南一带的寿州窑、江西丰城一带的洪州窑，以及湖南湘阴一带的岳州窑。但是这些瓷窑的产品，质地比起越窑与邢窑就差，不是一个等级的，入不了品茶行家的青眼。

特别有意思的是，陆羽把南方的越窑跟北方的邢窑作比较，他说："若邢瓷类银，越瓷类玉，邢不如越一也；若邢瓷类雪，则越瓷类冰，邢不如越二也；邢瓷白而茶色丹，越瓷青而茶色绿，邢不如越三也。"他把当时最好的瓷器作了比较，给了三条理由，从瓷器本身来看，这是很奇怪的，但是从当时饮茶的具体情况来看,他强调"青则益茶",认为青瓷才能配合饮茶的审美感受,却有其道理。南朝时期的越窑青瓷,青中发黄,还有点褐色,还达不到唐代之后的青绿色,过去大家推想这就是文献中提到的"秘色瓷",但是没有实际的证据。法门寺地宫出土的唐僖宗供佛的茶具,以及随带的账册,明确记载是"秘色瓷"茶具,才让我们确定秘色瓷就是越窑青瓷。慈溪、上虞这一带,在上林湖区考古发掘的越窑青瓷,有完整器,更有大量碎瓷片,与法门寺地宫出土的秘色瓷完全相同,可以证实唐代皇室所用茶具就是越窑青瓷。在浙江博物馆以及新建成的慈溪博物馆,就能看到一大批越窑的青瓷,的确是釉色精美。然而,邢窑白瓷的制造工艺十分高超,瓷色雪白,造型也精美,为什么陆羽强调,邢窑不如越窑呢?

陆羽说,邢瓷非常漂亮,像银器一样,白色的,可是不如越瓷,因为越瓷像玉一样,银不如玉。这么一比,就不得了了。越窑的瓷器上了釉,釉比较厚润,跟玉比较接近。中国人从古以来对玉都有特殊的爱好和尊敬,如果把玉和金银相比,从来都是觉得金银属于次等。玉为美石,是君子佩戴的,所以自古以来就把美石比作君子,而金银是比较次的东西。这一直到汉朝都是非常清楚,玉是属于王侯贵族的饰物,老百姓不准佩玉。现在的考古发掘,在很多汉墓里面发现金缕玉衣、银缕玉衣，有许多墓都被盗过，金缕银缕都没有了，玉片却都还在，因为老百姓拿着玉也不敢用，偷了没用，可是黄金可以融化，查不出是赃物。玉是给王侯贵族的，属于君主统治阶级的，老百姓哪儿可以用玉啊！大家从小也听过和氏璧的故事，卞和弄了一块原石，说是美玉，君王都不相信，把他的腿都砍掉了。华夏民族这一点很有趣，贵重无过于玉，以美玉比拟君子。到了今天21世纪好像还是这样，大家还是把玉看得比金银高太多了，这也是中国文化传统，是在潜意识里面对珍宝的态度。陆羽说，邢瓷类银，再漂亮也比不上类玉的越瓷，只从瓷器工艺而言，似乎不成理由，但是放在文化意识脉络里，邢瓷再美，也输越瓷一筹，因为越瓷让人联想到君子如玉。

第二，他说，邢瓷类雪，越瓷类冰。越窑上了釉之后，釉色厚润晶莹，就像结了冰一样，发亮的，是水的结晶体。要说冰比雪高一个级别，虽然是一个很奇怪的理由，但也是一个理由，是一个审美的选择。第三个理由，才是真正有客观理由的，"邢瓷白而茶色丹，越瓷青而茶色绿"。唐朝人做的茶，先做成茶饼、茶团，再密封起来，喝的时候刮掉外层，因为怕它湿干不匀，要用火烤，烤透了才能碾末使用，茶到了这个时候其实已经是暗红色的。倒进锅里烹煮之后，再盛到茶碗里面，如果使用白色的茶碗，茶色呈暗红色，发乌，不太赏心悦目。如果倒进青瓷碗里面，茶色是绿的，就像大自然的千峰翠色。陆龟蒙写过一首诗，讲秘色越器，写的是越窑的瓷器："九秋风露越窑开，夺得千峰翠色来。"这就是越窑青瓷，说茶碗里面蕴含了千峰翠色，这当然是诗的想象，但是很重要，非常形象地说出了越瓷在饮茶过程中提供的视觉美感，是唐朝家喻户晓的道理。近三十年考古发现，如法门寺地宫出土的皇帝喝茶的茶具，就是越窑青瓷，符合陆羽的标准。

很多年以前，我们开过一次学术研讨会，一位国家一级品茶师和我讨论。我讲陆羽喝茶强调越窑青瓷胜过邢窑白瓷的道理，他就不高兴，跟我争辩。他说，我们现在品茶，用的都是白瓷碗，才可以看到茶汤真正的颜色。若用青瓷，茶色都给掩盖掉了。我说，我讲的不是21世纪，我讲的是8世纪，是陆羽的时代，那时候制茶的工艺与现代不同，没有达到现在的水平，茶色是比较昏暗发红的，不像现在有各种未发酵与各色等级的发酵茶，茶色从嫩绿、鹅黄，到淡红、红褐，可以用纯白的茶碗辨明茶汤。时代不同，是有一个历史的进程。他坚持，茶就是茶，古代的茶与今天的茶都一样，好茶的汤色就是好，劣质茶汤色就不好，要看就看茶汤，看茶汤就只能用白瓷碗，青瓷绝对不行的。他讲陆羽的说法全无道理，陆羽不懂茶！我这才知道，原来有人只懂自己的专业，完全不懂历史文化，不懂任何专业知识都有一个历史的进程。品茶师讲的道理，是21世纪的道理，完全不顾历史发展的进程，厚诬古人。陆羽当然不是21世纪的人，不知道今天的科技发展，现在做茶花样繁多，茶具五花八门，品评汤色的标准也大有发展。可是别忘了，陆羽的时代是陆羽的时代，距今一千多年，品茶的客观条件与今天不同，何况他是茶具与茶仪的创始人呢。在陆羽心目中，通过"夺得千峰翠色来"的青瓷茶具，饮茶可以带入一种心境，与大自然融为一体。他在《茶经》中指出，岳州瓷、越瓷都是青的，"青则益茶"，这是他的基本判断标准。

前几年在湖南湘阴岳州窑考古，发现了一只青瓷褐彩茶碗，这个茶碗很有意思，上面有两个字，写的是"茶碗"。"茶碗"就牵涉到了"茶"字出现的问题，"茶"字我们现在常用，但是"茶"这个字，唐朝之前是没有的，《说文解字》里面就没有"茶"字，但是有"荼"字，表示什么呢？在古代，茶还没有成为一个独立的概念类别，它跟荼（苦菜）是同一个字，也就是属于苦菜的一种。到唐朝的时候茶就独立出来，跟荼分开了，出现了"茶"这个字。有人说陆羽发明了"茶"字，其实不是的。我们有资料证明，《开元文字音义》明确标出"茶"字，可知在陆羽之前就有"茶"这个字。顾炎武在《日知录》里也说，"茶"这个字在唐初就出现了。也就是说，到了唐朝的时候，茶饮越来越普遍,成了日常生活的要素,普遍到必须要有一个单独的字来示意,不能再含糊笼统地称之为"茶"了。

　　除了对茶碗的规制提出审美标准,陆羽对饮茶所涉及的器具,在创制上也有诸多要求。他在《茶经》中详列了这些茶具的制作方式,并且连带赋予文化意义,以符合茶饮的仪式性规矩。陆羽创制的茶具,在当时影响很大,成为唐代后期饮茶的必备器具。在陕西扶风法门寺地宫的出土文物中,我们看到了一大批唐僖宗供佛的茶具,基本都符合陆羽《茶经》所列的规制,可见晚唐皇室饮茶已经采用了陆羽创制的器具,饮茶的程序也就按规按矩,会遵循一定的仪式。伴随地宫文物一起出土的,还有一本账册,记载了每一件文物的名称,所以我们可以作为依据,与陆羽《茶经》一一对照。

　　法门寺地宫出土了一件鎏金的银风炉,上面有八卦图形。陆羽《茶经》"四之器"对风炉制作,从外形到铭刻文字与纹饰,有极为详尽的描述:

　　　　风炉,灰承。风炉以铜铁铸之,如古鼎形,厚三
　　分,缘阔九分,令六分虚中,致其圬墁。凡三足,古文
　　书二十一字。一足云"坎上巽下离于中",一足云"体

均五行去百疾"，一足云"圣唐灭胡明年铸"。其三足之间，设三窗。底一窗以为通飙漏烬之所。上并古文书六字，一窗之上书"伊公"二字，一窗之上书"羹陆"二字，一窗之上书"氏茶"二字。所谓"伊公羹，陆氏茶"也。置墆㙏于其内，设三格：其一格有翟焉，翟者火禽也，画一卦曰离；其一格有彪焉，彪者风兽也，画一卦曰巽；其一格有鱼焉，鱼者水虫也，画一卦曰坎。巽主风，离主火，坎主水，风能兴火，火能熟水，故备其三卦焉。其饰，以连葩、垂蔓、曲水、方文之类。其炉，或锻铁为之，或运泥为之。其灰承，作三足铁柈抬之。

陆羽讲的风炉，是以铜铁制成，而唐代皇室所用风炉，则是鎏金银胎的器具，其间的差异，显示了皇室用具的豪奢与尊贵，但是器形却基本仿照陆羽的规制，没有什么不同。《茶经》对风炉的制作规定得很清楚，风炉的功能设计，要显示出五行八卦，符合天地自然运行的象征要素。风炉造型模仿古鼎，鼎有三足，于是风炉也有三脚，每只脚上刻有七个字，共二十一个字。其一云"坎上巽下离于中"，刻的是八卦，符合天地自然现象；其二云"体均五行去百疾"，表示五行相生相克，可以通过茶饮而祛除百病;其三云"圣唐灭胡明年铸",则是标明风炉这种茶具的创制年代,明确显示陆羽要昭示自己的发明版权,相当于现代人强调要尊重"知识产权"一样。

他还说了这个风炉要有三扇隔窗,每一扇有两个古文字,一共六个字,就是"伊公羹,陆氏茶"。这个设计也可以看出陆羽对自己的期许,从中显示自己创制茶具的历史地位,希望能够媲美伊尹。陆羽拿自己跟伊尹对比,似乎有点自抬身价的意思,但也明确表示,自己创制茶具、提倡茶道,意义并不止于如何喝茶,而是希望饮茶有道,能够对社会文化产生重大影响。伊尹是厨师出身,靠烹饪起家,受到重视,而能辅佐商汤,安邦定国,成就一番伟大的事业。陆羽以之作为榜样,当然是见贤思齐,反映了自己创制茶器的骄傲,有着很高的心气。

法门寺地宫还发现了一个鎏金鸿雁流云纹银茶碾子,是把茶饼碾碎的器具。唐朝人饮茶的习惯,是先把茶饼掰碎,再放入碾中磨成粉末,然后才烹制茶汤。饮茶的程序,像我们现在喝普洱茶,拿到一块茶饼要先掰开弄碎,才好泡制茶汤,只是唐代还要碾成茶末,像日本人喝的抹茶。因此,茶碾是必要的茶具。按照陆羽《茶经》,茶碾的制作也是有规范的:

　　碾,以橘木为之,次以梨、桑、桐、柘为之。内圆而外方。内圆备于运行也，外方制其倾危也。内容堕而外无余。木堕，形如车轮，不辐而轴焉。长九寸，阔一寸七分。堕径三寸八分，中厚一寸，边厚半寸，轴中方而执圆。

陆羽说的茶碾是木头做的，质地虽然有讲究，但简朴适用，不求华丽，而法门寺出土的是"鎏金鸿雁流云纹银茶碾子"，精美异常，极其贵重，符合皇家身份，但其基本形制与构造，和陆羽所说的是雷同的。

陆羽《茶经》还讲到"罗合"，是碾茶之后所需的茶具。茶饼碾完以后，茶末并不均匀，要放在茶罗里面筛，筛出来的茶末就很均匀，可以盛在盒子里，以备烹煮。在法门寺地宫里面发现了"鎏金飞天仙鹤纹壸门座银茶罗子"，是鎏金银胎的贵重茶器，背后还有很清楚的镂刻铭文："咸通十年，文思院造，银金花茶罗子一副，全共重卅七两。匠臣邵元，审作官臣李师存，判官高品臣吴弘悫，使臣能顺。"《茶经》讲罗与盒的制作："罗末，以合盖贮之，以则置合中。用巨竹剖而屈之，以纱绢衣之。其合以竹节为之，或屈杉以漆之。高三寸，盖一寸，底二寸，口径四寸。"罗是用巨竹剖开制作，上面覆以纱绢，过滤极细的茶末。盒是用竹节或杉木制成，用来盛取筛过的茶末。陆羽制定的罗合,是用巨竹或杉木制作,取材容易,人人可以效法。到了皇室用具,就大为讲究,弃竹木而用金银,变简朴为奢华。法门寺地宫出土的茶罗子,是贵重的鎏金银器,并饰以"飞天仙鹤纹",不是一般人使用的,但其规制依旧沿用陆羽的设计。

法门寺地宫出土的文物种类繁多,基本上就是唐代皇室供奉佛骨的精品。当时供奉在地宫里,每过五六十年都要请出佛骨,也把皇室供奉的宝贝拿出来,在长安城满街游行。当此游行盛典,信徒们蜂拥而来,真是一境若狂。唐僖宗奉请佛骨之后,把供品封入地宫。再后来唐朝亡了,所有的皇室珍品,包括唐僖宗供佛的茶具,就永远埋在地宫里面了。所以,法门寺地宫出土的文物,显示晚唐皇室所用茶具沿用了陆羽创造的规制,显然也沿用了《茶经》所列出的茶仪。

除了茶具以外,陆羽对水也很有讲究,他是最早讲茶饮必须要用好水的人,可能还著有《水品》一书,可惜散佚掉了(见《湖州府志》)。《茶经》说饮茶要懂水:"其水,用山水上,江水中,井水下。"这个标准非常清楚,就是山泉水最好,其次是流动的江水,最差的是静止不动的井水。他还作了详细的说明:

其山水,拣乳泉、石池慢流者上;其瀑涌湍漱,勿食之,久食令人有颈疾。又多别流于山谷者,澄浸不泄,自火天至霜降以前,或潜龙蓄毒于其间,饮者可决之,以流其恶,使新泉涓涓然,酌之。其江水取去人远者,井取汲多者。

也就是,饮茶最好用山泉水,或潺潺流动的山涧或澄澈的活水。瀑布与湍急的水不可用,喝多了会生病,因为水源有问题,虽然是流动的,但是挟泥沙以俱下,很不可靠。还有一些山中的积水,是聚集不散的,在夏季可能有毒蛇蛟龙散放毒素,最好也不用。真要使用,必须决其堰塞,让污浊的毒素排出,使水泉涓涓,才可取水。实在没办法,得不到山泉水的时候,只好去取远离人迹的江水,因为没有污染。井水则用经常有人汲取的,关键是不要死水,要活水。

有关陆羽评水的资料,晚唐张又新的《煎茶水记》有所记录,但是否真是陆羽的品评,还是张又新假托陆羽编造的故事,历代都有质疑。不过,《煎茶水记》的记载还是很重要的,因为它显示到了晚唐,人们已经很清楚品茶必须鉴水的道理,而且把全国的名泉好水都记录下来了。这当然是陆羽讲究用水道理的影响,只不过陆羽品水的书失散了,我们不知道陆羽品水的确实情况,只知道相关的传说。《煎茶水记》里面说到,刘伯刍懂得品茶鉴水,记录了全国最好的七种水:"扬子江南零水第一;无锡惠山寺石泉水第二;苏州虎丘寺石泉水第三;丹阳县观音寺水第四;扬州大明寺水第五;吴松江水第六;淮水最下,第七。"这七种名水,基本都在江淮一带,扬子江南零水在今天的镇江,惠山泉水在无锡,也就是名曲《二泉映月》提及的天下第二泉。有趣的是吴松江(即吴淞江,也就是苏州河)水居然也是天下名水,我不知道诸位敢不敢直接喝苏州河的水,不过,这里面反映了一个重要的历史问题,其水在唐朝一定是很好的饮用水,一千多年下来,是我们后人把它污染了。研究环境史的人,可以把这资料拿来用一用,很有意思的。

按照刘伯刍的这张名单,张又新一一试过,认为确实如此。不过,他自己又添加了一些意见,说经过富春江桐庐严子陵钓台时,取清澈的江水煎茶,发现其鲜馥芳香远过扬子江南零水,大为赞扬。后来又发现,永嘉的仙岩瀑布(当指雁荡山之龙湫瀑布)也是水质佳美,不输天下第一南零水。张又新举桐庐富春江水与仙岩瀑布水为例,以为品质超过天下第一的扬子江南零水,这样的个人品水经验,影响了他品评的标准,认为急湍与瀑布水都非常佳美,与陆羽的论断不同。

张又新还说,他后来发现《煮茶记》中记载了陆羽品水的故事,并且自定天下二十处名水：

> 庐山康王谷水帘水第一;无锡县惠山寺石泉水
> 第二;蕲州兰溪石下水第三;峡州扇子山下有石突
> 然,泄水独清冷,状如龟形,俗云虾蟆口水第四;苏州
> 虎丘寺石泉水第五;庐山招贤寺下方桥潭水第六;扬
> 子江南零水第七;洪州西山西东瀑布水第八;唐州柏
> 岩县淮水源(淮水亦佳)第九;庐州龙池山岭水第十;
> 丹阳县观音寺水十一;扬州大明寺水十二;汉江金州
> 上游中零水(水苦)十三;归州玉虚洞下香溪水十四;
> 商州武关西洛水(未尝泥)十五;吴松江水十六;天台
> 山西南峰千丈瀑布水十七;郴州圆泉水十八;桐庐严
> 陵滩水十九;雪水(用雪不可太冷)二十。

这个所谓的陆羽品水名单,列庐山康王谷水帘水第一,无锡县惠山寺石泉水第二,苏州虎丘水第五,扬子江南零水第七,吴松江水落到第十六名。看起来洋洋洒洒,可是名单很有问题,欧阳修曾写过两篇文章驳斥张又新,说这份陆羽品水名单是瞎编的,因为陆羽指出瀑布水挟泥沙而下,叫我们不要喝瀑布水;张又新的名单却一口气列了庐山康王谷水帘水、洪州

西山西东瀑布水、天台山西南峰千丈瀑布水，与陆羽的品鉴标准大相径庭。欧阳修认为张又新有诈欺之嫌，说他是"妄狂险谲之士，其言难信"。明代田艺蘅的《煮泉小品》也探讨了陆羽的品水标准，批评所谓的陆羽名单是捏造的。认真查证起来，我们发现这个张又新的花样很多，是有故作玄虚之处。他没有直说发现陆羽著作，他说的是发现了一本杂记，其中有《煮茶记》，记录了陆羽亲自列出的天下二十处名水这样一份名单。不过，他还说此书记载了陆羽品尝扬子江南零水的故事，其中明确指出陆羽"善于茶，盖天下闻名"，又说扬子江南零水"殊绝"，陆羽品尝南零水是"今日二妙千载一遇"，意思非常清楚：陆羽品茶天下第一，南零水也是天下第一。怎么等到陆羽列出天下名水的时候，扬子江南零水变成天下第七了呢？编故事编得前后矛盾，难怪惹出欧阳修的批评。

唐朝的时候民间有句俗谚："扬子江心水，蒙山顶上茶。"天下第一水，是扬子江心水，天下第一茶，是蒙山顶上茶。扬子江心水是什么呢？就是扬子江心的南零水，又称中泠泉。宋徽宗《大观茶论》里说："古人第水，虽曰中泠、惠山为上，然人相去之远近，似不常得。"这个扬子江心的中泠泉，现在已经不在江心，而在长江南岸的镇江，我曾去考察过。这是因为长江水常年向北岸冲刷，南岸就一直淤积，江流向北移动，所以，不但中泠泉南零水今天在南岸的镇江，连本来在江心的金山寺也成了镇江的一部分。现在的南零水因为泥沙淤积，或许还有江水污染的问题，已经成了一潭泥沼，当中咕嘟咕嘟地冒水泡，可见底下有个泉眼，但是没有人敢用来泡茶了。

天下第一蒙顶茶又是怎么回事呢？今天大多数人都没听过蒙顶茶，对于蒙山顶上茶在唐朝的辉煌历史，完全不知道了，因为蒙顶山茶到宋朝以后，就开始衰落，到了元明期间，连大多数文人雅士都没听过，成了明日黄花。陆羽《茶经》记述全国茶叶产地，首先列了山南的峡州，也就是今天的宜昌一带，或许是因为他成长在湖北竟陵，熟悉地望。峡州产的茶，在唐朝名列上品，而且名目众多，如碧涧、明月、芳蕊、茱萸寮、小江源等。他也提到剑南道的雅州，指出蒙山所在的名山地区产茶，不过，他似乎并不看好蒙山茶的品质。倒是唐代李吉甫《元和郡县图志》说到贡茶，明确指出："严道县（在今天雅安一带）蒙山，在县南十里，今每岁贡茶，为蜀之最。"李肇《唐国史补》则是这么说的："风俗贵茶，茶之名品益众。剑南有蒙顶石花，或小方，或散芽，号为第一。湖州有顾渚之紫笋。东川有神泉小团、昌明、兽目。峡州有碧涧、明月、芳蕊、茱萸寮。……而浮梁之商货不在焉。"唐代俗谚"蒙顶第一，顾渚第二""扬子江心水，蒙山顶上茶"，跟这些当时的记载是符合的。

孟郊也写过一首诗,《凭周况先辈于朝贤乞茶》,讲想得点蒙顶好茶喝喝,却又无缘到手,只好托人去乞讨:"道意勿乏味,心绪病无怅。蒙茗玉花尽,越瓯荷叶空。锦水有鲜色,蜀山绕芳丛。云根才翦绿,印缝已霏红。曾向贵人得,最将诗叟同。幸为乞寄来,救此病劣躬。"

到了元明,大多数人,包括江南讲究喝茶的文人雅士都没听过蒙顶茶了,万历年间茶人许次纾在《茶疏》中指出:"古今论茶,必首蒙顶。蒙顶山,蜀雅州之山也,往常产,今不复有。即有之,彼中夷人专之,不复出山。蜀中尚不得,何能至中原、江南也?"可见蒙顶茶早已丧失了天下第一的位置。

白居易的长诗《琵琶行》说到浮梁地区产茶:"商人重利轻别离,前月浮梁买茶去。去来江口守空船,绕船月明江水寒。"到浮梁贩茶的商人,是俗不可耐的市侩,对于"名属教坊第一部""妆成每被秋娘妒"的琵琶女,毫无怜香惜玉之心,让贬谪江州的白居易感慨不已,觉得"同是天涯沦落人,相逢何必曾相识"。这首诗提到茶商到浮梁去买茶,颇有不屑的口气,放到唐代饮茶的风习来看,就是个暗喻,因为浮梁茶在唐朝是大路货,属于最普遍,同时也是等级最次的大众饮用商品,排不上名品之列,入不了品茶人士的法眼。到浮梁去买茶的商人当然是唯利是图、为钱财奔走的市侩,不会懂得怜香惜玉的。

据《元和郡县图志》(公元813年成书)，浮梁县设置于武德五年，名新平，后废，开元四年再置，改名新昌，天宝元年改名浮梁，"每岁出茶七百万驮，税十五余万贯"。可见浮梁茶产量之大。唐代杨华的《膳夫经手录》指出，蜀茶与浮梁茶产量大，是当时通行的商品："唯蜀茶南走百越，北临五湖，皆自固其芳香，滋味不变，由此尤可重之。自谷雨已后，岁取数百万斤。散落东下，其为功德也如此。饶州浮梁，今关西、山东，间阎村落，皆吃之。累日不食犹得，不得一日无茶也。其于济人，百倍于蜀茶，然味不长于蜀茶。"反映了唐代茶叶供应情况，主要的量产商品茶是蜀茶及浮梁茶。蜀茶流布长江流域及南方，仍然滋味芳香，浮梁茶传布更广，甚至流行黄河流域，遍及整个北方。然而，说到质量与滋味，则浮梁茶不及蜀茶，算是最下等的。

在白居易心中，浮梁茶属于下品，浮梁茶商是市侩，那么，他喜欢喝什么茶呢？在《春尽日》一诗中，他写道："醉对数丛红芍药，渴尝一碗绿昌明。"原来他欣赏的是东川的昌明茶，产地是在今天的北川一带，是蜀茶中的佼佼者。白居易晚年写过一首《琴茶》："兀兀寄形群动内，陶陶任性一生间。自抛官后春多醉，不读书来老更闲。琴里知闻唯渌水，茶中故旧是蒙山。穷通行止长相伴，谁道吾今相与还。"道出退休之后闲居的乐趣,喝酒发呆,弹琴饮茶,过起无忧无虑的神仙生活,饮的则是天下第一的蒙顶茶。

我们知道,唐朝人标榜的名茶,跟我们今天崇尚的名茶是不一样的。历史变迁以及风尚转向,都会影响人们对品味的追求,甚至改变口味的爱好。唐代最著名的蒙顶茶、顾渚茶、碧涧茶,是现代人鲜为听闻的,而当今流行的龙井茶、碧螺春、大红袍、冻顶乌龙,则在唐朝尚未出现。陆羽在《茶经》中讲的茶产地,基本上都是他去过的地方,属于实地调查得来的知识,主要是南方地区,从陕南、湖北、湖南,沿着长江一直下来。他还曾长住湖州与天目山一带的苕溪,对江南的情况十分清楚。他讲到峡州的茶属于上等,其中就有今天鲜有人知的碧涧茶,而碧涧茶一直到明朝都还是非常有名的。明末笔记《金沙细唾》有一个记载,说到明末民变的时候,天下大乱,清军南侵,江南的世家受到冲击,出现奴变、仆变,就是奴仆造反的事件。许多江南大族,奴仆上百成千,这个时候开始闹翻身。有一豪族的主人家,喜欢喝碧涧茶,经常要奴仆奔波到湖北去运购过来,奴仆翻身造反了,把主人拖到街上,打翻在地,还指斥说,你一天到晚要喝碧涧茶,煮得不好还责骂我们,今天我们也让你喝喝碧涧茶!就把小便装进茶壶,灌到主人嘴里面。可以从这个资料看出,到了明朝末年,碧涧茶还是备受追捧的名茶。

陆羽强调茶有本色，反对在茶饮中胡乱加料。当时流行怎么喝茶呢？《茶经》记载："或用葱、姜、枣、橘皮、茱萸、薄荷之等，煮之百沸，或扬令滑，或煮去沫。斯沟渠间弃水耳，而习俗不已。"这种喝茶的方法，是过去把茶当草药煮汤的习惯，有点像今天广东人喝的凉茶。陆羽坚决反对这种喝法，斥之为阴沟里的弃水，是庸俗低下的饮茶法。这是因为他创制了茶具，制定了茶仪，发展了茶道，把喝茶提升到审美的精神领域，讲究细腻精纯的茶饮之风。陆羽茶道之建立，开始了历代讲求茶有本色、茶有真香、茶有至味的传统，成为高雅之士喝茶的主流风格。宋代蔡襄《茶录》就说："茶有真香，而入贡者微以龙脑和膏，欲助其香。建安民间试茶，皆不入香，恐夺其真。若烹点之际，又杂珍果香草，其夺异甚，正当不用。"明代顾元庆、钱椿年的《茶谱》，依然强调这个高雅传统，说："茶有真香，有佳味，有正色。烹点之际，不宜以珍果、香草杂之。夺其香者，松子、柑橙、杏仁、莲心、木香、梅花、茉莉、蔷薇、木樨之类是也。夺其味者，牛乳、番桃、荔枝、圆眼、水梨、枇杷之类是也。夺其色者，柿饼、胶枣、火桃、杨梅、橙橘之类是也。凡饮佳茶，去果方觉清绝，杂之则无辨矣。"由此亦可见，自从陆羽强调本色茶饮之后，所谓"清茶一杯"，成为喝茶的主流。然而，雅有雅的喝茶法，俗有俗的喝茶法。俗法喝茶，加香加果，在后世并未完全消失,仍然在广大群众及不同地域有其市场,可算是中国饮茶多元化的现象。

陆羽《茶经》极为讲究喝茶的程序与规矩,因此,特别提到"茶有九难":"一曰造,二曰别,三曰器,四曰火,五曰水,六曰炙,七曰末,八曰煮,九曰饮。"又仔细说明:"阴采夜焙,非造也;嚼味嗅香,非别也;膻鼎腥瓯,非器也;膏薪庖炭,非火也;飞湍壅潦,非水也;外熟内生,非炙也;碧粉缥尘,非末也;操艰搅遽,非煮也;夏兴冬废,非饮也。"我把这段说明译成白话:"阴天采摘,夜里焙制,算不上制造;仅凭口嚼舌尝与嗅气辨香,算不上鉴别;膻腻的炉鼎与腥染的瓯碗,算不上器具;油脂重的薪柴,算不上用火;激流急湍与壅塞死水,算不上择水;茶饼外熟内生,算不上炙烤;茶末碾得过细,像粉末飘尘,算不上碾末;煮茶操作生硬,搅动急促,算不上烹煮;夏天喝茶,冬天不喝,算不上饮尝。"可见陆羽非常挑剔,从茶叶采摘到择优制作,从使用茶具到用火用水,如何烤茶饼、如何碾磨茶末、如何烹煮茶汤,以及四季如何饮茶,都是学问。喝一盏好茶,在陆羽看来,需要澄心静虑,全神贯注,是非常不容易的。

陆羽设计茶席,强调简朴之道,并且还规定了人数。他说,喝茶"其碗数三。次之者,碗数五。若坐客数至五,行三碗；至七，行五碗"。也就是说，最适当的茶席，只有三个人，其次五人，而且五个人只给三碗茶。实在没办法，有七个人来了，就给五碗茶。今天你去日本，如果应邀参加茶道师的正式茶席，一定还是三个人，而且三个人只用同一个碗。可以看出，日本茶道的这个规矩，就是陆羽定下来的。道理很简单，就是陆羽说的"茶性俭，最宜精行俭德之人"。让你在参加茶席，进入茶饮天地之时，心灵平静，达到身心和谐的状态，从审美领域进入道德提升的境界。

《茶经》论及烹茶，将茶汤倾入茶碗，是这样形容的："凡酌，置诸碗，令沫饽均。沫饽，汤之华也。华之薄者曰沫，厚者曰饽。细轻者曰花，如枣花漂漂然于环池之上，又如回潭曲渚青萍之始生，又如晴天爽朗有浮云鳞然。其沫者，若绿钱浮于水渭，又如菊英堕于镈俎之中。饽者，以滓煮之，及沸，则重华累沫，皤皤然若积雪耳。"译成白话，就是：饮酌之时，茶汤倒进碗里，要让沫饽均匀。沫饽，就是茶汤的精华。精华薄的，称之为沫；精华厚的，称之为饽。细轻的称之为花，就像枣花漂浮在圆形的池塘上，又像曲折回环的潭水新生了青青的萍草，又像爽朗的晴天点缀着鳞状的浮云。茶汤的沫，有如水边浮着绿色的萍钱，又如菊花落在杯中。茶汤的饽，是以茶滓煮的，煮沸之后，累积层层白沫，白如雪。由此可以看出，唐宋时期饮茶,讲究茶汤上有沫饽,以为沫饽是茶的精华。这种概念应该来自提炼醍醐的过程,从牛奶击拂成酥油,由生酥成熟酥,再提炼熟酥的精华成为醍醐。如此,啜饮沫饽就是啜饮茶之精华,在味觉上是一种精致的享受,在精神体会上则在啜饮之中上升到审美的境界。再加上沫饽漂浮在茶汤上的视觉美感,让人联想到蓝天白云,晴空爽朗,与天地自然融为一体,通过茶饮进入了天人合一的感悟。从唐代到宋代,饮茶过程重视沫饽的风尚,更上一层楼,把拉花的技艺发展到妙理精微的境地,我在《古人饮茶要拉花》一文中已经详细讨论过,这里就不再复述了。

陆羽创制茶道,提倡茶饮的审美追求,为喝茶奠定了规矩,成为精神世界修持的法门,不但规划出中国茶饮的历史进程,也直接影响韩国与日本,之后还扩散到全世界。中国历史悠久,幅员广大,人口众多,因此,陆羽的茶道虽然在理念上提供了饮茶的审美之道,在历代具体饮茶的实践上,却并不能囊括各种各样的饮茶方式。随着时间的演变,加上地域的不同与社会群体的阶级差异,中国有多元多样的喝茶方法。宫廷有宫廷喝茶的方法,士大夫有士大夫的喝茶法,寺院有自己的清规与仪式,老百姓也有老百姓的喝茶法,而且都有其历史传承与各自的道理,并随着历史的演化而有所发展。历史的演进,总会适应"众口难调"的情况,生发各种支脉,让我们发现各地发展出来的擂茶、酥油茶、奶茶,乃至于泡沫红茶之类。回顾茶饮历史,最重要的是,喝茶的方式可以不同,但是万变不离其宗,饮茶之道是陆羽首创,而且赋予了精神境界的审美追求。

本文原载《书城》2016 年 1、3 月号

啜英咀华

郑培凯

何时归上滕王阁，
自看风炉自煮尝。

——杨万里

一

宋徽宗在《茶论》（今人称作《大观茶论》）的序中提及，太平盛世，喝茶也就喝得讲究，"采择之精，制作之工，品第之胜，烹点之妙，莫不咸造其极"。在这本《茶论》中，宋徽宗对产茶、采茶、制茶、碾茶的物理与各种工序都作了详细而精到的探讨。讲到饮茶的器具，点茶所需要的对象，更是分门别类，按照盏、筅、瓶、杓，一一罗列。他特别指出，只要是涉及喝茶、存茶、点茶，无论阶级贫富贵贱，都可以从中讲究精致高雅的品位，而享有闲情逸致的生活。具体说到追求精致饮茶的方式，他说："莫不碎玉锵金，啜英咀华，较箧笥之精，争鉴裁之妙。"人人都喝茶，都蓄茶，都点茶，都斗茶，就会从中体会饮茶的情趣，"可谓盛世之清尚也"。

宋徽宗形容点茶的过程，用了非常简洁明确的修辞，说是"碎玉锵金，啜英咀华"，听起来像是运用文学修辞的伎俩，以华丽的辞藻来形容宋人点茶的境界，似乎没有具体说明点茶的程序。其实，这两句话，特别是"啜英咀华"，看似文人玩弄辞藻的虚招，却言简意赅，深刻说明了宋代点茶的精髓。以下我就从这表面状似文辞虚饰的题目说起，揭示宋徽宗描绘宋人点茶深刻复杂面貌遣词用字之准确。再进一步探讨，宋人点茶的审美追求，是否强调视觉美感多于味觉与嗅觉美感，以及"宋人点茶"风尚，为什么到了元明之后就衰微了，在中国茶饮传统中成了绝响。这背后的原因当然与文化风尚的变迁有关，涉及"点茶"与"斗茶"是怎么回事，追求的风尚是什么，又为什么会出现风尚转移，最后衰颓不振。

我从15年前开始做《中国历代茶书汇编》的校注工作，把能够找得到的历代茶书版本都整理了一遍，在进行校注的过程中，体会了"古典文献学"的甘苦，真是皓首穷经，只为了在学问的米缸里剔除一粒秕糠。在整理文献的过程中,也学会了细读文本,倒是与我大学时代研习"新批评"的"close reading"训练有异曲同工之处。只有细读文本的每一个字,理解古人用字之矜慎,才能在每个字后面,了解到书写者到底是什么意图。我读宋徽宗《茶论》,就在"碎玉锵金,啜英咀华"这八个字后面,读出了宋代茶饮风尚的历史意义。

说到"啜英咀华",就会让人想到古典文学中常用的"含英咀华"一词。《礼记·乐记》里面谈到音乐美学,对音乐审美境界的追求,是"英华发外,唯乐不可以为伪"。扬雄《长杨赋》中提到:"英华沉浮,洋溢八区。普天所覆,莫不沾濡。"李善注曰:"英华,草木之美者,故以喻帝德焉。"可见"英华"的本意,是形容"草木之美",形容草木生长葳蕤,生气勃勃,是天地间自然生态的美丽展现。不论是"英华发外"还是"英华沉浮",都是引申的意思,将草木的英华转为抽象本质性的"精英"或"精华",拿来比喻音乐之美或道德之美。晋代潘岳的《司空郑袤碑》说:"凡厥缙绅之士,所以挹酌洪流,含咀英芳者,犹旱苗之仰膏雨,湛露之晞朝阳也。"(《艺文类聚》卷47)遣词用字之法,已经从明喻转为暗喻,袭取《离骚》餐饮兰芷芬芳的修辞传统,以饮食含咀花草的芳香,比喻士大夫如何孜孜吸取道德学问,内化世上的精华。因此,英华可以含咀,就成为古典文学中的惯用表达词语，经常用来形容君子品类浸润于优美传承，以提高文化修养与道德品格。

南北朝时期梁朝刘孝标《答刘之遴借类苑书》说："若夫采蘴蘴于缃纨，阅微言于残竹，呕饫膏液，咀嚼英华。"（《艺文类聚》卷58）说的是读书学习，吸取古人著作中的精华，就把"咀嚼英华"一词，具体联系到欣赏与体会文学，从中感受触动心灵的审美享受。古文大家韩愈的《进学解》，是唐宋以来读书人耳熟能详的典范，其中写道："沉浸醲郁，含英咀华。作为文章，其书满家。"这也就使人一提到"含英咀华"，就想到翰墨文章的精华，是学人墨客修养涵泳的必经过程。宋代张舜民《画墁集》有一篇题怀素《归田赋》的跋，说道："中间以文章知名，含华咀英，驰骋今古者，不可胜数。""英"与"华"两个字虽然颠倒使用，但意思跟韩愈所说是一样的，都是称颂文章辞藻之美，可以驰骋百代，以臻不朽。类似的意思，在杨时《龟山集》的《曾文昭公行述》中也可以见到："自少力学，于六经百氏之书，无所不究，含英咀实，以畜其德。"朱熹的《朱子语类》也有这样的文字："含英咀实，百世其承。"

宋徽宗这位特别注重审美细节的大艺术家，在《茶论》中不用"含英咀华"一词，而用"啜英咀华"，弃"含"取"啜"，是有其深意的。从文献细读的经验中，我们可以得知，古人的聪明才智惯常显示在遣词用字之上,对每个字的选择都十分精准。不说"含英咀华",而说"啜英咀华",不只是文学修辞上的变动,随意说说喝茶要喝精华,而是回到草木英华的原意,具体明确地描绘宋人点茶的过程,在喝茶的时候,不但是饮其"英华",还有"啜"有"咀",点出品茶程序的关键。

北宋点茶,先碾茶成粉末,调制茶膏之后,徐徐注入沸水,讲究击拂茶汤,制造泛起在茶碗的沫饽。击拂的茶具,先是茶匙,到了北宋中期之后开始用茶筅。蔡襄《茶录》中,特别讲到击拂茶汤的技巧:"先注汤,调令极匀,又添注之,环回击拂。"对击拂所用的茶匙,是有特定要求的:"茶匙要重,击拂有力。黄金为上,人间以银、铁为之。竹者轻,建茶不取。"宋徽宗在《茶论》里提到:"击拂无力,茶不发立,水乳未浃,又复增汤,色泽不尽,英华沦散,茶无立作矣。"需要击拂得力,才能达到点茶的效果,才会出现美丽的乳花与光泽。否则就"英华沦散",凝聚不起乳花似的沫饽,以失败告终。宋徽宗讲得非常清楚,宋人点茶是要见到乳花的,就像现代人喝卡布奇诺咖啡要拉花一样。我曾写过一篇文章《古人饮茶要拉花》(见《书城》杂志2014年6月号),解释宋人饮茶喜欢这种视觉的花样,觉得赏心悦目,跟现代人喜欢咖啡拉花的心理相同。现在冲泡咖啡用乳沫来拉花比较容易,相较起来,用茶沫来拉花要难得多。

宋朝的点茶、斗茶，虽然沿袭唐代的茶饼研末传统，喝的是末茶，但与唐代的烹茶方式不同，关键就是斗拉花。宋徽宗所讲的"碎玉锵金，啜英咀华"这八个字，非常清楚地说明了唐宋饮茶风尚的转变，从陆羽煎茶到北宋点茶，出现了击拂拉花的追求。有的人以为"碎玉锵金"一词只是修辞用语，没有特殊的含义，其实大谬不然。《大观茶论·鉴辨》讲如何辨别茶的品质好坏，说："色莹彻而不驳，质缜绎而不浮。举之凝结，碾之则铿然，可验其为精品也。"茶饼之精品，色泽莹彻，质地缜密紧凝，碾末之时有铿然之声。铿，铿锵也，指碾茶的声响。为什么会有铿锵之声？"碎玉锵金"是什么意思？徐夤《谢尚书惠蜡面茶》一诗中有句"金槽和碾沉香末，冰碗轻涵翠缕烟"，明确指出高级茶碾是金属器，最好的当然是金银器。在《大观茶论·罗碾》中，也说到"碾以银为上，熟铁次之"。由此可知，"玉"指的是玉璧形状的茶团，"金"指金属器的碾槽。宋徽宗说"碎玉锵金"，其实指的是碾茶的过程，铿锵有声。把茶饼碾成茶末之后，下一个步骤就是击拂点茶，再来就可以"啜英咀华"了。点茶出现的泡沫凝聚，宋人沿袭唐人的用词习惯，不用"拉花"一词，用的是"沫饽""英华""乳花""粟花""琼乳""雪花""白花""凝酥"等充满华丽意象的词语。十分形象地显示，击拂出来的沫饽，还要像白蜡一样（所谓"蜡面"）可以凝聚,泡沫呈现固态,历久不散,才是拉花的最高境界。如此精心泡制出来的"英华",不但可以啜饮,也堪咀嚼。可见宋徽宗《茶论》说"啜英咀华",在遣词用字上,是十分精准的。

二

在宋徽宗《茶论》详论"啜英咀华"之前,北宋的文人学士如梅尧臣、欧阳修、苏东坡、黄庭坚等,已经写过很多茶诗,对点茶拉花作了相当细致精确的描述。苏东坡的弟子黄庭坚好饮茶,特别宣扬自己家乡江西修水出产的贡品双井茶,曾经写过一首《双井茶送子瞻》,赠茶给苏东坡,其中有句"我家江南摘云腴,落硙霏霏雪不如"形容双井茶可比白云,碾成茶末比雪还白。东坡和了一首《鲁直以诗馈双井茶,次其韵为谢》,说到双井茶十分名贵,不能让童仆随便烹点,需要亲身煎点,才能保证拉花出现雪乳:"磨成不敢付童仆,自看雪汤生玑珠。"两首诗中出现的"云"与"雪"的意象,都是描绘双井茶提供的白色视觉感受。点茶的"雪乳"形象,是隐喻也是明喻,因为双井茶的特色是生有白毫,磨末点茶可以凸显雪乳的效果。

对双井茶的流行,苏东坡的老师欧阳修认为是时新的风尚,写过一首诗《双井茶》,其中说道:"西江水清江石老,石上生茶如凤爪。穷腊不寒春气早,双井茅生先百草。白毛囊以红碧纱,十斤茶养一两茶。长安富贵五侯家,一啜尤须三日夸。"双井茶早春即采,茶叶覆满了白毛,用十斤茶叶才能培养出一两好茶,可见采摘制作与保存之精。他在《归田录》中说得更为清楚:"自景祐(1034—1038)以后,洪州双井白芽渐盛。近岁制作尤精,囊以红纱,不过一二两。以常茶数十斤养之,用辟暑湿之气。其品远在日注上,遂为草茶第一。"双井茶能够享有盛名,固然是有其白芽精制的特性,文人墨客的揄扬与炒作也起到了重要的作用。从欧阳修、苏东坡到黄庭坚,人人力捧,赞誉双井的品级超过日注(铸),可以媲美建溪御苑的龙团。其中最关键的炒作推手,就是为家乡特产吹捧不遗余力的黄庭坚。叶梦得《避暑录话》指出:"草茶极品,唯双井、顾渚,亦不过数亩。双井在分宁县,其地即黄氏鲁直家也。元祐间(1086—1094),鲁直力推赏于京师,族人多致之。"

东坡写的茶诗极多,经常说到雪乳,吟咏点茶出现沫饽的愉悦。著名的《汲江煎茶》是他晚年遭贬海南所写,描写夜深人静之时,亲自到江边汲水,亲手煎茶,享受茶沫翻滚的乐趣:"雪乳已翻煎处脚,松风忽作泻时声。"《试院煎茶》也说自己全神贯注凝视煎茶的过程:"蟹眼已过鱼眼生,飕飕欲作松风鸣。蒙茸出磨细珠落,眩转绕瓯飞雪轻。"东坡的《赠包安静先生茶二首》，其一："皓色生瓯面，堪称雪见羞。东坡调诗腹，今夜睡应休。"是说白色的茶沫浮在茶汤的表面，比白雪还要白，让白雪都感到害羞。东坡喝了之后，只好调整肚皮作诗，这一夜是睡不着了。

苏东坡还有一阕《西江月》词写茶，有序："送建溪、双井茶、谷帘泉与胜之。胜之，徐君猷家后房，甚慧丽。自陈叙本贵种也。"说胜之是朋友的妾室，既聪慧又美丽，而且出身高贵家庭，他就赠送给她建溪御苑的龙焙茶、江西修水的双井茶，以及据称是天下第一的康王谷水帘水。上半阕说："龙焙今年绝品，谷帘自古珍泉。雪芽双井散神仙，苗裔来从北苑。"自夸礼品之贵重稀有，皇家御苑的龙团不用说，修水双井茶是培育出来的雪芽珍种，而谷帘泉水曾被人列为天下第一名泉，正好得配名姬。下半阕："汤发云腴酽白璴，浮花乳轻圆，人间谁敢更争妍，斗取红窗粉面。"使用了一连串美妙的词语，形容拂击茶汤所呈现的乳花，可与红粉佳人斗艳，同是人间绝色，让人浮想联翩。苏东坡词中营造的美感，是活色生香的"从来佳茗似佳人"（语见东坡《次韵曹辅寄壑源试焙新芽》），集中在色彩绚丽，以点的雪白乳花媲美红粉佳人，争奇斗艳，使我们可以想象无限的视觉美感。

文人学士吟咏双井茶啜饮之美，等于大做代言广告，既赞扬了茶叶品种，也宣传了饮啜的方式，要点茶拉花，击拂出雪乳沫饽。南宋的杨万里有一首诗《以六一泉煮双井茶》："鹰爪新茶蟹眼汤，松风鸣雪兔毫霜。细参六一泉中味，故有涪翁句子香。日铸建溪当近舍，落霞秋水梦还乡。何时归上滕王阁，自看风炉自煮尝。"从中可以看到，前人饮茶的典故成了诗歌创作的灵感，前人的诗文美句可以引发想象，从烹茶的过程联想到《滕王阁序》，落霞孤鹜，秋水长天，重新组构意象，一方面继承诗文传统，另方面则延续了饮茶风尚的流传。杨万里用六一泉煮茶，首先想到欧阳修；烹煮双井茶，就想到黄庭坚；落笔写下"蟹眼""松风"，就不可避免会想到苏东坡；饮啜双井茶，想到同为上品的日铸茶与建溪龙团，还要想回自己江西老家的滕王阁。

说起茶饮审美联想，我们很自然会想到茶的色、香、味三个不同范畴的美感，但是宋人对点茶的关注，似乎太过痴迷于拉花的过程，集中在"色"的领域。假如太过于关注视觉美感，把饮茶的审美享受集中在啜饮之前的点茶拉花，如苏东坡所说"雪乳已翻煎处脚，松风忽作泻时声"，看起来赏心悦目，再加上听起来如闻乐音，绘声绘形，的确是极声色之娱，就有可能忽视了饮茶的"香"和"味"，对茶饮审美的嗅觉及味觉范畴，不太措意。世上事物多半如此，类似茶的质地与内涵，本来具备富赡的发展可能,可以开发各种认知与审美范畴,但若有一方面走向极致,其他方面往往就受到忽视,甚至逐渐丧失其内涵的可塑性。宋朝人点茶、斗茶,从北宋中期发展到宋徽宗,就有强调视觉审美的倾向,也就对茶的味觉及嗅觉审美领域,逐渐有所忽视。

三

注重茶的视觉美感,始作俑者可能要算到陆羽头上,因为他特别强调茶的沫饽是茶汤的英华。他在《茶经》的"五之煮",细述了烹煮研末之后的茶汤,盛到茶碗里产生的视觉美感:"凡酌,置诸碗,令沫饽均。沫饽,汤之华也。华之薄者曰沫,厚者曰饽。细轻者曰花,如枣花漂漂然于环池之上,又如回潭曲渚青萍之始生,又如晴天爽朗有浮云鳞然。其沫者,若绿钱浮于水渭,又如菊英堕于鐏俎之中。饽者,以滓煮之,及沸,则重华累沫,皤皤然若积雪耳,《荈赋》所谓'焕如积雪,烨若春'有之。"

五代北宋时期陶穀(903—970)《清异录》有"生成盏"一则:"馔茶而幻出物象于汤面者,茶匠通神之艺也。沙门福全生于金乡,长于茶海,能注汤幻茶,成一句诗。并点四瓯,共一绝句,泛乎汤表。小小物类,唾手办耳。檀越日造门求观汤戏,全自咏曰:'生成盏里水丹青,巧画工夫学不成。却笑当时陆鸿渐,煎茶赢得好名声。'"靠煎茶获得这么大名声,确实不容易,四个茶盏茶汤,像变魔术似的,轻轻松松就点出了这么一首诗来。五代期间是幻化沫饽为视觉艺术的滥觞期,还有各种各样的"茶百戏""漏影春"之类的花样。

陆羽强调沫饽为茶之英华,强调其中有精神境界的追求,也连带出啜饮养生的含义。沫饽的视觉联想多于味觉联想,又联系起养生益寿,与唐宋佛教流行的"醍醐"概念有关。陆羽在《茶经》里说到茶的功能:"茶之为用,味至寒,为饮最宜。精行俭德之人,若热渴、凝闷、脑疼、目涩、四肢烦、百节不舒,聊四五啜,与醍醐、甘露抗衡也。""甘露"就是清晨水汽凝结而成的露水,是上天凝聚灵气,从暗夜转为白昼之际,呈现在世上的仙品。《资治通鉴》卷二十记汉武帝元鼎二年(前115年):"起柏梁台,作承露盘,高二十丈,大七围,以铜为之,上有仙人掌,以承露,和玉屑饮之,云可以长生。"从汉代以来,宫廷就修建承露盘,以吸取天地精华的甘露。"醍醐"是动物奶乳提炼出来的精华,是与"甘露"同样带有神性的天地精华。《大般涅槃经·圣行品》中提到"譬如从牛出乳,从乳出酪,从酪出生酥,从生酥出熟酥,从熟酥出醍醐",这里的"醍醐"就是香港人所谓的"忌廉"(cream)。欧美传统烹调美食,就经常使用醍醐(忌廉),比如蘑菇忌廉汤、松露忌廉意大利面条之类。假如我们回到唐宋用词习惯,也可以称之为蘑菇醍醐汤、松露醍醐意大利面。陆羽把茶比作甘露与醍醐,是精神飞升的联想,因为他在联想的过程中,有意无意给茶赋予了神秘的灵性,成为可以追求的精神境界,而且与延年益寿的养生观念相连起来,很容易在审美风尚之上,又加持上一道养生风尚。

我觉得世界上所有对风尚的追求和对审美追求的提升,都是对一种美好境界的向往与联想。既然茶是百草英华,点茶所营造的沫饽,就是草木英华的精华,就是在想象意识的提升中,营造了带有神性的饮啜养生品。联想的脉络是:乳奶的精华是醍醐,茶的精华就是沫饽,都是提升精神境界的载体。这也就解释了,为什么唐宋饮茶如此在意沫饽,刻意要在汤面打出泡沫,而且要追求完美,击拂出凝聚不散的雪白泡沫。这种追求不只是客观物质性的视觉美感,其中还有视觉联想带出来的精神追求与向往,从形而下发展到形而上,从饮啜品尝得延年益寿,以至于提升到神灵境界。喝茶本来是物质性的,是个形而下的东西,可是审美联想是形而上的追求,饮啜的精神追求就没有止境了。假如饮啜沫饽能够跟神圣因素联系起来,那么茶饮审美的境界就可能遨游无尽,达到审美追求的极致。这种想法是否偏执暂且不论，这种追求审美极致的方向，则是宋人点茶要求击拂乳花、沫饽，还要精益求精的潜在原因。

四

对于点茶之道的掌握，宋徽宗这个旷世大玩家，讲得很多、很复杂，但条理分明，叙述得很清楚：

> 点茶不一，而调膏继刻。以汤注之，手重筅轻，无粟文蟹眼者，谓之静面点。盖击拂无力，茶不发立，水乳未浃，又复增汤，色泽不尽，英华沦散，茶无立作矣。有随汤击拂，手筅俱重，立文泛泛，谓之一发点。盖用汤已故，指腕不圆，粥面未凝，茶力已尽，雾云虽泛，水脚易生。

他首先指出，点茶要掌握技巧。技巧不到家，就会失败，出现"静面点""一发点"的现象。"静面点"是说茶汤表面"无粟文蟹眼"，没有乳花，因为使用茶筅的时候，手劲重而茶筅击拂得轻，无法打出沫饽，达不到拉花的效果。关键在于击拂不得力,茶沫发不起来,注汤的方式不得要领,沸水与茶膏尚未恰当调和,就再度加水,以至于"英华沦散",出现不了沫饽。"一发点"指的是发沫稀薄,一发即散,也是失败的拉花表现。原因还是技术欠佳,手与茶筅都用力过重,打起来的泡沫浮泛易散,无法凝聚。虽然表面上看似云雾弥漫,好像出现了乳花,但是很快就消失殆尽。

宋徽宗指出,掌握点茶的技巧,必须依照七个步骤,按部就班,澄心静虑,一一施行。第一步至关紧要:

> 妙于此者,量茶受汤,调如融胶。环注盏畔,勿使侵茶。势不欲猛,先须搅动茶膏,渐加击拂,手轻筅重,指绕腕旋,上下透彻,如酵蘖之起面,疏星皎月,灿然而生,则茶面根本立矣。

真正的行家里手,把茶膏先调得适宜,环绕着茶盏注水,要小心翼翼,不要让注水的过程影响茶膏发立。一开始不能太猛,慢慢击拂,逐渐发力。手要轻,筅要重,手指与手腕的动作要灵活,旋转环绕,上下透彻,才能像酵母发面那样,如"疏星皎月,灿然而生",形成茶面能够持久的沫饽。接着还有六个步骤,才能达到完美的点茶拉花境界:

第二汤自茶面注之，周回一线，急注急止，茶面不动，击拂既力，色泽渐开，珠玑磊落。三汤多寡如前，击拂渐贵轻匀，周环（旋复），表里洞彻，粟文蟹眼，泛结杂起，茶之色十已得其六七。四汤尚啬，筅欲转稍宽而勿速，其真精华彩，既已焕然，轻云渐生。五汤乃可稍纵，筅欲轻盈而透达，如发立未尽，则击以作之。发立已过，则拂以敛之，结浚霭，结凝雪，茶色尽矣。六汤以观立作，乳点勃然，则以筅着居，缓绕拂动而已。七汤以分轻清重浊，相稀稠得中，可欲则止。乳雾汹涌，溢盏而起，周回凝而不动，谓之咬盏，宜均其轻清浮合者饮之。《桐君录》曰"茗有饽，饮之宜人"，虽多不为过也。

宋徽宗教人点茶，秘诀是要掌握复杂的程序，循序渐进，才能一步一步看到"色泽渐开，珠玑磊落"，然后再看到粟文蟹眼，泛结杂起，到慢慢轻云渐升，"结浚霭，结凝雪"，就像白雪一样；再来是"乳点勃然"，最后才能达到沫饽凝聚的效果："乳雾汹涌，溢盏而起，周回凝而不动，谓之咬盏，宜均其轻清浮合者饮之。"

宋徽宗是皇帝，当然享受皇家待遇，喝的茶是特供给皇帝老子的贡品，也就是建溪御苑龙焙的产品。关于北苑龙焙的记载，蔡襄《茶录》已经指出"唯北苑凤凰山连属诸焙所产者味佳"。宋子安《东溪试茶录》引述品茶大家丁谓与蔡襄的论述，综论北苑水土特别适合产茶："先春朝隮常雨，霁则雾露昏蒸，昼午犹寒，故茶宜之。茶宜高山之阴，而喜日阳之早。自北苑凤山南，直苦竹园头东南，属张坑头，皆高远先阳处，岁发常早，芽极肥乳，非民间所比。次出壑源岭，高土沃地，茶味甲于诸焙。"他描述北苑的地理位置特殊，连属诸山出产好茶，离开这片土地就差了："北苑西距建安之洄溪二十里而近，东至东宫百里而遥(姬名有三十六，东宫其一也)。过洄溪，踰东宫，则仅能成饼耳。独北苑连属诸山者最胜。北苑前枕溪流，北涉数里，茶皆气弇然，色浊，味尤薄恶，况其远者乎？亦犹橘过淮为枳也。"《宣和北苑贡茶录》特别标出上贡给皇帝的御茶，都是精挑细选、花样众多，却产量极少的极品，从龙凤团茶、石乳、的乳、白乳、小团、密云龙、瑞云翔龙，一直到宋徽宗喜欢的白茶，还不断翻新，层出不穷，难以胜数，如龙园胜雪、御苑玉芽、万寿龙芽、上林第一、乙夜清供、承平雅玩、龙凤英华、玉除清赏、启沃承恩，不一而足。

梅尧臣有一首茶诗，诗题很长："李仲达寄建溪洪井茶七品，云愈少愈佳，未知尝何如耳。因条而答之。"说的是他朋友李仲达寄来建溪所产的洪井茶，共有七等品级，分量愈少的愈好，要他品尝试茶。梅尧臣品尝之后，一一条举："末品无水晕，六品无沉相。五品散云脚，四品浮粟花。三品若琼乳，二品罕所加。绝品不可议，甘香焉等差。"梅尧臣所喝的建溪茶，产自北苑一带，分为七个等级品类，品尝之后发现，四品以上才有粟花，三品则美如琼浆玉乳，二品已经好到无以复加了，绝品更是言语道断，难以形容。梅尧臣无法描摹二品与极品的茶汤品相，虚晃一招，让人觉得，只能意会不可言传，但是描述三品已经有如琼乳，说及二品与极品，当然还是赞美建溪御茶可以击拂出绚烂的乳花。他在《尝茶和公仪》一诗中，称赞北苑御茶是这么说的："都篮携具上都堂，碾破云团北焙香。汤嫩水清花不散，口甘神爽味偏长。"到了徽宗皇帝写《茶论》，教人点茶拉花七步骤，则把御茶击拂所能达到的审美极致，像他书写瘦金体与描画花鸟人物一样，刻画入微，形容得淋漓尽致，纤毫毕露，那才是言语道断，无以复加呢。

五

仔细观察《大观茶论》写的品茶过程，可以知道，宋代品茶审美程序的展现，最强调的是视觉感受。虽然宋人饮茶的方式与唐代相似,主要是制造团状茶饼,然后研末煎点,同时又沿袭了唐朝以来强调的沫饽,但是,宋代点茶把视觉审美提升到了极致,更重视的是点茶、拉花,就造成品茶审美的"色香味"三位一体,逐渐向"色"的视觉感受倾斜。

关于饮茶品味,蔡襄早在《茶录》里,就非常清楚地讲到"色、香、味",本来应该是三者并重的,也显示宋代人饮茶继承了陆羽提出的感官审美的统一性,要求视觉、嗅觉与味觉都能得到愉悦。他论"色":"茶色贵白……既已末之,黄白者受水昏重,青白者受水鲜明,故建安人斗试,以青白胜黄白。"论"香":"茶有真香。……建安民间试茶,皆不入香,恐夺其真。"论"味":"茶味主于甘滑,唯北苑凤凰山连属诸焙所产者味佳。隔溪诸山,虽及时加意制作,色、味皆重,莫能及也。"但是在"茶盏"这一段中,蔡襄却明确点出了斗茶的关键:"茶色白,宜黑盏。建安所造者绀黑,纹如兔毫,其坯微厚,熁之久热难冷,最为要用。出他处者,或薄或色紫,皆不及也。其青白盏,斗试家自不用。"你要斗茶,就要使用建窑的黑盏,其他都不够好,斗茶的行家不用。原因很简单,他要看到绀黑的茶盏衬出雪白的沫饽,要看到乳花汹涌而起,最好能够凝聚不散。说到底,要斗茶,斗的首先还是视觉审美,要看击拂拉花的本领。

宋徽宗在《大观茶录》里面,也说"色香味",大体说的和蔡襄一致，但是论"色"的时候，就长篇大论说了一通"纯白"的重要性："点茶之色，以纯白为上真，青白为次，灰白次之，黄白又次之。天时得于上，人力尽于下，茶必纯白。"对于茶色要白，他特别关注，还专门列了"白茶"一项："白茶自为一种，与常茶不同，其条敷阐，其叶莹薄。崖林之间，偶然生出，虽非人力所可致。有者不过四五家，生者不过一二株，所造止于二三銙而已。芽英不多，尤难蒸焙。汤火一失，则已变而为常品。须制造精微，运度得宜，则表里昭澈，如玉之在璞，他无与伦也。浅焙亦有之，但品格不及。"徽宗皇帝说的白茶，跟我们今天讲的白茶不同，是当时出产在崖林之间的珍异，是天地间钟灵毓秀的英华，是专供皇室的贡品。我们要特别指出，宋徽宗虽然强调茶之"纯白"，却并非忽略"香"与"味"，因为他所饮啜的白茶，是色香味兼有的，也就是他自己说的"与常茶不同"。他在论"味"的时候，还特别说到"夫茶以味为上，甘香重滑，为味之全，唯北苑、壑源之品兼之"。问题是，这种珍异的白茶，千金难买，当天下官民一体都羡称斗茶风尚，都要使用黑釉的建窑茶碗，击拂出皎如白雪的乳花，而却得不到北苑或壑源的御茶，不能同时具备色香味的情况下，该怎么办，如何取舍呢？

　　写《东溪试茶录》的宋子安，时代比蔡襄稍晚，生活在宋徽宗之前，对福建御茶园及其附近茶山出产的情况，知之甚详，可能就是监管御茶并从事有关造茶工作的负责人。他在《东溪试茶录》里讲到,北苑与壑源是最重要的上等茶产地,同时还说到,茶之名类有七:白叶茶、柑叶茶、早茶、细叶茶、稽茶、晚茶、丛茶。白叶茶列为第一等:"民间大重,出于近岁,园焙时有之。地不以山川远近,发不以社之先后,芽叶如纸,民间以为茶瑞,取其第一者为斗茶。而气味殊薄,非食茶之比。"其次为柑叶茶:"树高丈余,径头七八寸,叶厚而圆,状类柑橘之叶。其芽发即肥乳,长二寸许,为食茶之上品。"这里透露的消息是,白叶茶晚近才出现,不出产在特定的地区,也不按照固定的时序出现,芽叶如纸,气味淡薄,是斗茶比试的上品,但是味道比不过叶芽肥厚的柑叶茶。可见宋子安已经明确作了区分,白叶茶是斗茶的上品,而柑叶茶是食茶的上品。

黄儒《品茶要录》有一节专讲斗茶:

茶之精绝者曰斗,曰亚斗,其次拣芽。茶芽,斗品虽最上,园户或止一株,盖天材间有特异,非能皆然也。且物之变势无穷,而人之耳目有尽,故造斗品之家,有昔优而今劣,前负而后胜者。……其造,一火曰斗,二火曰亚斗,不过十数铸而已。拣芽则不然,遍园陇中择其精英者尔。其或贪多务得,又滋色泽，往往以白合盗叶间之。试时色虽鲜白，其味涩淡者，间白合盗叶之病也。（一鹰爪之芽，有两小叶抱而生者，白合也。新条叶之抱生而色白者，盗叶也。造拣芽常剔取鹰爪，而白合不用，况盗叶乎。）

这一段话说明了白茶斗品之难得，一片茶园中或许只有一株茶树达标，而且还可能发生难以预期的变化，过一段时间枯萎或变质了。一株斗品茶树实在做不出多少斗茶，就有人想出其他花样，制造山寨版的斗品，以拣芽为底，掺入白合与盗叶来冒充。拣芽是第三等的茶芽，也就是一般说的一枪一旗（一芽一叶），鲜嫩可口，但是色泽偏绿，达不到斗茶所需要的乳花汹涌、凝聚不散的效果。为了达到视觉效果，就掺入欠缺香气与味道的白合与盗叶，让斗茶的时候看起来色泽鲜白，然而味道涩淡，只能骗骗不入流的茶客。宋徽宗是行家里手，他在《大观茶论》里说："凡芽如雀舌谷粒者为斗品，一枪一旗为拣芽，一枪二旗为次之，余斯为下茶。茶始芽萌，则有白合；既撷，则有乌蒂。白合不去，害茶味；乌蒂不去，害茶色。"显然他不会上当受骗，当然也没人敢骗皇帝。

《东溪试茶录》指出，建溪御苑一带，出产白茶的茶园，有如是诸家。"今出壑源之大窠者六：叶仲元、叶世万、叶世荣、叶勇、叶世积、叶相。銎源岩下一：叶务滋；源头二：叶团、叶肱；銎源后坑一：叶久；銎源岭根三：叶公、叶品、叶居；林坑黄漈一：游容；丘坑一：游用章；毕源一：王大照(诏)；佛岭尾一：游道生；沙溪之大梨漈上一：谢汀；高石岩一：云院；大梨一：吕演；砰溪岭根一：任道者。"在北宋中晚期，因为斗茶拉花的风气盛行，白茶成了万众瞩目的精品，民间也流传"叶氏白、王氏白"的说法，而以叶氏白茶最为著名。苏轼《寄周安孺茶》诗有曰："自云叶家白，颇胜中山醴。"王家白茶在宋代亦久负盛名，刘弇《龙云集》(卷28)："其品制之殊，则有……叶家白、王家白……"

蔡襄爱茶成癖，与茶农王大诏熟识，《蔡忠惠文集·茶记》云："王家白茶，闻于天下。其人名大诏。白茶唯一株，岁可作五七饼，如五铢钱大。方其盛时，高视茶山，莫敢与之角。一饼直钱一千，非其亲故，不可得也。终为园家以计枯其株。予过建安，大诏垂涕为予言其事。今年枯蘖辄生一枝，造成一饼，小于五铢。大诏越四千里，特携以来京师见予，喜发颜面。予之好茶固深矣，而大诏不远数千里之役，其勤如此，意谓非予莫之省也。可怜哉！乙巳初月朔日书。"这里讲的一段故事，让我们看到白茶的珍贵，茶户之间因竞争而嫉恨的冲突，以及茶人之间的高山流水知音情怀。王大诏茶园里只有一株白茶，却能名闻天下。这一株茶树，每年只能生产五铢钱大小的茶饼五七枚，每枚值一千钱，实在不便宜，却不随便售卖，只留给亲朋故旧。后来这株茶树遭人设计枯死了，王大诏曾向蔡襄哭诉，显然是痛心已极。到了 1065 年，枯树居然发了一枝新桠，王大诏以此制作成一块小于五铢钱的茶饼，千里迢迢拿到京师来送给懂茶的蔡襄，让他感动不已。

到了宋徽宗的时候，建溪白茶还是以叶氏生产的最为著名，《大观茶论》还一一著录了品名：

> 名茶各以所产之地，如叶耕之平园台星岩，叶刚之高峰青凤髓，叶思纯之大岚，叶屿之眉山，叶五崇林之罗汉山水，叶芽、叶坚之碎石窠、石白窠（一作突窠），叶琼、叶辉之秀皮林，叶师复、师贶之虎岩，叶椿之无双岩芽，叶懋之老窠园，名擅其门，未尝混淆，不可概举。前后争鬻，互为剥窃，参错无据。曾不思茶之美恶者，在于制造之工拙而已，岂冈地之虚名所能增减哉。焙人之茶，固有前优而后劣者，昔负而今胜者，是亦园地之不常也。

这些记载让我们看到，宋人为了点茶拉花，击拂出最出色的乳花沫饽,对珍稀的白茶是如何向往与渴求,而茶农也因种植高档茶叶得以蜚声天下,连皇帝老儿都在书中记了一笔。

传为刘松年的《茗园赌市图》及赵孟頫的《斗茶图》,都画了市井斗茶的场景,似乎宋朝人上至帝王将相下到市井小民,人人都参与斗茶的风尚狂欢,都在点茶拉花的过程中,享受乳花汹涌的愉悦。问题是,升斗小民能得到击拂出色香味俱全的白茶吗?想来是不可能的。点茶讲究纯白的色效,只有正宗的白茶才能达到色香味俱全的境界。因此,一般市井小民为了斗茶的沫饽呈现蜡白的效果,使用欠缺香气与味道的山寨白茶,这也是无可奈何的替代。为了跟上风尚,点茶的色相逐渐压过了香气与味道,成了视觉艺术的偏执追求了。啜英咀华的发展,由于风尚的大众化与平民化,完全颠覆了饮茶的色香味审美的统一性,沦落为拉花技艺的表演,也就预示着宋代点茶走向衰微的必然。

茶之为饮,有其客观的物质性,能够提供色香味的实体愉悦,满足形而下的感官享受。感官愉悦的发展,提升为形而上的探索,追求嗅觉、味觉、视觉的审美统一性,在精神领域追求美感的升华,就是茶道的肇始。从唐代陆羽的煎茶到宋代文人学士与宋徽宗的点茶拉花,是在一脉相承中不断攀升审美的境界,以臻于极致。但是,当追求过程偏于一隅,为了视觉效果达到乳花凝聚的巅峰状态，就不免忽视了茶香与茶味，排除了茶饮实体愉悦的两个相关面向。在早期点茶拉花的发展过程中，问题还不严重，到了蔡襄与宋徽宗这样的饮茶大家，把高雅艺术追求的探索精神移植到点茶拉花，茶饮就逐渐脱离了物质性，带动了难以持续的点茶风尚。

范仲淹有一首著名的《和章岷从事斗茶歌》：

年年春自东南来，建溪先暖冰微开。

溪边奇茗冠天下，武夷仙人从古栽。

新雷昨夜发何处，家家嬉笑穿云去。

露芽错落一番荣，缀玉含珠散嘉树。

终朝采掇未盈襜，唯求精粹不敢贪。

研膏焙乳有雅制，方中圭兮圆中蟾。

北苑将期献天子，林下雄豪先斗美。

鼎磨云外首山铜，瓶携江上中泠水。

黄金碾畔绿尘飞，碧玉瓯中翠涛起。

斗茶味兮轻醍醐，斗茶香兮薄兰芷。

其间品第胡能欺，十目视而十手指。

胜若登仙不可攀，输同降将无穷耻。

……

从采茶、制茶写到斗茶,生动活泼,色香味俱全,似乎把斗茶的欢乐都写尽了。可是蔡襄觉得范仲淹写得不够好,没能掌握点茶的个中三昧,其中最大的问题是,形容茶末是"绿尘飞",而茶汤的沫饽是"翠涛起",不符合雪白色的茶末要求,更降低了沫饽色泽应该是雪白乳花的标准。明冯时可《茶录》记载了蔡襄对范仲淹的批评:"范文正公《采茶歌》'黄金碾畔绿尘飞,碧玉瓯中翠涛起',今茶极品色甚白,碧绿乃下者,谓改为'玉尘飞''素涛起'如何?"蔡襄讲究茶道,是要色香味三位一体的,但是他的批评却在客观上造成了强调视觉美感的后果。再经过宋徽宗的推波助澜,通过《大观茶论》大力宣扬,使得斗茶一味追求视觉美感,违背了这两位茶道大家的初衷。

回顾中国茶饮的历史,点茶拉花的风尚,在宋代大行其道,一直影响了日本茶道的主流发展。在中国却因为发展走了偏锋,在视觉审美上走到了极致,忽视了饮茶客观本质的香与味,以至于点茶之风走向没落。明太祖罢造龙团,进贡芽茶,一般都说是体恤民情,让茶农不至于疲于奔命,在惊蛰以前赶制特供皇室的龙凤茶团。自此以后,中国饮茶历史完全改观,开始了饮啜芽叶茶的新传统。仔细思考饮茶的历史发展就会发现,宋代点茶拉花走向极致,以乳花雪白为上的情况,需要偶生于天地间的白茶作原料,居然成为全民风尚,是个不可能持续发展的途径。中国饮茶历史转向芽叶冲泡，更深刻的原因就涉及了茶的物质本性，具备色香味的条件，是应当发展三位一体的审美追求的。因此，明代以来饮茶以芽叶冲泡为主，扬弃了盛极一时的点茶风尚，或许也是中国茶道返璞归真的历程。

本文原载《书城》2016 年 12 月号

晚明饮茶风尚

喝茶是清雅之事,大概是陆羽写了《茶经》之后,在士大夫精英阶层之中,逐渐发展而成的概念。先是追求纯净,再来就从形而下的茶饮纯净之中,提炼出精神境界的纯净,变成了形而上的心灵追求。中国人喝茶,从最先滚水煮茶叶,当作菜汤或药汤的饮料,用来解渴与解乏,从原本只强调物质性的功能,逐渐变身,开始进入追求非物质文化的精神境界,成为提升个人文化修养与审美情趣的道场,经历了很长的时间,而且峰回路转,其中还有许多曲折变化。

　　从物质形态的变化来看,最主要是中国饮茶的主流风尚,从唐宋的研末煎点,转化为明清以来的芽叶冲泡。对日本茶饮的影响,则是唐宋研末煎点法在日本得以持久承续,演化为日本茶道的抹茶法,经千利休的发扬光大,迄今仍然是日本茶饮风尚的主流。若从非物质的精神追求领域来看,无论是研末煎点,还是芽叶冲泡,抑或是日本人坚守不变的抹茶道,古代的文人雅士与当今的社会精英,则追求的目标基本不变,企图从喝茶的形而下体验,上升到精神的形而上领悟,凝神虑志,希望从饮茶过程中发现人世间的静修之道。其间或许存在茶叶形态的不同,程序与仪式的差异,但目的一致,都是追求心灵的平和与审美的享受。

　　陆羽《茶经》可说是开创了茶道的精神领域,从物质性的解乏解渴,上升到口感审美,并且强调饮茶的纯净性,追求简约美学,从中得到道德境界的提升。陆羽讲究茶道,指出茶有其本色,有其内在的质量,不应当加料加果。饮茶可以有各种各样的方式,制茶也有粗茶、散茶、末茶、饼茶之别,他反对的是当时流行的喝法:"或用葱、姜、枣、橘皮、茱萸、薄荷之等,煮之百沸,或扬令滑,或煮去沫。斯沟渠间弃水耳,而习俗不已。"晚唐的皮日休非常喜欢喝茶,说古人喝茶的方式不敢恭维,就是把茶叶丢进锅里煮,跟喝菜汤无大分别。唐朝通俗喝茶,沿袭了"煮菜汤"的古法,还喜欢放各种佐料,把葱、姜、枣、橘皮、茱萸、薄荷等,都放到茶汤里面一起去煮。这个习惯是沿袭古人喝茶如喝菜汤的方式,什么东西都可以往茶里放。陆羽认为,这不是喝茶,是糟蹋茶,喝的是沟渠间的弃水,跟人家倒在沟里的馊水差不多。陆羽强调"茶性俭,最宜精行俭德之人",要从简约当中发现茶的灵性。

陆羽在人类饮茶历史上,最大的贡献就是写了《茶经》,明确点出饮茶有精神境界,可以从中提升心灵感悟,体验静修的审美经验。之后的茶仪与茶道演变,无论是宋代宫廷与士大夫的点茶斗茶、寺院茶仪的持修空灵、明清文人的清雅茶聚、日本茶会的和敬清寂,都因陆羽的开示而得以开创自成体系的饮茶天地。

中国历史发展到明代,在文化审美的追求上,基本沿袭宋代对精致美学的向往、对日常生活品味的讲究。宋代士大夫文人在审美的体会上,较之唐代的上层社会,或许对盛世排场及奢华的追求有所不及,但是能够沉潜于细节,精益求精,在纯净简朴之中,体悟光风霁月的审美境界。宋人讲究的"清风明月""鸢飞鱼跃",是一种追求自然境界的精神领悟,融合了儒家的宽博、道家的逍遥、佛家的禅悟,通过具体的人间事物,达到圆融的审美境界,体会天人合一的神韵。宋人饮茶发展出点茶拉花，虽然有耽于卖弄技巧、过度偏重技艺之嫌，但是，大多数文人雅士在茶饮审美的追求上，还是注重心灵提升的体会的。如苏东坡的《汲江煎茶》诗，写在他遭贬海南的时期，就显示了这种审美超越的精神境界：

活水还须活火烹，自临钓石取深清。大瓢贮月归春瓮，小杓分江入夜瓶。茶雨已翻煎处脚，松风忽作泻时声。枯肠未易禁三碗，坐听荒城长短更。

汲水煎茶的过程，是一种心灵净化的过程，在人生境遇遭到困塞之际，安安静静地喝一碗茶，自己取水，自己烹茶，静听水声翻腾，默看茶沫浮泛，夜深人静，正是安顿自己心境，"万物静观皆自得"的时候。

历史经过蒙古入侵，天下大乱，再经历改朝换代的天翻地覆变化之后，到了明代中叶之后，经济与社会形态渐趋稳定，江南的商品化经济开始起飞，物产丰富，社会繁华，士大夫阶级的日常生活重新讲求精致与奢华，品味也开始重新追求高雅。明朝的文人雅士心目中高风亮节与风雅洒脱的表率，就是苏东坡，不但景仰他的为人处世，欣赏他的诗词歌赋，也向往他的生活品位态度。在饮茶方面,虽然明代的饮茶风尚在物质性的制作与烹调方法上已经改变,不同于宋人的研末点茶,而开始推崇炒青的芽茶,特别讲究清明到谷雨间的新茶嫩芽,但是在追求茶饮的高雅审美境界,冀望精神提升方面,却仍然一脉相承,继承了陆羽、苏东坡的审美向往。

我们只要看看明代文人雅士的著作,说到饮茶的场合,除了要喝好茶,满足口舌的物质性品味之外,说的都是如何可以达到清雅之境,让心灵得到无限欢愉。徐渭《煎茶七类》首先就说"人品",也就是坐在同一茶席中喝茶的朋辈:"煎茶虽凝清小雅,然要须其人与茶品相得。故其法每传于高流大隐、云霞泉石之辈,鱼虾麋鹿之俦。"喝茶要清雅,首先人品要雅,物以类聚,人以群分,要跟高雅之士在一起,才能登临清雅之境。徐渭还说到适合喝茶的环境,有以下几类:"凉台静室、明窗曲几、僧寮道院、松风竹月、宴坐行吟、清潭把卷。"而可以一起饮茶,一同体会茶饮审美境界的茶侣,则是:"翰卿墨客、缁流羽士、逸老散人,或轩冕之徒、超然世味者。"换句话说,孜孜营役于官场或商场,脑满肠肥,而无隐逸超越心境的人,是不配与他同席饮茶的。

明万历年间的茶人,最为当时称颂的,是浙江钱塘(今杭州)人许次纾(字然明,约 1549—1604)。他写了一本《茶疏》(1597 年成书),不但对茶的历史文献了若指掌,还反映了作者访茶、品茶的实践经验,吸收了当时江浙一带精于茶事者的宝贵经验,可说是杭州地区最懂得品茗之人。他列举古今名茶的兴废,说到明代中叶以后的风尚趋向江南的春茶,最有名的有长兴之罗岕,他怀疑就是唐朝人崇尚的顾渚紫笋,但又有不同。此外,"若歙之松萝、吴之虎丘、钱塘之龙井,香气浓郁,并可雁行,与岕颉颃"。福建的茶,宋元之后开始衰落,到了晚明,只有武夷的雨前最好。浙江其他地区也有些好茶,如"天台之雁宕、括苍之大盘、东阳之金华、绍兴之日铸,皆与武夷相为伯仲"。可惜的是"制造不精,收藏无法,一行出山,香味色俱减"。

许次纾非常讲究烹茶的方法,要从清洁的茶具开始,按部就班,一一合乎洁燥的程序,否则会破坏茶的原味:"未曾汲水,先备茶具。必洁必燥,开口以待。盖或仰放,或置瓷盂,勿竟覆之案上,漆气食气,皆能败茶。先握茶手中,俟汤既入壶,随手投茶汤,以盖覆定。三呼吸时,次满倾盂内。重投壶内,用以动荡,香韵兼色不沉滞。更三呼吸顷,以定其浮薄,然后泻以供客。则乳嫩清滑,馥郁鼻端。病可令起,疲可令爽。吟坛发其逸思,谈席涤其玄衿。"

泡茶要有技巧,而使用技巧的目的,是要达到一种审美的感受,从中体会高雅的境界,不只是满足口腹之欲,为喝茶而喝茶。他认为嫩绿的新茶最有趣,不但有新鲜感,而且充满了诗意,有余不尽,留下无穷的美好想象:

> 一壶之茶,只堪再巡。初巡鲜美,再则甘醇,三巡意欲尽矣。余尝与冯开之(冯梦祯)戏论茶候,以初巡为"婷婷袅袅十三余",再巡为"碧玉破瓜年",三巡以来绿叶成阴矣。开之大以为然。所以茶注欲小,小则再巡已终。宁使余芬剩馥尚留叶中,犹堪饭后供啜嗽之用,未遂弃之可也。若巨器屡巡,满中泻饮,待停少温,或求浓苦,何异农匠作劳,但需涓滴,何论品赏,何知风味乎。

许次纾还讲到茶寮的安排与布置:

> 小斋之外,别置茶寮。高燥明爽,勿令闭塞。壁边列置两炉,炉以小雪洞覆之,只开一面,用省灰尘腾散。寮前置一几,以顿茶注、茶盂,为临时供具,别置一几,以顿他器。傍列一架,巾悬之,见用之时,即

置房中。斟酌之后，旋加以盖，毋受尘污，使损水力。
炭宜远置，勿令近炉，尤宜多办宿干易炽。炉少去
壁，灰宜频扫。

他对于茶室环境的讲究，强调明亮清爽，而且明确地说：
"煎茶烧香，总是清事，不妨躬自执劳。"许次纾中意的茶寮，在
半个世纪以后文震亨的《长物志》中，是这么形容的："构一斗
室，相伴山斋，内设茶具。教一童专主茶役，以供长日清谈，寒
宵兀坐。幽人首务，不可少废者。"

至于饮茶的场合，许次纾更是着意罗列，可从中见到晚明
雅士的茶饮情趣：

> 心手闲适。披咏疲倦。意绪棼乱。听歌拍曲。
> 歌罢曲终。杜门避事。鼓琴看画。夜深共语。明窗
> 净几。洞房阿阁。宾主款狎。佳客小姬。访友初
> 归。风日晴和。轻阴微雨。小桥画舫。茂林修竹。
> 课花责鸟。荷亭避暑。小院焚香。酒阑人散。儿辈
> 斋馆。清幽寺观。名泉怪石。

说来说去，都是清雅的场所与情景，就像平日在自家园林

中优哉游哉的生活，高兴了出去游山玩水，到清幽的寺观中与出家人谈玄说禅，像明代画卷中想象的隐逸风神。许次纾还说到不适当的场合："作字。观剧。发书束。大雨雪。长筵大席。翻阅卷帙。人事忙迫。及与上宜饮时相反事。"更指出不宜茶饮场合的人与物事："恶水。敝器。铜匙。铜铫。木桶。柴薪。麸炭。粗童。恶婢。不洁巾帨。各色果实香药。"不宜靠近的地方、人与物："阴室。厨房。市喧。小儿啼。野性人。童奴相哄。酷热斋舍。"

与许次纾同时代的罗廪，周游各地，潜心调查种茶、制茶技艺之后，回乡居山十年，亲自实践，加以验证，总结经验，写成《茶解》一书，主要探讨茶叶生产和烹饮技艺，是明清时期最为"论审而确"之茶书。他指出："茶须色、香、味三美俱备。色以白为上，青绿次之，黄为下。香如兰为上，如蚕豆花次之。味以甘为上，苦涩斯下矣。"为了表现他品评茶饮的知识来自亲身考察，见识与本领不下于许次纾，他特别在品水的体会上，点出许次纾没有发现杭州的甘露泉水：

> 武林（杭州）南高峰下，有三泉。虎跑居最，甘露亚
> 之，真珠不失下劣，亦龙井之匹耳。许然明（许次纾），
> 武林人，品水不言甘露何耶？甘露寺在虎跑左，泉居寺

殿角，山径甚僻，游人罕至。岂然明未经其地乎？

关于适合饮茶，而能跻升体会清雅的场合，罗廪是这么说的："山堂夜坐，手烹香茗，至水火相战，俨听松涛，倾泻入瓯，云光缥缈，一段幽趣，故难与俗人言。"这样的幽趣的确"难与俗人言"，却是苏东坡《汲江煎茶》所展示的诗境。

关于品茶需好水，是陆羽一直强调的基本原则。罗廪则引用苏东坡《仇池笔记》的记录，说：

> 瀹茗必用山泉，次梅水。梅雨如膏，万物赖以滋长，其味独甘。《仇池笔记》云：时雨甘滑，泼茶煮药，美而有益。梅后便劣。至雷雨最毒，令人霍乱，秋雨冬雨，俱能损人。雪水尤不宜，令肌肉销铄。

这一段话提到，品茶最好是用山泉，即是陆羽的真传不二之法，其次是"梅水"。梅水是什么呢？就是江南梅雨季节的雨水，也就是苏东坡说的"美而有益"的甘滑的时雨。这样的"时雨"，并不只是诗情画意的联想，让人想起陶渊明说的"霭霭停云，蒙蒙时雨"。古代的天宇不像现代这般污染，没有钢铁厂或化工厂制造的毒雾，没有汽车排出的废气，没有笼罩在空中死活不肯消散的雾霾。梅雨季节的蒙蒙时雨，是洁净甘美的天水，是泡茶的好水。后人把"梅水"误会成梅花瓣上的露水，以讹传讹，还自以为高雅，未免抛弃了形而下的物质本性，数典忘祖，混淆视听了。

《红楼梦》第四十一回，贾母带着众人到妙玉的栊翠庵品茶。曹雪芹特别描写妙玉的品位高雅清纯，有这么一段叙述，显示她的茶饮境界高出宝玉与黛玉：宝玉吃了好茶，觉得轻淳无比，赏赞不绝。

> 黛玉因问："这也是旧年的雨水？"妙玉冷笑道："你这么个人，竟是大俗人，连水也尝不出来。这是五年前我在玄墓蟠香寺住着，收的梅花上的雪，共得了那一鬼脸青的花瓮一瓮，总舍不得吃，埋在地下，今年夏天才开了。我只吃过一回，这是第二回了。你怎么尝不出来？隔年蠲的雨水那有这样轻浮，如何吃得。"

妙玉所说的玄墓，是在苏州的西边靠太湖一带，现在称作光福的地区，以种植梅花著名，有"香雪海"之称。她收集了梅花上的雪水，藏了五年，再来泡茶，是否适合发挥春茶的清扬香气,是颇有可议,也令人怀疑的。曹雪芹是知道晚明茶饮风尚的,因为晚明遗风到了乾隆时期才逐渐颓丧,何况"上有天堂,下有苏杭",江南的清雅并不会全然消逝。或许从这段描述,我们也可以看到曹雪芹生花妙笔的狡狯之处,让我们看到妙玉的故作玄虚,把以讹传讹的"梅水",变成了可遇不可求的茶饮甘露,只有通过有洁癖的妙玉,才能体会品茶的最高审美境界?

本文原载《书城》2016 年 8 月号

华佗无奈小虫何

戴 燕

如果医生而有士人的情结，病人却是专制的君主，那么谁又会变成谁的命运的最终主宰呢？

一

1958年，毛泽东发表了两首七律诗《送瘟神》，"华佗无奈小虫何"是其中的一句，这一句讲的是当年流行血吸虫病的厉害，似乎起华佗于地下，也对它无奈。我从小念这些诗，每到这一句就会卡壳，因为华佗是家喻户晓的神医，神医怎么还能有治不了的病？后来，我还知道称华佗为神医、为我们传统医学的老祖宗，已经有起码一千多年的历史，神医的光环加在他头上，并不始于今日。我这里举一个例子，是在唐代学医的人必须要读的《经方小品》中，有这么一段说明传统医学起源的话："神农使于草石，黄帝施于针灸，扁鹊彻见脏腑，华佗刳割肠胃，所为各异，而治病则同。"这里面，神农、黄帝都是古史传说中的人物。扁鹊起初是传说中轩辕时代的良医，不过，司马迁《史记》写到过一个名叫秦越人的春秋时代医生，行医时也会用"扁鹊"这个名字，大概是要借力于扁鹊的神性吧。在山东曲阜收藏的东汉画像砖上，也还可以看到一个扁鹊施针图，那上面的扁鹊就是人首鸟身、半神半人的模样。这样算下来，只有华佗，是见诸史籍的实实在在的一个人。

华佗是东汉时代的人，最早把他的事迹记录下来的，有人说是与他弟子相熟的一个人，这人写过一篇《华佗别传》，这篇别传，迄今仍有一部分保留在《三国志》的裴松之注以及《后汉书》李贤等人的注里。而在相隔了半个多世纪以后，陈寿（233—297）撰写《三国志》，把他正式地写进《魏书》的《方技传》里，于是，便有了现存第一篇完整的华佗传记。在《魏书·方技传》中，陈寿一共写有五个人的传，一个是华佗，另外四个人分别是知声乐的杜夔、懂相术的朱建平、会占梦的周宣和善卜筮的管辂。这五位，按照现代的学科划分，勉勉强强可归入科技类，陈寿说他们都掌握有"玄妙之殊巧，非常之绝技"。比陈寿更早的一位史学家班固在他的《汉书·艺文志》里,解释"方技"为"生生之具",即与人的生命相关。由此也可知,把华佗当医学家、科学家,不光是现代人,也是他同时代人的看法。

华佗,一名旉(fū),字元化。祖籍沛国谯县(今安徽亳州),与曹操同乡,游学、行医的范围,则在离家乡不远的徐州(今山东南部、江苏北部)。他年轻的时候,对自己的医术就颇自负,因此,拒绝过沛相陈珪的举孝廉,也拒绝过太尉黄琬的招辟,一心一意只靠自己的医术吃饭。这些经历,在陈寿的《华佗传》里都写得清清楚楚。

《华佗传》还写到华佗"兼通数经",这个"经",当然指的是儒家经典。但问题也就来了。我的问题是,读完整个传记,就是不见一个字提到华佗的医术所从来。要说是因为像《三国志》这样以政治史为中心的史书,从来就没有交代一个医生的专业知识和技能之来源的惯例,好像也不是。在司马迁的《史记·扁鹊仓公列传》里,就既写有长桑君传禁方给扁鹊,也写有仓公随阳庆学医学了三年,而在《华佗传》本身,也写有华佗的两名弟子吴普、樊阿如何如何"从佗学",由此可见,并不是陈寿有意要略过师承关系这一节。那么,华佗的老师是谁呢?这位神医又何以能够凭空出世?在稍后的医学史谱系中,倒是有华佗继承扁鹊(秦越人)的说法,比如唐代的王勃为

《黄帝八十一难经》作序，就提到该经是由岐伯传黄帝，黄帝传伊尹，而后到秦越人，再"历九师以授华佗"的。在这个系谱里面，华佗是扁鹊的几百年后的隔代传人，但这还是没能解决他的直接导师是谁的问题。陈寿在这个问题上的语焉不详，留下疑点，给人以无限遐想的空间。

助成后人无限遐想的，还有陈寿写到只要让病人喝下麻沸散，华佗便能够实施手术的情节，这一情节，让熟悉现代外科手术规程的人尤其有匪夷所思之感。因此，在1917年出版的《外科医镜》这部书里，有一篇谌耀斋写的序，序里面就谈到华佗的医术可能"得自西方"。他有什么依据呢？依据是，华佗生活在汉献帝时代，碰巧的是，欧洲的解剖学鼻祖、希腊人加林（Galen，又译作盖伦）就在汉献帝三年去世，而加林到世界上最早的解剖学馆即埃及的亚历山大去学习解剖，还是在汉献帝之前的顺帝时期。换句话说，在华佗行医的年代，加林已从亚历山大学到了解剖术，这是千真万确的事实。所以，尽管没有确切资料说明华佗做手术的本领是从哪儿学到的，但加林和华佗曾经处于同一时空，这一点，不能理解为简单的巧合，华佗"若非西学灌输，焉能具此绝技"？1930年，陈寅恪发表《三国志曹冲华佗传与佛教故事》的论文，在这篇论文里，他又补充说：陈寿写华佗为曹操所杀，这一结局，应该是取材于

"医暴君病,几为所杀,赖佛成神,仅而得免"的印度故事。到了1935年,夏以煌再发表一篇《华佗医术传自外国考》,进一步确认华佗的医术是自西而来,经过了从埃及到印度、从印度到中国、再到华佗之手的路线。他说,华佗的"佗"可写为佛陀的"陀","旉"与佛陀的"佛"谐声,华佗的两个弟子吴普和樊阿,名字又与释迦牟尼的两个徒弟普贤菩萨和阿难菩萨谐声,而华佗编创的五禽戏来自达摩的少林拳术,华佗使用的麻沸散也就是印度大麻,所有这一切,点点滴滴,都表示"华佗医术之受印度人熏陶",并非不可能的事情。

需要说明的是,持有华佗医术是从西方传来的观点的人,他们的出发点,大多是不赞成把传统的中国医学看成"国粹",因此谈到这位传统医学的老祖宗,他们更乐于把他塑造成完全不排斥西方医学的开通、开明的形象。若从纯粹的学术立场去看,他们的说法,仍然存在着很大的漏洞,想象大于事实,所以今天讲医学史的人,基本上都不接受这一论点。台湾有一位年轻的医学史研究者李建民就针对陈寅恪提出不同意见,说:第一,曹操本嗜杀之人;第二,在敦煌的唐写本《搜神记》里,写有黄帝时代"善好良医,能廻丧车,起死人"的俞附的故事,俞附之后有扁鹊,扁鹊之后,便是"汉末,开肠胰,洗五藏,劈脑出虫,乃为魏武帝所杀"的华佗,这说明俞附已能断肠破腹,而华佗的医术当然源于华夏,根本没必要去"比附印度神医故事"。

二

司马迁说扁鹊吃了长桑君给他的神药,便有穿墙视人的神功,能看到人五脏的症结,可是华佗好像不曾得到神人的指点,他又怎么能证明自己医术超群? 陈寿在《华佗传》里,因此一开头就交代了两点:第一,是华佗自己的身体非常健康,"时人以为年且百岁,而貌有壮容"。范晔根据陈寿的《华佗传》,后来在《后汉书》里也写有一篇《华佗传》,在这里还特别加上一句:"时人以为仙。"长寿而不留岁月的痕迹,貌如神仙,显然是为医的一块"硬招牌";第二,是华佗给人治病,能"汤药攻其内,针灸攻其外",功夫全面,手法利索,也有效果。

本草和针灸是传统医学的两块基石,按照陈寿的描述,华佗都占全了。陈寿讲华佗用药很灵,配方有准头,病人服他的汤剂,往往药到病除。这一条,从他的弟子吴普著有《本草》一书,也可以想象得到。陈寿说华佗的针灸技术也很好,穴位拿捏得一丝不差,取穴少,不留针,灸不过七八壮(一灼为一壮),针不过一二处。他还形容华佗扎针前都会与病人作沟通:"当引某许,若至,语人。"写得相当传神。据说这是有益于行气的一种方法,到今天都还在用。华佗的时代,针灸已十分流行,我们在河北满城的汉墓里,可以看到西汉时的金银针,我们还可以看到四川绵阳出土的汉代针灸木人。当陈寿撰写《三国志》的时代,中国也确实有了第一部专门讲针灸的书,就是皇甫谧的《针灸甲乙经》,这书还一直传到朝鲜、日本。在后世所传有关针灸的书里,又有一些是托名华佗的,如《华佗观形察色并三部脉经》《华佗枕中刺灸经》等。

假如碰上针药所不能及的"结积在内"的病,需要动刀子"刳割",陈寿说,华佗便会让病人"饮其麻沸散,须臾,便如醉死,无所知,因破取。病若在肠中,便断肠湔洗,缝腹膏摩,四五日差,不痛"。陈寿写这一段,步骤清楚,如在目前,然而就像前面已经讲到的,它恰恰引起了很多人的质疑。因为按照现代人的经验,做一个较大型的外科手术,首先不可缺少的就是麻药,而华佗制作的麻沸散,它的成分是什么,并不清楚。后人因此而有种种猜测,有说是押不芦草,有说是曼陀罗或通仙散,清人所编《华佗神医秘传》还说是羊踯躅、茉莉花根、当归、菖蒲的合成,现在人也有推测为乌头、附子、椒之类,众说纷纭,却终难认定。范晔的《华佗传》又提到麻沸散要"以酒服",那么到底是酒使人麻痹无知觉而发生止痛的作用,还是麻沸散本身有麻醉的功效，也不明不白。另外，术后的缝合也是一大问题，华佗用的是什么材料？是桑皮细线，拿热的鸡血涂在上面吗？还有术后消毒，"膏摩"的膏指什么？是不是虎骨膏？仔细一追究，在这些大关节上，还都有难解之谜。

一般人都知道华佗曾为关公刮骨疗毒，这是《三国演义》里讲的故事，这一故事在《三国志·关羽传》里，原来写的是："羽尝为流矢所中，贯其左臂，后创虽愈，每至阴雨，骨常疼痛，医曰：'矢镞有毒，毒入于骨，当破臂作创，刮骨去毒，然后此患乃除耳。'羽便伸臂令医劈之。时羽适请诸将饮食相对，臂血流离，盈于盘器，而羽割炙引酒，言笑自若。"事情发生在建安二十四年，此时距离华佗之死已有十多年，为关公刮骨的医生，自然不可能是华佗，最多是华佗的弟子。又有人说华佗为司马师做过眼睛手术，这也是传说，从《晋书·景帝纪》"初，帝目有瘤疾，使医割之"的记载而来，加进了很多想象，因为司马师出生时，华佗实际上已不在世，因此它也同样是不可靠的。

除了外科手术这一条，现代人有所质疑，在有关华佗高超医术的记录和传闻中，其他的都如陈寿所写，的确令人赞佩。所以说神医的名望，在陈寿看来，并非神授，而是靠着华佗自身的健康，靠他所掌握的本草、针灸、手术这一整套诊疗手段及其疗效，是在这两方面的基础上建立起来的。

三

陈寿讲华佗的医术高明,并不停留在泛泛而论或者是抽象概括上,最重要的是他记录有很多医案,这些医案,在《华佗传》里面占据了绝大部分的篇幅,那里面一一记载着华佗接待过的病人,他们的姓名、职业、病因、病性、诊断、治疗和愈后等,就像司马迁在《史记·扁鹊仓公列传》里曾经写下好多扁鹊、仓公的医案一样。

看陈寿写下的这些医案,不得不说华佗是一位全科医生,内外妇儿、方剂诊疗、针灸手术,面面俱到,无所不包。为了叙述的方便,我把这些医案作了初步的整理,简单归纳为:

产科二例:

一例是,甘陵相夫人怀孕到六个月,忽然肚疼,华佗为她把脉,发现胎死腹中。他说根据胎儿在腹中的位置,还可以知道是男是女,男左女右。有人摸到"在左"。夫人吃药打胎,生下死婴,果然是男。

一例是,李将军的妻子病重,经华佗诊断,原来是胎死腹中。李将军不信,说妻子难产不假,可孩子已经生下来了。华佗告诉他:夫人怀的是双胞胎,大儿出生时,夫人大出血,大家忙着救人，没注意到还有小儿没出来，不曾助产，致使胎死腹中。华佗给开了药、扎了针，夫人便产下一个死男婴，手足完备。

儿科一例：

陈叔山有一个两岁的小儿生病，每次痢疾都会哭闹，人也瘦弱不堪。去问华佗，华佗说：母亲怀他时，他靠着母亲体内的阳气长大，母亲哺乳时，他又受了母亲的寒气，所以老是不好。华佗给开了治痢疾的女菀丸，十天后便治好了小孩的病。

内外科，分两类：

第一类是经诊断而判定死期的，共六例：

一例是，县吏尹世患病，说是四肢乏力，口干，小便不畅，怕听到人的声音。华佗叫他回家吃热食，出汗呢，表示没事，不出汗，三天后会死。县吏照办而不出汗，华佗说：这说明你脏气已绝，将要涕泣而死。果如其言。

一例是，严昕与一众人来看华佗，华佗问严昕哪里不舒服，严昕自己还没感觉。华佗就警告他：你脸上挂着急病的相，千万不要多饮酒。这群人返回途中，严昕突然头晕目眩跌下车来，结果车刚到家，人就死了。

一例是，督邮顿子献大病初愈，请华佗把脉，华佗嘱咐他：体虚不堪多劳，行房事必死，死而吐舌数寸。督邮的妻子赶了一百多里地来探望,晚上两人忍不住在一起,这位丈夫便在三天后发了病。

一例是,军吏梅平生病回家,路上遇见华佗,华佗对他说:你要是早遇到我就好了,现在你的病已无法医治,不如速速归家,还来得及与亲人见面,离死期只有五天。结果被华佗言中。

一例是,华佗去为督邮徐毅看病,徐毅说:昨天让医曹吏扎针,扎完后便咳个不停,人疲倦不堪,却睡不着。华佗告诉他:是扎错了穴位,恐怕你会一天比一天饭量减少,五天后就是死期。结果也应验了。

一例是,有一士大夫身体不佳,经华佗诊断,已是病重,需要剖腹,可是华佗又认为他的寿命大概只有十年,十年内病不至于死,所以不如忍一忍,等待自然死亡,也好免受一刀。但这士大夫不愿忍耐,硬还是让华佗为他做了手术。病是暂时治好了,不过十年后,仍是一死。

第二类是,经过诊断、治疗而最终痊愈的,共四例:

一例是,府吏儿(倪)寻、李延住在一起,得同样的病,都是头痛发热的伤寒,一样难受,华佗却说儿寻需要通导,李延需要发汗,因为一个"内实",一个"外实",所以治疗方案不同。两人拿了不同的药回去,第二天便都痊愈。

一例是,华佗在路上看见一个人咽喉堵塞,咽不下东西,就叫他到路边卖面食的店家，去买三升醋泡蒜茸喝下去，这人喝完后，吐出一条蛇形的寄生虫（蛔虫），拿着去找华佗。华佗的小儿子看见他挂在车旁的东西，认得是父亲的病人。病人跟随着到了华佗的家，一看，墙上所挂同样的小蛇，已有十来条。

一例是，彭城夫人夜间在厕所被一种叫蚕的毒蝎子蜇了手，痛得大呼小叫。华佗让她把手浸泡在温热的汤药里，到天亮就好了。

一例是，广陵太守陈登脸红胸闷，吃不下饭，华佗给他把脉，发现他生鲜食物吃得太多，寄生虫在体内引起腑脏溃疡，于是便给他开了两升药，让喝下去，结果吐出三升多寄生虫，还有好多鱼脍，病也因此好了。但是华佗又预言，三年后此病还将发作。果不其然，陈登再发病时，正好华佗不在，就死了。

精神科一例：

有一个郡守病了，华佗认为只要把他激怒，使他大发雷霆，病自然会好，便收了钱而不加治疗，还留下一封骂人的信，不辞而别。郡守气急败坏，派人去追杀华佗，郡守的儿子当然了解内情，按下不让去追，郡守暴怒之下，吐黑血数升，病也痊愈。

以上十四个医案，从最后的结果看，其中内外科六例是属于无法治愈，而另外的内外科四例、精神科一例、妇产儿科三例，属于治疗而有成效，不过广陵太守陈登最终还是死亡，因此经华佗诊治的病人,他们的生死之比,是七比七,刚好一半对一半。

除了这十四个医案,陈寿还写到华佗的另外两个病人,一个是曹操,一个是军吏李成。曹操与华佗之间的恩怨是非,留待后文再讲,反正是华佗没能根治曹操的病。李成的咳嗽病,本来也没什么,华佗让他服药、休息,预计一年恢复,到十八年后再发病,再服药,也能无大碍。谁知李成遵医嘱,顺顺当当过了五六年,把药也都借给了别人,然而十八年后旧病复发时,华佗已不在世,他也就无药可医而死。

加上这两例,陈寿记录的医案便有十六例,其中经华佗治疗而痊愈的,实际是七例,但让华佗束手无策或无法根治的,却有九例。这么简简单单地一统计,就知道即便是在陈寿的叙述当中,华佗的治愈率,也只是勉勉强强达五成。

那么,这样的医疗记录说明了什么?说明华佗的医术不精,果然像毛泽东的七律诗所写"华佗无奈小虫何"?可是看陈寿的讲述,似乎又没有这层意思。这件事,我自己琢磨了很久,得出的结论是,在看待医生的权威性上面,古人的态度也许和我们有所不同。

医生在古代,曾经与巫有密切的关系。《论语·子路》篇引孔子的话说:"南人有言曰'人而无恒,不可以作巫医'。"这里就是巫、医不分的。巫主要是算卦、祝祷，也替人看病，同医没有那么大的分别，反过来，医身上兼有巫的特质，也就不奇怪了。商代甲骨文里有现存最早的医案，其中一个写着："戊贞。王占曰：兹鬼魅。五旬又一日庚申丧命。乙巳卜，贞斤其有疾，惟丙不庚。二旬又七日庚申丧命。"据说这份卜辞的大意是：商王在斤病魔缠身的戊时，为他占卜，得到预言说51天后丧命。乙巳时再卜，说即使丙日不死，也逃不过庚日，果然到了27天后的庚申日，斤就死了。这一段占卜的文字，已经反映出早期的医案最关心的就是对于病人死期的推算，而不是施救的措施。

再来看《左传》的记载。这部春秋时代的史书，写到过公元前六百年两位秦国著名的医生缓与和。缓被邀去给周成公看病，实际头一天晚上，成公已梦到自己的病在肓之上、膏之下，也就是心脏和膈中间的位置，第二天，他听了缓的诊断，说病确是在膏肓之间，并且"攻之不可，达之不及，药不至焉"，灸、针、药都用不上，已经不治，便赞叹缓是位好医生。和去给晋侯看病，指出晋侯"近女室，疾如蛊"，病得也没办法治了，他也被晋侯称赞为好医生。《左传》写缓、和两位医生，都只是看到病人的症状和病因，认为没办法治疗，就被授予"良医"的称号，表现出在古人或者说是在左丘明这样的史家心中，所谓

"良医",指的就是能够给出正确诊断的医生。

因此,司马迁在《史记》里写道:当扁鹊(秦越人)为赵简子和虢太子准确诊断后,"天下尽以扁鹊为能生死人",也就是有救命的大本事,不料扁鹊却回答:不是我能够起死回生,是他们本来有生命力,我不过使这生命力得到恢复而已。司马迁还写道:仓公(淳于意)也曾表示,自己是在跟着阳庆读了一些医方后,才掌握了"诊病决死生"的本领。汉文帝有一次问他:"诊病决死生,能全无失乎?"他回答说:我是先切脉,再决定如何治疗的,要知道"败逆者不可治,其顺者乃治之",倘若不了解病人的死生大限在哪儿,当然免不了经常失手。

诊病决死生,这就是司马迁以及他所代表的那个时代的古人对于医生的权威性的定义吧。好的医生,能够看到生死门限,并在这一基础上提供预防及救助的办法,让人安然尽享自己生命的饱满和力量,这大概也就是陈寿的意见,是他对神医华佗的一个评价。

四

华佗的有名,要说起来,与曹操是他的病人不无关系。

曹操患有头风病,发起病来,心乱目眩,便要华佗来给他扎针。所谓"头风病"，有人认为就是今天说的习惯性头痛，也有人认为是高血压，总之是个慢性病，需要长期的治疗和护理。曹操的遗令中也都有与此相关的安排："吾有头病，自先着帻，吾死之后，持大服如存时，勿遗。"意思是当他死后下葬，要先给他在脑袋上捂个头巾。因为是顽疾，华佗便被召来做了御医。

曹操看重华佗，是由于他自己也懂一点医药和养生，知道华佗的分量。根据李建民的分析，曹操曾说："吾夜半觉小不佳，至明日饮粥汗出，服当归汤。"就是他为了治疗自己的头痛失眠而服用当归，因为当时人都觉得当归有止痛的作用，今天我们还知道它可以防治动脉硬化与中风。曹操还有一篇《内诫令》，说："孤有逆气病，常储水卧头。以铜器盛，臭恶。"把头埋进水里，也是他对付头痛的一个办法。曹操又编有一部《魏武四时食制》，大概讲的是如何食疗。据说曹操也问过皇甫隆："闻卿年出百岁，而体力不衰，耳目聪明，颜色和悦，此盛事也。所服食施行导引，可得闻乎？若有可传，想可密示封内。"表现出他对于长寿和健康的极度渴望。在陈寿写作《三国志》的时代，很多人都知道曹操是"好养性法，亦解方药"的，也知道他敢于冒着风险吃野葛、饮鸩酒，以毒攻毒，还知道他把当时最有名的方士如左慈、华佗、甘始、郄俭等人，都召集到自己的身边。

华佗被圈在曹操身边，时间一长，极其郁闷，便声称家中有事,告假返乡。回到家里,又以妻子生病为由延期不返,任凭曹操下令再三催促、地方官遣送,全都置之不理。曹操气得要命,叫人去核查:如果他妻子确实有病,便赐小豆四十斛,宽限假期,可是如果涉嫌欺诈,就要不客气抓人。于是华佗被带到许昌,严刑逼供,不由得不招认。许昌的大名士荀劝曹操息怒,他说华佗医术精妙,可以救人性命。曹操正在火头上,断然拒绝:"不忧,天下当无此鼠辈耶!"竟将华佗拷打致死。

陈寿讲华佗的心理,说他的人生,本来是以做士人为目标的,可是不知不觉走上行医的道路,因而他的内心是时常愧悔的,所以,一旦寻机离开曹操,就再也不想回去,不愿再过受制于人的生活。而曹操的心理呢,却一边是极度需要华佗的医护,一边又对他缺少起码的尊重,故而能脱口说出"天下当无此鼠辈耶"这样轻蔑的话来,并且怀疑华佗本来就是个无赖小人,专门利用自己的病来行要挟。在处死华佗之后,他依然愤愤不平地说:"佗能愈此。小人养吾病,欲以自重,然吾不杀此子,亦终当不为我断此根原耳。"一直要到后来,他钟爱的儿子曹冲患病,才不免有一丝悔悟:"吾悔杀华佗,令此儿强死也。"

华佗与曹操的冲突,在陈寿笔下,因为有人物心理和对话的描写,显得格外生动,是《华佗传》全篇的亮点。为什么说华佗"本作士人,以医见业,意常自悔"呢?这就要回到陈寿对方技的看法上来。陈寿对方技谈不上鄙视，不过视之为小道，却也很明显。在《吴书·吴范刘惇赵达传》的最后，他对吴范、刘惇、赵达三位术士有一个评语，说他们"各于其术精矣，其用思妙矣，然君子等役心神，宜于大者远者，是以有识之士，舍彼而取此也"，说白了，就是认为方技术数还不算"君子"或"有识之士"追求的"大者远者"。所以，他在《华佗传》的一开始，写华佗熟悉儒家经典，有过举孝廉和招辟的经历，留下这些伏笔，都是为了证明华佗虽以行医为业，但骨子里却是一个堂堂正正的士人，有士人般广大的心怀。同时，这种士人的情怀，也使华佗在行医过程中，始终没有放弃自由的信念、独立的人格。

司马迁写到扁鹊之死，说是由于"秦太医令李醯自知技不如扁鹊"，便派了人去刺杀扁鹊。他还写到仓公曾经被判刑，递解长安，最后是小女儿缇萦"入身为官婢"，才救了父亲。太史公因此感慨道："女无美恶，居宫见妒；士无贤不肖，入朝见疑。故扁鹊以其技见殃，仓公乃匿迹自隐而当刑。缇萦通尺牍，父得以后宁。故《老子》曰'美好者不祥之器'，岂谓扁鹊等邪？若仓公者，可谓近之矣。"意思是扁鹊、仓公都技艺超群，而按照老子"美好的都是不祥的"理论，技艺超群便是祸端。如果依照司马迁的判断，那么华佗的死，一定也是由于他怀揣绝技，而令曹操产生一种无法控制的恐惧。陈寿说，司马迁过去替扁鹊、仓公写传记，是为了"广异闻而表奇事也"，他仿照着也写了一篇《华佗传》，因此对于华佗的死，很难说他不曾受到司马迁的启发。

可以拿来作对照的，是范晔的《华佗传》。范晔写到曹操杀华佗这一段，不仅删掉了很多精彩的对话，只剩下一些平铺直叙，又还插进如华佗"为人性恶，难得意"之类的评语，似乎华佗生性难以合作，进一步推论的话，连他的被杀，也好像要算是咎由自取。这样的叙述，与陈寿的《华佗传》相比，不知少了多少对于传主的同情与敬意。

《三国志》成书之始，便得到过"文艳不若（司马）相如，而质直过之"的评价，所谓"质直"，是不是也可以理解为史家的质朴和正直呢？华佗与曹操，一个是医生，一个是病人，依照我们普通人的常识，应该是医生掌握着病人的生死。然而，如果医生而有士人的情结，病人却是专制的君主，那么，谁又会变成谁的命运的最终主宰呢？我想，不要说"华佗无奈小虫何"，华佗当然也无奈曹操何，因为他自己的命运，实际上是被攥在曹操手心里的。

本文原载《书城》2013 年 4 月号

"这是多大的使命呀"

——试论郭绍虞《中国文学批评史》的贡献

戴 燕

一

郭绍虞(1893—1984)年轻时写过一些新诗,有一首《送信者》不过短短两句:"这是多大的使命呀! 人们的安慰在你们的身上脚底。"(《文学旬刊》1921年第23期)读起来却有沉甸甸的责任感。诗中描写的这位送信者,就仿佛是他在中国文学批评史领域的形象。

郭绍虞本是苏州人,辛亥革命后到了上海,五四运动后又到北京,他曾说"五四运动总算给大多数国民一个大刺激,供给大多数国民趋向'觉悟之路'的曙光"(《文化运动与大学移殖事业》,《东方杂志》第 17 卷第 11 号),他自己当然也是迎着曙光走上"觉悟之路"的。他那时信奉社会主义,怀着改善社会的理想,而作为一个文艺青年,他又是将艺术发展当成社会改善之一部分的,确信真正的社会主义一定会促进艺术的发展(《从艺术上企图社会的改造》,《新潮》1920 年第 2 卷第 4 期)。他写过一篇文章《俄国美论及其文艺》(《小说月报》1921 年第 12 卷号外),讲述俄国 19 世纪文学理论的变迁,主要想说明美论(即文艺批评)既与文艺"互相规定",美论及文艺又与社会"互相规定",三者之间关联互动,因此,当"中国文学正在筚路蓝缕之时",文学不光肩负有社会改善的责任,也亟需"正确忠实的批评者"。这篇文章之所以值得郑重地在这里提出来,是因为它代表了郭绍虞早年的文学观念,受唯物史观的影响,相当重视文学产生的社会背景,也非常强调文学批评与文学相辅相成的关系。更重要的是,这一观念也渗透在他后来撰写的《中国文学批评史》里。在晚年回忆《我怎样研究中国文学批评史的》(《书林》1980 年第 1 期)文章中,他谈到自己当年对蔡元培提倡的美育很有兴趣。众所周知,蔡元培所提倡"美育"即美的教育,目标在于"以美育代宗教",是有很强的社会针对性,而这一点与郭绍虞以文学及文学批评的发展来改善社会的理念确实又恰相一致。

1934年，郭绍虞的《中国文学批评史》上册（商务印书馆，1934年5月）出版，这是他在清华大学和燕京大学上文学史课的讲义，他说上课时参考了陈中凡的《中国文学批评史》、刘永济的《文学论》，可是他这本书一出版，好评如潮，马上盖过了比他早的陈中凡同名书籍。胡适大概是第一个给予正式评论的，在看过商务印书馆的排印稿后，就在应邀而写的《中国文学批评史序》里表扬它是"很重要的材料书"（胡适此序写于1934年2月17日，但最终没有用于出版，见耿云志主编《胡适遗稿及秘藏书信》第12册269—276页，黄山书社，1994年）。朱自清不久也有一篇评论发表，竭力称赞它的"材料和方法都是自己的"（《清华学报》第9卷第4期，1934年10月）。

在郭绍虞以前，除了陈中凡，有关中国文学批评史，事实上已经有一些日本学者的书出版，在陈中凡《中国文学批评史》（中华书局，1927年2月初版）的参考书目里，就列有盐谷温、儿岛献吉郎、铃木虎雄等人的作品。从体例上看，这里面最接近陈中凡、郭绍虞的应该是铃木虎雄的诗论史。此书1925年5月在日本出版，第二年铃木虎雄给叶长青写回信，就介绍他自己的这本书"乃古今诗论之史，非诗史也"（《国学专刊》第1卷第3期91页，1926年9月），而由孙俍工翻译的此书，改名为《中国古代文艺论史》(上、下册,北新书局,1928年、1929年),很快也获出版。今天来看,正如铃木虎雄自己所说,他最大的特点是就批评史而论批评史,好像陈中凡一样,谨守在古今文学评论的范围。

然而就是在这一点上,郭绍虞偏偏不同。根据郭绍虞《中国文学批评史》上册初版《自序》(1934年2月)的说法,他教文学史课教了六七年,本来想写一本文学史教材,最终变成文学批评史,但尽管变成了文学批评史,他还是希望能“从文学批评史以印证文学史,以解决文学史上的许多问题”,因为“文学批评,是与文学演变最有密切的关系的”,文学批评史实际是文学史的一部分,所以,应该能从文学批评史中“窥出一些文学的流变”的。(《自序》1页)这是他和过去中日学者考虑不同的第一点。在《中国文学批评史》第一篇《总论》里,他再补充说道:一方面,文学批评是与文学相关,另一方面,“文学批评又常与学术思想发生相互连带的关系,因此中国的文学批评,即在陈陈相因的老生常谈中,也足以看出其社会思想的背景”,这也正是“中国文学批评史所以值得而且需要讲述的地方”。(1—2页)这又是他与过去中日学者考虑不同的第二点。

大约从朱自清开始,人们都纷纷表彰郭绍虞在文学批评史学科领域的开创之功,但是,回头看郭绍虞的本意,他自己却似乎更看重在文学史上的开拓。平心而论,也正是因为这样的预期和视野，他的《中国文学批评史》才能有朱自清所看到的"取材的范围广大"的优点，便是"不限于诗文评，也不限于人所熟知的论文集要一类书，而采用到史书文苑传或文学传序、笔记、诗论等"，甚至也不限于文学，"思想影响文学之大，像北宋的道学，人人皆知，但像儒道两家的'神''气'说，就少有注意的。书中叙入此种，才是探原立功"。换句话说，就是从文学批评史跨界到了思想学术史，而跨界的结果，便是它建立了自己的材料和方法。从几十年后，包弼德在《斯文》一书中仍然采用它的相关论述以为唐宋思想文化史演变的脉络，也可见它的影响之深远，还不止于文学批评史界。

二

1956 年，郭绍虞被评为复旦大学一级教授，他这时发表了一篇文章《怎样自学——我的学习道路》（《青年报》1956 年11 月16 日）。说"自学"，一半是事实一半是自谦，因为他早先在苏州学工，到北京后，只是在北京大学哲学系注册旁听，好像算不了科班出身，不过既已为大教授，再来谈自学，于自谦中透出很强的自信，因为历来就有一些了不起的学者属于"无师自通"。在这篇不长的经验谈里，关于研究中国古典文学及语言文字的方法,郭绍虞一共谈了六点,比如说要多读相互辩驳或递相补续的文章,以训练自己的判断力和发现问题的能力,要有一边读书一边作笔记甚或制图表、画地图的习惯,又比如说要在读书中发现问题,然后跟着问题去找材料,这样一部一部地牵引下去,他还说这是顾颉刚(1893—1980)的办法,也适于人作独立的思考。他谈得都很具体、实在,也都是真知灼见。提到顾颉刚也很自然,因为他们两人是苏州同乡,同生于清光绪十九年,还先后做过燕京大学、复旦大学的同事,两人有过相当多的学术交往。

中国文学批评史的研究,在20世纪二三十年代尚属草创,材料和方法都是大问题,就如朱自清在为郭绍虞写的书评里所讲,第一是要"向那浩如烟海的书籍里披沙拣金去",第二是要"建立起一个新系统",而后者比前者更困难。困难就在于,用沈达材批评陈中凡《中国文学批评史》的话说,便是虽然有文人学士留下的诗文诗话或笔记,但由于它们"大都没有一定的立场,如西洋文学家之有一定的主义的。要想把此作为批评的材料,自必须一番很繁重的审查工作",陈中凡之所以有"材料的贫乏和选择的不当"之缺陷,就是由于未能下一番苦功,整理"有系统的史料出来"(《陈钟凡著中国文学批评史》,载《图书评论》1933年第一卷第五期)。同样的道理,郭绍虞之所以能超越陈中凡,后来者居上,也正是由于他不仅能把文学批评放在文学的潮流中和社会的背景下,以此扩大材料的范围,同时还能对这些材料作系统化的整理和叙述。郭绍虞解释《中国文学批评史》的编写体例,在各个时期并不一致,"有的以家分,有的以人分,有的以时代分,有的以文体分,更有的以问题分,这种凌乱的现象,并不是自乱其例,亦不过为论述的方便,取其比较地可以看出当时各种派别、各种主张之异同而已"(《中国文学批评史》[上册]初版《自序》3页),就说明他并不在乎写作形式上是否整齐,他要突出的是各家各派的理论和主张,是以文学的主张为叙述的脉络,而这也就是他晚年仍然强调的,"按一个问题一个问题的次序去写"(《我怎样研究中国文学批评史的》)。

他的写法,首先便得到胡适的肯定,在《中国文学批评史序》里,胡适最赞许他的就是"能抓住几个大潮流的意义,使人明了这一千多年来的中国文学理论演变的痕迹"。这里说的几个大潮流,主要指郭绍虞对中国文学批评史三个时期的划分及描述:周秦至南北朝为文学观念由混而析的时期,隋唐至北宋为文学观念由析而反于混的时期,南宋以后为文学批评的完成期。胡适指出对这三个时期的命名还可商榷,但这一分期"实质上是有见地的",因为他看到了中国的文学观念在隋唐以后有一个"激烈的大变化",形式上复古,但意义上革新,可以说从隋唐到北宋是经历了一场文艺复兴、托古革命,而古文运动的兴起又绝非偶然,"乃是一个经过长期酝酿,并且有许多才智之士努力参加的大运动,不是盲目的,乃是有许多自觉的理论作基本的革新运动"。胡适自己写过《白话文学史》上卷,于汉唐之间的文学史有过真正深入的研究,他对郭绍虞在这方面的贡献因此看得非常清楚,以为"此书的最大功用在于辅助文学史,在于使人格外明了文学变迁的理论的背景"。

朱自清在评论中则进一步指出,郭绍虞能够抓住文学、神气、文笔、道、贯道、载道等重要术语,"按着它们在各个时代或各家学说里的关系,仔细辨析它们的意义",因为"懂得这些个术语的意义,才懂得一时代或一家的学说",所以用了这个方法,便已经成功了一半。而在张长弓的眼里,如果说陈中凡还是"偏重文学批评史料的陈列,关于文学批评的本身、前因以及影响,都未肯用精审的笔墨去分析的,也就是未尽却'史'字的任务"的话,那么,郭绍虞就"仿佛在一堆散乱的制钱中,一个一个地贯入钱绳,到最后提起钱绳,一串依次不紊的制钱,便提起了",他是完成了真正写史的任务,所以"凡有志于文史者,皆有'人手一编'之必要"。(张长弓《读中国文学批评史(上册)》,《文艺月报》1935 年第 1 卷第 4 期)

以翻译莫泊桑小说著名的李青崖当年对《中国文学批评史》

上册有一个很好的复述，他说郭绍虞在处理周秦至北宋的批评史时，首先设立了两个坐标，一个关乎文学，遵循的是"世界文化演变一般由简单而复杂，由复杂而繁缛；再由繁缛而复归于自然于朴质的路线"，一个关乎思想，是先认清道家的反文、墨家的尚质、儒家的尚文，然后便从儒家入手去看文学观念，因为儒家偏尚实用，所以偏向于文道合一，到了魏晋南北朝时期，由于释家的出现，儒家消沉，文学不再为传统的卫道观念所囿，到隋唐时，释道并重，儒家未能独霸，文学上也就是文道并重，然后到北宋，有阳儒阴释的道学家出来，于是揭起文以载道的招牌（《华年》1934年第3卷第43期"书报介绍"）。由此也可见在《中国文学批评史》上册出版的当日，人们的评价几乎众口一词，都集中在表扬它清楚地揭示了周秦至北宋的文学批评史的主张和潮流。

三

1921年以后，郭绍虞辗转于南北各地的大学担任国文教师，这是他从文艺爱好者转向学术研究者的契机，1927年受聘于燕京大学后，更是得以专注于中国语言文学的教学研究。在他历年发表的论文中，可以看到他转益多师的痕迹，比如他早年所写《中国文学演化概述》（《文艺》第一卷第二期，1925年），就深深受到刘师培1905年在《国粹学报》所刊登《论文札记》的影响,因刘师培有由简入繁是文学"天演之例"的观念,认为中国的上古是全用文言,东周以后文字渐繁,至六朝有文笔之分,宋代出现儒家语录,元代以来词曲兴而语言文字合一,《水浒传》《三国演义》等小说开俗语入文之渐,从刘师培的这一叙说,郭绍虞也得出了中国文学的各种文体都有自由化、散文化、语体化之趋向的结论。又比如他在《中国文学批评史自序》中也明确谈到他教书时,是以陈中凡的《中国文学批评史》和刘永济的《文学论》作参考。这也表示他并非"师出无名"。

在这里,也许值得提到的还有一个人,就是日本的铃木虎雄。1920年代,除了孙俍工翻译出他的《中国古代文艺论史》,他关于中国文学的论文,译成中文发表的还有不少,其中包括鲁迅翻译的《运用口语的填词》(《莽原》第2卷第4期,1927年2月25日)。1929年,郑师许翻译了他的《儒教与中国文学》(《知难》第109期),译文刚一发表,就得到胡怀琛的撰文呼应,表示他和铃木虎雄一样,推重具有儒家立场的诗人,而视道学家和文士的诗为不足取(胡怀琛《评儒教与中国文学》,《南阳:南阳中学校友会会刊》1929年第9期)。在1937年发表的《神韵与格调》(《燕京学报》第22期)一文中,郭绍虞于论文的《绪言》便交代说"神韵与格调,是中国文学批评史上的重要问题",故翁方纲曾有《神韵论》《格调论》，铃木虎雄"也知道他的重要，于是于《支那诗论史》之第三编即专论格调神韵性灵之三诗说，于阐说其义以外，兼述其历史的关系"，这篇论文就是要在他们两人的基础上"擘肌分理"，阐述神韵和格调的特殊意义。

需要说明的是，郭绍虞提到的铃木虎雄"论格调神韵性灵三诗说"，本来是他1911年发表的一篇论文题目，后来收入《支那诗论史》，并见中文本《中国古代文艺论史》下册。而就是在《中国古代文艺论史》上册，铃木虎雄不仅提出了他关于魏是中国文学"自觉时代"的极有名的论断，也给出了"在中国儒者与文人、道德与文学底对抗，历代都是如此"的总结（140页）。也许正是受到铃木虎雄这一总结的刺激，1930年，郭绍虞在《中国文学批评史上文与道的问题》（《武汉大学文哲季刊》第1卷第1期）一文中，劈头写道："粗粗看来，从前一般人的文学观似乎都以道为中心，在中国全部文学批评史上彻头彻尾，都不外文与道的关系之讨论。但是细细察去，则知同样的文道论中，自有其性质上的分别与程度上的差异。"他的这篇论文，整个也都是基于对一般人只是这样粗粗看到中国文学批评史之皮毛的不满，仔细地考辨唐人文以贯道与宋人文以载道的不同，并且分析当北宋的道学家们忙于建立他们的道统时，古文家们又在怎样建立他们的文统。这一论述，在稍后出版的《中国文学批评史》上册里更得到发挥,成为书中最精彩的一节,受到胡适最早的称赞以及后来人绵绵不绝的回响。而这也说明在郭绍虞编写《中国文学批评史》时,他对于国内外同行的研究,都是既有所学习又有所超越,因此才为中国文学批评史学科奠定了广大而坚实的基石。

2016 年 10 月 19 日于复旦

本文原载《书城》2016 年 12 月号

借纸遁窥牗（节选）

葛兆光

一个以学术为职业的人，虽本应做「荒江野老」，却也忍不住想从象牙塔中，找个窗户往外眺望一下历史和波澜，明知做不到「不窥牗，知天下」，但也像《世说新语》所说的「南人」，总是试图「牖中窥日」。于是，浏览的杂书，有时便成了眺望的窗户。

华琛与罗友枝的《中国死亡礼仪》

华琛（James L. Watson）和罗友枝（Evelyn S. Rawski）编的《中国死亡礼仪》（*Death Ritual in Late Imperial and Modern China*, University of California Press, Berkeley and Los Angeles, 1988, 日文《中国の死の仪礼》，由西胁常记翻译，平凡社, 1994 年），据书前面的序言说，他们是希望以婚姻、死亡来考察晚清以来的中国文化的同一性和多样性。在死亡的问

题上，他们认为，从葬式和埋葬两方面仪礼来看，"如果葬式说明了中国文化的同一性的话，那么与墓密切相关的仪式则意味着，各种象征社会性要素如民族、阶层、性别的境界都不能独立存在，必须互相依存。在作为中国人自我认同的一系列规范统一的葬式中，由于尸体处理习惯的变更与差异，残存了多样性和区域性，这种在某种意义上缺乏统一仪式的结果，造成了松动和含混，允许和默认了各个民族集团按照自己的惯例，在认同'中国人'的时候，出现宽泛、自由地实施和处理遗骸的习惯"。

书中一篇文章介绍说，中国人的葬仪包括九项：一、哭丧，主要由女性承担，挂白幡以周知众人；二、着麻制的白衣白鞋白头巾，按照血缘远近用不同的质料；三、对遗体进行仪式性的沐浴着衣；四、生者向死者赠送随葬物品，如置钱、纸马、食物和用具；五、准备死者的牌位，并确定其在家族祠堂中的位置，由于用文言的缘故，他的名讳和尊号会写得很规范；六、司职钱财的专人收取仪金；七、安魂音乐；八、遗骸入棺；九、安圹下葬，意味着死者从此便从生的世界转向死的世界。但是，这只是某种简约化和世俗化了的丧葬仪式，完整和经典的丧葬仪式，在古代礼书中有另外的叙述，而且各个区域和各个阶层的丧葬仪式，其繁简也大相径庭。

罗友枝在她写的本书第二章《历史学家对中国葬礼的研究方法》中说："'乱'这个字，在广义上就是在伦理规范与社会结构被破坏的时候，家、共同体、国家中产生的无秩序……对知识人来说，预防'乱'的一个方法就是教育一般民众，不要动摇正确的价值。"这个说法当然很普通，不过倒是很实在的，也正是儒家在中国社会生活中的意义所在。由此想到的是，所谓"无秩序"，一为"淫"，二为"乱"，前者是个人与家庭中的阴阳失序和道德瓦解，后者是社会或国家上的政治失序和伦理崩溃，官方依凭儒家学说，不允许佛教与道教造成这种漫无秩序的现象。

特别有趣的是，在第十章《皇帝的葬礼：明清皇帝与死亡仪礼》一文中，罗友枝说到，天子葬仪中似乎有一种二律背反的现象，当然这是必要的，一方面作为天子，他是中国社会体制中的唯一和绝对的至尊；另一方面，作为天命承受者，他的正当性又依赖于天人合一的特殊仪礼以及从先王甚至前朝那里传下来的神圣性。因此，祭祀成了合二为一的极重要的事情，天子独占了祭天的权力，由于这种权力，他获得统治的合法性，这是因为他通过仪式与宇宙相互关联，而宇宙又支持着他的神圣性。但是，皇帝的葬仪却只是老百姓葬仪的放大，这是因为独占性的天子实际上就是垄断性的长子的扩大，因此

"皇帝陵墓不过是中国人坟墓的放大,从临终瞬间到灵柩入土的一系列葬礼,也只是庶民仪礼秩序的变形",只是从陵墓的选择(考虑风水、龙脉)、葬仪(服丧范围的扩大、庄严性和神圣化)、陪葬品(象征天下财产的统一性)中,一而再再而三地要象征、暗示、强调,这是"唯一"和"绝对"。所以她说,帝国的葬仪是"为了确立中国人宇宙观中天子的唯一崇高性及基本家族关系的价值标准合理性,承认天子负担了模范作用……通过葬仪,强化了国家宗教中的王权观念"。

高延《中国宗教系统》

高延(Johann Jakob Maria de Groot)的名著《中国宗教系统》(*The Religious System of China*, Ⅰ—Ⅵ, 1892—1910),是一部百年前的老书。早在若干年前我便在中国书店六里桥的旧书库中见过,价格极贵,达数千元之巨。后来,在清华老图书馆三楼西文书库又曾见到,虽布面精装,但灰尘满书,也未曾细读。此次在京都大学文学部资料室再次见到,因为刚刚看过华琛和罗友枝编的《中国死亡礼仪》(*Death Ritual in Late Imperial and Modern China*),所以,便借来再读。

从高延到华琛和罗友枝这些西方学者,对中国的丧葬祭吊,似乎有一脉相承的兴趣,这是因为他们从这里看到中西宗教与文化差异。高延书共六卷,第一卷便是葬仪;第二卷讨论的是灵魂;第三卷讲道教的理论;第四卷是神与祭祀的节日,包括祭祀的供物、仪式、时间以及对疫病、旱魃、大火的防范,主持祭祀的祭司等;第五卷是佛教;最后一卷是国家宗教。他在第一卷开头序文中,劈头便提出一个设想:"在中国,灵魂崇拜是所有宗教的基础,灵魂崇拜是从人是否真正死亡开始的,生者会思考这样的问题——怎么样来处理遗骸? 从中可以显示生存者的想法,因为他会想,遗骸中是否还继续住着灵魂? 他们还会复活吗?"他觉得,从这里出发考察中国宗教,可以纲举目张地清理出他所说的 system。

此书影响深远,像后来译成中文的《原始思维》即受它启发。西方学者从中国之外观察中国,加上深入民间的传教士传统影响,往往如同后来人类学作田野调查,极能体会下层社会状况,同时又因传教的意图,对作为"他者"的中国宗教比较敏感,故较容易直接体会中国活的宗教生活。这一点,不像日本学者,从一开始便受到经典系统之影响,有对民众宗教的先验看法。当然,高延时代的中国研究,与欧洲当年视亚洲为"半开化"或"未开化"民族之观念有关,故颇注意考古与民俗,以反衬自身文化,强化先进民族与文化之自豪感。但是,他对中国宗教的这一观察理路，也应当说与中国历史实际颇吻合，中国古典如《礼》的记载，也确实特别重视从丧葬仪式开始，建立其整个秩序和伦理，所以《仪礼》十七篇中，与丧葬相关者达七篇之多。

早在 1882 年，高延到厦门，看到当地人的葬礼，又看到厦门道台发布关于"久停不葬"的禁令，他觉得很有趣。当他开始他的写作时，这些实际经验和调查给了他很多帮助，同时他也浏览了很多中国古籍，比如《仪礼》《礼记》《抱朴子》《本草纲目》《岭外代答》等，有时，他也会借用西方中国学著作，像丹尼斯（Nicholas Belfield Dennys）的 *The Folklore of China*（《中国民间传说》）、威廉斯（S. Wells Williams）的 *Middle Kingdom*（《中国》）等，更重要的是，他拿了很多西方知识来作比较，比如他曾经引用斯宾塞（Spencer）的（*Principles of Sociology*）《社会学原理》、普林尼（Pliny）的 *Historical Natures*、玛丽亚·埃奇沃思（Maria Edgeworth）的 *Castle Rackrent* 等，他常常能够用世界各地的死亡仪礼，来说明中国的葬仪和丧礼有什么特别处。比如，他在第二部第一章中就引用罗马人的习俗、爱尔兰人的习俗来讨论中国的叫魂和哭丧，在第二章中又引用凡·埃克（Van Eck）和科林·德普朗西（Collin de Plancy）关于罗马、希腊、印度、墨西哥帝王的习俗来讨论中国古代的"玉含"。因此，高延此书运用他在厦门的民俗调查，与古代三礼文献互相印证，加上西方人类学调查资料，倒是格外有趣。他引用《文王世子》以及《檀弓》"哭泣之哀，齐斩之情，馇粥之食"等记载为证据，指出丧礼中的哭泣，本来是有特别的意味的："经过若干世代，号哭的最初意味被遗忘了，如今它只是作为表示悲哀与烦恼的形式而存在。但是，它保存了这样一个重要信息，即它与呼唤死者魂兮归来一样重要，是一个永远不能消失的礼仪。"

他也注意到了传统经典葬礼在后世的变异，尤其是它如何受到佛教的影响。在第六章《从纳棺到埋葬》中，他提到佛教的"镇魂仪式"可能就是所谓的"施食"。他说，在这种仪式中，有悬挂佛陀、菩萨、罗汉的画像，但也有旌幡，而旌幡又按照中国思想分为浅黄、赤、白、黑、黄、青六色，象征着上下四方共六方佛，还有和尚念《阿弥陀经》、颂《祈愿文》，佛坛上还用了种种刺绣、铜像、蜡烛，举行仪式的时候，有三个、五个或七个僧人主持，又是敲木鱼又是敲钟打铃。最重要的是，在引导灵魂往生净土的时候，他们会象征性地在室内缭绕，这时，死者的子孙也会跟随着念诵"阿弥陀佛"（在这时，高延还记下了一段当时幡幢上的文字："唵，毫光招请亡者皇清敕授儒林郎国子监典簿邑庠生温如杨府君一位正魂，速往西方，托化莲池,逍遥自在,业脱苦轮,受财享食。哑哗。"高延的标点有一些错误,其中一前一后的"唵""哗"其实就是六字真言中 Om mani padme hum 的一头一尾)。这当然已经和《仪礼》或《朱子家礼》《家礼仪节》中的规定大相径庭了。

也许中国学者会质疑,古书记载的仪礼,真的是古代社会实际施行的制度吗?三礼是否有真伪的问题呢?高延为什么可以不分史料的时代而越界使用?但是,作为一个外国学者,对于现时中国社会生活,他需要知道它的 Origin,所以,他会把这些可以看到的历史资料当作证据,把时间的古今和空间的东西淡化,以此来求得一个理解和解释,不必对他们的"想象"过度苛求,更不必持"疑古"之见怀疑古文献的记载,毕竟,古代中国到现代中国,很多传统和风俗的延续性很强。

弗里德曼《中国的宗族与社会: 福建与广东》

弗里德曼(Maurice Freedman)的《中国的家族与社会: 福建与广东》(*Chinese Lineage and Society: Fukien and Kwangtung*, The Athlone Press of the University of London,1966;日文本题作《中国の宗族と社会》,田村克己、濑川昌久译,弘文堂, 1995 年)。本书共分六章: 一、村落、家族(Lineage)以及宗族

(Clan)；二、家族；三、社会地位、权力与政府；四、家族间的关系；五、风水与祖先崇拜；六、中国的家族。依照日文本后面的《解说》作者末成道男（圣心女子大学教授）的说法，弗氏的研究特点有三：一是超越个别的小村落、小社会，拥有对广域社会的研究思路与分析角度，二是无论研究对象处于何种层次，均考虑它与整个社会的关联，绝不将其视为自给自足的单位，改变了过去那种解剖小麻雀以透视大世界的显微镜方式，三是在传统的人类学关心共时性问题的同时，也注意了历时性的侧面，并在可能的范围内收集与利用文字资料，沟通了历史学与人类学，也沟通了汉学与人类学。特别是他常常提示，模式只是需要经常修正的假说，如果把基本事实与这些假说结合对照，验证就比较容易，在作者与读者共同以实证对模式的检讨中，就有可能推进研究领域。（以上是大意，见265—269页）

　　弗氏在一开头就指出，福建省和广东省，有很多共同体，是由一个男性祖先延续下来的父系成员以及他们未婚的姐妹、他们的妻子构成的，因此，首先要从"居住模式与父系集团这样一个重要的问题"开始进行研究（11页）。不过，他很清楚地说明，"中国话里的'族'，如果用人类学的术语，可以相对为 Lineage 和 Clan，而'宗'与'宗族'也同样，这些汉语词汇在其本身就有疑问，或很含混，很难确切定义。可是，根据 Creel

(即 H. G. Creel 的 The Beginnings of Bureaucracy in China：
The origin of the Hsien，见 *The Journal of Asian Studies*，
Vol. XXIII，No.2，February，1964)最近的论述，在中国古代，姓
和氏并不相当于今天的 Lineage 和 Clan，'姓是指很大的、暧
昧的共同集团的发源，其为一团结姿态的象征，但并不一定可
以在特定的场合，采取一致的行动'，而'氏较小，用 Weber 的
术语，即团体 Verband'。"(33—34 页)

进一步，他反驳了一种传统的说法，即"是单一家族村落
的崩溃，形成了多姓村落或历史较短的家族的形成"这一说
法，他指出，有一些反证，说明也有相反的运动方向，即单一家
族村落是由多家族集居村落的互相竞争、排挤、械斗等从而形
成的，比如有一些单一家族村落至今还残存了其他宗族祠堂，
说明可能由于贫、病、弱小等，出现"死绝了""断了香火"的可
能(16 页)，还有一种情况，就是发达的人家(比如有人中举)
依托官府的力量，把其他家族驱逐或瓦解(18 页)。同时，他
在第三章中又提到："应当区分那些家族中的文化人，其中有
仅仅获低级资格的，比如通过县、府考试的生员、监生，他们并
没有特别的权力与地位，而达到贡生或举人的则不同，比较容
易接近政治权力"，所以他指出应当分析这些文化人的动向，
低文化人可以从商，而较高级的文化人虽然为了做官而放

弃部分商业活动,但是其家族可以使其成员的经济活动简化,其结果是,作为文官的勤务和商业上的利益双方都被维持,而且可能互补(94 页)。他因此强调:"在分析家族时,要首先注意区分只拥有生员的集团和拥有贡生以上资格成员的集团,虽然拥有平民文化人的家族,比起临近家族水准要高,但是,不与官方有牢固的、直接的关系,是不可能成功的。"(94 页)这涉及家族存亡盛衰的一大关键,一家族与他家族内各分支的消长,均与此相关。

也许可以把这一说法可以看成弗氏对于单一家族村落的建构的看法。接下去,他还对族谱或家谱进行了分析。他指出,过去的理解有两种,一是相信其为叙述历史事实,所以是一个家族绵绵不绝的分支以及地理性人口移动的资料;一是认为它是为追溯家族历史构成的,是对现存家族分布的实况赋予"历史意味"。他认为两种说法都有一定的理由,但是他似乎更倾向于后者。道理很简单,家谱或族谱确实有时会引起一些麻烦,中国传统的家谱或族谱常常喜欢追溯有名的祖先,网罗广泛的支脉,但是这种方式却遭到一些压力,比如追溯到刘邦的族谱,曾经因为皇帝怀疑其有篡弑变天的嫌疑而被斥责,甚至导致族谱被毁,祠堂共有地与共有财产,也会因为其过分膨胀而被没收。因此,这也有一个"中心"与"边缘"、国家与地方、大与小之间的互相依存又互相平衡的紧张关系。弗里德曼的分析,不仅会对人类学有影响,显然也会引发历史学上诸如"乡绅"与"宗族"、"皇帝"与"士人"、中央军队与地方军队、腹地与边地等问题的讨论,也会引起历史学家重新思考"科举""致仕""乡村建设"等话题。

除了"族谱"或"家谱",他还讨论了"乡约"。历史学界都注意到,北宋以来乡村出现的各种自我认同的、一体的、互相帮助的村落组织中,儒家学者常常为此建立"约",如吕氏、朱子,本来这只是一种维护秩序、建设文明与普及道德的形式,但是,久而久之,则由软性契约趋向硬性法律,由乡绅权力(得到政府支持)而拥有支配权甚至裁判权。清代初期以来,政府给予新的意味,乡约乡规甚至有"讲义制度",这种制度强化了农村的儒家伦理意识,也与保甲制度和家族组织重叠,形成以家族或地方领袖为中心的控制权力,在中央势力的渐渐崩溃中,出现了地方性的家族性的军队、土围子、民团,湘军与淮军即其荦荦大者。所以弗氏提到19世纪的混乱中,团练和保甲常常密切结合,形成清末的特殊秩序,朝廷统治渐渐弱化,而地方主导与地方自治性逐渐加强。(110页)

此外,第五章从家族埋葬、祭祀、祖先崇拜,说到风水信仰,也值得一看。

潘光旦《明清两代嘉兴的望族》

潘光旦《明清两代嘉兴的望族》(上海书店据商务印书馆1947年版影印本,1991)这部书,不仅文笔清晰,而且结构很完整。第一部分"以前关于地方氏族或望族的作品",宛如一篇研究史或学术史概说;第二部分"此种作品的评论",谈及氏族谱牒记载血缘而忽略婚姻的缺陷,说明自己的方法,这是方法论的一节;第三部分"本篇的资料由来与作法",是理论与文献的说明;第四部分是"嘉兴的望族",则是本书的中心,占了五分之四以上篇幅;第五部分是"余论",其实是结论;最后附上"参看作品"。几乎是一份极好标准的学位论文,我总是想,如果现在的硕士可以这样写论文,就很可以放心了。老辈人学问的规范、文字的清通和论理的明晰,真有不可及处。

在我看来,潘书中尤其值得注意的是对于"世家"意义的阐发,其"余论"部分说到,"君子之泽,五世而斩"是不确的,因为嘉兴望族有长达21世者,平均则为七八代,每代26年。他指出的历史现象中有两点十分值得深思,一是传统中国中,血缘网络往往是人才产生的渊薮;二是望族兴衰的原因之一在于遗传和教育,而原因之二在于移徙、婚姻和寿夭等因素。

需要讨论的是,文化品位的高下、学术修养的厚薄、道德精神的强弱,是否也需要这种遗传加上教育,并且保证望族延续的社会秩序条件?近百年来社会动荡、血缘解组、阶层流动、人口迁徙,加上政治意识形态对于上流社会的摧毁和打压,快餐文化和流行时尚占据主流,已经使望族如初盛唐之贵族一样逐渐消失,即使几代的修养和文化亦不能积累。潘氏在全书之末提到,江浙大族之多,"实际上还是因为这一带在历史期内太平的日子比较多些,而并不因为大族中的人物有什么特别的自觉的努力"(136—137页),他似乎还是小心翼翼地避开了门第决定论。

陈荣捷《近代中国的宗教趋势》

陈荣捷(Wing-tsit Chan)的《近代中国的宗教趋势》(*Religious Trends in Modern China*)这本书,英文版是1953年由哥伦比亚大学出版社(Columbia University Press)出版的,1969年又有纽约的Octagon Books再版。日文版则是福井重雅翻译,由东京的金花舍出版,题为《近代中国宗教の足迹》,我看的是日本的翻译本。在印象中,一直以研究儒家学说著称的陈荣捷先生,居然写了有关佛教史的著作,这让我很意外。更加意外的是，这部书不仅比起尉迟酣（Holmes Welch）的三卷本《中国佛教的实践》（*The Practice of Chinese Buddhism 1900—1950*, Harvard University Press, 1967, 1973）来，脉络更加清晰，就是与一些晚近才出版的国内有关现代佛教史的书比起来，似乎还好得多。

此书的第一个好处，是它在分析佛教在近代中国的变化历史时，不是按照人头、著述和机构设置章节，而是用了一些很好的主题作为架构，如"实践：从净土教之形式主义到敬虔主义""法仪：从戒、定学到密教之学""佛典：从汉译本到巴利文、藏文本""姿势：从仪式的施行到宗教之表明""指导力：从佛教僧侣到在家居士""前途：从来世观到现世观"，一共七个领域，把现代佛教之重点取向都清晰地呈现出来，如现代中国佛教在仪轨上对密宗之学的兴趣、在经典上对巴利文藏文佛典的重视、在重要成员中居士佛学家的增加，确实是很重要的历史变化。二是它在分析现代中国宗教时，颇有一些说法相当精辟，如第四章说"三教"，就说："把中国人所信仰的宗教区分为儒、道、佛三教，不如改为大众阶层和知识阶层两个层面的信仰为好。霍金（W. E. Hocking）教授曾把东方宗教性信众分为僧侣、在家的神秘论者、学者、一般平民四类，但是在中国，第二类不存在，其余三类则可分为大众阶层与知识阶层。

这里所说的大众,即中国占了百分之八十五的有迷信而无教养的人,而知识阶层则包括文化人以及有一定学识的农民渔民或者虽然不多用语言、同样地位卑贱却常常发挥伟大智慧的人。"(144 页)

当然,陈观胜《佛教与中国社会》一书,亦值得注意。

许理和《佛教征服中国》

之所以重读许理和(Erik Zürcher)先生的《佛教征服中国》(*The Buddhist Conquest of China*,李四龙等译,江苏人民出版社,1992 年),一是想到应写一篇回忆文章给许理和,我在 2000 年去莱顿大学拜访他的时候,已经年迈的他不仅热情地和我聊天,并带我看了他们有关荷兰与日本的图像资料库;二是想到,应将此书列入博士课程的讨论对象,毕竟在中古中国佛教史上,除了汤用彤先生的大作,似数十年间仍无出其右者。

但是,也应当讨论以下几个问题:在《佛教征服中国》一书中,一、是否过分关注南方(士大夫),在北方佛教"与中部与南部贵族社会所呈现出来完全不同的景象"中,有什么特别的意义?是否只有南方佛教才"汉化"了? 长安佛教呢? (5

页)本书并没有描述出公元 4 至 5 世纪的北方佛教,而是转向南方,这对后来隋唐佛教史的叙述,有何不妥? 二、对于第十三页说的士大夫成为寺院领导人的说法,要重新检讨,他一方面说四世纪寺院领导人来自士大夫,一方面又说大多数有教养的僧人来自社会底层,这是矛盾的,而下面的结论更大而且有待检讨。三、关于《序言》中说的"亚文化"问题,似乎多倾向于"调适"一面,早期之冲突似乎一带而过,是否真的如此? 亚文化与主流文化之间,孰"主"孰"亚",必有一番较量才是。如"沙门拜父母君王"之争,即到唐代方始结束。

埃里亚德《世界宗教史》

埃里亚德(Mircea Eliade)的《世界宗教史》(日文本,岛田裕巳等译)。

日译本下的功夫相当深,注释尤其可看。日译者《后记》中说到的几点也值得记取。第一,关于 20 世纪一二十年代,世界宗教研究受人类学与心理学之影响;第二,宗教作为一种思想、感情与意识形态的存在,这种解释可以突破过去宗教史的上下限,将宗教作为人类生活史的一部分,贯穿整个历史;第三,形象(image)与象征(symbol)在宗教生活中的重要性,一定要充分注意；第四，宗教史转向的人类学影响中，有西方中心主义的阴影。

重点读有关中国宗教部分，一个不通中文的学者，能够写成这样，比较精确地讨论早期中国宗教与思想，也实在让人惊叹。埃里亚德对于世界各种宗教以及各个民族习俗的多种研究，使他很能体验异族宗教的特殊，在他出版于1951年的《萨满教——古代的灵魂出窍技术》（英文本，Willard R.Trask 译，*Shamanism: Archaic Techniques of Ecstasy*，NewYork，1964）一书中对各种入神技术的分析，包括他对中国古代的"升天""招魂"巫术的叙述、对仪式中的过火海上刀山的意味的研究、对禹步与熊祭的关系的分析、对师公在仪式上所穿的服装的象征的评论以及对中国古代萨满行为的结论，无论对与不对，其中一些相当天才的猜测，足以证明他对不同宗教现象的体会与领悟能力。当然，其中也不乏可议之处，如他对中国早期文明的资料来源，主要是来自汉学家的著作，这样就有些受制于汉学，又如他讨论"仙"一字之字形，讨论"三丹田""三尸"，讨论邹衍与炼金术等，就多有不确处。不过，他对于古代亚洲以及中国有关生死、再生的象征，对大宇宙与小宇宙的观念、道家思想中的宗教意味、古代中国泛化与普遍的概念、炼金术三要素等的描述，都很值得称赞，可写一书评介绍。

埃里亚德的这部三卷本，原是法文，分别出版于1976年、1978年、1983年，原来打算分为四卷，在这三卷外还要编一本缩写本，但由于他于1986年去世而没有最终完成。不过，所幸的是这主要的三卷本已经完成。这是一个相当庞大的体系，它已经有了Willard R.Trask的英文译本，也有了岛田裕巳等人的日文译本，我读的就是日文本。

韩明士《道与庶道》

韩明士（Robert Hymes）著《道与庶道：宋代以来的道教、民间信仰和神灵模式》（*Way and by Way*，皮庆生译，江苏人民出版社，2007年），是我的学生皮庆生翻译的，我在哥伦比亚大学拜访韩明士的时候，他曾经非常称赞翻译的水平。

这本书通过对江西崇仁县二真君及浮邱公信仰的研究，试图解决的是这样一个问题，即神仙是天界掌控命运和前途的官僚，还是给有关人提供保护的个人，这就是所谓的"道"与"庶道"。作者指出，过去如王斯福（Stephan Feuchtwang）、武雅士（Arthur Wolf）等，认为神祇世界是国家权力系统的隐喻，把"权威体系"等同于国家，这常常会引起一个简单的结论，即神祇系统是皇权机构的镜像，而它的作用也常常是为现实政治和意识形态服务。但是，韩明士不同意这种简单化的结论，他提出乡村长者、有权势的地主、地方士人，他们的权力与官方权力有差异，又宗教专业人士的权力也不等同于官僚的权力，因此他主张，古代中国神与人的关系，既有官僚模式，也有个人模式，两者兼有，又彼此竞争。它如何呈现，取决于"信奉者、陈述者在何种语境以及出于何种目的"。（导论，1页，参看213页，第9章《结论：两种模式》）

但是，这种论述的前提是国家、社会、地区的模式。首先，他要论证中国的政治与宗教的大系统中是有不同空间，而不是高度同一性的，所以必须反驳"中国社会只有一个权威体系？该体系是否只代表国家？"（4页）。其次，要借助于当前宋代研究流行的地方精英或士绅理论，说明这种社会分化在思想信仰领域亦有投射，人们在选择神灵信仰的时候，会受到这种社会状况的影响，说明"中国人在讲述神祇时，吸取了他们在社会生活中知道的各种具有权力性质的人类关系，而并非只限于官府内部或国家与臣民之间的关系"（6页）；再次，还要说明，确实宋元时期的宗教信仰"是一个缺乏共同预设的聚集点，其用途、神祇、仪式和实践者具有相当广泛的多样性"（24页），而这种信仰特征是宋以前所缺乏的，它导致了韩明士所说的，即宋代这一神灵信仰特征的形成。而其研究的结论，也一定会成为论证唐宋变革、宋代以后文化走向近代的大趋势中的一部分。

不过，似乎这种理论背景下的考察是有些让人疑惑的。一是宋代既存在一个地方与中央、士绅与官僚、区域与区域的差异性，但也存在着国家、地方与文化的趋向同一性；二是既要考虑民众信仰的相对独立性的；也要考虑在士绅和国家双重努力下，神灵信仰的解释系统渐渐渗透下层的现实；三是民众的神灵解释尽管可能有实用性，因而呈现多样性，但是这种解释在多大程度上可以成为模式，似乎还是有值得怀疑的问题在。

卜正民《为权力祈祷》

卜正民（Timothy Brook）的《为权力祈祷：佛教与晚明中国士绅社会的形成》（*Praying for Power: Buddhism and the Formation of Gentry Society in Late-Ming China*，张华译，江苏人民出版社，2005 年）。这部书的中文版序言讨论了中国与西方（及日本）史家对佛教社会史兴趣之差异，他认为西方是与宗教始终纠缠，而现代性经验一方面是破除中世纪宗教之迷信，另一方面以新教方式重新阐释教义，"消除了宗教不

可置疑的绝对立场"(1页)，因而19世纪以后宗教被自由地
作为研究对象；而中国的现代性经验是认为"宗教是他们现代
化目标的绊脚石"，觉得应当坚决破除宗教之迷信，包括佛道，
所以"即使不是彻底的敌视，至少也是漠不关心"(2页)——
这是导致中国学界不关注佛教社会史之原因。

　　恐怕这一结论是需要略加修正的。简单地说，第一，中国
学界一直对佛教史及有关的社会史有兴趣，并有大量著作；第
二，但是，中国学界的兴趣不在教义，而在历史，不在社会，而
在政治，这才是需要分析的问题；第三，对于"迷信"与"宗教"
的破弃，似乎主要影响的是道教研究之热情。对于"哲学"与
"历史""文学"的兴趣，则激励了中国学界数十年来佛教研究
之热情；第四，东西方差异并非如此对立，特别是，应该考虑中
国从日本转手接纳宗教史研究的现代范式，其实，与西方颇有
相同之处；第五，由于卜正民主要是对明代佛教的关注，故使
其仅仅考虑到陈垣的研究，恐怕没有注意到更广泛的中国佛
教研究界。

太虚《东瀛采真录》

　　太虚的《东瀛采真录》(1917年秋冬记，载《太虚大师全

书》29 册《杂藏·文丛（一）》，太虚大师全书影印委员会）。这是太虚的日记，从 1917 年 10 月 4 日起，记载他访问门司、基隆、台中、神户、京都等地的见闻。其中有几处可注意：一、他与熊谷泰寿的对话中，说到对日本各宗"不去俗姓，带妻食肉，与信佛之在家二众无异"和"日本佛教，今于佛学研究诚盛，唯各宗自为部勒，不能融合成一大佛教团"这两点不满，尤其批评真宗率先，而各宗效仿，不能不说是"僧侣之堕落"，他认为僧侣应当"以佛祖之伟大人格为师法，战胜国俗、时势、政权、等等，以保持其清净律仪，始能拔俗而不为俗溺"（328 页）。二、他在彰化演讲，提到"佛教为东洋文明之代表，今代表西洋文明之耶教，已失其宗教功用于欧美，欧美人皆失其安身立命之地，故发生今日之大战局。吾辈当扬我东洋之和平德音，使佛教普及世界"（334 页）。三、在熊谷处看到村上专精之《佛教统一论》，感慨日本佛教各宗的门户之见很深，在斋藤处看到岛地默雷的《三国佛教史》，被告知已经不是完全佛教史，而近来通用的，却已经是境野黄洋的各种佛教著作。

顺便再读太虚《寰游记》（1929 年写，记 1928 年游欧洲事，载《太虚大师全书》29 册《杂藏·文丛（一）》，太虚大师全书影印委员会），其中提到，A. 与葛拉乃（即葛兰言）见面："（葛）能看中国书，能听中国话而不能说。遂由传译，中颇谈学理，自云喜研究老庄及道教之学。余告以佛法与道教不同之义，颇引起其倾听之兴味"。(371页)又曾与葛拉乃商量成立世界佛学苑事，其中10月20日在东方博物院商议此事，发起人名单中有二十余人，包括葛拉乃与伯希和，"议决即设通讯处与东方博物院，由阿甘（东方博物院院长）派院中职员任其事，先筹集临时经费，余当缴付五千法郎，对于此事才有一基础"。(376页)B. 与荷兰佛学研究者费式尔谈《唯识三十颂》，"前二十四颂，明唯识相，乃说明相对真实，包一切科学而为科学之所未逮；第二十五颂，明唯识性，乃说明绝对真实，超一切哲学而为哲学之所要求；后五颂明唯识位，则说明其人生如何转变而进化至佛陀之真进化论"，他自称"以科学、哲学、进化论比类旁通"。(385页)

孙宝瑄《忘山庐日记》

孙宝瑄《忘山庐日记》，上海古籍出版社1983年出版。

清光绪二十三年(1898)十二月初四，孙氏读《天演论》，突然悟到"世儒多以欲属人，而理属天，彼独以欲属天，而理属人"，觉得这是中西一大分别，中国崇尚"天理"，却不知道"天理"其实是"人"想出来的，倒是"人欲"却是"天"生的。但是，这个道理，百年前的戴震不就说到了么？

倒是他对常识的怀疑，使他注意到经典之外的资源。那个时候的人，受到时代巨变的刺激，便常常走出经典，不再局限于读科举所需之书，中国、欧洲和印度的各种知识在头脑中搅成一团，无形中形成互相比较和诠释，比如他觉得，"天演说"始于额拉吉来达，嗣于德谟吉拉图，中变于斯多噶，便说额拉"为欧人智学之祖，大旨以变言物，故谓万物有已过、未来而无现在，与中土《易》理合，《易》言既济，即额拉之已过、未来也"，而德谟"生春秋哀定间，以富人子游学……在古人中最先创莫破微尘之说者，近代化学宗之"，特别是斯多噶，他想到了印度，"始创为造物主宰，以为无不只无不能，盖近婆罗门八明之论，而额拉氏所未言也"（156页）。

他好读佛教尤其是相宗之书，如《百法明门论》《唯识三十论》《相宗八要》《八识规矩》，等等，而且还好从佛教联想到《天演论》等西书，从西学联想到佛学，这一风气可能影响了不少人。比如初七这一天，他和章太炎一道聊天，就说到西方人说蚊生水中，应当就是"水中微生物所变，故谓化生"，而不是所谓卵生或湿生，他引了《楞严经》所谓"湿以合感，化以离应"，说"离者即以此化彼之谓也，合者当为两种质相配而成"，他觉得，西学与佛学都注意到了观察生物变化，所以，他反过来批评宋儒"讲空理多，有空而无理，然亦能妙绪环起者，不过善绘其空之状态而已，反近于词章"（157页）。光绪二十八年（1902）三月，他又在日记里面说，男女媾精"精中有微生物曰精虫，此近日全体学大明，为人所恒言"，就想到佛书中早就有类似的内容，"《大论》云：身内欲虫，人和合时，男虫白精如泪而出，女荼赤精如吐而出"，觉得佛教不仅和西学相通，甚至比西洋人更先知先觉。

新知识进入异域，常常首先是好奇的道听途说，然后是在自家仓库里找东西解释，郅书燕说导致对传统知识的瓦解，接着则是原教旨式的追根究底，最后仍然回到所谓"创造性或歪曲性的再理解"，这是否是一种规律？

《郑孝胥日记》

晨起，读《郑孝胥日记》（中华书局，1993年）前二册所记晚清事，深有感触。

一百年的时间真是不短，说到前清的人事，仿佛已经遥远得很，有时候想起来，不由得会把它当了"古代"。可是读这本日记，却又颇为恍惚，好些事情和场景好像就在前天或大前天。就说他在清光绪十七年（1891）出使日本（他先任筑地副领事，后两年充神坂领事）到二十年（1894）归国这一段时间里写的东瀛日记罢，提到的好些地方、事情和话语，就和今天没有什么两样，让我想起去年日本旧游之地，如东京的后乐园（1891 年 7 月 10 日，216 页）："园极林壑之胜，有小屋祀夷齐，明王孙朱舜水于鼎革时，避地日本所创也。"如镰仓的神社和大佛（1891 年 10 月 29 日）："（八幡宫）有三石并列，大如栲栳，云时治则出土，乱则没入地也，复有一石，高二丈许，绕以栏楯。""（大佛）高五丈，建长四年上总国大野五郎右卫门铸造之。"又如京都的四条（1894 年 2 月 12 日）："四条桥浪花楼……楼对圆山，前临河，河水湍急多碎石，汹涌有声，地颇喧闹车轮屐齿如沸。"仿佛都和我看到的相同，特别是里面不断提到的高岛屋、三菱公司、"帝国伙蝶儿"（帝国 Hotel），直让人恍惚中觉得历史好像并没有走过百年似的。

不过，有的世风人情在这百年间还是变化很快，那时中国文人的出洋生活，现在是全然不见了，日本人的旧时风俗，如今也没了踪影。郑氏在日本似乎主要是在读书，读的还是《说文》和《通鉴》，也读宋人笔记，偶尔学两句英文，读一读《明治时势史》《明治开化史》（1891 年 6 月 20 日），还对日本的新政大为不屑，像光绪十七年十二月因为日本之乱而幸灾乐祸，说"天败之以为学西法者戒"（261 页），光绪十八年闰六月因了

《日本新闻》讽刺伊藤"变法以来，外观虽美而国事益坏……盖伊藤始终学西法也"（311页）。所以尽管身处变法的日本，仍然长袍马褂，过着如同国内士大夫的生活，狎妓听戏，吃茶饮酒，似乎乐不可支，一天到了浴室，见到"裸体赤立者右男而左女，俯仰自如"，倒也觉得怡然（211页），这大概是甲午之前中国文人士大夫的风习？他批评日本人森大来肆意贬低中国的诗歌，则说到日本明治学西法以来虽然富强，但"汉学益衰"，所以搞得风俗日下，敦厚之本已亡（334页）。要到了甲午一战之后，他才在日记中有震惊和愤怒，"闻之（和议）心胆俱腐，举朝皆亡国之臣，天下事岂复可问，惨哉"（1895年4月18日，482页），日记中还抄录了唐景崧自台北来电，说"（台湾）一旦授人，百万生灵如何处置？外洋能不生心？宇内亦将解体……铸此大错，曷胜痛哭"（1895年4月19日）。看来，不变的是山川，常变的是人情，更容易变的是时势，难怪古人说"秦时明月汉时关"。

《翁同龢日记》（三、四册）

《翁同龢日记》（第三、第四册）是陈义杰整理本，中华书局1992年至1993年出版，这两册记载的是清光绪元年（1875）

到十五年(1889)间的事情。

这十五年虽然不像1894至1895年那样变化剧烈，但仍是近代中国的多事之秋，日本在这期间(即明治八年至二十三年)已经大变。但是，从《实录》和翁同龢等人的日记中却可以看出，中国上至天子下至士大夫，仍然在传统生活轨道上缓缓滑行，光绪皇帝的日程功课，仍然是正统儒家的经典《孝经》《论语》《孟子》《周易》《礼记》《左传》《诗经》，外加作为文学修养的唐诗，以及做天子必须了解的反面历史教材明代史事(《明史》)和正面教材清初事迹(《开国方略》)。据日记记载，翁氏在光绪三年侍读，给皇帝讲的便是"孔颜乐处"(三册，1269页)。士大夫官员则除了官场公务之外，依然是沉湎在三件雅人逸事之中：一是游山玩水访僧问道，二是吟诗作画校书读帖，三是搜集字画古书兼及会客应酬，偶尔把头伸出窗外，才吃了一惊，但是不久又缩头回去，照旧心安理得地过着旧时生活。1875年2月25日载丁日昌上折子，告诫朝廷"日本国变峨冠博带之旧习，师轮船飞炮之新制"，觉得这是大事(三册，1113页)，但是，后来看来还算很明白的翁氏却说，"阴而有谋，固属可虑，穷而无赖，则更可忧"，似乎没有太多警惕，也没有应对的措施，只是把东边的邻居看作还是"穷而无赖"的岛夷。

其实,翁氏何尝没有感觉?在光绪五年(1879),他就已经写到过,"值国事艰难至极之时,又逢讲幄大费劝讲之际,百念灰冷,中怀瘀损,将病无疑",这说的是个人,还是国家?但是一旦走出公门,回到自己的生活,就仍然在写些不咸不淡的诗歌,像什么"读画亦奇事,清淡得暂闲"(三册,1306页)。似乎在那个时候,知识人并没有真正意识到危机将萌大难将临,所以,一方面心情还是安闲,觉得"谋国之方,以保境息民为大",全不想是否真的可能"保境"(三册,1463页),像庄子祯上折子,还在向皇帝反复讲"圣学以用人行政听言为大,听言在致知,致知在穷理,穷理在读书"这种空洞的道理(四册,1728页),一方面思想仍是迂阔,像曾沅圃论时弊,仍然是"驭夷以柔,以忍辱为主"(四册,1791页),作出一副宽容大国模样,实际上可能已经是无可奈何了。

光绪十二年,中国人和日本人在长崎互斗,在日本打官司,明明日本人无理,但是中方律师最后却说了一段"私中之私话",说"日廷如肯知照中华认过,谓曲在日捕(警察),并议抚恤,中国素怀大度,谅可化大为小,若执迷不悟,将来欲求今日而不可得,则悔之晚矣"(四册,2043页),虽然气度可佳,但让人想起《红楼梦》说迎春"虎狼屯于阶,尚谈因果",也让人想起宋襄公列阵待敌。

金毓黻《静晤室日记》

读金毓黻《静晤室日记》（辽沈书社，1993 年）。这次闲下来，找到他的十大册日记，读来也很有兴趣，所以随手做了一些摘录。

第三册卷四一（1926 年 10 月 13 日）记载他写的《研究东北文献之重要及其方法》演讲辞，其中引用《周礼·职方氏》"东北曰幽州，其山镇曰医巫闾"之郑注"医巫闾在辽东"，证明为中国故地，又强调东北文献研究之意义一是爱乡，一是证史（1762 页），希望组织一个"东北文献学会"，并说"日本人士因研究朝鲜古史，曾在汉京组一朝鲜研究会，发刊书籍多种，皆极有价值，近年又在大连组织满蒙文化协会，所得之成绩，亦复甚佳。外人且如此，吾人岂可甘居人后乎？"（1764 页）又，1927 年 4 月 24 日，金氏又撰《东北地理略说》，认为西北地理之研究已经从清末即成为风气，如今东北也渐渐为人注意，但是多数学者"专凭载籍，殊鲜目验"，所以一个渤海中京，或以为在辽阳，或以为在广宁；一个金上京，或以为在开原，或以为在宁安（1861 页）。并指出研究东北的著作，如宋代有洪皓的《松漠纪闻》、徐梦莘的《三朝北盟汇编》、许亢宗的《奉使行程记》(附《大金国志》之后),以及明人撰集的《辽东志》《全辽志》等(1865页)。这大约既与感受到日本对东北的领土野心有关,也与日本的满蒙研究刺激有关。大凡现代学术的发展,往往都来自两种动力,一种是现代学术的国际比赛,一种是国家政治的彼此警戒。比如稻叶君山书,就对金氏大有刺激。1926年11月8日,金氏开始读稻叶君山的《清朝全史》,大发感慨:"唯著者之取材不仅得之与游历,其所引用之书籍,为吾国人向未寓目者,不啻数十种之多,如日本传抄太祖、太宗、世祖三朝《实录》也,《全辽志》也,朝鲜人所著之古史之册档也,皆足令人惊异。吾国博通之士匪少,以言清史,乃不如稻叶创获之多,视之洵有愧色矣。"(1778页)1927年4月25日,读第二册,说:"此册叙清代平定外蒙古、回疆、西藏之武功,条理极明晰,大抵以魏源《圣武记》为蓝本,而复以散见他书者增饰之。以异国人叙中土事,提要钩玄,语皆有据,虽秉笔修清史者,亦不能不取材于是书,其为有数之名著可知矣。特以异国人优为之,而生于是邦之人反不措意,此事是亦可耻之事,贤哲之士曷不奋起图之?"(1869页)

读金毓黻《静晤室日记》第九册。这时北平已经易帜,金氏颇敏感,很想"赶上时代",看他1949年2月1日读《新民主主义论》,1949年3月6日记北大樊弘论大学课程改革,1955

年 11 月 1 日记载其不敢与在香港的佘雪曼通信,1956 年 2 月
4 日记载郭沫若关于知识分子"孤芳自赏,坐井观天"之评语,
就知道他还算是"识时务者"。不过,毕竟是读书人,也有牢骚
太盛的时候,如 1949 年 6 月 4 日与向达、王重民、唐兰、邓广
铭等教授座谈会,就感慨今之君子"言是而心非",只好自嘲是
"卖膏药",很有趣。

诺夫乔伊《存在巨链》

诺夫乔伊(Arthur O. Lovejoy)《存在巨链》(*The Great
Chain of Being: A Study of the History of an Idea*,张传有
等译,江西教育出版社,2002 年)第一章《导论:观念史的研
究》中提出,思想史中那些最基本的、持续不变的,或重复出现
的要素,第一,是"有一些含蓄的或不完全清楚的设定,或者在
个体或一代人的思想中起作用的,或多或少未意识到的思想
习惯",这些东西是"心照不宣地被假定"的,而且是无须加以
论证的(5 页)。第二,是"这些某地特有的假定,这些理智的
习惯,常常是属于如此一般,如此笼统的一类东西,以至于他
们有可能在任何事情上影响人的反思进程"(9 页)。第三,是
"对各种各样形而上学激情的感受性"(10 页)。第四,是"可

以被称作哲学语义学的东西"（14页）等。

他认为观念史的研究，要穿越不止一个历史领域，要打破传统的民族或学科的划分，要关心大量人群的集体思想中的那些特殊单元（18—19页），并且要研究"新的信仰和理智风格是如何被引进和传播的"（20页）。

思想史与政治史相当不同，思想史讨论的话题常常超越国界和语言，拥有更大的空间性，因此思想史拒绝从国籍和语言上切割对象，把自己拘束在狭小的政治共同体和民族共同体中，它必须考虑超出国界的东西，而政治史则由于制度、法律、经济的空间，可以单独述及一个地区和民族。（可以参见洛夫乔伊著《存在巨链》，日文译本《存在の大いなる连锁》，25页，内藤健二译，晶文社，1975年）

《解释过去了解现在——历史社会学》

辛西亚·海伊（Cynthia Hay）在《何谓历史社会学》中提到，基思·托马斯（Keith Thomas）在 *Religion and the Decline of Magic* 中用人类学的理论与例证来进行比较，并以传统的史学记叙说明人对巫术的信念是如何丧失的。他认为，这种人类学取向的影响是，使历史学更关注人类学意义上的文化现象，因而促使"人类学转向"，它指的是历史学家如何从传统上关心政治权利人物的行为与思想，转而关心普通人的态度与信仰，即民众史（history from below）。它受法国年鉴学家启发，注意"重建那些表达集体情感的态度、言辞与沉默"（Mandrou 语）。Mandrou 用 18 世纪小贩贩售的通俗书籍作为研究农民心态的线索，但有人质疑，因为这类通俗书籍的作者会想尽办法投合读者，但他们未必表达了农民的心态与信仰。Ladurie 用宗教审判记录来研究 14 世纪纯净派异端生活态度与方式。但也有人会怀疑这类证据是否会引起判断失误。因为村民也许会用他们的性遭遇来转移审讯者的注意力。加比（Gaby）和伏维尔（Vovelle）对 16 到 19 世纪普罗旺斯地区的祭坛画进行分析，说画上的天使数量逐渐减少，说明这段时间对死亡的态度正日益世俗化。这篇文章收在《解释过去，了解现在——历史社会学》（中译本，上海人民出版社，1999 年，38—44 页）中。

关于都市研究的一种新途径，本书中还有罗斯马里·梅勒（Rosemary Mellor）的《作为道德方案的城市化》一文，它通过对都市的人口、环境、经济、社会、政治的建构，讨论了城市对居住者的文化管制与改造。这使我想到的问题有：一、居住者的社区／街道／区域的划分与区别，对居住者认同／定位的意义（如上海的上只角、下只角，或浦东、浦西；北京的东富西贵南贫北贱，以及很多发展迅速的城市中的新区与老区）。二、城市设施及功能对文明的规范与要求（如垃圾处理、街道公共卫生，以及人们的习惯）。三、城市组织与治安（例如犯罪与处罚、监视系统、邻居关系的变迁）。四、家庭、家族、语言、风俗的变迁（居住区域的变动，往往使传统家族组织崩溃，它对乡村形态的摧毁，以及导致的语言的普通化与失去乡土味）。五、娱乐方式的变化与市民公共空间（如澡堂、戏院、街头、茶馆）（1999 年4 月 14 日）。

季镇淮《司马迁》

这是一本旧书（上海人民出版社，1960 年），也是一本小书（仅 137 页）。记得上大学的时候读王国维《太史公行年考》与郑鹤声《司马迁年谱》，颇有心得。今天重新读有关司马迁的书，如英文世界的伯顿·沃森（Burton Watson）之 *Ssu-Ma Chien: Grand Historian of China*，以及季先生此书，仍有新感觉，不知道为什么，这次阅读，特别想到的却是帝国与历史的关系。我想，《史记》之诞生犹如波里比亚斯（Polybius）在一个世界性的罗马帝国出现时，不得不把这一帝国历史当作一

种可理解可掌握的伟大统一体一样。司马迁在汉代盛期书写
《史记》，也超越了《尚书》（文件汇编式的历史）、《国语》、《国策》（拼合式的历史）、《鲁春秋》（各诸侯国即地区式的历史）等历史书写方式，因此，才有周边（大宛、匈奴、朝鲜、南越），有源头（三代本纪），有不同阶层（世家、本纪、列传）和不同领域（各书）。这种笼罩天地、铸造古今的"历史"，其实，正是这一庞大帝国伟大历史的记录与反映。

劳弗《伊朗与中国——古代伊朗与中国之文化交流》

　　《伊朗与中国——古代伊朗与中国之文化交流》（"国立"编译馆出版，台北中华书局，1975 年），乃 Berthold Laufer（1874—1934）著，台湾出版的中文版是杜正胜翻译，由刘崇竑校正的，作者名字翻译为"劳弗"。这是一部大大有名的著作，大陆版则由林筠因翻译，商务印书馆出版，书名作《中国伊朗编》，作者名字则翻译为"劳费尔"，大陆版比台湾版还早一些，1964 年就已经问世，现在可以看到的最新版，是 2001 年的。邵循正先生在给中译本写的序文中，对它有相当公允和清楚的评价。

　　我感兴趣的是现在什么东西是从"外面来的"。此书在有

关古代西域植物的部分说到,除了葡萄、胡桃、石榴、胡豆之外,还有很多东西是从伊朗传入中国的,比如像菠菜,刘禹锡《嘉话录》、唐慎微《证类本草》、《唐会要》、李时珍《本草纲目》都有记载,又比如像水仙,《酉阳杂俎》十八卷有记载,称"奈祗",此外还有胡萝卜、西瓜、橄榄,等等。

特别注意了一下"押不芦",因为过去看唐代小说《无双传》,甚有兴趣琢磨那个道士究竟用了什么药,居然可以使无双假死,后来,无意中看到冯承钧译《押不芦》一文,则对此物颇为好奇,怀疑是否唐代道士已经知道这种药。劳弗此书称,押不芦为宋代由阿拉伯人从西亚传入,首先见于周密(1230—1320)的《癸辛杂识续集上》《志雅堂杂钞》卷上,其名原于阿拉伯文为 yabruh 或 abruh,就是大大有名的曼陀罗花(309 页),如果真的是在宋代才传入中国,则唐代道士便无从用此药矣。

周质平《胡适丛论》

读周质平《胡适丛论》(台北三民书局,1992 年),其中《胡适与冯友兰》一文甚有趣,里面提到胡适曾经在《美国历史评论》(*The American Historical Review*)1955 年 7 月号发表书评，对冯之英文版《中国哲学史》提出批评，指出他"只以不到九页（423—433 页）的篇幅来处理道教"，而且"对四百年禅宗的成长和发展，只提供了大略而不含评判的处理"（105 页），特别是，他批评冯书是"以'正统'的中国观点来写的中国哲学史"。这里所谓"正统"是：一、"'道'是由孔子拓展出来的，他是上古时期先圣遗绪伟大的传承者"；二、"'道'受到异端如上古时期墨翟和杨朱，以及中古时期佛教和道教的蒙蔽和驱难"；三、"'道'长时期地潜藏在经书之中，直到 11 世纪开始的理学运动，才受到理学家的重新阐发"（105—106 页）。

其实，胡适在 1955 年 1 月 24 日写的日记中，已经提到了这一点。他对冯氏《中国哲学史》的批评，有人说是"瑜亮心结"，甚至有人说是"被超越之后"的恼羞成怒。未必如此，因为胡适的地位高于冯友兰甚多，完全不必在一个哲学史领域与他论长争短。胡适受到傅斯年等人的影响，对于思想史自有看法，而在这一争论中，恐怕胡适的立场是对的。我读冯书，也觉得他前一卷较好，后一卷稍差，特别是对佛教与道教的研究，实在是太过简略粗率，对佛教往往多引用而少分析，对道教常常是一闪而过，基本上仍然是以来自儒家一脉的叙述为主干，在选择哲学史叙述什么的时候，冯确实太过"正统"。

陈毓贤《洪业传》

《洪业传》(联经出版公司,1992 年)的作者陈毓贤女士是艾朗诺(Prof. Ronald Egan)的夫人,他们夫妇曾经应张隆溪之邀到香港城市大学来,我们曾在尖砂咀一家饭店一起吃饭,有趣的是,竟然很快就看到了这本书,因为与作者有一面之交,所以看起来似乎多了一份亲切感。

据序文说,此书是与洪业多次采访和交谈的记录,又参考了很多书信和档案,正如作者说的"百分之八十完全根据洪先生的口述"(序,3 页),所以,有几段有关历史学方法的记载可以当作学术史资料。在第 120 页,记载了洪业对大学学科的想法,他一方面希望把"中国经几千年积累的学问挤入大学课程的框架里",一方面觉得"把它笼统归入一个国学系太难令人满意了",所以,"他相信把先人知识分为语文、数学、科学、人文四类,人文下中国文学应自成一门,而中国的考古、艺术、历史、哲学、宗教等科目,都该与西方的这些科目相互结合,一起教"。第 176 页,又记载"洪业训练未来历史学家的最主要的工具是他的历史方法课,他请了一个图书馆小职员每星期天到市场去买废纸,这些废纸中有日历、药方、黄色读物、符咒,等等"。第115页,又在晚年回忆中,他说他当时的历史方法课上,要先灌输他们一种历史感,"第一,要他们在一周内交出一篇作文,题目是《我是谁》,内容包括姓什么名什么,有没有别的名字,何地人,父母在不在,干哪一行,祖先中有没有杰出的人物,家族渊源如何,有没有族谱。第二,要他写一篇出生地的历史,何镇何市,住宅的由来,有没有看过地契,房子建立多久了,在家中多少年。这对文件的处理是很好的训练。"

后面说的这种训练方法很有趣,只是这种题目,今天却不敢出给学生,原因是可能会侵犯西人所谓"个人私隐",接受西方学科制度和科学方法的洪业先生,可能只能在中国任教时出这种题目。

本文原载《书城》2011 年 9、10、11、12 月号及 2012 年 1、2 月号

福州黄巷葛家
——《葛生蒙楚》之一章

葛兆光

一

　　从籍贯上说，我是福州人，虽然我出生在上海。很长一段时间，中国作兴填籍贯，所以我填表也好，办护照也好，各种证件上都写的是"福建福州"。我父亲葛耀昌（1922—2004），从小在福州长大，虽然大半生在上海、北京、天津和贵州打转，但终究叶落归根，近退休的年龄从贵州回到福州。一直到去世，一辈子操着浓重福州风味的普通话，他算是真的福州人。

葛家在福州著名的"三坊七巷"之一的黄巷里，有一处老宅。在现在福州的各种坊巷志或者旅游书里，都把它叫作"葛家大院"，也算是一处名胜，这里就是我的老家。我父亲一直很得意地对我们说，葛家大院原来的大门口，有一副对联，写的是"丹井传家远，黄楼卜宅长"，用了东晋道教中人葛洪的典故，说明这是葛家祖上传下来的。但说老实话，我也不知道这个老宅最早是不是葛家的，也许，在我的爷爷或者爷爷的爷爷时买来的，我父亲曾说，早年葛家大院的大门上方还悬挂了"中宪第"，二门还挂有匾额，上书"会魁"二字，可我一直没有查出葛家哪一代有这么好的科举功名，所以，我怀疑这个院子原本是别姓的，只是葛家后来买了下来。但不管怎么说，现在的各种书里，它都叫"葛家大院"。传说中，它还是唐代一个叫黄璞的文人的旧居，传说晚唐黄巢闹事，大军越过仙霞岭，打到福州的时候，因为尊敬黄璞是读书人，下令不得焚烧这里的民宅，它才得以保存下来。但这个故事有几分真实，几分想象，几分编造，谁也说不清。葛家大院毗邻另一个清代名人梁章钜的故居，两个宅子中间有一个"黄楼"，但长期以来，为了黄楼究竟应当归属谁家，葛家和隔壁争执了很多年。

老宅过去确实是阔气过的。据说，左右两边原来好几大片宅子原来都是葛家，院子里有七口井，一处池子，俗称"七星八斗",花厅也有山石叠成的假山和雕梁画栋的亭阁,还有一处不小的水池。不过,1979年我第一次回到福州老家的时候,那个大院已经破败不堪,穿过原来很不错,可已经瘦身再瘦身的天井,七八家人已经把这个有些历史的老宅分割得七零八落,原本有假山亭围小池的花厅,也早已经堆满杂物,上面瓦间漏水也望见星星,下面则晴天满是晾晒衣物雨天满是接水锅盆。一直要到政府想发展旅游,重建三坊七巷作为旅游的景点,这才重修了大门,今年(2013)夏天我回去看的时候,原来很破败的大门,突然变得很古雅堂皇,连我自己也吓了一跳。

二

更有趣的是,在福州一些旅游书上,有一个很吸引人的传说,就是葛家出自古麻剌朗国。古麻剌朗国倒是真的,《明史》卷三二三《外国四》说,"古麻剌朗,东南海中小国也",据说,大概位于现在菲律宾棉兰老岛,明代永乐十五年(1417),中国派了中官张谦去传达天朝诏令,海道遥远,张谦大概在那里待了三年。永乐十八年(1420),麻剌朗国国王斡剌义亦奔就"率妻子、陪臣随(张)谦来朝,贡方物",永乐皇帝就给了他们如同苏禄国王一样的待遇，为他们颁赐了印诰、冠带、仪仗、鞍马等。可惜的是，这个国王回国路上生了病，永乐十九年(1421)便死在福建。于是，随同诸臣便留在福州为其守丧，因此寓居在福州，成了这一方人氏，传说中的葛家祖先就是陪臣中的一个。这原来是个故事，真的还是假的？不太清楚，记得当年福建电视台也来采访和拍摄过葛家，也许，是因为黄巷这里所谓三大姓"毛、萨、葛"都算是外来人口？萨家过去就是蒙元时代的色目人，传说祖上是雁门萨都剌，元末迁到福建。毛、萨、葛都是以前地方志里应当归入"流寓"的那一类人。不过，现在为了发展旅游，杜撰噱头，说这里曾经有过中外交流史上的"遗迹"，所以以讹传讹，我们也只能"假作真时真亦假"，随它去了。

葛家究竟来自哪里？过去，连我父亲也说得不太清楚，但没有疑问的是，葛家原来应该住在福州城外的洪塘国屿一带，我父亲晚年给我写信，说他小时候曾经去国屿的葛家祠堂参加过祭祖。1990年代那里大兴土木，要把过去的坟茔拆掉，曾通知葛家去迁祖坟，我二伯匆匆赶去，一块大碑已经毁坏，另一块小碑很幸运地保存下来，这是一块清代康熙年间的石碑，约高80厘米，宽50厘米，篆文题额为《皇清敕授儒林郎蔚庵葛先生墓志铭》。有了这块碑，我才把祖上的历史渐渐解开。

三

　　《皇清敕授儒林郎蔚庵葛先生墓志铭》碑文,是一个叫翁煌的人在清康熙四十一年(1702)撰写的,篆额的则是另一个叫林文英的,而书丹的则是自称晚生的蒋晟。据这位翁先生写的碑文说,蔚庵先生也就是我这个祖上,叫作葛焕(1647—1702),字子章,蔚庵是他的别号。给他撰文书丹篆额的三位,我没有专门去考察过,不过,看来都有些功名,但我的这位祖上蔚庵公,却好像没有什么太高的地位。根据碑文记载,虽然他的祖先也曾在明永乐年间中进士并督学山左,但后来的子孙却很难跨过科举那道"荆棘之门",蔚庵公也只是"少攻儒业,卒入成均",并没有中过进士,据《福州侯官县志·耆旧录》的记载,只是一个监生而已。他可以被写出来夸耀的事情,主要是在当地做了一个有力量的乡绅和有道德的典范。据说,他"素好行善,闻人有义举,必心羡之,曰彼何幸,乃得好事行之? 常出镪,为人完聚骨肉,匪直匍匐救丧而已。遇后生寒酸,出赆礼,劝之卒业,往往因而成名"。按照翁煌碑文的说法,"闽中盐政,不至大坏,实先生力也"。但是,我怎么也想不通,一个乡间儒生的善行,与福建的盐政坏不坏有什么干系。

不过，他可能是一个很能干的乡绅，经营了洪江江山也就是国屿那一个葛家的基业。据说，他为了家族，先购买了"烝尝田"以防万一，也建造了七世坟地，把两百年来的家族坟地整饬一新，他又害怕老人寂寞，特别在城里买了夏屋，"迎奉入城色养"，不知道这个"夏屋"是不是就是黄巷的这一片老宅，如果是，那么这个宅子姓葛，至少也有三百多年了。

碑文里面说到，蔚庵公的先人讳回公，"由永乐进士，督学山左"，既然中过进士，似乎不像是刚刚从古麻剌朗国来的外国人，看来我们追溯上去，还是中国的读书人。一直到蔚庵公葛焕，仍然是"雅喜读书，款延师傅，训诲子侄"，后来，我父亲那一代葛家人，也曾延请了一个本家叔叔做私塾老师，从小就读四书。看来，"丹井传家远"，不是因为信了葛洪炼丹，而"黄楼卜宅长"倒是因为奉了孔老夫子，能读书的缘故。

四

按照碑文的记载，蔚庵公葛焕，先娶陈氏，续弦王氏，共生有子六女三，陈氏孺人生了三个儿子。长子大粱，蔚庵公去世的时候是"郡廪生"，次子大埏，那时是"国学生"，三子经邦，那时是"郡庠生"，都算是读书人。王氏生了三个，叫大培、大疆、大超,大概蔚庵公去世的时候还小,碑文中没有记载他们的身份。二伯曾经问我,为什么他们的名字中间都用了个"大"字?为什么老三名字又偏偏不用"大"字?我也讲不清楚。不过这以后,大梁一系的葛家,则按"元运开泰,保世滋昌,渊源孝友,欲振家声"这十六个字排辈分,我爷爷是"滋"字辈,我父亲是"昌"字辈,我本应是"渊"字辈,只是到了我这一代,天地翻覆,革除旧习,就再也不按照这个辈分起名字了,只有台湾大伯家的儿子还用这个"渊"字起名儿,而我弟弟葛小佳1990年代给大陆写文章时,之所以用"葛佳渊"这个笔名,就是因为这个原因。

"葛生蒙楚,蔹蔓于野"(《诗经·唐风·葛生》),说的并不是葛姓的"葛",而是植物的"葛",不过,葛藤覆盖荆棘,杂草蔓延遍野,倒也可以用来形容葛姓一族在福州逐渐生根。据我父亲说,蔚庵公之后支脉繁盛,我们就是长房大梁的后人。"君子之泽,五世而斩"似乎是中国的规律,没有不散的宴席,也没有长盛的家族,除了官方护佑的至圣先师孔家之外。以前,潘光旦先生写《明清两代嘉兴的望族》一书,说嘉兴有长达十几代一直兴盛的家族,代代出人物,这也许是比较少的,潮起潮落,兴兴衰衰,在中国传统时代的乡里很常见。葛家也不例外,蔚庵公之后,虽然家族还算是绵绵瓜瓞,但在仕途上葛家并不太兴旺发达,所以地方志、乡绅录里面也不见记载。

直到我爷爷投笔从戎,当了军人,福州黄巷葛家才好像真的要"重振家声"了。

五.

我的爷爷葛滋承(1890?—1952),大概生在 19 世纪 90 年代初,是在乱世浊流里面混出来的。在这个中国社会重新洗牌的时代,人的命运很诡异。生逢世道巨变的人,或者从绿茵而辗转泥途之中,沦落下僚,也可能鲤鱼翻身跃过龙门,一下子成为人上人,全看运气如何。晚清那个时候,福州马尾办过船厂,办过船政学堂,办过最早的大清海军,黄巷的"毛萨葛"三家中的萨家,就因为办海军而出了很杰出的人物,这就是既当过大清总理南北洋水师兼广东水师提督,又当过民国初年海军大臣的萨镇冰(1859—1952)。我的爷爷不知道和萨家有什么关系,反正是远亲不如近邻罢,也做了这个大潮里的一个弄潮儿。1922 年,当时的海军总长李鼎新派了杨砥中,在马尾成立海军陆战队的统带部,曾经发展很快,在福清、长乐、连江、厦门都有驻军,到 1928 年编为两个旅,成为福建最重要的军事力量。据说,在我父亲很小的时候,大概 20 世纪

20年代末,爷爷就从营长一直当到了海军陆战队混成旅的副旅长。

这里又有一件有趣的事儿。民国那会儿,也许当官需要资历或学历。我爷爷有学历,号称是"保定军校第六期学员",算起来,和著名的叶挺、顾祝同、邓演达、薛岳,都是同一级的同学。保定军校原来是清朝北洋速成武备学堂,在民国初年,名声仅次于黄埔军校,也是赫赫有名,1912年到1923年间共有九期学生毕业,里面出了很多战将。很多年以后,我弟弟在美国教书时,特意去华盛顿的美国国会图书馆查阅保定军校的资料,发现确实有"葛滋承"这个名字。可是,听我父亲晚年病榻上的叙说,才发现这是一个颇搞笑的故事。原来,我的爷爷压根儿就没去军校读过书,用他的名字去军校真的读了军事学的,是他最小的堂弟,也就是我的四叔公。换句话说,我爷爷用了四叔公的毕业文凭,而四叔公用了我爷爷的考试成绩。中国这种冒名顶替之风,也许源远流长,不是现在才滋生出来的,难怪以前科举时代考试的时候,有作弊,有枪手,也有小抄。

更有趣的是,四叔公学成文武艺回来,却并没有货于帝王家。他毕业的时候是20世纪20年代初,他却压根儿不愿意进入军界做事,原因据说是他发痴一样地爱上了一个女子,就是我后来的四婶婆,为了这个据说很漂亮的女子,他天天待在家中。这也许可以理解，一方面四婶婆当年可能真的很漂亮，1990年代我在福州还见过她，从她老年时的相貌，也可以想见她年轻时确实很秀气；另一方面，我猜想是保定军校文凭写的是"葛滋承"，我爷爷凭了这个文凭可以当官，四叔公没有这个文凭，在海军就得从下层干起，从小受宠的他也许不愿意吃苦。所以，他就在我爷爷手下当了一个副官，据说是在庇护下吃干饷，根本不去当差，整天宅在葛家大院里面。不过，或许是因为我爷爷当了官，出钱把黄巷葛家大院又重新整顿一番，弄了好多葛家堂兄堂弟来一起住，就由我奶奶主管家务。顺便说一下，我奶奶叫何红蓉，中医世家出身，在福州也算名门。她的同父异母妹妹嫁给我爷爷的部下，这个人叫什么忘记了，后来曾在邱清泉手下当装甲师师长，1949年以后出走香港，辗转台北，最后定居美国，好像这位姑奶奶很长寿，一直到2000年前后，我弟弟还到加州她家去看望过她。在我奶奶的主持下，这个时候的葛家大院，似乎又兴旺起来。

我父亲葛耀昌（1922—2004），就出生在这个大院里。

六

父亲是爷爷的第二个孩子，上面有一个哥哥，就是我的大伯,他比我父亲大不少,大学时代在上海学化学。据我父亲说,他上大学时常常出入舞厅,花钱如流水,差一点儿就娶了上海舞女,被我爷爷严厉制止,甚至威胁要断钱断粮才作罢。抗战后期,听说曾经到遵义火柴厂工作过,后来台湾光复,1946年就去了台糖就职。父亲下面有两个妹妹,就是我的五姑、七姑,也都随大哥去了台湾。我奶奶曾经短暂去过台湾,帮着照料大伯一家和两个姑姑,但1948年为了照顾我爷爷,又回到福州黄巷,此后天各一方,一直到死,也再没见过她的这几个子女。他们一直留在台湾,直到1990年代,他们和我父母亲才在香港再次聚首,那时都已是白发苍苍的老人,据说,后来我的五姑和七姑到福州郊外去祭拜爷爷奶奶,哭得像泪人一样。

说起来,爷爷的四个子女中,父亲排行是老二,但葛家却用大排行。祖父一辈兄弟的孩子统统混算,我的大伯是老大,老二即我的二伯,却是我祖父弟弟的孩子,所以,后来我的堂兄弟们总是把我父亲叫三叔或三伯。他出生后葛家家境大概是最富庶的,所以,父亲的童年记忆都是欢天喜地,什么过年大吃大喝,什么福州坐大水的时候在天井里划船。2003年夏天,他胃癌手术住院,我去医院陪护,他还和我兴致勃勃地说起他小时候的读书经历,他先是读私塾,由同宗一个当过云霄县知县的长辈坐馆,教他读四书。这位私塾先生也姓葛,就是祖爷爷之叔伯兄弟,据说很严厉。但父亲是爷爷奶奶宠爱的孩子,我猜想他当时一定学得不好,常常被打手板心,所以后来改弦更张,去读新式的英华学校。据说,在洋学堂里面,他旧学古文算好的,但是新学即数学和英文却不好,不过,英华学校很有名,总算后来也考取了当时设在上海的暨南大学。

可是,父亲上暨南大学的时候,日本人已经打过来了,暨南大学撤到福建,先在三明,接着在武夷山继续课程。后来,我父亲回忆这一段时光,最喜欢讲那时暨南大学的三个故事。第一个是何炳松是校长,不过,尽管何炳松是中国有名的大史学家,可我父亲并不学历史,其实也没有什么好夸耀的;一个是他的同学里面,后来有一个当过副总理的吴学谦,但吴学谦后来当大官,同学从来也没有联系过,也没有沾过半点光;再有一个,就是他从福州家里带了不少洋钱出来,出来的时候,怕日本鬼子搜查,大洋都绑在腰上,所以,尽管当时山里的暨南大学伙食极差,但他可以时不时拿出大洋在茶馆里吃鸭子,这倒是真的,也符合我父亲那种老饕性格。我曾经开玩笑地问他,是不是那时根本没有好好上课,他也毫不忸怩地爽快承认,他原来上的是法文系,但考试总不及格,于是,二年级转上外贸系,改学英文,好容易才毕了业,于是一辈子就干了对外贸易这一行。

<h1 style="text-align:center">七</h1>

海军陆战队的差事并不好做,抗战时期,海军陆战队很快就丢了船,海军变成陆军,我爷爷随着部队,辗转到了江西、湖北和湖南。1945年,中国抗战总算胜利的时候,我爷爷正在湖南芷江警备司令部任职,曾经亲历了日军投降仪式。不过,那时他已经厌倦了军旅生涯,就在湖南倒腾了两车药材,辞去了军职回到福州。也因为这个缘故,国共战争的时候他没有参与,1949年后这段戎马历史侥幸没有被追究,直到1952年患病去世,还算平安一生。

可是,大学毕业后在上海海关做事的父亲,却被簸弄到巨变之中。海关原本是常言说的"金饭碗",可1949年前后他却失业了,生活陷入困境。那时,他已经与我母亲结婚,金圆券大贬值,人心惶惶,据说,那时他为了尽快花掉手里的钱,曾经急急忙忙拿一麻袋纸钞,匆匆地抢购了一件英国呢子大衣。尽管有我外公和爷爷两家作后盾,生活不至于无法维持,但是,他心里却很苦闷烦恼。我父亲原本性格就很不安分,福建人的性格也很勇于冒险,于是,在著名的共产党人冀朝鼎的鼓动下,在我出生之前的1949年,就悄悄跑到已经解放的南京,进入共产党的军政大学学习。按照后来中国大陆政府的规定,在1949年10月1日之前参加革命的人,可以享受"离休"即老干部的特殊政策,他也算赶上了这个尾巴。

不过,尽管他一直很想跟随潮流,但潮流却总是在嘲弄他,一辈子都不得意。后来细细想,大概有三个原因,一来他的阶级成分不好,父亲算是国民党军官;二来他娶的是上海资本家女儿;三是四兄弟姐妹中有三个在台湾,也就是说他算"台属"。更要命的是,他结婚时的男方证婚人葛滋韬,也就是我父亲后来常常说到的"韬叔",居然是军统特务,这个军统特务偏偏又是我爷爷的堂兄弟。后来我才知道,葛滋韬别名徐勉,抗战中曾经在军统的闽南站当过副站长,1948年我父母结婚的前两年,他已经去了台湾,转行办起了经济通讯社,大概那时正好在上海,就代表我爷爷做了男方证婚人。1995年我去台湾访问,还见过他和他的两个弟弟,看上去完全是一个和善老头儿,并没有传说中军统特务那种凶残狡诈和深沉。可1950年代我父亲在向党"交心"的时候,为了表示自己无所隐瞒,便把这个事儿说了出来,没想到这给他带来了无穷的后患。尤其是,他还常常口无遮拦地讲一些自觉高明的话,这总

让他的上司或上司的上司很不爽,所以,几乎每一次运动来了
都不好过,申请了好些次,也始终没能入党,可每次折腾,却都
少不了折腾他,最终是每下愈况,一会儿从北京被下放到定县
农村劳动,一会儿从北京被贬到天津当中学教员,最终又从北
京被下放到贵州,在贵州东南的一个县城一蹲就是近二十年。

我出生后,父母去了福州,后来又辗转到了北京,又到了
天津,我却一直在上海外公外婆家住,福州黄巷葛家,好像与
我没有太多关系。但 1957 年要上小学了,外公外婆下了狠
心,让我回到父母身边。于是,沿着京浦线咣当咣当坐了一天
一夜的火车,来到了当时在天津的父母身边。从此,福州黄巷
葛家的历史,就开始和我的人生交集,我也从此一点一点地融
入了这个黄巷葛家大院的烟尘往事之中。

本文原载《书城》2013 年 12 月号

『中西医的调人』德贞

——高晞《德贞传》读后

李天纲

在尊重中国文化传统上，近代以来的西方学者一直没有什么大问题，很少会情绪化地全盘否定中国文化。

"中西医之争"，是 20 世纪文化史上的肉搏战。西方文化进来后，和传统儒家争，和本土宗教争，和王权体制争，讨论起来，都还属于"意识形态"的分歧，一下子难以验证。但是，"中医"和"西医"的论战，关乎器官，联系身体，或许生死，用语言和概念是掩饰不住的，必须分出胜负。治病吃药，必择良医；两军对垒，必分中西。

一般来看，"中西医之争"，常常是中医败下阵来。中国人几乎就是放弃了中医。1839 年，美国医学传教士伯驾（Peter

Parker, 1804—1888)在广州十三行新栏眼科医院给钦差大臣林则徐治疗疝气,立了一份编号为"6565"的病历卡,据说是目前所知的第一份"中病西医"记录。"医学传教",先可以分开来说。如果说西方在中国的"传教"还不太顺利的话,那他们的"医学"无疑是成功的。在1920年代中西医地位的讨论中,很少有人支持中医。鲁迅的态度最典型,他说自己"只相信西医"。他在《父亲的病》《药》,以及《日记》中,不断表明对中医的厌恶。在《〈呐喊〉自序》中,更说"中医不过是一种有意的或无意的骗子"。

鲁迅之外,康有为、梁启超、严复、孙中山、胡适、陈独秀等"西潮"人物,全都拥护"西医",厌弃"中医"。中国人对西医的信任,也到了执着的程度。近年来,为争论"中医"的地位,有人重提梁启超在北平协和医学院被"割错腰子"的旧事,还有披露康有为死于德国医生做的"睾丸移植"之手术。康、梁师徒两人,至死不悔,力挺西医。这些官司,当时没有定案,现在查证颇难。但是,民国以降的"意见领袖"们,都是西医派,这是可以确定的。

与此相反,一百年前有一位从苏格兰来的医学传教士,并不否定中国的医学传统。他在《脉论》(1874)中,把西医的"血液循环"理论,和中医的"气脉经络"理论对照,实际上开出了一条"中西脉学比较"的思路。直到现在,中国的医务工作者,还在坚持从"气脉""经络"和人体"循环"理论的关系，来论证中医的合法性。1970年代，上海医务界用现代医学理论，攻关"经络"学说。2007年，南方医科大学某国家八六三项目组宣称找到了解剖学意义上的"经络"系统，发现了人体的"第十个功能系统"。后世学者努力将"经络理论科学化"，其思路是一百多年前开始的。这位同情中医的"医学传教士"，就是德贞（John Hepburn Dudgeon，1837—1901）——哈维《心血运动论》的中文翻译者。复旦大学历史系高晞教授的《德贞传》（复旦大学出版社，2009年）向我们详细叙述了一个非凡的故事，提出了很多并不是随随便便就能打发过去的问题，令人深思。

《德贞传》提到了传主对于中医"脉理"的看法，很是典型。例如，1874年，德贞在《中西闻见录》上发表《脉论》，他对中医靠把脉诊断女子是否怀孕，是持批判态度的。他批评庸医常常误诊，误用药方，以致胎儿和孕妇一起毙命。但是，留华日久，见闻愈多，德贞发现中医"脉学"常常是有效的，连后宫是否怀孕，"太医"们都是用脉理来判断的。1890年，德贞在《万国公报》上发表《脉理论》，在提倡西医的同时，也肯定中医"脉学"，他说："唯有一脉，西医却无华医之神妙。即妇人怀孕按脉，即知其真系怀孕与否，究不知其理从何得者也。"还有，在早期发表的《脉论》中，德贞试图用西方现代医学的"心血运动论"来解释中医的"气脉"学说。但是在后期的《脉理论》中,德贞说:"按西医所论之脉理,以较华医所论之脉理,只有附会之说,而无确实之证也。"高晞指出:"几十年的观察和研究,他对中医脉学的认识较二十年前有所改变。"(289页)"改变"就在于:德贞固然提倡现代医学,但他不全盘否定传统中医;德贞主张中西脉学比较研究,但他反对把两者牵强附会起来。中西医学,有各自的传统和价值,可以并存,可以互补。这样的包容态度,今天看来是平正公允的"文化正确",但在19、20世纪"科学主义"全盛的时代,却是罕见。在20世纪的"中西医之争"中,这种"保守主义"的态度,显得很突出。

中国思想家反传统,自我批判,主张"西化"。外国学者也是出于对西方文化的自我批判,借鉴东方,认可中国,用他们的"汉学"(sinology)来肯定中国。中西之间这种"逆向肯定"的现象,在世界近代历史上很明显。明清以降,我们看到很多肯定中国传统的外国人:利玛窦等早期明清耶稣会士对中国文化的赞美就不说了,德贞前后,卫三畏、理雅各、古德诺、庄士敦等"汉学家",都是中国文化的"保守派";林乐知、李提摩太、丁韪良、傅兰雅等"洋顾问",在批评清朝因循的同时,还给中国传统文化指出生路。德贞是中国"西医"的鼻祖。19世纪,西方医学进步神速,中医望尘莫及,德贞完全可以借势主张"全盘西化"，取中医而代之。然而，德贞没有这么简单地对待中医，他主张中西医携手，共建近代医学，这样的"现代化"，在革新、进步和发展的同时，既尊重传统，又更新传统，是一种"和解"的理论。

按德贞这样的"西医"来看，"中医"不一定是"西医"的反动，"传统"不一定和"现代"对立。推广来说，中西文化之间，"东风"和"西风"不必互相"压倒"，社会"进步"，也未必要靠"革命"来实现。凡事不必对着干，跨文化运动中一样需要"中庸"的态度，否则也是"过犹不及"。虽然这些都是老生常谈，在19、20世纪的话语氛围中却非常稀少，迫切需要。德贞1863年来中国，到1901年去世，在北京生活了近40年，他一生的职责是传播现代医学，但对中国文化的态度却是越来越"保守"。1884年，德贞在英国伦敦国际健康展上发表论文《中国人与健康相关的食、衣、住》；1895年，在北京《东方学会刊》上发表论文，讨论"中国的饮料"（论证茶叶和卫生）、"功夫和医学健身"（介绍道教与健康），都是在肯定中国的医学和卫生。几十年里，他在国际社会散布一个观点，说北京是世界上卫生习惯最好的城市，比当时的伦敦、巴黎、上海等现代都市的发病和死亡率更低，同阶层的市民中，卫生状况更好，"中国最高级的城市就是北京"（396页）。这个观点雷倒了很多人，大家嘲笑德贞在北京住得太久，被朝廷洗脑了，看问题糊涂了。其实,德贞医生很清楚北京之"脏"。在北京,男人在街上大、小便,粪便靠掏粪工人背出城外,"没有专人负责公共街道的清理、打扫,不存在任何公共意识,每个人都把街道当作各种各样污秽物的容器"。但是,德贞说的是另一回事情,是在谈中国城市传统好的一面,"西方是将城市最好的面貌都展现在公共的街道上,狭窄的里弄、巷子、小路与死胡同大部分都隐藏在视野所及之外",卫生条件并不好,也很污秽。相反,德贞到北京的胡同和庭院里串门,"四合院"在水、空气、废物的处理,以及空间安置方面做得相当卫生。虽然北京的"公共卫生"很糟糕,但"家庭卫生"和"个人卫生"习惯却是更好。一个外国人,不老是厌弃和批评对方的坏传统,而是从正面发掘对方的好传统,当然是一个比较可取的"中庸"态度。

"东方和西方的和解",这是我们时代的重要话题。其实,在尊重中国文化传统上,近代以来的西方学者一直没有什么大问题,很少会情绪化地全盘否定中国文化。虽然他们确实是希望中国更进步、更科学、更民主、更人权,但对于"文化"和"传统",他们很少横加批评。在这方面,德贞提供了很好的案例,《德贞传》则作出了很好的解释。生长在苏格兰,在动乱的中国住了近40年。他和曾纪泽等开明的中国人交朋友,和李鸿章、崇厚、荣禄等洋务大臣有关系。他谴责西方商人的鸦片贸易，帮助中国人戒除缠足恶习。他去欧洲介绍中国的养生和卫生理论，把自己看作中国文化的"归化者"。德贞一生的言行，和不少来华传教士宣称的那样，是来成就中国文化，而不是败坏中国文化。《德贞传》告诉我们，德贞一到中国，"就对中医知识充满兴趣"，"研究中医古籍，发现疾病的起源和中医的治疗方法，由中医经典和传统习俗中寻找解释，提供给西方世界引做作参考"。（397页）这样的德贞，当然是一位和中医"和解"了的"文化调人"。

1873年，德贞用中文作了一篇《哈斐论》，发表在《中西闻见录》上，第一次在中国翻译英国医生哈维（William Harvey，1578—1657）的《心血运动论》（*De Motu Cordis*，1628）。《心血运动论》揭示了"人体小宇宙"的奥秘，和哥白尼《天体运行论》揭示"天体大宇宙"的奥秘一样，哈维的著作也是近代科学的奠基之作，"科学革命"正是从这里开始。读高晞《德贞传》的同时，正好读到美国"图腾丛书"收入的平装本图书《哈维的心脏：血液循环的发现》（Andrew Gregory，*Harvey's Heart, The Discovery of Blood Circulation*，Totem Books USA，2001）。书中谈到欧洲人在"中世纪"（14世纪前）、"文艺复兴"（14—16世纪）和"科学革命"（16—19世纪）三个历史时期中对待"传统"的不同态度。作者说："'文艺复兴'和'中世纪'

泾渭分明,'中世纪'缺乏乐观和进步的观念;'文艺复兴'和'科学革命'也判然不同,'科学革命'总是想全盘地抛弃古代,用一些新玩意来取代古人。"(24页)"中世纪"拘泥古人,迷信古代,不能进步;"科学革命"又太不顾及传统,只重未来。按这个通俗的表述,作者认为中间状态的"文艺复兴"比较好,比较平衡,比较中庸。"文艺复兴"像是一只双头鹰,一面朝向古代,一面朝向未来,既尊重传统,又进步发展。作者说,哈维采取的正是"文艺复兴"态度,他的"心血运动论",不是凭空发明的,而是从古希腊亚里士多德理论中改造而来的。哈维医生,以及西方医学,并不全盘否定传统。

德贞同情和理解中医,尊重和善待中国文化的态度,和他翻译和理解哈维学说有关系,和他们"文艺复兴"式的学术立场有关系。德贞把中医和中国文化当作人类古代文化传统中的一种,因而表现出应有的尊重。他说西方医学在中世纪也拘泥于古人。中医只要发扬优点,修正错谬,照样能够进入现代医学。德贞,这位"中西医调人",对我们今天还在延续的"中西医之争",对我们今天重新审视"科学主义"的正负面,应该是会有所帮助的。

本文原载《书城》2009 年 9 月号

卅年风雨共经历
——读《朱维铮先生序跋集》

李天纲

开 拓 文 化 史

1980年代初期，中国大陆学术界萌发"文化研究热"，朱先生的著述渐渐增多。一批卓有见识的中年学者率先摆脱用"阶级斗争"解释历史的"唯物史观"窠臼，想到的另一个解释体系首先就是"文化模式"，于是"文化史"研究应运而生。"文革"以后，全国只有复旦大学历史系"中国思想文化史研究室"挂着"半块文化史的招牌"（庞朴先生语），这批学者常来上海活动,复旦就名正言顺地成为全国学术界提倡"文化史研究"的策源地。朱先生和《历史研究》主编庞朴先生等人一起筹划"文化史研究",开始并不热,目标不过是编一套"中国文化史丛书",超过 1930 年代上海商务印书馆王云五主编的同名丛书就好。"文化史研究热",演为"文化研究热",再演为"文化热",都是以后的事情。

1982 年 12 月中旬,复旦大学历史系举办"中国文化史研究学者座谈会"。复旦大学第九宿舍的招待所里住了周一良、李学勤、马雍、严绍、刘家和、张琢、严敦杰、冯世则、宁可、金维诺、谢辰生、史树青、刘泽华、朱杰勤等先生;上海的王元化、顾廷龙、唐振常、胡道静、沈之瑜、罗竹风、陈旭麓、叶亚廉、黄裳、施宣圆、丁凤麟等先生也前来复旦参会;还有本校的周谷城、蔡尚思、杨宽、章培恒、李龙牧、王华良等先生,也在会议期间出席。这次座谈会上,决定组织相关学者,分头撰写一批"水平较高的'中国文化史'专著",出版一套新的"中国文化史丛书"。朱维铮先生和庞朴先生实际主持了这次会议,记得李学勤、宁可、金维诺、刘泽华等先生到老教学楼 1103 阶梯教室的演讲,都是朱、庞两位先生陪同和介绍的。

"文革"刚过,各校经费都很拮据,很少开会。复旦的座谈会很有影响,全国的学者纷纷响应,都觉得搞"文化史"是找对了方向。1984 年，朱、庞两先生开始主编"中国文化史丛书"，不少作者跃跃欲试，上海人民出版社请缨出版。情景可见于本丛书的《编者献辞》。丛书的编辑委员会，主编是周谷城，编委依姓氏笔画为序，有王尧、叶亚廉、刘再复、刘志琴、刘泽华、朱维铮、纪树立、李学勤、李致中、张磊、张广达、金冲及、金维诺、庞朴、姜义华、陶阳。其中朱维铮、庞朴是"常务联系人"，主持编辑工作。按计划在"五年内先刊行五十种……十年刊行一百种"。按分工，庞先生在北京组稿，朱老师在上海组稿，复旦历史系毕业生王有为担任编辑。丛书稿件都汇集到上海，由朱老师校订刊发。那一时期的学生们，还有上海和各地到朱老师家里谈话聊天的学者们，都会看到第五宿舍三十四号朱寓（即后来朱老师自题的"破壁楼"）地板上堆满了稿件。1949 年以后第一套文化史研究著作，即上海人民出版社"中国文化史丛书"，都是在这里发稿的。

为了给"中国文化史丛书"发现作者，辟建课题，积累篇章，中国思想文化史研究室和中国社会科学院近代史研究所中国近代文化史研究室轮流编辑《中国文化研究集刊》。集刊的顾问由双方各自邀请，上海方面请了周谷城、顾廷龙、谭其骧、蔡尚思，都是老学者；北京方面则请了于光远、刘大年、李新、胡绳、梅益、黎澍。集刊的编委有丁守和（主编）、方行（主编)、王学庄、刘志琴、朱维铮、汤纲、李华兴、耿云志、姜义华、黄沫，都来自沪、京两个单位内部，集刊的单、双辑分由上海和北京方面轮流编辑。方行先生曾任上海文化局副局长、文管会副主任，兼复旦教授，正式给我们上课。丁守和先生则是近史所的近代文化史研究室主任，《近代史研究》主编。朱老师和近史所方面的黄沫为集刊的常务编委。北京方面组稿完成后，仍由朱老师校看，签发后交由复旦大学出版社出版。

《中国文化研究集刊》中一些论文和资料都很有价值，刚刚出版，就看得出是同类刊物中办得最好的一种。钱君匋设计，顾廷龙题名，既有观点鲜明的新作，又有章太炎的轶文，翻看起来非常舒服。其中一些"文化史"研究的论文，开了当时的风气，对"拨乱反正"的学风建设有益。周振鹤、游汝杰的"方言和文化史"研究，卢云的"文化地理"研究，王子今的古代史研究，谢选骏的神话研究，最早都在集刊发表。当年的经济条件下，每年一集，支付稿费、印刷、发行等成本，对已经开始追求"经济效益"的出版社来讲是一笔不小的负担。另一方面，学者们的"文化研究热"转向，80年代末学界陡然乏人写稿。其间朱老师又去多伦多大学、印第安纳大学访问，时间还不短。《中国文化研究集刊》在众多的困局中，出到第五期就终止了。此后，复旦大学出版社曾经几次和朱老师商议恢复编辑，因为种种原因，最后还是没有复刊。

一套丛书、一本集刊之外，复旦大学的两次会议也对全国范围内的"文化研究热"有影响。一次是1986年1月在上海龙柏饭店举办的"首届国际中国文化学术讨论会"，后一次是1989年12月在复旦大学本部举办的以"儒家思想与未来社会"。前者在热烈、开放，各种不同观念的争辩气氛中进行，与会学者感受到前所未有的"思想解放"气息。原先答应与会的美国费正清、法国谢和耐、德国鲍吾刚等先生最终没有前来，但美国魏斐德、杜维明、成中英、陈锦江，德国庞纬、傅敏怡，加拿大秦家懿，日本大庭修和苏联齐赫文斯基教授，都从各国汉学界带来了不同观点，激烈碰撞。还有，文化史研究一开始就和海外"汉学"联络，这也是1980年代的复旦思想文化史研究室的开创。

外界所称复旦思想文化史研究"三驾马车"之外，与会学者中的王元化、庞朴、汤一介、李学勤、张广达、李泽厚、萧萐父、金冲及、来新夏、刘泽华、孙长江、冯天瑜、陈旭麓、包遵信、金观涛、林岗、黄万盛等先生，都是思想活跃，富有创见、激情和才华的中青年学者。以后的很多年中，不断遇见这些当年学者。回忆起来，大家都认为像这次会议这么认真、热烈、全面地讨论中国文化研究之盛况是空前绝后的。从朱老师拟定的本次会议论文集《中国传统文化的再估计》的《编者说明》中,可以看到这确实是"近几年蓬勃展开的中国文化研究的一步坚实脚印"。

召开"第二届国际中国文化学术讨论会"时谢希德校长动用了王宽诚教育基金会的资金全力支持。然而,当年秋天一时拖延,很难凑齐一个稍好些的会议阵容。再次负责筹办会议的朱老师,打了退堂鼓想不办。但是,谢校长坚忍不拔地要开这次会议,说越是没有人敢开会,复旦越是要开会,还要开国际大会。谢校长点名让"小朱"到校长办公室来,坐着打国际长途,一个个地恳请海外学者来参加,并保证开一个纯学术会议。于是,朱老师和章培恒、潘富恩、陈允吉等先生一起,将这次会议的主题定为"儒家思想与未来社会",克服困难,勉力举办。在大多数国外学者拒绝来华旅行的情况下,美国学者杜维明、司徒琳、陶慕廉、罗思文,德国学者郎宓榭,香港学者马丁·艾林森参加了本次研讨会。这次会议是当年下半年举行的少数文科类学术活动,更不用说还是一次国际会议,其意义正在于此。用这样的方式坚守"中国文化史"研究,继续学术生活,其中的艰难、曲折和隐衷是需要告诉后人的。重读朱老师写的《儒家思想与未来社会·编者说明》,或许能够明白那一特定时期学者们的处境。

收在朱老师序跋集中的《中国文化史丛书·编者献辞》
《中国文化研究集刊·稿约》《中国传统文化的再估计·编者
说明》《儒家思想与未来社会·编者说明》，可以印证他和他的
同道、同事在恢复和开拓"文化史研究"中的印迹。在以上这
一系列当代中国文化史研究开拓者的名单中，我们能够看到
作为"当代史"的中国文化研究本身含着的厚重历史。如今，
中国当代文化研究热潮的这段历史已经被人们翻过，乃至于
有意无意地遗忘。然而，朱老师的这些序跋，至少可以为
1980年代激荡的中国学术史留下一张存根。

继承经学史

"文革"刚结束，朱老师受周予同先生本人的委托，编辑
《周予同经学史论著选集》。1926年，周先生发表《经今古文
学》，用现代学术方法系统研究"经学史"，是国内坚持最久、成
果最多的经学史家。1959年起，周先生在复旦大学历史系中
国古代史专门化课程中开设"中国经学史"。经学史研究被目
前的学术界炒作得发烫、发焦，但在20世纪二三十年前却是
一块"冷猪头肉"（周予同语）。无论如何，经学曾经是儒者用
来论证儒教思想合理性、合法性的学问。"四书"是宋、元、明、

清科举制时代的教科书,"五经"的地位也类同教学参考书,"十三经"是儒家的根本学问。近代"废科举"和"新文化"运动以后,经学被视为"孔家店"的供奉,如同牛、羊、猪"三牲"一般,是一种祭祀品。吴稚晖不无过激地说,把线装书都"扔到茅坑里去"。大约是针对这一类话,周先生的回答是:"经是可以研究的……好像医学者检查粪便,化学者化验尿素一样……"(《僵尸的出祟:异哉所谓学校读经问题》,1926 年)

1920 年代中国的老中青三代学者中间对经学有保守、批判和研究三种基本态度。老一代抱残守缺,尚在把玩和留恋之中;中一代则想尽快"中西兼修",补充一点新东西;青年一代中的大部分人则为自己的前途着想,倾力于"新学",排拒旧学,尤其抵制儒家经学。周予同先生是"五四"中人,他去过当天的天安门广场,参与了那次"火烧赵家楼",他也一直反对在大、中、小学校强制"读经"。周先生的政治态度肯定是进步主义,而不是保守主义,这个没有问题。但是,周先生的经学史研究,一开始强调的并非主观的"批判",而是客观的"研究"。事实上,周先生就是不满意以批判代替研究的风气,才说出"经学是可以研究的"这样的话。当代的尊经者们有说周先生、朱老师的经学史研究是批判的,因而并不是"尊孔"的,这个当然是对的。但是,更正确的说法是:周先生、朱老师的经学史秉承的是客观的学术研究精神,而不是主观的喜好和厌恶,绝非仅仅是"批判"。周先生主张客观研究的经学史态度,在1960年代的反传统气氛中更加突出了。批孔气氛中,中国大陆各大学、研究院的文、史、哲学者中,只有范文澜、蒙文通承认自己还在做经学史研究。三位经学史学者中,范文澜一味批判,蒙文通偏于传统,周先生则是综合了古今中外的经学研究成果,较好地融入了科学的方法,将这门古老学问带入现代,保存于大学。

整理、出版周先生的"中国经学史",将之作为复旦大学的一个学术传统继承下来,在1980年代是一件悖时、冷僻、不讨好的事情。当时脍炙人口的是"老三论"(系统论、信息论、控制论)、"新三论"(耗散结构论、协同论、博弈论),大家忙着用"超稳定结构"模式来分析中国社会的"长期停滞","经学史"与之相比尤其不时髦。然而,历次运动的时髦当中,复旦大学总还有一些人在坚守传统学术。1982年,复旦恢复了经学史教学,周先生的研究生许道勋老师给本科生授课。1983年秋天,朱老师给历史系中国思想文化史的研究生上"中国学术史名著选读",又把初版的《周予同经学史论著选集》送给我们。本科和研究生的笔记,朱老师编的经学史选集,还有周先生注释的皮锡瑞《经学历史》(1959),加上以后陆续影印和重版的马宗霍、本田成之、范文澜、蒙文通等人的著作,我们这一批学生得以接触"经学史"。

1930年代以来,中国思想文化研究卷入了很多重大问题的争论。论战之中,学者常常把自身弄得很空洞,似是而非,难以说通。周先生以及朱老师等主张用"经学史"来研究中国思想文化史的学者,与一般的论战学者很不相同,并不"海派"。"经学史"当然对认识中国文化有作用,但它的作用不是借来主观发挥,而是提供客观的解释。"经学史"不同于"经学",它不是为了发挥义理,"六经注我"地去读经。为了读懂中国文化,经学史学者借用了"我注六经"的方式去理解经典,最终却是为了解释历史,这在方法论上也有点像章学诚讲的"六经皆史"。两种方法各有千秋,也难以互相说服。朱老师要求搞思想史的人,先要搞清楚历史事实,不要一上来就满口义理,云里雾里。还有,学者不但要鸟瞰中国文化的宏观走向,更要说明在重大转折关头的关键细节。无论如何,"板凳须坐十年冷,文章不写半句空",周先生等学者为"经学史"奠定了基本方法。这种方法,绝不是当年"批孔派"的基调,用今天的话说是"知儒派"。1980年代,朱老师用这样的严谨治学态度,来答复当时京中一些学者针对复旦"中国思想文化史"研究的"海派"之讥。

如果我们把"经学史"与"经学"区别开来，那周先生一辈学者就是经学史的开拓者，朱老师这一辈则是经学史的继承和发展者。如此，清末民初的学者们如王闿运、廖平、康有为、章太炎、刘师培、黄侃等，就是世所称呼的"经学殿军"人物了。朱老师指出："周予同先生已再三指出，经学已经死亡，经学史的研究却必须开始。"（《周予同〈群经通论〉编校说明》，2007年）说的就是"经学"与"经学史"的区别。朱老师刚去世时，不明内里的媒体人称道他是"最后的经学家"，用心是想赞美，实在却是曲解了周先生、朱老师关于"经学史"的原意。经学史可以帮助理解经学，理解经学当然也可以帮助理解中国的思想文化，但它并不提倡读经，与时下一些人的主张很是不同。

按现代学术的习惯，不同观点的学者谈论理想、价值、概念，首先会寻找一些大致接近的事实基础，然后讨论异同。无论是否提倡读经，都要尊重事实，这是讨论问题的基础。例如，目睹1905年之后科举、书院、国子监、翰林、孔庙等制度一一崩溃，先不论各自对于儒学当代价值的然否态度，大家都会同意周先生的判断——"经学已经死亡"。周先生把民初残留的读经主张称之为"僵尸出祟"。同时，海外新儒家学者则是基于同样的事实，哀叹儒家思想已经沦为魂不附体的"游魂"。态度和价值观允有不同，但在事实、逻辑乃至修辞上都是具有共识的。周先生的经学史观点与熊十力、冯友兰的儒家道统思想不同,他在课堂上说孔子私生子的故事。但是,周先生与熊十力先生在上海过从甚密,谈的就是经学和儒家。王元化先生与熊先生是同乡,并有患难之交,是这层关系的见证人,他好几次在衡山宾馆寓所谈过这件事情。朱老师是周先生一方的知情者,他在《群经通论·编校说明》中提到"当代新儒家的真正宗师熊十力,晚年在上海与周先生成为道不同而往来频密的诤友",正是"和而不同"的学者风范。

1990年代"经学"热潮起来之后,周先生和朱老师的经学史著述愈受关注。朱老师为周先生的经学史编了很多种书。1983年的初版之外,《周予同经学史论著选集》1996年再版增订,都是上海人民出版社的版权。后来上人社的编辑重印不力,朱老师曾考虑将本书版权撤回,交给复旦大学出版社,也算是让周先生的学问返校。此时,新任领导王为松总编辑嗅到阅读市场的气息,他请王元化先生打招呼,又让我与朱老师商议,在2007年果断重印了《周予同经学史论著选集》。同时,还拆分本书为四种单行本,作为普及本出版,于是周先生的经学史著作为更多读者知晓。由此,朱老师为编辑周予同先生经学史所写的序跋类文字,有如下各篇:《周予同经学史论著选集·编者说明》(1981)、《周予同经学史论著选集·后记》(1981)、《周予同经学史论著选集·增订版前言》(1996)、《周予同：经学和经学史·编校说明》(2007)《周予同：孔子、孔圣和朱熹·编校说明》(2007)、《周予同：中国经学史讲义·编校说明》(2007)和《周予同：群经通论·编校说明》(2007)。从这些序跋文字中，我们既可以看到周先生、朱老师对于"经学史"的认真态度，也可以体会到朱老师对于周先生学问的负责精神。

朱老师的经学史著述，自己整理刊印为《中国经学史十讲》(复旦大学出版社，2002年)。"文革"结束后，"中国经学史"课程由周先生的研究生许道勋老师开设，我们那几届的学生上了他的课。许老师去世后，朱老师觉得更有责任写一部系统的《中国经学史》。在上海古籍出版社和京、沪三联书店编辑们的催促之下，几度展稿，数次讲授。《中国经学史》的拖延一方面因为太忙，另一方面也是想把基础打得更加扎实。为此朱老师接受了曾任上海古籍出版社总编辑的钱伯城先生的邀请，出任《传世藏书》"经库·经学史"的主编。1990年代初期，《传世藏书》调动民间财力，整理出版儒家古籍，数百万的投资，算是大项目，但有些做法大家很有保留。朱老师犹豫再三后还是答应了，他希望借此机会把经学史的基本书目建立起来，再指导一批博士、硕士生做出扎实研究，《中国经学史》就可以大展宏图。

在《传世藏书·经库·经学史》中，朱老师选择了21种著述作为"经学史"研究的代表作，书目可见于《中国经学史十讲》所附"中国经学史选读文献提要"。孔、曾、孟、荀等早期儒家著作，所谓"五经"及"诸子"，没有列入"经学史"研究书目。同理，从经汉学到经宋学，再到经清学，两千年中形成的"十三经注疏"也属于"经学"本身，列在"经类"。朱老师以为，经类著作"应属历代统治者的直接陈述，不选入（经学史）本类不等于否定其历史地位"。另外，研究经学史也不等于不需要研究经学。按朱老师的设计，当代经学史应该首先研究那些"学与术两方面具有承前启后或推陈出新的实际效应的著述"。故此，他把汉初经师伏胜的《尚书大传》列在开端，把清学殿军章炳麟的《国故论衡》放在最后。21种著述当然不能囊括"经学史"研究的所有书目，这份书目是朱老师对待经学史的大致框架。

把"经学"与"经学史"区分开来是周先生的意见，他在《经、经学、经学史》(1961)中解释了这个主张。按周先生的区分，要对"经学"作"弃其糟粕，取其精华"的处理，将其作为"批判和继承的我国的文化遗产"中的一部分。"经学史"就是这样一种新学问，它提倡客观的研究方法，与是否尊孔、尊经的主观态度没有关系。周先生在课堂上讲叔梁纥和颜氏女野合生孔子的故事，朱老师在《孔子思想体系》中考证孔子是"私生子"，都不代表他们是在蔑视孔子、嘲笑"圣人"。"实事求是"地讲经学历史，这是清代儒者早已经做到的事情，为什么现代儒家却要敏感如此，讳言如此？事实上，周先生、朱老师无意"辱圣"。周先生1962年在曲阜召开孔子会议的时候，和冯友兰等人一起在孔陵行鞠躬礼，"文革"中还因此被拉出来批斗。朱老师至去世时，一直还是孔子基金会的理事，并没有辞职，只是对当时当地的"尊孔"者不能容纳"经学史"的观点有看法而已。继周先生辨析"经今古文学"的不同传统之后，朱老师进一步理清"经汉学""经宋学"和"经清学"之间的分别。朱老师乐于研究"罢黜百家，独尊儒术"这样的重大事件，考证其中错综复杂的人事政情。基于这些考证，朱老师认为中国文化没有一成不变的"传统"，儒学思想的重大转折都伴随着经学运动中的"学随术变"。

交谊海外，提携后进

1986年，朱老师开始给朋友、学生们的著述写序。他为我们几个人的翻译作品《文化：历史的投影》（上海人民出版社,1987年)写的"代序",是这里的第一篇序文。"文化热"中间,上海人民出版社新成立文化编辑室,张志国主任策划了一套"文化新视野丛书"。当时我们在课余读着的一本 *Culture and History*, *Prolegomena to the Comparative Study of Civilizations*,是加州大学人类学家 Philip Bagby 的著作,自荐后纳入出版计划。我约了同学夏克、陈江岚翻译好了以后,又请朱老师的老朋友纪树立先生校看了一遍,也请序于他。朱老师的慷慨答应,尽力帮忙,令我们很是感激。张志国稍晚筹划了一套"思想者文丛",邀请朱老师加入为第一本著作。朱老师爽快地赶了出来,成为反响很大的《走出中世纪》。作为知情人,这里要附带感谢一下张志国、倪为国两位朋友的厚谊。即使在1980年代的"文化热"中,出版文化著作也是叫好不叫座的事情。张志国果敢,拍定了选题。编辑倪为国则拉来一些赚钱的会计、管理、经济类书籍,充实了文化室的出版实力。上人社的文化编辑室是20世纪80年代"文化热"的亮点之一。

朱老师以行文严谨出名,写序也绝无应酬之作。朱老师当"博导"很晚,1994年才用自己的名字上目录公开招生。毕业后的博士生将论文出版为专著,他会应允写一篇序言推荐,我和廖梅、高晞、邓志峰、张有智、刘海滨的著作,因此都冠有了本师之序。朱老师写序的认真态度，就像他写论文和指导学生一样，大部分的篇章都在讨论问题。1998 年，我的博士论文《中国礼仪之争：历史、文献和意义》出版，朱老师的序言并无一句虚言，也没有客套的祝贺，他说："作序似应就书论书，多多美言，但我想对于这部书来说，如此循例，既无必要，也无帮助。凡是关注三百多年前中西文化交流和基督教在华传播等真实历史的人，只消一瞥本书目录和附录，便不可能不想置诸案头。我以为就本书讨论的历史过程而言，略述我的若干想法与积疑，或许对于李天纲继续深入地研究相应课题，不无参考作用。"忽略朱老师对本书的推荐不论，他的严谨态度无疑应该作为序跋文风的一种准则，不赘言，不夸饰，不炒作，实事求是，只谈问题本身，哪怕是自己的学生。只可惜当今文人间的批评文字，十之八九并不如此。

廖梅的《汪康年：从民权论到文化保守主义》（上海古籍出版社，2001 年）出版时，朱老师有着由衷的喜悦。廖梅是他指导的第一位博士生，汪康年则是他自己也感兴趣的戊戌变法到辛亥革命时期的关键人物。顾廷龙先生将上海图书馆所藏《汪康年师友书札》整理出版后，朱老师非常兴奋，不断鼓励学生们来发掘这座"富矿"，做此研究。廖梅自告奋勇，啃起了这块硬骨头。朱老师治学有个特点，或师长、或同辈，甚或学生已经选择从事的领域，他会尽可能地回避。一边是尊重分工，不要撞车；一边也是避嫌，不要在研究成果上有过多牵扯。老一辈的学者有这种不成文的纪律约定，不似后来同行、同事甚至师生之间为了那些项目你争我夺。廖梅做了汪康年研究以后，朱老师就转而在边上欣赏她的工作。从硕士论文到博士论文，再历三年时间的修改，廖梅十年磨一剑，终成大作，朱老师写序时的高兴，洋溢于字里行间，可以参看。后来，高晞的博士论文《德贞传：良医能治国病》(复旦大学出版社，2009年)、邓志峰的博士论文《王学与晚明的师道复兴运动》(社科文献出版社，2004年)出版，朱老师也都是以这样的赞赏态度来推介他(她)们的成果。在朱老师的培养下，他(她)们都顺利地成长为"中国思想文化史研究室"的第二代，挑起了大梁。

朱老师为他所尊敬的朋友写序，态度也一样。香港中文大学饶宗颐先生是朱老师交往的前辈学者，饶先生很欣赏朱老师的严谨学风。1995年秋中，饶先生在国内外学者中独独邀请朱老师为他家乡潮州兴建"饶宗颐学术馆"题写碑记。罕有人知道朱老师作四六体骈文的功底也很好，饶先生发现了这一层。《建饶宗颐学术馆碑文》中有句"淡泊守智，屏禄利于身外；热腹育人，延华学于一脉"果然合辙。1996年8月，朱老师参加饶先生家乡潮州市举办的"饶宗颐学术研讨会"。当年年底(乙丙之际)，朱老师又应饶先生邀请，为他所编著的《中国史学上之正统论》写序。饶先生未必拥护中国历史上的"正统论"，他是从"道德批评"的角度来衡量"正统"之是非，这个观点与朱老师把历史上的"正统论"只作为客观对象来研究的主张还不相同。朱老师坦陈自己的看法，将此问题摊开，并"请饶先生有以教我"。这样的序文一点都不敷衍，严肃讨论，却是十分友好真诚。学者之间的纸上人情绝不寡淡，饶先生印行了这篇序言后，特地手写了一幅山水画、一副对联，作为答谢。朱老师去世后，选堂先生特为题写了"怀真集：朱维铮先生纪念文集"。

卜正民教授是 1975 年到复旦大学留学的加拿大学者，从多伦多、哈佛大学毕业后，曾在多伦多、UBC、斯坦福、牛津各大学任讲座教授，撰写了《剑桥中国史》的明史部分，是国际明清史研究领域的著名学者。卜正民曾校阅《走出中世纪》的英文翻译稿，情义厚重；朱老师也曾经几次和我们一起拟订与他的合作研究计划，但因种种原因，诸多愿望并未实现。于是，今天留下来的《〈鸦片政权〉中译本序》(卜正民主编)就是两人学术交往的见证，也是朱老师对他的报答。卜正民的著作之外，朱老师还给另外两位北美学者的作品作序，它们是《南明史》(司徒琳著)和《中外比较教育史》(许美德著)。这些作品都是朱老师带回国内,组织翻译,敲定出版社,有的还亲自编辑加以出版的。1988年起,朱老师以中年学者身份开始了一系列的出国访学,目的之一就是开渠放水,引进欧美的"汉学""中国研究"。至今仍然记得他临行前的踌躇满志,说要为"中国文化史丛书"联络一批海外作者和著述。余英时先生进入大陆的首部作品《士与中国文化》,正是朱老师在此期间引进的。

序跋集收录的最后一篇书序,是为傅杰兄选编《辛亥先哲诗文选》作的"代序"。我们看到了朱老师的亲笔书写,依然是那种坚定独立的"朱体",却已经出现了颤抖的痕迹。最后一段,朱老师写道:"罹病逾年,握笔为艰,草此小文,即耗时一周,已失信于傅杰教授。只好贻读者以草率之讥。倘蒙指正,将至感。"艰难地放下沉重的水笔,已是"二〇一一年农历辛卯八月丙子",即2011年9月18日。朱老师记得这日子,又署上一笔"逢'九一八'八十年矣"。当天,离朱老师的去世只有180天。傅杰兄的幸运,在于他是得到朱老师最后一篇序文的那一位。

本文原载《书城》2014年7月号

马
尔
智
和
『
兰
花
指
』

李天纲

　　1930 年 2 月 27 日,梅兰芳(1894—1961)先生在美国纽约
百老汇 49 街剧院(49th Street Theater)开始他的访美首场演
出,剧目为《汾河湾》,讲述一个忠贞、凄婉、悲惨的动人故事。
梅兰芳是旦角,扮演的是薛仁贵的妻子柳迎春。因为成功,后
几场演出就转移到了纽约帝国剧院(Imperial Theater)。随后
几个月,梅兰芳开展全美巡演,演出地点,在芝加哥是公主剧
院 (Princess Theater),在旧金山是提瓦利剧院 (Tivoli
Theater)、自由剧院 (Liberty Theater)、都会剧院 (Capital

Theater),在洛杉矶是联音剧院(Philharmonic Auditorium),
在檀香山是自由剧院(Liberty Theater)。大家特别担心的事
情总算没有发生——美国人居然看懂了京剧!票房出尽,演
出获得了成功。

对于美国的观众和评论界来说,梅兰芳京剧艺术的最大
看点就是"花旦"——男扮女装。有一年,在密尔沃基的老同
学家里,与一位从芝加哥大学东亚系毕业的查尔斯博士聊天,
他跟从余国藩(Anthony C. Yu, 1938—2015)先生,研究苏州
评弹,说:对美国的高层次观众来讲,中国传统戏曲中的男扮
女装,最有魅力,超过看脸谱、看武打。这个论断大概是对的,
中国士大夫对宫廷内外的变童龙阳,以及昆曲、京剧中间的男
扮女装,都视为平常。但是,刚刚走出基督教伦理的 19 世纪
西方人对此则叹为惊世骇俗、人性释放,很是欣赏。据老北京
的新学者齐如山(1875—1962)先生说,北京的外国人原来并
不喜欢京剧:"欧美人士向来不看中国戏,在前清时代,西洋人
差不多都以进中国剧院为耻。"(齐如山《梅兰芳游美记》,1933
年,卷一,6 页)外国人本来不看中国戏,这是有原因的。明清
传统戏曲在庙会、堂会、法会上演出,曲目中有不少鬼戏、淫
戏、无聊戏,传教士以为伤风败俗,一直抵制。令人诧异的是,
到了清末民初,情况发生改变,西方人发现了京剧,开始欣赏!

　　民国初年的变化原因来自双方，一方面欧洲、美国的自由主义、世界主义运动，正在破除西方人基于基督教自我中心论的道德伦理，开始欣赏别的文明；另一方面，中国戏曲的现代运动，也在更新自己的旧习惯，开放自身，走向现代。沪、京（平）两地的"改良京剧"改变了台本、台风，适应城市新阶层的审美趣味。20世纪初年，一批留学归国的艺术家（如齐如山、李叔同等）进戏园看戏，逐渐把传统京剧往现代艺术方向引导。民国以后，中国人的欣赏习惯发生变化，舞台上出现了一批新剧目，也有了一批好演员，"花旦"行当尤其是人才辈出。清末以来的老一辈名角，以老生、武生为主，如"京派"的谭鑫培、汪桂芬、孙菊仙，"南派"的杨月楼、盖叫天、周信芳等，都是生角。到了民国，"京派""海派"的各家舞台上，就是梅兰芳、尚小云、程砚秋、荀慧生等"四大名旦"的天下，同一出戏里，捧的是旦角。"旦行、老生的位置对换"（徐城北《梅兰芳与二十世纪》，三联书店，1990年），是清末民初南北舞台上的一个现象，值得深究，是否代表了一种"新艺术"倾向？想来是的，它表明"内廷供奉"时代西太后、嫔妃、格格、太监、宫女们的女性品味（老生），换成了市民社会工商人士等男性视角（花旦）。

　　这样的转变风气中，在上海和北京，出现了一些欣赏京剧的外国人，他们通常是汉学家、外交官、洋行职员。按齐如山的说法：1915年某一天,留美同学会在北京外交大楼宴请美国公使芮恩施(Paul Reinsch, 1869—1923),梅兰芳走唱《嫦娥奔月》,这"算是西国人士观看中剧的头一遭"(齐如山《梅兰芳游美记》,1933年,卷一,6页)。芮公使次日持帖驱车,到梅寓拜访,可见那是真的欣赏。芮恩施公使在外交大楼听《奔月》,并不是外国人看京剧的"头一遭"。在"华洋一体"的上海福州路丹桂戏园、静安寺路张园,外国侨民、职员、领事、学者早就参与京剧观赏活动。随便翻一下记载：1896年3月26日下午,李鸿章出使俄罗斯等欧美八国,曾在张园安凯第设宴招待各国驻沪官员,并"预召梨园,在园演剧"("名园设宴"照片说明,转见《风华张园·图录》,同济大学出版社,2013年)。当然,外国人看京剧流行为风气,还是民国初年的事情。那时候,欧美的一些访华团体和重要个人,开始把观看京剧作为中华文化的一个符号,去福州路、张园、天桥、六国饭店赶个时髦。在北京(平),进故宫、拜天坛、登长城、访梅君、观梅剧,成为外国游客的保留节目。(齐如山《梅兰芳游美记》,1933年,卷一,9页)问题来了,新的审美群体进入剧院以后,编、导、演人士与观众互动,会考虑他(她)们的口味。既要迎合外国人的口味,京剧就会为他们的"猎奇"(exotic)心态而改变。

民国上海、天津、汉口、北平的京剧观众以市民为主,洋人可以忽略不计，真的要到纽约、芝加哥、旧金山、洛杉矶演出，观众不熟汉人习俗，不谙中华文化，就必须考虑他们的审美习惯。访问美国之前，京剧评论家、策演人齐如山、张彭春颇为担心，担心梅兰芳扮演的"花旦"会被误解成某种性别游戏。这两位中西兼通、新旧并知的学者，为了让京剧登上百老汇的大雅之堂，预先启发观众，不要过于关注男性演员的女性化，强调"男人扮女子，不是模仿真女子的动作，却是用美术的方法来表演女子的各种情形神态"。也就是说，值得欣赏的不是性别的倒错和反串，而是表演中的"手指、目视、举足、转身等小动作，处处都有板眼，并且都有美术的规定"（齐如山《梅兰芳游美记》，1933 年，卷二，25 页）。他们提示观众：不要只盯住男扮女装，男性演员克服性别差异，把非常细腻的女性特征表现出来，这才是艺术。

数百年来，京剧积累了许多特殊的表演手段，当时的"四大名旦"都有一个本事，就是在念、唱、做、打之外，还能用不同的手指造型，表现出女性细微的年龄、性格和心情差异，以及她们的喜、怒、哀、乐。美国观众对这项"花指"艺术，最是感到神奇，这可能吗？Yes！用手指表达情感，只有中国的戏曲能够做到；在各派戏曲中间，还是京剧演员做得更好；1920 年代的南、北伶界，梅兰芳又是做得最好的！这就是民间所称的

"兰花指"。孩提时,小伙伴们说某哆男、某哆女会用"兰花指",初以为就是模仿兰草交错的意思。后来听大人解释才明白,说的还是由梅兰芳登峰造极的花指造型,"兰花指"专指梅兰芳的花指功夫。梅兰芳的艺术功力千千万万,仅仅一把"兰花指"就表现非凡,值得爱好者们记录和收藏。

1931年8月,梅兰芳访美演出回国后一年,一位年轻的美国籍中国艺术研究学者,安娜堡密西根大学附属人类学博物馆的策展人马尔智(Benjamin March, 1899—1934),追随梅兰芳而来。这位年轻学者带着自己的专业照相机来到中国,就是想记录梅兰芳的"兰花指"。马尔智出生在芝加哥,1922年毕业于芝加哥大学的文科,随后在纽约的协和神学院进修,想成为一个传教士。在纽约的时候,他还顺从个人兴趣,去大都会博物馆进修艺术课程。1923年,他找到一个机会来华工作,先在河北大学(Hopei University)任教(据马尔智家属提供的资料是"Hopei University",只能翻译成河北大学。但是,当时的教会大学,或者国立大学系统中并无"河北大学"[Hopei University],此处存以待考),教授英文、拉丁文、《圣经》研究。1925年后,他在燕京大学(Yenching University)担任讲师,从事中国艺术的教学和研究。1927年,马尔智回到美国,担任纽约哥伦比亚大学的中国艺术讲师,出任过底特律艺术学院的策展人。1920年代是美国的"镀金时代"，经济高速发展，收藏家层出不穷，对中华艺术的兴趣也不断增长。美国的重要大学，哈佛、耶鲁、哥伦比亚、芝加哥、伯克利等，都在这一时期仿效欧洲，开始了"汉学"研究。像马尔智这样富有亚洲经历的年轻学者是稀缺人才，美国"京剧热"兴起后，他又一次得到机会，回到北京，追踪梅兰芳。

1930年梅兰芳在美国大城市巡演的时候，马尔智已经是一位当地的"中国通"（Old China Hand）。目前缺乏他的"观梅"资料，但是如此重大的活动，可以理推他在演出现场。要么是在纽约，要么是在芝加哥，在两个熟悉的城市里，马尔智应该看过梅兰芳。另外，马尔智与梅兰芳的朋友圈关系很深。与齐如山一起策划梅兰芳美国之行的张彭春，毕业于哥伦比亚大学，后来任教于芝加哥大学，是马尔智的校友和朋友。在中国，"北平国剧学会"的傅芸子、傅惜华兄弟曾和马尔智在燕京大学同事。通过北平"国剧"界的朋友圈子，马尔智很容易接触到梅兰芳，他加入了京剧的海外推广事业中。马尔智对中华艺术的兴趣，原来只是在书画领域，他曾经在上海的英文刊物《中国科学美术杂志》（*China Journal of Science and Arts*）发表专业论文。马尔智1931年回到中国，是申请到了美国学术团体协会（American Council of Learned Society）的基金,研究宋元画家钱选。看起来,研究"兰花指"是马尔智的副业,是受到梅兰芳访美影响的一个新的兴趣。

在这里,马尔智的北平"国剧"朋友圈值得重视,张彭春、傅芸子、傅惜华,加上更早一些的齐如山,他们都是归国留学生,分别有留法、留美、留日的经历。在海外求学和游历的时候,他们爱上了西方的歌剧、话剧、音乐剧,对西方近代艺术有深入了解。回国之后,北京(平)的这个留学生群体,不满戏曲界的保守和因循,和上海的"南派"艺人一起,对清代作为"内廷供奉"的京戏做了彻底改造,使之成为中外社会雅俗共赏的市民艺术——京剧。京剧在 1930 年代的大繁荣,和他们的"改良"工作极有关系。这场早期的"京剧革命",后来被人们有意无意地忽视了。有一位在西方人中间推广京剧的艾伦(B. S. Allen)先生在《中国戏园》(Chinese Theatres)一文中回顾这个历程,说:"一个未经点化的欧洲人,如果认为中国戏曲很奇怪,大多数的戏园都没什么意思,在里面待上五个小时很不舒服,这也是对的;并不只是个别留学生在提到他们去中式戏园看演出时,都高傲而厌恶地叉起了双臂。"

新派学者鄙视京戏的情景,被齐如山这样的留学生,也被马尔智这样的汉学家给破除了。在 20 世纪轻视中华传统文化的气氛中,京剧却逆势发展,成为雅俗共赏、中外同赞的艺术方式。京剧成功的原因，并非齐如山在美国宣称的"一切照旧"（齐如山《齐如山回忆录》，宝文堂书店1989，140页），而是他身体力行地"改良国剧"。新派知识分子"改良京剧"的举动，是20世纪京剧繁荣的原因。1970年代被导入歧途的"京剧革命"，发展出扭曲怪异的"样板戏"，这才毁了现代京剧事业。1930年代"改良京剧"的积极成果，完全出乎"新文化运动"领袖们的预料。胡适、陈独秀、鲁迅等人一直对北平学术界、上海工商界"捧戏子"的风气痛加批评，却对传统"京戏"改造成现代"京剧"的可能性估计不足。齐如山、张彭春，还有马尔智等新派学者认为"中国戏园中保存着一种值得赞美的戏剧精神"，"如果用嘲讽的口吻来谈论中国戏曲，并不妥当。……我们还不如说：不能把握他们的习俗、缺乏经验，不懂语言、才是让我们不能欣赏好几百年来给无数高度文明而聪明的人们带来乐趣的戏剧的原因"（转引自梁社乾《京剧欣赏》，载《中国科学美术杂志》，1927年1月，7页。原文为英文，代表西方开明学者对于京剧的一般态度，并不是齐如山等人的直接文字）。"海归"（Returned Students）和"汉学家"（Sinologists）们顶着"捧戏子""合倡优"的非议，联手改造传统"京戏"，发展现代"京剧"，事实证明是一条正确的道路。

马尔智欣赏梅兰芳，尤其是对京剧的"旦角"艺术作了详尽的阐释,他说:"梅兰芳擅长扮演的旦角,源于他家几代人的传统。中国戏剧的角色主要分为四个种类:旦角,或女性部分;生角,或男性部分,通常也是主要角色;净角,或花脸,一般是反派角色;丑角,或喜剧演员。前两个角色强调的是唱和演,对武生来说重要的是健壮的体质和杂技能力。这里很难正确地讲旦角就是模仿女性。中国戏剧是一门艺术,其中蕴藏着一定的与中国画的密切相似之处,它从来都不是对自然的模仿。""旦角,不仅仅是一个假扮的女性;相反的,却是一个虚构的形象,艺术的再现。是对一个女子的阐释,而不是一个女子的代表。旦角是现实的,(但)就像中国山水画的现实,如同彩虹从周密精华的现实落入清水一样。"说得太好了!梅兰芳的"花旦"不是模仿、表现性别,而是再现、诠释性别。我们发现,这段话几乎就是对齐如山观点的重复,马尔智加上了他从中国画研究心得中得到的"通感",十分贴切。

为什么要收集"兰花指",马尔智有专门论述,其中或许还隐藏了"改良京剧"的秘密。他说:"在(京剧)表演中,塑造姿势的效果是起很大作用的。中国式舞台一般伸长地进入剧场的观众,演员从三面可见。每个手势的形状,必须参考这个境况;以及每一个动作,必须参考全身的塑造效果。每当一个手移动时,必须是在身体部分的另外一个地方的,相应平衡下的动作。"马尔智描述的"中国式舞台"是"T"型构造，观众从三面来观剧，贴近演员。旧式舞台是"供奉内廷"时代的小戏台，适合封闭式的"堂会"和乡间的"庙会"环境。舞台贴得近，演员就必须把"花指"演得十分地细腻，以供挑剔。1920年代上海、天津等地的新建剧场，都是现代化的"大舞台"，很难近距离欣赏"花指"。舞台上已经看不清晰的艺术，必须要用摄影、画像来仔细记录。

在纽约，总策演齐如山、总导演张彭春在百老汇式的大舞台上，套装了一副中式戏台，他们尽可能地保留中国舞台元素。"台上的第一层仍用该剧场的旧幕；第二层是中国红缎幕；再往里第三层，是中国戏台式的外檐，龙柱对联；第四层是天花板式的垂檐；第五层是旧式宫灯四对；最里第六层，就是旧式戏台：隔扇、门帘、台帐，两旁也有同样的隔扇、镂刻窗眼，糊上薄纱……"（齐如山《梅兰芳游美记》，1933年，卷二，16页）这样一个原汁原味的"中式舞台"，犹如一副俄罗斯套娃，隔了好多层，完全欣赏不到诸如"兰花指"这样的细腻表演，岂不遗憾？现代"大舞台"和传统"小戏园"的冲突是无法回避的。齐如山先生预料到这样的困境，临行之前就写作了一本《梅兰芳艺术一斑》，把京剧艺术中的行头、冠巾、胡须、扮相、脸谱、身段、兰花指等，一一画谱，详尽罗列，供观众对照。

该书的"兰花指"一章,列举了"含苞""初纂""映日""吐蕾""护蕾""伸萼""避风""握蒂""含香""陨霜""蝶损""雨润""泛波""怒发""迎风""醉红"等五十三种指法。如此细腻的指法,又是稍纵即逝,在新式舞台上表演,即使用望远镜也难以捕捉。马尔智的想法是对的,他把"兰花指"拍照下来,传递给美国的观众,就近观赏。1923 年 8 月的某一天,马尔智在齐如山、傅芸子、傅惜华的陪同下访问了位于北京东城无量大人胡同的梅兰芳宅邸"缀玉轩",留下了一套"兰花指"倩影。

西方人欣赏京剧,将之作为中华文化的象征物来把玩,这是一个值得关注的现象。中华文化不单单属于中国,也不仅仅归之于传统。中华传统汇入世界文化之林,自然而然就是人类现代文明的一部分。传统不能靠传统的方式谋生存,必须以改良的手段作保存;用全新的眼光来鉴别中华文化的精华和糟粕,成为清末民初各行各业的普遍现象。外国观众初看京戏,哪怕他(她)们是一脸茫然,不提任何意见,也会对现代京剧的命运发生影响。"改良京剧"的实践者必须回答他(她)们的疑问和困惑,事实上最后做出改变的通常不是外行的观众,而是行内的从业者。"现代京剧"是在与现代观众(城市平民、工商阶层、知识分子、西方汉学家、东方文化爱好者)的互动中诞生、发展和进步。"文革"以后,很多次陪外国朋友在"天蟾舞台"看专场演出，剧目中必有《三岔口》武打戏，就知道毕竟是观众决定了舞台。其实，西方人不是被动地接受中华文化，并不是你演什么，他就看什么。清末民初在华的西方学者，带着他们的困惑，对中华文化做了翻箱倒柜式的透彻研究。他们也参与了"改良京剧"，马尔智就属于"汉学家"这一群体。

1923年，马尔智离开美国的现代大都市芝加哥、纽约，只身闯入神秘而古老的北平，初初只是一个对中华文化懵懂无知的毛头小伙子。几年之间，他以芝加哥大学、哥伦比亚大学打下的文学、神学和艺术专业功底研究中华艺术，迅速成为一位汉学家、中华艺术的鉴赏人。马尔智的专业身份，令他很容易地进入上海、北平的外侨学术圈，圈子中有老牌"中国通"福开森（John Ferguson，1866—1945）和苏柯仁（Arthur de Carle Sowerby，1885—1954）。清末民初在华西侨学术圈以上海的亚洲文会（The North China Branch of the Royal Asiatic Society，1858—1949）及其附属的机构和杂志为中心。马尔智是亚洲文会的会员，据登记资料，他是"美国学者"，隶属"燕京大学"，在会时间为"1924至1933"，会员类别是"OM"（普通会员）。（王毅著《皇家亚洲文会北华支会研究》，收为上海图书馆编：《皇家亚洲文会北华支会会刊[1858—1948]》，上海科学技术文献出版社,2013年)我们还在苏柯仁、福开森主编的《中国科学美术杂志》上找到马尔智的三篇论文,它们是:《临清塔》(*The Lintsing Pogoda*,1926年11月)、《中国绘画中的透视画法》(*A Note on Perspective in Chinese Painting*,1927年8月)、《苹果与冒险》(*Apples and Adventure*,1926年9月)。马尔智的相册中,留有两幅在福开森花园(Ferguson Garden)的旧影,可见他是老先生喜欢的年轻人;苏柯仁则在马尔智去世后,安排在《亚洲文会会刊》上发布讣告,还在自己的杂志上为他写了一篇热情洋溢的书评。

在中国艺术研究领域,京剧只是马尔智刚刚开始的爱好,中国画才是他多年专攻的特长。他在生命的最后几年里回到中国生活,就是为了研究宋、元、明、清的山水画。然而,我们发现马尔智的新兴趣和旧专长并不矛盾,他研究过中国的山水画、宝塔、陶瓷以及京剧"兰花指",都属于造型艺术,他似乎对所有的中华文化形象(images)都感兴趣。1929年,马尔智出版了一本《我们博物馆里的中国和日本》(*China and Japan in Our Museums*);1934年,密西根大学出版社出版了他的专著《陶器种类的标准》(*Standards of Pottery Description*);1935年,巴尔的摩威佛里出版社出版了他的另一部专著《国画术语》(*Some Technical Terms of Chinese Painting*),这已经是他去世的一年之后，这本书的扉页上告示读者他去世的消息。同一年，马尔智还有一本重要的中国艺术研究著作出版，这就是他的《梅伶兰姿》（*Orchid Hand Patterns of Mei Lan-Fang*）。一位年轻的汉学家，勤奋著述，不断出版，在短短的三十五岁的年华中，留下了四部专著，以及很多篇的论文。

马尔智在1925年6月25日与一位在南京的循道会传教士女儿多萝西·罗（Dorothy Rowe）结婚。直到1932年，他们才有了第一个也是唯一的孩子——女儿朱迪斯（Judith）。1934年，回到美国的马尔智，在密西根大学所在的安娜堡家中忽然心脏病发作，据说是心律失调，治疗五周后，于12月13日去世。1936年5月，《中国科学美术杂志》，刊登苏柯仁介绍《国画术语》一文，给马尔智以高度评价。关于本书，他说："对那些有兴趣学习中国画的人来说，这本小书极其有用。中国画家所用的全部术语，这里都有介绍和评论……"关于作者，他说："马尔智，年轻一代的美国中国文化研究学者中最有希望的一位，他那种如同潮涌一般的著述，应该是已经切断了；本书付印的时候，他却去世了。"（《中国科学美术杂志》，1936年5月，262页）把马尔智排在美国最杰出的中华艺术研究学者之列，是上海、北平学术圈的共识。1935年，《皇家亚洲文会会刊》在讣告中,慎重而负责地评论说:"马尔智,美国最重要的关于远东艺术的作者之一。"

附记:本文马尔智生平资料,见于谢小佩收集整理,由美国华盛顿佛利尔、萨克勒博物馆提供,并得到马氏家属许可公布的马尔智图片文献集。该文献集《梅伶兰姿》于 2016 年由上海辞书出版社出版。

本文原载《书城》2015 年 9 月号

作为大学校长的蒋梦麟

陈平原

我虽然欣赏蒋梦麟的《过渡时代之思想与教育》等著述,但我更怀念那个虎虎有生气、以「提高学术」为第一要务,甚至不惜与学生直接对阵的大学校长。

去年秋冬,很想为北大老校长蒋梦麟(1886—1964)写篇短文,纪念其逝世50周年;后因杂事繁多,忙别的去了。这学期在北大讲选修课,专设一章"何为大学——蔡元培与蒋梦麟",略表心意。课讲完了,意犹未尽,干脆引申开去,撰成此文。

18年前,我在纽约的哥伦比亚大学访学,利用该校东亚图书馆资料,撰成一组总题为"哥大与北大"的短文,先后在纽约的《明报》以及北京的《中华读书报》上连载,后收入《老北大

的故事》(江苏文艺出版社,1998 年;北京大学出版社,2009
年)。其中谈论蒋梦麟的"教育名家"一则,给我带来了意想不
到的麻烦。

以教育为切入口,谈论哥大与现代中国的关系,本不该有
太大争议。因为,从事乡村教育的陶行知、陈鹤琴、赵叔愚都
是哥大师范学院的毕业生;更值得关注的是哥大与中国高等
教育的关系,东南大学首任校长郭秉文、北京高师校长邓萃
英、岭南大学校长钟荣光、沪江大学校长刘湛恩、齐鲁大学校
长朱经农等,都曾就读哥大。至于历任北大校长,蒋梦麟、胡
适、马寅初,更是堂堂正正的哥大博士。至于张伯苓 1917 年
筹办高等教育失败,随即赴美,入哥大师范学院研究一年,更
凸显了当年哥大在中国教育家心目中的地位。

谈论蒋梦麟的这篇短文,因批评《北京大学校史》增订版
(萧超然等著,北京大学出版社,1988 年)断言蒋梦麟乃"典型
的国民党新官僚",不同意将整顿教学秩序说成是压制学生运
动而招来了严厉的斥责。当初愤愤不平,日后想来,是我年轻
气盛,主动挑战造成的。若换一种方式,仅限于正面立论,当
不至如此剑拔弩张。可见,"真话"说早了、说急了、说狠了,效
果并不好。可是,都想等"水到渠成",真的是"人寿几何"呀!
18 年后的今天,表扬长期辅助蔡元培(三度代行校长职权)、

1930年12月至1946年8月主政北大（抗战期间为西南联大三常委之一）的蒋梦麟，已经没有任何障碍了。

蒋校长是平反了，可当初争论的症结仍在——这就是如何界定大学的功能。作为职业教育家，蒋梦麟对无休止的罢课很不以为然。1919年7月23日上午，北京大学学生集会欢迎蒋梦麟代表蔡元培到校主持校务，蒋发表演讲，算是送给北大人的见面礼——先表扬学生的爱国热情，又说青年应"以自己的学问功夫为立脚点"，接下来就是："现在青年做救国运动，今日反对这个，明日反对那个，忙得不[得]了。真似'可怜年年压针线，为他人补破衣裳'，终不是根本办法。吾人若真要救国，先要谋文化之增进。日日补破衣裳，东补西烂，有何益处？深望诸君，本自治之能力，研究学术，发挥一切，以期增高文化。"（《初到北京大学时在学生欢迎会中之演说》，见蒋梦麟《过渡时代之思想与教育》，商务印书馆，1933年）如此"逆耳"的"忠言"，居然没被学生轰下台，也真是奇迹。

1920年五月，蒋梦麟和胡适联名在《新教育》第二卷第五期上发表《我们对于学生的希望》（此文由胡适执笔），表扬这一年的学生运动，"引起学生对于社会国家的兴趣"，再就是"引出学生的作文演说的能力，组织的能力，办事的能力"，可话锋一转，又是唱反调："荒唐的中年老年人闹下了乱子，却要未成年的学生抛弃学业,荒废光阴,来干涉纠正:这是天下最不经济的事。……单靠用罢课作武器,是最不经济的方法,是下下策,屡用不已,是学生运动破产的表现!"(《过渡时代之思想与教育》)某种意义上,蔡元培与蒋梦麟的立场是一致的,只不过说法委婉多了:"'五四'而后,大家很热心群众运动,示威运动。那一次大运动,大家虽承认他的效果,但这种骤用兴奋剂的时代已过去了。大家应当做脚踏实地的工夫。"(《在北大话别会演说词》,《蔡元培全集》第3卷452页,中华书局,1984年)蒋梦麟日后在《西潮》第十五章"北京大学和学生运动"中,谈及蔡元培对学生运动的态度,否认蔡校长"随时准备鼓励学生闹风潮"的流言(《西潮·新潮》126页,岳麓书社,2000年),我以为是可信的。

又过了两年,蒋梦麟发表《北京大学第二十五年成立纪念日的感言》,称:"近几年来,学生运动,是新动机。现在又遇一反动;这反动就是教育破产。"(《过渡时代之思想与教育》418页)如此立说,比较隐晦;而约略与此同时撰写的《学风与提高学术》,则打开天窗说亮话:"教育界这三年来,所用于自卫或攻击的武器,只有一件,就是罢课。但这件武器,一用再用,再而三,三而四,已破烂不堪,不能再用了。杀人不下,近来竟用以自戕了。武器破烂,教育自卫之道,从此穷矣。"(《过渡时代之思想与教育》，此文原题"晨报四周年纪念日之感想"）有什么办法可以补救呢？蒋梦麟提出来的方案，也不过是十分空洞的"提高学术"。

再过一年，时正代理北大校长的蒋梦麟，特为校庆撰写《北大之精神》，称北大特点有二：一是大度包容，二是思想自由；而与之密切相关的，便是两个明显的缺点："能容则择宽而纪律弛。思想自由，则个性发达而群治弛。"有鉴于此，必须在"相当范围以内，整饬纪律，发展群治，以补本校之不足"（《过渡时代之思想与教育》）。如此一而再再而三地主张"整饬纪律"，无论过去还是现在，都是学生们所不爱听的。可如果没有蒋梦麟的"黑脸"，单靠蔡元培校长的"红脸"，这大学是无法维持下去的。某种意义上，职业教育家蒋梦麟的"务实"，是蔡校长得以"高蹈"的前提。

蒋梦麟这一"整饬纪律"的立场，在其担任校长的1930年代，得到更为充分的展现。上任伊始，叮嘱文、理、法三学院的院长"辞退旧人，我去做；选聘新人，你们去做"，如此勇于担当，体现了大教育家的肩膀。至于确立"教授治学，学生求学，职员治事，校长治校"的办学宗旨，利用中华教育文化基金董事会拨款，设立研究讲座、专任教授及学生奖学金，建设研究院，规定大学生做毕业论文，缺课三分之一者不得参加考试,留级两次或留级一次加上两门必修课不及格者退学等,甚至因学费问题与学生直接冲突,毫不退让(参见马勇《蒋梦麟教育思想研究》,辽宁教育出版社,1997年),所有这些举措,可说是"一意孤行"。正因校长强势,且颇具胆识,在时局极为动荡的1930年代,北大的教学与科研才能稳步上升。站在教育史角度,对于蒋校长之苦心孤诣,应该点赞,而不是冷嘲热讽。

20世纪20年代以后的中国,稍有良知的教育家,都面临夹在顽固强硬的政府与热情激进的学生之间的困境。国共两党出于各自的政治利益,对学潮的评价天差地别,但着眼点都是政局稳定与否。教育家则不然,从培养人才的角度立论,对学生之"荒废学业"不能不深表遗憾。历史学家对校长们左支右绌的困境,须具"同情之理解"。只有在极端情况下,大学校长才会与学生站在一起,用罢课、罢教、游行示威等手段对抗政府。某种意义上,这是校长的职责决定的——维持正常教学秩序,努力"提高学术",而不是介入现实政治。

我并不完全认同蒋梦麟的做法,但作为北大校长,他坚决要求学生以求学为第一要务,走的是正道。相反,若校长鼓动学潮,那才是滑天下之大稽。至于教授与学生,完全可以有不同的立场。大学最终如何发展,取决于各方力量的博弈,并不完全体现校长的意志。基于此判断，我认可蒋梦麟的工作，当初的断言，今天看来依旧有效："历任北大校长中，名气最大的当属蔡元培。对于老北大基本品格的奠定，蔡氏确实起了不可替代的作用。可在历史学家笔下，蔡氏的意义被无限夸大，以至于无意中压抑了其他同样功不可没的校长。最明显的例子，莫过于蔡氏的早年学生蒋梦麟。"（陈平原《老北大的故事》，北京大学出版社，2009年）这段话，为日后很多谈论蒋梦麟的文章所引用。

但阅读这段话，最好与我对蔡元培的一再表彰相对照，方不致出现大的误差。我曾经说过："百年中国，有独立的大学理念，且能够真正付诸实施的，不敢说仅此一家，但蔡元培无疑是最出色的。这是因为，有其位者不一定有其识，有其识者不一定有其位；有其位有其识者，不一定有其时——集天时地利人和于一身，才可能有蔡元培出长北大时的挥洒自如。"（陈平原《触摸历史与进入五四》，北京大学出版社，2005年）蒋梦麟并不具备蔡先生那样的崇高威望，也没有"集天时地利人和于一身"，无论他如何努力，都只能是一名优秀的大学管理者，而不可能像蔡先生那样成为现代中国"大学精神"的象征。

这就到了"功狗"的自嘲。1950年12月20日，时任台湾大学校长的傅斯年在台湾省议会答复教育行政质询时过度激动,突发脑溢血逝世于议场,享年 55 岁。老朋友蒋梦麟当即撰写《忆孟真》,初刊 1950 年 12 月 30 日《中央日报》,后收入传记文学出版社 1967 年版《新潮》。文中有一段话,颇具深意,值得引录:

> 十二月十七日为北京大学五十二周年纪念。他演说中有几句话说他自己。他说梦麟先生学问不如蔡孑民先生,办事却比蔡先生高明。他自己的学问比不上胡适之先生,但他办事却比胡先生高明。最后他笑着批评蔡胡两位先生说:"这两位先生的办事,真不敢恭维。"他走下讲台以后,我笑着对他说:"孟真你这话对极了。所以他们两位是北大的功臣,我们两个人不过是北大的功狗。"他笑着就溜走了。
>
> (蒋梦麟《西潮·新潮》,332 页)

这故事很精彩,常被论者转述,可惜不见出处。两个大学校长惺惺相惜,且都很风趣,自嘲中不无自得——毕竟自己办事能力远比师长强。

既然那么能干,为何世人普遍认定,兢兢业业的蒋梦麟,其历史地位不及蔡元培?关键是对大学精神的理解、阐扬与坚守。蔡先生所提倡的"循思想自由原则，取兼容并包主义"，乃大政方针，影响极为深远。至于蒋梦麟，办事能力极强，人格操守也没有问题，不愧是教育名家。但若站得更高点，则会发现他太守规矩，缺乏那种开天辟地的气魄——当然，也没有那种机遇。傅斯年比他幸运多了，出任台湾大学校长不到两年(1949 年 1 月至 1950 年 12 月)，因其大刀阔斧的改革以及凸显某种精神取向，而被台大人永远铭记——其历史地位类似蔡元培之于北京大学。

我表彰蒋梦麟在教育史上的贡献，也理解他在实际操作层面某些不得已的举措；但同时我也注意到，抗战期间，蒋校长似乎对北大的兴趣明显下降。作为西南联大三常委之一，蒋梦麟没能为北大在联大内部争取更大的话语权，对于这一点，北大老人颇多怨言。也有对此持理解乃至赞赏态度的，如钱穆在《师友杂忆》第十一章"西南联大"中，自述当年如何为蒋校长解围(参见《八十忆双亲·师友杂忆》，岳麓书社，1986年)。还有汤用彤 1945 年 9 月 6 日致信胡适，引自己此前给蒋梦麟的信："在抗战八年中，三校合作，使联大进展无碍，保持国家高等教育之命脉。此中具见先生处事之苦心，有识者均当相谅。"(见《胡适来往书信选》下册，中华书局，1980 年)三校合作，特别忌讳领导打架、政出多门，那样的话，下面的人便无所适从。张伯苓年高不管事，蒋梦麟则常住重庆，目的都是为梅贻琦执掌西南联大腾出更大空间。

我的判断是，常住战时首都重庆的蒋梦麟，在与达官要人的周旋中，逐渐失去了对于北大事务的兴趣。看他抗战胜利后，因"大学校长不得兼任行政官吏"之条规，不顾胡适等老友的极力劝阻，舍北大校长而出任行政院秘书长，就明白"冰冻三尺，非一日之寒"。

此外，这段时间蒋梦麟对学问的兴趣与日俱增。1943 年 1 月和 12 月，蒋梦麟给远在美国的胡适写了两封信。前一封辩解自己对西南联大事"不管者所以管也"，同时称"两年中著一本《书法之原理与技艺》，近月来著成第二册"，且"凤兴夜寐，从事学习英文，亦稍觉进步"（《胡适来往书信选》中册，中华书局，1979 年）；后一封则交代托人将《西潮》（原题《东土西潮》）英文书稿带到美国，转交给胡适，以谋求出版，而后就是：

> 你知道这廿余年来，我的学问荒疏极了。到了五十五岁，才知发愤求学。你看可笑不可笑呢？……在这二十多年之将来，我想做点学问，补我往者之失。但亦不过想不苟活一世罢了，并没有学问上的大野心，以心之所好，玩玩罢了。我这本书也

不过是玩意儿，觉得有趣得很。（《胡适来往书信选》中册，564页）

这本抗战时写于重庆防空洞的《西潮》(*Tides From The West*)，就像第一章所说的，"有点像自传，有点像回忆录，也有点像近代史"（蒋梦麟《西潮·新潮》，15页）。此书英文版为耶鲁大学出版社1947年刊行，中文版则1959年由中华日报社首印。毫无疑问，这是一本好书。我谈大学教育，不管是描述蔡元培的性格及贡献，还是铺排五四前后思想潮流的演进，抑或阐发抗战中大学西迁的意义等，都曾引述此书。

但另一方面，我又对蒋梦麟在抗战最紧张的时候，身为西南联大三常委之一，竟然有心思、有时间坐下来著书立说，深感惊讶。花那么多时间撰写《西潮》以及《书法之原理与技艺》，某种意义上表明作者对西南联大的具体事务已经意兴阑珊——这也是北大教授对他不满的缘故。校长当然可以有业余爱好，可我却由此"雅趣"窥测蒋梦麟的心境——日后出任行政院秘书长、农复会主委，不是偶然的。

这倒让我想起《过渡时代之思想与教育》一书的《引言》："著者于民国八年，投入了北京大学里的学校行政的旋涡，起初尚兼教学而略从事作文。其后因受政治不良的影响，革命心理的冲动,频年学潮汹涌,又因学款积欠过钜,迭起教潮;行政事务逐渐加多,学问功夫逐渐减少,至民十一以后,简直成了单纯的学校行政者。积重难返,索性把笔搁起了。"作为北大总务长或代理校长,蒋梦麟全力以赴处理校务,以至没有时间读书写作,那是再正常不过的了。

其实,大学管理是一件大事,需要高瞻远瞩,更需要知行合一,是值得校长们全力以赴的。十年前我写过一则短文,题为《为大学校长"正名"》(初刊《南方人物周刊》2004 年 12 月 1 日,后收入北京大学出版社 2006 年版《大学何为》),其中有这么一段:"其实,大学校长的主要任务是当好伯乐,而不是自己争着去做千里马。既当校长,又抢课题,还带了不少研究生,这种'革命生产两不误'的做法,我颇为怀疑。不是你当校长不够尽心,就是你的研究只是挂名——谁都明白,做好这两件事,都必须全身心投入,你一天又不可能变出四十八小时。与目前的流行思路相反,我以为,国家根本就不该给大学校长重大科研项目。"好在最近情况发生了很大变化,无论政府还是民间,呼吁校长们暂时搁置自己的学术研究,专职从事行政管理,已经成为主流的声音。

也正因此,我虽然欣赏蒋梦麟的《过渡时代之思想与教育》《西潮》《新潮》等著述,但我更怀念 20 世纪二三十年代那个虎虎有生气、有点霸道、以"提高学术"为第一要务，甚至不惜与学生直接对阵的大学校长。

2015 年 5 月 12 日于京西圆明园花园

附记：1991 年初春，我在香港中文大学访学，经常逛旧书店，先后购得香港磨剑堂版《西潮》和《新潮》。那明显是盗印台湾的本子，有发行地址，但没出版时间。这两本书当时认真读过，感触很深，且作了标记，实在舍不得丢。到了需要引用时，只好随手找一种近年刊行的本子。因此，我的论著中，引《西潮》或《新潮》时，用的本子不一致。

本文原载《书城》2015 年 7 月号

走向地方的新文化

——『潮州民间文学丛书』总序

陈平原

我理解的五四新文化运动,兼及思想、教育、语言、文学、报章、书局等,大致进程是这样的——酝酿于戊戌变法(1898),得益于科举取消(1905),崛起于《新青年》创刊(1915),成熟于白话文进课堂(1920),国共分裂后开始转型(1927)。"新文化"的具体表现也是其最突出的成果,即左手语言右手思想的"平民文学",呈现为"向上"与"向下"两个维度。所谓"向上"一路,指的是接受域外文学刺激,开始了新诗、美文、话剧和短篇小说等尝试,日后以"现代文学"的名义进入历史；"向下"一路则是从立场、语言到文体都坚持"到民间去"，而《歌谣》周刊开创的俗文学运动，便是其提倡与实践的标志。后一条路径，周作人、刘半农、顾颉刚三位是主将，帮助摇旗呐喊的还有北大同人蔡元培、胡适、钱玄同、沈兼士、鲁迅等，以及学生辈的常惠、董作宾、魏建功、台静农等。

不说个体的尝试（如1914年周作人撰写《儿歌之研究》，1918年刘半农拟定《北京大学征集全国近世歌谣简章》），俗文学运动的展开，更具象征意味的是1920年北京大学歌谣研究会的成立以及1922年《歌谣》周刊的创办。至此，俗文学的整理、研究与再创造，便成了新文化运动的一个重要方向。到了1927年11月中山大学民俗学会成立并发行《民间文艺》杂志（12期后改名《民俗》），除搜集研究的范围大为拓展（包括神话、传说、谜语、谚语、节庆、习俗等），更借助培养学生、成立分会、办培训班等方式，推进俗文学运动。

就在这个重要关口，潮汕地区不少有识之士投身此新文化大潮。若干年前，我在《俗文学研究视野里的"潮州"》（《南方都市报》2010年4月11日）中谈及："1920年至1930年代潮汕地区的俗文学研究，做得有声有色，且与北京及广州学界保持相当密切的联系。了解这些，你对丘玉麟、林培庐、杨睿聪等潮汕学人的工作，不能不表示由衷的敬佩。他们的编著，并非古已有之的乡邦文献整理,而是深深介入了现代学术潮流。如果再加上出生于广东海丰(广义的潮汕人)、毕生致力民间文学及民俗学研究的钟敬文,那么,1930年代潮汕学人的俗文学及民俗学研究,实在让人刮目相看。"很可惜,因行政区划的变化,如今谈"潮州民间文学",只能局限在丘玉麟与杨睿聪,而搁置了现属揭阳市的林培庐与汕尾市的钟敬文了。钟敬文日后成为民间文学研究界的一面旗帜,贡献之大众所周知;林培庐20世纪30年代也很活跃,单看其编辑的《潮州七贤故事集》有胡适、张竞生、钱玄同题签,周作人、容肇祖、赵景深作序,就不难明白此书的分量及作者交游之广。

相对来说,这回收入"潮州民间文学丛书"的五书——丘玉麟的《潮州歌谣》(1929),杨睿聪的《潮州俗谜》(1930)和《潮州的风俗》(1930),张美淦、钟勃的《长光里》(1933),以及沈敏的《潮安年节风俗谈》(1937)——基本上只在潮汕地区流通,缺乏全国性影响。即便如此,此五书仍值得我们重视,因其体现了新文化走向地方的努力与趋势。

丘玉麟(1900—1960),字拉因,潮州意溪东乡村人。1921年入广州岭南大学西洋文学系,1923年转燕京大学中文系学习,与同在北平念书的林培庐等潮籍学生成立了朁篇文学社。深受在燕大兼课的周作人影响,丘玉麟回潮州的省立二师(韩山师范学校）、省立四中（潮州金山中学）任教后，致力于民间歌谣的收集和整理。丘编《潮州歌谣》（第一集）1929 年 1 月初版，自刊本，印数 2 000 册；同年 4 月再版，印数 3 000 册。此书之所以能很快再版，因潮人韩树孙和林勉升找上门来，表示"这宣传平民文学之责任是他该担负的"，编者于是希望他们"像上海的北新书局与李老板一样"，成为"注意新文学之传播的文学书籍发行家"（丘玉麟《潮州歌谣·再版序言》）。这册略为增删的再版书，扉页署"编者丘玉麟，发行者韩树孙"，封底则写着"发行者潮安林勉升，经售处汕头中华书局暨各书坊"，这就导致了各图书馆及目录书各取所需，关于此书版本的介绍十分混乱。1958 年广东人民出版社刊行《潮汕歌谣集》，2003 年香江出版有限公司推出丘玉麟编注的《潮州歌谣集》，还包含了此前丘玉麟编的歌谣集三种，再加上著名俗文学专家薛汕的《山妻夜粥的歌者》，以及卢修圣、曾楚楠、蔡起贤、陈庭声的介绍文字。

1930 年潮州支那印社曾刊行杨睿聪《潮州的习俗》、杨小绿《潮州俗谜》二书，不仅两书作者乃同一人，且都属于自刊本——目前能查到的潮州支那印社出版物，除此二书外，再就是林培庐的《李子长好画故事集》。杨睿聪（1905—1961），字慧父，曾用名小绿，潮州城内人。1925 年毕业于国立广东大学,即被聘为省立二师史地教员,后应母校省立四中之聘,任国文教师(参见陈贤武《杨睿聪》,《韩山师范学院学报》,2017年第5期)。《潮州俗谜》分自然、人事、身体、器物、食物、植物、动物七部分,辑录广泛流传于潮汕民间的谜语二百多则,1949年香港潮书公司曾刊行增订本。至于《潮州的习俗》则已收入李文海主编、夏明方与黄兴涛副主编的《民国时期社会调查丛编·宗教民俗卷》(福建教育出版社,2014年)。

署名"凤祠客"和"亿"合撰的潮州方言小说《长光里》,1932年6月至10月连载于潮安《大光报》副刊,次年5月印成单行本。小说共15章(凤祠客撰七章,亿撰八章),有大致的人物设计与贯穿线索,但故事光怪陆离,随处插科打诨,俚语与雅言胡乱穿插,造成强烈的讽刺效果,如第七章"加税"有曰:"是日长光里人马齐备,精灵古怪,满堂所见的是:大葵扇、老舅鞋、熟烟筒、'南澳丫叉'和黑油油的头、水汪汪的眼,以至顶脚酮、隆起背脊及无缝的缺嘴唇。漪欤盛哉,一堂雅集,济济多才。"无论当初还是现在,此小说吸引读者之处在语言而不在人物或故事。两位作者均为潮安意溪人,也都是《大光报》的台柱子。"凤祠客"本名张美淦,时任潮安县教育局长,20世纪40年代曾任揭阳县长;"亿"本名钟勃,时任县中训育主任,20世纪40年代曾任潮州金山中学校长,1946年出版潮州方言长篇小说《龙塘四武士 NO.1》。2002 年香港榕文出版社曾将《长光里》与《龙塘四武士 NO.1》两种小说合刊；至于卢修圣、刘祥育的注释本（广东金山中学潮州校友会编印，2003 年），更是为读者提供了很大方便。

同样收入《民国时期社会调查丛编·宗教民俗卷》的，还有沈敏的《潮安年节风俗谈》，此书潮州觐轮印务局于 1937 年印行，1996 年其家属以中南书局名义重刊。沈敏原名时聪，1913 年生于潮安县华美乡，少年积极投稿，并在报馆当过校对，1938 年初从军，1949 年任国民党潮汕警备司令部参谋长，10 月撤走台湾，后改为经商。晚年回乡，特别"叹惜在战乱中所著出版《王先生行军记》（十万多字报告文学，1945 年由江西《激昂时报》社出版）至今无影无踪"（林俊聪《潮籍台胞沈敏与潮汕民俗文化》，《潮汕文化选》第六集《山光水色尽文章》，汕头特区晚报社，2013 年）。其实，沈时聪著《王先生行军记》不是报告文学，乃长篇小说，1945 年 11 月由世界编译社出版（参见徐乃翔主编《中国现代文学词典》第一卷小说卷，广西人民出版社，1989 年）。此外，1947 年 9 月 5 日创刊于上海的《生活文摘》（世界编译所发行）第一期上，有沈时聪的《创刊的话》，不过，目前此刊仅见第一期（参见吴俊等主编《中国现代文学期刊目录新编》中册，上海人民出版社，2010 年）。

崛起于北京的新文化,作为一种外来思潮,能否在潮汕落地生根、开花结果,取决于本地的教育资源与文化氛围。这五种俗文学书籍的作者,不是省立二师和省立四中的教师(丘玉麟、杨睿聪),就是潮州《建设报》或《大光报》的报人(张美淦、钟勃、沈敏)。前者见各书自序及众多回忆文章,后者则有阿崑《三十年代潮安〈建设报〉和〈大光报〉杂忆》(政协潮州市委员会文史编辑组编《潮州文史资料》第22辑,2002年12月)为证——此文谈及张美淦、钟勃等如何商定创办《大光报》,而日后为《长光里》撰写序言的张亦文乃报社同事,老祝(即省立二师教师詹安泰,字祝南,号无庵,著名词人及文学史家,参见《潮学集刊》第四辑《〈詹安泰全集〉集外文辑考》)则系特约撰稿人。另外,阿崑之文还提及《建设报》的"校对沈敏,不时写一些潮安城内街道杂谈和地方掌故,有可读性,多期连载"。

大概是年纪大了忘事,1996年沈敏为重刊本《潮安年节风俗谈》撰写"导读",称自己"应星系报纸《星华日报》之聘,撰述年节风俗,相对完整,常被国内外各报纸所转载,遂成《潮安年节风俗谈》"。《星华日报》乃南洋华侨胡文虎于1931年在汕头独资创办的一家日报,与潮州的《建设报》等不同系统。在初版的自序中,作者称"年来替潮汕报纸写了一些关于潮安风俗的稿件……现在把各稿件略加整理,斗胆刊印,书名为

《潮安年节风俗谈》"。再看书前几篇序言，陈政为《建设报》负责人，林培庐乃潮汕民俗专家，张其光的序写于潮州西湖畔，而作者自序则署"一九三六年十二月一日写于潮安华美"。可见在此书产生的文化背景中，潮州重于汕头。

杨睿聪在《潮州的习俗·自序》中，提及"四中诸同事和同学们也热心帮助搜集，于是才给我写成功了"；而为其写序的邹炽昌正是四中同事。丘玉麟《潮州歌谣·代序》除了感谢省立二师及四中的文学概论课程，更指名道姓提及若干四中同学的帮助，还有自己如何拜访作为同道的二师林培庐、四中杨睿聪等。而在《潮州俗谜·序》中，丘玉麟表扬"小绿先生是个民俗学的探讨者，对于歌谣，谚语，风俗，迷信，热心研究"。虽然挂一漏万，但你要理解当年在潮州，确有一批关注歌谣、民俗、谚语的同好。丘玉麟《潮州歌谣·代序》提及自己"与林培庐君组织櫹篢文学社出版周刊讨论文学歌谣问题，我的同乡友章雄翔兄、卢佚民先生亦在广搜歌谣"；而《潮汕歌谣集·序》则介绍这本歌谣的材料来源，除了自己原先编印的《潮州歌谣》，还"以金天民先生的《潮歌》、徐志庵先生的《儿歌》、林德侯同志的歌谣抄本为主要参考，取材林同志的最多"。后人提及潮汕歌谣的搜集与整理，往往举丘玉麟为例，这自然没有错；必须记得，正是这种众人拾柴火焰高的阵势，才有丘编相对完美的成绩。

与内部发力相映成趣的，是强有力的外部引领。张亦文为《长光里》作序，引述胡适创建新文学的主张，尤其看重其"不避俗语俗字"（标题有误，应是《建设的文学革命论》）；杨睿聪编《潮州的习俗》，除了请钱玄同题写书名，还以"补白"形式引入周作人、江绍原、何思敬的民俗论。当然，那些关注歌谣及民俗的潮州学人，他们与北京学界的联系，最主要的还属时任北大教授且兼课燕京大学的周作人。《潮州歌谣》初版的《代序》，是编者丘玉麟写给恩师周作人的信，称此乃献给那"常入梦的苦雨斋"——"因为我对于搜集歌谣这工作之趣味的嫩芽是你护养壮大的"。而林培庐为沈敏《潮安年节风俗谈》作序，就从"十年前在北京岂明师的苦雨斋翻看了英国谣俗学会会长瑞爱德氏的《现代英吉利谣俗》"说起。这就难怪也是潮州人的薛汕在《潮汕民俗文学何去何从》（潮汕历史文化研究中心、汕头大学潮汕文化研究中心编《潮学研究》第六辑，1997 年）中称："潮汕民俗学的提出，源自在北京就读的林培庐和丘玉麟，他们与周作人的联系，进而提倡对歌谣、民间故事和风俗习惯的记录以及作必要的综述。"

至于张美淦和钟勃之创作潮州方言小说《长光里》，也是深受北京新文化人影响。与一般方言小说仅在人物对话中使用方言不同，《长光里》全书均由方言俚语构成，近乎系列滑稽文。这种写作技法，并非无中生有，而是取法清人张南庄的《何典》。1926年5月，刘半农无意间得到了光绪四年上海《申报》馆版《何典》，标点校注后，请鲁迅作序，交北京北新书局刊行。

鲁迅称此书"谈鬼物正像人间，用新典一如古典"，"便是信口开河的地方，也常能令人仿佛有会于心，禁不住不很为难的苦笑"（《〈何典〉题记》）。而刘半农则特别表彰其"善用俚言土语，甚至极土极村的字眼，也全不避忌；在看的人却并不觉得他蠢俗讨厌，反觉得别有风趣"，"将两个或多个色彩绝不相同的词句，紧紧接在一起，开滑稽文中从来未有的新鲜局面"（《重印〈何典〉序》）。《何典》用吴语谈"鬼物"，《长光里》则用潮话说"人间"，这里的鬼物与人间可以互相转化。而且，单就善用譬喻、谜语、警句、趣语、歌谣、歇后语等而言，二者可谓异曲同工。当年杨世泽为《长光里》作序，称其为"潮安《大光报》所载之滑稽文"，最大特点乃"集里谚为之"，阅读者须从潮州方言流变入手，方能领悟其好处。

方言小说不只《何典》一家，为何认定其就是《长光里》的追摹目标？过路人的《何典·序》有这么一段妙语："无中生有，萃来海外奇谈；忙里偷闲，架就室中楼阁。全凭插科打诨，用不着子曰诗云；讵能嚼字咬文，又何须之乎者也。不过逢场作戏，随口喷蛆；何妨见景生情，凭空捣鬼。"再看好管闲事之《长光里·序》："虽然三岔路口，人人尽属题材；十字街头，事事皆为话柄，惟是既非有闲，又属多事。焉能嚼字咬文，逢场作戏，插科打诨，随口喷蛆。是以看见大千世界之文章，便已经拍案叫绝。细领略长光里内之人物，忍不住信口开河。"不仅趣味相投、笔调近似，单是"随口喷蛆"一词便露出马脚。此乃吴语方言，指信口胡说，《何典》中又作"喷蛆"（第一回）、"嚼蛆"与"闲话白嚼蛆"（第七回），这种表达方式，潮州话里原本没有。

就像周作人为《歌谣》周刊所撰《发刊词》所说的，搜集歌谣、谚语及民间传说的目的有两种，"一是学术的，一是文艺的"。日后各地俗文学的展开，也都大致按此路径，只是在具体作品中，二者往往纠缠不清，依时代风尚及读者趣味而随时转化。比如说，当初认定"这自来被贵族文学所摈弃的民间歌谣，已成为有价值的平民文学了"（丘玉麟《潮州歌谣·再版序》），今天更看重其方言及民俗学的意义；当初表扬此书"于本邑新文学改创中，称巨擘无愧矣"（张亦文《长光里·序》），今天关注的也是方言小说的边界及可能性。

因出版地及方言的限制，这五种潮州歌谣、谚语、民俗及方言小说，当年没能迈开双腿走向全国。以北京大学图书馆为例，这五种书均未入藏。幸运的是，著名诗人、学者林庚先生收藏了一册《潮州歌谣》，去世前捐给了北大中文系。那书的封面题有"双漱所藏歌谣书之七，十九年秋黄家器邮赠，二〇，二，二二，记于故都"，扉页则是"敬赠罗先生，器寄自鮀岛"。此题签涉及的人物及因缘还没最后考定，但时间及邮路确凿无误。也就是说，除非有心人寄赠，否则，潮汕读物很难走回新文化中心北京。

正是有感于此，我对这回正式刊行这五种八九十年前的旧书，使其有可能走进各大图书馆，让研究者在理解新文化如何走向地方时，有更多的参照系，抱有很大的期待。

2019 年 3 月 13 日于京西圆明园花园

本文原载《书城》2019 年 5 月号

张爱玲三题

陈子善

在中国现代作家中，除了鲁迅，为自己作品做装帧设计最多的是张爱玲。

《怨女》初版本

《怨女》是张爱玲继《秧歌》《赤地之恋》之后第三部既有中文版又有英文版的长篇小说（英文版为 *The Rouge of the North*，中文作《北地胭脂》）。但是，台北皇冠出版社的《怨女》初版本是何时问世的？由于以前所见早期《怨女》单行本均未印上出版时间，一直无法判断。不久前友人贻我一册《怨女》，列为"皇冠丛书第一六七种"，封底勒口（代版权页）明确印着

"中华民国五十七年七月初版"。

也就是说，《怨女》初版时间是 1968 年 7 月，这个长期未解之谜终于解开了。

同一个月，皇冠出版社还推出了《张爱玲短篇小说集》（香港天风出版社版《张爱玲短篇小说集》的台湾版），列为"皇冠丛书第一六八种"。而一个月前，皇冠已出版了张爱玲的《秧歌》和《流言》，分别列为"皇冠丛书第一六五种"和"第一六六种"。这样，应可确定，张爱玲的作品首次登陆台湾是在 1968 年六七月间，首批为《秧歌》《流言》《怨女》《张爱玲短篇小说集》四种，其他三种都是重印，只有《怨女》才是她到美国后新创作的。

《怨女》的创作和发表过程甚为曲折。张爱玲到美国后，潜心创作了英文长篇小说 *Pink Tears*（《粉泪》），这是根据《金锁记》"改写"的。不料，《粉泪》在美出版受阻，于是，张爱玲再把它"改写"回中文，她 1963 年 9 月 25 日致夏志清的信中对此有过说明。改写工作至 1965 年 11 月大致完成，她同年致夏志清信中也有明确交代："这一向天天惦记着要写信给你，但是说来荒唐，《北地胭脂》（现在叫《怨女》）的中文本直到现在刚搞完。"然后，张爱玲再把《怨女》译回英文，也即《北地胭脂》，她同年 12 月 31 日致夏志清信中又特别说："《怨女》再译成英文,又发现几处要添改,真是个无底洞,我只想较对得起原来的故事。总算译完了。中文本五六年前就想给《星岛晚报》连载,至今才有了稿子寄去。"一个月内,中文《怨女》初稿和英文《北地胭脂》均大功告成,效率不低。后来,《北地胭脂》终于在 1967 年由英国伦敦 Cassell 书局出版,遗憾的是,并没有引起什么反响。

到了 1966 年 7 月 1 日,张爱玲致信夏志清,希望他去台湾时"打听打听《怨女》可否在那里出版"。夏志清为此作了努力,王敬羲、王鼎钧等台湾文学出版界人士闻讯也各自争取《怨女》在台连载和出版单行本。而自 1966 年 8 月起,张爱玲寄给宋淇的《怨女》中文初稿已开始在香港《星岛晚报》连载(具体连载日期至今未明,有待查考),张爱玲得讯后却又"实在头痛万分"(1966 年 8 月 31 日致夏志清信中语),因为她本想对这一初稿再作修改。与此同时,1966 年 8 月至 10 月台湾《皇冠》第 150 期至 152 期也连载了《怨女》初稿,这无疑也是宋淇推荐的。

宋淇评《怨女》

1966 年 10 月,台北《皇冠》第 152 期连载张爱玲《怨女》完毕。也就在这一期上，发表了署名"宋琪"的《读张爱玲的新作〈怨女〉》。"宋琪"即宋淇，印成"宋琪"，不知是印误还是故意。作为后期张爱玲最亲密的朋友，宋淇写过一系列有影响的评张文字，除了有名的《私语张爱玲》，还有《从张爱玲的〈五四遗事〉说起》《唐文标的"方法论"》《〈海上花〉的英译本》《文学与电影中间的补白》《〈余韵〉代序》等。但是此文却是宋淇第一篇评张文字，发表时间比《私语张爱玲》早了整整十年，从未编集，弥足珍贵。此文2009年由台湾东海大学叶雅玲博士发掘出土，至今未引起重视。

宋淇之所以写下此文，当然是为配合《怨女》连载，向台湾读者介绍张爱玲。因此，此文开头回顾了张爱玲从上海到香港再到美国的创作历程，接着笔锋一转，披露张爱玲去美后曾创作《雷峰塔》的消息之后，着重推出《怨女》：

> 这次《皇冠》杂志邀张爱玲写稿，前后有三年之久。在最初她有别的稿件要交卷和修改，后来又遭遇到题材上的问题。她第一次尝试写的是《雷峰塔坍下来了》，讲的是一个五四时代的女人，如何摆脱专制家庭的束缚，获得了自由。在动手写了一半之后，她觉得这题材不太合适，因为很容易引起读者的

现成的联想,以为这又是一本暴露大家庭的黑暗的小说,然后她决定写另一个题材,一面写,一面修改,一共三易其稿,结果就是我们眼前的《怨女》。

在宋淇看来,与传统的小说相比,与张爱玲自己以前的小说相比,《怨女》都有其新特色:

> 张爱玲已经放弃了传统"从头说起""平铺直叙"的讲故事的方法,虽然故事性仍然保留。她从一个女人自少女到老年的一生中选出其中几个特殊的时刻作为焦点来加以渲染,映射出她的性格、周围的环境、她的过去和未来。她并不故意挑选那些最戏剧性的时刻,因为她的写法并不是注重情节的戏剧写法。她利用感官上的反应——听觉、视觉、嗅觉、冷暖等来呼唤出一种特殊的心境,特殊的气氛和心理状态,尽量做到旧诗词中那种"情景交融"的境界。透过这些焦点,她令我们走入女主角的心灵深处。

宋淇最后提醒读者,张爱玲小说营造的艺术世界是迷人的,但欣赏张爱玲有个适应过程,读者如有耐心,就定能登堂

入室,风光无限:

> 张爱玲的《怨女》终于使小说走入了一个新的阶
> 段。至于她的写作技巧是成功是失败,对目前写作
> 的影响是好是坏,还有待时间来证明。如果以普通
> 读小说的方法来读张爱玲的《怨女》,恐怕读者会觉
> 得不耐烦和不习惯。希望读者运用一点耐性来接受
> 它,由此证明《皇冠》杂志和张爱玲的尝试是有价
> 值的。

显而易见,宋淇这是在为张爱玲正式进入台湾预热。虽
然夏济安主编的台湾《文学杂志》早在1957年1月第1卷第5
期就发表了张爱玲的《五四遗事》,然后又发表了夏志清的《论
张爱玲的小说》;虽然当时台湾已出现了张爱玲作品盗印本,
台南"艺升出版社"1959年10月就偷印过"张爱玲女士著"
《倾城之恋》,但就总体而言,张爱玲的文学风采还未为台湾读
者所领略。因此,张爱玲新作长篇《怨女》问世,自然值得评价
和推荐。两年之后,经张爱玲再次改定的《怨女》终于纳入皇
冠张爱玲作品系列出版单行本,张爱玲与皇冠长达30年的成
功合作开始了。

皇冠版《流言》的装帧

在张爱玲逝世 21 周年前夕,我得到了一本她亲自设计装帧的台湾皇冠出版社版散文集《流言》。

也许读者会感到奇怪。张爱玲为上海版中短篇小说集《传奇》设计了三个装帧,初版本是她独自设计,再版本和增订本是与好友炎樱合作设计;也为上海版《流言》设计了封面,这早已为张爱玲研究界所共知。但她又为台湾版《流言》设计了装帧?至今无人提及。

张爱玲作品正式进入台湾是 1968 年。根据版权页显示,第一批两种,即《秧歌》和《流言》,出版时间均为 1968 年 6 月;第二批也是两种,即《张爱玲短篇小说集》(《传奇》增订本改名)和《怨女》,出版时间均为同年 7 月。这是现在所知的张爱玲作品最早的四种台湾版,封面设计均由夏祖明担任,四种书前勒口均印有"封面设计 夏祖明"字样。夏祖明显然认真读过张爱玲小说,对张爱玲小说中的月亮意象印象深刻,所以这四种书的封面均出现了皎洁的大月亮,或在树梢,或在田野上,而《流言》初版本封面是安谧的夜晚,天空出现了一轮明月,使读者有身临其境之感。

那么，既然《流言》台湾皇冠初版封面由夏祖明设计，何时又改由张爱玲自己设计封面了呢？要回答这个问题，首先得弄明白张爱玲何时开始为皇冠设计自己作品的封面。上述四种作品集出版之后，台湾皇冠1969年推出的第五种张爱玲作品是长篇《半生缘》，装帧从封面到封底，由男女主人公半身像组成一个别致的图案，但设计者不明。

1976年3月，张爱玲小说散文集《张看》由香港文化·生活出版社初版，装帧由张爱玲亲自设计，前勒口印上了"封面设计：张爱玲"字样。封面图案由橘黄和粉红两色组成，书名竖排近书口，作者名为张爱玲签名式，而书名和作者名右侧上下贯穿一黑长条，内有一只眼睛，正暗合作者"张看"之意。次月，经宋淇安排，《张看》马上由皇冠推出台湾初版，装帧完全沿用香港初版的设计。也就是说，台湾初版《张看》的装帧是张爱玲本人设计的，时在1976年4月。

一年多之后，1977年8月，张爱玲唯一的学术著作《红楼梦魇》由台湾皇冠推出，前勒口在"张爱玲的作品"目录之上，还有两行字："封面设计／张爱玲"。这就明确无误地告诉我们，张爱玲为台湾皇冠设计自己封面的第二部作品是《红楼梦魇》。该书封面在深绿底色之上，纵横交错排列着大大小小七个京剧脸谱。京剧是中国的国剧，《红楼梦》是中国古典文学中最伟大的小说,张爱玲的封面设计勾联两者,可谓独出机杼。

或许为《红楼梦魇》设计封面激发了张爱玲进一步的创作欲,以至1979年6月《流言》又一次由皇冠出版时,她再次亲自出马,设计了《流言》新版的装帧,因为这一版《流言》前勒口清清楚楚地印着"封面设计 张爱玲"。这个《流言》新装帧令人耳目一新,只有天蓝和嫩绿两种色彩,天蓝为底色,嫩绿泼墨般洒在其上,巧妙地组成封面封底互为颠倒的画面。在我看来,这是张爱玲设计的数个小说散文集装帧中最为抽象,也最为别致的。至于这个装帧后来是否重印,重印了几次,待考。

在中国现代作家中,除了鲁迅,为自己作品做装帧设计最多的是张爱玲。

本文原载《书城》2016年11月号

《流言》
台湾皇冠出版社 1968 年版

《流言》
台湾皇冠出版社 1979 年版
张爱玲本人设计封面

创造社的『创造』

陈子善

　　翻开一部中国现代文学史，创造社的大名如雷贯耳。成立于1921年的创造社是继文学研究会之后中国现代文学史上最具代表性的新文学社团之一。但是，"文革"前17年中，对创造社的研究，除了当事人的一些回忆和相关史料有所发掘外，研究专著大概只有一本探讨创造社代表作家郭沫若的《论郭沫若的诗》(楼栖著)，其他几乎乏善可陈。直到改革开放以后，中国现代文学研究界才开始把创造社作为一个文学社团或文学流派加以认真研究，创造社研究才逐步走上正轨。

尤其是《创造社资料》(饶鸿竞、陈颂声等编)的问世,为创造社研究打下了较为扎实的基础。

之所以把创造社视作中国现代文学史上一个极为重要而又独特的新文学社团,原因当然是多方面的。它的成立就与众不同,它诞生在国外(日本),这在新文学社团中绝无仅有。它的大部分成员,尤其是第一代和后期成员,除了极个别的,都有留学日本的背景。它的运作也有点与众不同,早期有郭沫若、郁达夫、成仿吾等元老主持,中期有周全平、叶灵凤、严良才等被称为"小伙计"的年轻一代参与;后期则以冯乃超、李初梨、彭康等为代表。它从一开始就具有明确的社团意识,也即"同人"意识,强调"我国新文艺为一二偶像所垄断",因而"创造社同人奋然兴起打破社会因袭",而后期创造社在"革命文学"论争中的激进姿态,乃至把鲁迅判定为"二重性的反革命的人物",在整个新文学进程中颇为少见。与此同时,后期创造社与1930年代左翼文学运动的接轨又是最为紧密的。

更重要的是,创造社作家的创作令人刮目相看,他们创造了中国现代文学史上的许多第一或准第一,像郭沫若的《女神》、郁达夫的《沉沦》、张资平的《冲积期化石》等,创造社作家的创作又涵盖了新文学的几乎所有门类,包括小说、新诗、散文、剧本、评论和翻译,等等,创造社出版的刊物和丛书也是多种多样,创造社出版部更有发行股票的创举。而实际上创造社成员人数并不多,远不及比它成立更早的文学研究会。正因为影响广而深,编纂《中国新文学大系》时,小说共有三集,创造社作家一集(郑伯奇编),文学研究会作家一集(茅盾编),其他社团流派作家一集(鲁迅编),可见创造社与文学研究会平起平坐,其地位举足轻重了。

这些年来,对创造社的研究渐趋活跃。不仅各种形式的"创造社论"已出版了好几部,研究创造社的"青年文化",研究创造社的社团流派意识,研究创造社受日本文学的影响,研究创造社丰富多彩的诗歌创作,研究创造社与浪漫主义的关系,研究创造社与泰东图书局合作到自办出版部的出版策略,研究创造社的期刊、文学批评和文学翻译,等等,都不乏颇具启发的学术成果。对如何评估创造社小说,也提出了"抒情小说""身边小说"、后期"革命小说"等各种不同观点。但是,相比较而言,对最能体现创造社文学创作特色和倾向的小说创作的研究,还远不够充分和深入。这主要体现在,一、对公认的创造社代表作家如郁达夫的小说创作关注较多,而应作为一个完整的文学社团视之的创造社其他许多作家的小说创作被有意无意地忽视;二、对创造社前期的小说创作关注较多,而对其后期的小说创作缺乏应有的重视。

因此，朱宏伟《走向革命的浪漫主义——创造社小说研究》的出现，就令人欣喜了。宏伟这部著作选择郁达夫、郭沫若、张资平、叶灵凤、严良才、华汉、蒋光慈等七位创造社作家的小说创作进行考察，创造社前、中、后期的小说创作都不同程度地有所涉猎，尤其是他首次把华汉、蒋光慈两位作家的小说纳入研究视野，以往的文学史家一般都不会把他们视为创造社作家加以研究，而他们确实是加入了创造社的。更应指出的是，宏伟以1920年代初至1930年代初整个新文学进程为背景，围绕"浪漫"与"革命"这两个贯穿创造社历程的关键词展开论述，试图通过对创造社的"新人"小说、恋爱小说、性爱小说、婚姻小说、革命叙事中的女性和恋爱小说等的剖析，重新探讨创造社小说的成败得失。

在宏伟看来，创造社小说创作的基调是"走向革命的浪漫主义"，具体地说，性、婚姻、革命三者的纠缠，成就了创造社小说，而这种变化发展又呈现了多种样貌、多种变异和多种态势。郁达夫对同性恋题材的表现，张资平的"三角恋爱"模式与张竞生"新爱情观"的关联，叶灵凤从坚持恋爱立场走向现代都市文学和蒋光慈以"革命加恋爱"模式转入"革命文学"，宏伟都紧贴文本，作了较为细致的阐释，从而对1920年代至1930年代初中国新文学逐步走向革命的深层原因从创造社的角度给出了自己的解读。如果说,宏伟这部著作的论述有助于打开创造社研究的新空间,我以为这个评价是恰当的。

宏伟有学术自觉,所走的正是一条由点到面、由个别到整体,不断地生发学术增长点之路。这部《走向革命的浪漫主义——创造社小说研究》也正是在他的博士学位论文基础上修改充实而成。当然,创造社研究,创造社小说研究,都不可能到此为止,仍有待进一步拓展。就从创造社小说研究来说,不仅已经讨论过的郁达夫他们还可从新的角度切入,作出更为深入的释读,陶晶孙、倪贻德、周全平、叶鼎洛、龚冰庐等在小说创作上各有成就的作家,也都有重加梳理重新研究的必要。这样做了,对创造社小说创作的整体把握一定也会开辟新境,我期待宏伟在这些方面能够作出新的努力。

丙申二月廿四日于海上梅川书舍

本文原载《书城》2016 年 7 月号

香港文坛旧事的忠实记录者

陈子善

　　唐代诗人李商隐有"平生风谊兼师友"的名句,借用来形容方宽烈先生与我的文字因缘,真是再恰切不过。

　　结识宽烈先生已是几十年前的事了。由已故新加坡著名学者郑子瑜先生介绍,我在 20 世纪 80 年代初,与另一位已故的香港新文学收藏家、研究家陈无言先生通信,又承无言先生介绍,我与宽烈先生取得了联系。当时我和王自立先生合编的《郁达夫文集》正由香港三联书店陆续推出,1985 年 9 月,宽烈先生题赠《近三百年中国文学研究论集》(香港珠海书院中国文学历史研究所学会，1985 年 6 月印行），书中收录了现已编入《香港文坛往事》的宽烈先生的大作《从诗词分析郁达夫对爱情的观念》，这是我与宽烈先生订交之始。

从此，我与宽烈先生鱼雁频繁，交换书刊资料不断。宽烈先生交游广阔，我想请教的香港文坛前辈和中坚，他大多认识。1990 年 3 月，我首次访港，宽烈先生担心我人地生疏，又不懂粤语，于 3 月 20 日专程到深圳接我，陪我从罗湖过关，领我到香港大学柏立基学院入住。在港大参加中国当代文学研讨会后，宽烈先生热情引领我拜访马国亮先生，又在 3 月 24 日精心安排我与高贞白（高伯雨）、陈无言、卢玮銮（小思）、黄俊东、苏赓哲、杨玉峰等位先生欢聚，这是我与香港文坛的首次亲密接触，席上谈笑风生的情景至今历历在目。

高贞白先生年事已高，卢玮銮老师教务在身，黄俊东先生编《明报月刊》正忙，苏赓哲兄则在主持新亚书店，只有宽烈先生和已经退休的无言先生较为空闲。因此，我以后每次到港，都由他们两位分工带我逛旧书店，轩尼诗道的"三益"、中环的"神州"、弥敦道的"实用"……都曾留下了我们结伴访书的足迹。后来，无言先生腿疾不便，带我逛旧书店的"重任"就由宽烈先生一人承担。我养猫以后，宽烈先生又特地为我介绍港岛一家专门收养流浪猫的小旧书店，使我在觅得中意的旧书之余,还能和可爱的小猫咪玩耍。

　　宽烈先生自小就喜爱文史,虽然他的父亲从事染布生意颇成规模,他在岭南大学攻读的也是经济,但他对经商缺乏兴趣。他在回忆录中提到,抗战爆发后,他父亲主办《天演日报》,聘请"五四"新文学有名的戏剧家侯曜担任总编辑,他耳濡目染,迷上了新文学,后来他又有幸得到曹聚仁、彭成慧等新文学家的指点。对宽烈先生而言,经商只是他的谋生手段,文学才是他的精神寄托。难得的是,他对新旧文学一视同仁,正像他所敬佩的现代作家施蛰存所说的"新旧我无成见"。他认为旧体诗词仍有强大的生命力,潜心钻研多年。因此,他作诗是左右开弓,各擅胜场,既是港澳新诗人中的佼佼者,又写得一手漂亮的旧体诗词。我原以为他的新诗清新可诵,尤其是情诗写得缠绵悱恻,后来拜读他编的《澳门当代诗词纪事》和《香港诗词纪事》,又不禁为他搜集之完备和校订之精审所折服,及此读到他的《涟漪诗词》,那就更惊喜万分了。没想到他的旧体诗词更为精彩,"愁到工时诗已冷,情难遣处还啼""若教风流成绝响,词章纵美又如何"等句,情深意浓,妙句天成,确实是值得吟味再三的。

　　这部《香港文坛往事》展现了宽烈先生另一方面的才华和功力。他一直对文坛史料有着极为浓厚的兴趣,以搜集整理现代文学史料为己任,举凡单行本、杂志、剪报、手稿、书札、照片,乃至作家印存、出版社标记之类,都在他的珍藏之列。自50年代起,他与台港及远在美国的许多文坛前辈颇多交往;大陆改革开放之后,他又与京沪许多劫后幸存的文坛前辈建立了联系。在我记忆中,他与沪上施蛰存、赵清阁、柯灵、辛笛等位名家都通过信。他20世纪90年代中期来沪,我还陪同他专程拜访郑逸梅先生后人,拜访钱君匋先生(因他老人家去了浙江桐乡而未遇)。积数十年之功,宽烈先生已成为香港屈指可数的香港文学版本和作家书札收藏家。他一再向我表示,这项工作虽然琐碎,虽然麻烦,还往往吃力不讨好,但于文化积累功莫大焉,必须持之以恒地去做,绝不能听任有价值的文坛史料风流云散。

由于宽烈先生生于香港,长于香港,对香港有着特殊的感情,所以他对现代文学史料的搜集和研究又以香港文坛为重点,也就完全可以理解了。更何况在相当长的一段时间里,不少研究中国现代文学的,有意无意地贬低香港文学的成就,忽视香港文学的多样性和多元化,因此,宽烈先生这项工作拾遗补阙,为香港文学史正名的意义就更应该肯定了。记得他首次带我去实用书局时,就告诉我不要小看店主龙良臣先生,龙先生20世纪40年代末50年代初就在香港主持求实出版社,出版过聂绀弩、黄药眠、秦牧等左翼作家的作品，宽烈先生对香港文坛故实的熟稔实在令后生小子的我佩服不已。

在《香港文坛往事》中，宽烈先生写了吕碧城、曹聚仁、徐訏、李辉英、马国亮、易君左、陈蝶衣、卜少夫等大陆到港作家，写了高伯雨、舒巷城、吴其敏、高旅、谈锡永等文学生涯以香港为主的作家，或回忆与他们的交往，或追溯他们的文学活动，或分析他们的诗文创作，均能发人所未发，言人所未言。特别是《穷困落魄的诗人柳木下》一篇，记述诗人柳木下（他毕业于我现任职的华东师大的前身大夏大学）晚年在香港的穷困生活和其唯一的诗集《海天集》，史料之扎实，细节之生动，不能不令人动容。柳木下的诗别有风格，《在最前列》和《贫困》两首曾被闻一多选入《现代诗抄》，《贫困》云："像显赫的人佩着勋章／像选手把标识绣在襟上／在人众中／我带着我的贫困　我昂然举步／穿过市街／走向海滨／鸥鸟在海上飞鸣"——这不正是晚年柳木下的自我写照吗？可惜大陆研究新诗的似从未有人注意到柳木下，宽烈先生为之"树碑立传"，太有必要了。

也许是浪漫气质使然，宽烈先生一直对郁达夫、叶灵凤等创造社作家有所偏爱。在《香港文坛往事》中，单是写到叶灵凤其人其事其文的，就有《叶灵凤的双重性格》《叶灵凤是特

务》《叶灵凤戴望舒在香港开旧书店》和《沦陷时期一些留港文
人的作品》等篇,颇多新鲜史料,对叶灵凤在沦陷时期留下的
文字的发掘尤详。宽烈先生对叶灵凤的批评读者未必都会认
同,但他提出的沦陷时期文人复杂心态的问题却是文学史家
必须重视的。书中写郁达夫的篇章不亚于叶灵凤,特别值得
称道的是《郁达夫在澳门遗下一段情》,此文考证郁达夫小说
《过去》的本事,可谓探幽发微。《过去》是郁达夫中期小说的
代表作,初刊于 1927 年 2 月上海《创造月刊》第一卷第六期,
远在北京的周作人读到后给予高度评价,郁达夫同年 2 月 15
日日记云:"接到了周作人的来信,系赞我这一回的创作《过
去》的,他说我的作风变了,《过去》是可与 Dostoieffski(即陀
思妥耶夫斯基)、Garsin(即迦尔洵)相比的杰作,描写女性,很
有独到的地方。"(引自《穷冬日记》)宽烈先生此文在仔细分析
《过去》文本、相关的郁达夫日记以及澳门城市沿革史的基础
上,有力地论证郁达夫在写作《过去》之前到过澳门,《过去》主
人公在"M 港"(Macao,即澳门)的经历很可能是郁达夫本人
的亲历,从而对郁达夫这篇名作作了全新的解读,也填补了郁
达夫生平的一个空白。

　　与旧体诗词的绮丽沉郁不同,宽烈先生《香港文坛往事》
的文字是平实的,不加雕琢,不刻意渲染,他一定认为只有这

样才能尽可能地接近和再现历史的真实。宽烈先生的文学史观开放而又宽容，凡在香港文学史上留下痕迹的"过客"和"往事"，他都不忍心让其湮没，都要钩沉发掘，以补"香港文学史的漏洞"而为后来的治史者参考。他的这种可贵的努力体现了文学史家的良知，足以为我等后学的楷模。

作为"忘年交"，我四五年前就建议宽烈先生把他这些查考香港作家作品的引人入胜的文字结集出版，现在《香港文坛往事》终于编竣，我在付梓之前重读，仍大受教益，高兴之余，写下这些话以为贺！我衷心祝愿宽烈先生老当益壮，笔耕不辍，在不久的将来再为我们贡献《香港文坛往事》续集，因为香港文学史研究迫切需要宽烈先生这样的重要发现和精当考辨。

本文原载《书城》2010 年 1 月号

日本浮世绘文化的一个视角

姜建强

一

太宰治将自己的小说称为"私小说"。

荒木经惟将自己的写真称为"私写真"。

那么，我们的一个思虑是：既然有私小说，有私写真，那是否可有个叫作"私春画"的，在枕边慢磨撕糜？

这就想起葛饰北斋，这位日本浮世绘春画大师说过的一句话："裹挟着人之精魂，欢快地飞向夏天的原野。"

飞向原野的是人之精魂。这里的"人"，一般可理解为个己的或私人的。但问题在于，这里的"私"，又绝非是个己的，也绝非是私人的。

确实，浮世绘春画属于感官王国，它是体感的，因此也总是私人的。但正因为是感官王国里的体感，那么又必然是公共的。因为情欲永远是公共的一个沉迷而绝非是私人的一个沉迷。感官在时间的流动中体验肉欲的纯粹。这个纯粹，就带有公共性。就像在感官中才能体感自己还活着一样，这里的活着，就是诱人红唇的具象化，就是瞬间坚硬的具象化。这种具象化带来的一个观念之物——交合之美，则一定是公共性的产物而绝不是个己的产物。

川端康成的短篇《隅田川》中的对话：

"秋天来临，您都有些什么想法？"

"请您说一两句对季节的感受的话。"

"我想和年轻的姑娘一起情死。"

"情死？哦，这显然是秋日之寂了。"

这"秋日之寂"，也一定是公共性的。

这几句对话，如果还原成浮世绘春画的构图，就是红唇与坚硬的具象化。尽管艺术家们总是喜欢用极具私人化的视角去表现这个世界，但这个世界的逻辑往往又是非常简单的。

如,亮出一个前提,世界就会因之改变;如,给出一个支点,就能撬动整个地球。

二

我们总是说,被弄脏的东西就不干净了。那身体被表现感官的爱液弄脏了,这也是脏的定义?对此,日本的浮世绘春画亮出自己的话语权:我们要表述的一个淡白之理就是爱比死更冷。所以不是爱而是乐,所以不是性而是笑,才是男女交合的最高境界。所以浮世绘春画也叫"笑绘""笑本"。男女牵手看浮世绘春画展,也是一路乐笑。为什么是乐笑而不是惊讶呢?原来就是对一个观念的反动:妓女为什么就不能手拿康德的《纯粹理性批判》?

如何将世间万物的流转状态,成功地停住于瞬间的表象?或玲珑娇柔,或酒醉花迷,或浮华浓艳。与其漫无边际地追求看不到的永恒,还不如抓住瞬间的在身边的欢乐。而这瞬间欢乐的背后,却是无尽的令人忧伤的哀叹。用优美的形式包藏深切的悲苦,日本有二大庶民艺术堪称孪生姐妹——歌舞伎与浮世绘。前者述说男色才是天边的一轮月,后者述说女色才是胸前的一粒痣。天边的一轮月也好,胸前的一粒痣也好，都是将性爱与生殖分离的一个结果。最禁忌的东西，如果硬性地将之人为地分离，就如同说上帝不存在一样。而上帝不存在，则一切都好说。

　　浮世绘诞生于万物充满生机的江户时代。血与火的战国纷乱宣告终焉。德川家康以铁腕收拾残局，开启了两百六十年德川世家的太平盛世——江户时代。从"忧世"（中世）到"浮世"（近世），是日本人情绪世界的一大释怀。身配武士刀，趾高气扬的武士，渐渐淡出人们的视野，而血管里涌动着金钱欲望的商人，开始扮演起人间欢乐园的主人公。当时江户城的场景是有各种小贩，卖玩具的，卖枇杷叶肉汤的，卖冰水的，卖糖果的，卖寿司的，卖天妇罗的，卖油炸鳗鱼肝的，卖玩虫的，卖灯笼的，卖唱的，走街串巷的男按摩师，民谣歌手，算命者，说书者。醉鬼的，吵闹的，在整天的乱哄哄中，我们看到了江户人在享受生活。

　　那时的江户人，刚刚从战乱的死人堆里侥幸地爬出来，还来不及抖落一身的尘土，便一头扎进官能的欲海之中来放松自己。他们深感生命是一种寂灭，人生是一种无常，色欲是一种挣扎，春情是一种即逝。于是，他们整夜地沉湎于刹那的欢乐之中，一味地醉醺于游离的女色之中。他们想在感官王国中寻找属于自己的人生乐园。不可否认，这正是市井和欢场文化的基础,当然也是浮世绘的基础。在日本历史上,只有在江户时代生长发育起来的日本文化,才最具国粹性。它既不同于专门模仿中国文化的平安时代,也有别于大量吸收西洋文化的明治时代。因此,江户时代也是日本人最得意、最自豪的时代,其文化也是最灿烂、最辉煌的时代。因此它诞生了不同于精英文化和贵族文化的亚文化——鲜活的市井文化和尽兴的欢场文化。

三

浮世绘以尽兴作为对象,刹那的欢乐和男女私情也就成了画作的主题。因此江户时代,浮世绘也就是春画的代名词。画师们为了满足市场的需要,经常画些闺中秘戏。而恰恰是这些秘戏图,使得浮世绘裹上了一层厚厚的东方神秘主义的色彩。流畅圆润的曲线,纤弱优雅的身姿,慵懒妩媚的眼神,男人女人对香艳物语的疯狂迷乱——这一切都在重复着一个非常日本化的主题:好色与色恋。而又恰恰是这一非常日本化的主题,使得浮世绘中的春画,上升到了世界艺术的行列。

"谁家玉笛暗飞声,散入春风满洛城。"面对东洋春画,西方人也是一脸的亢奋和莫名的惆怅。2013 年 10 月,在英国大英博物馆举办了以"春画——日本美术的性和乐"为主题的"SHUNGA(春画)回故里巡回展"。四个月的展期招来了九万多名观众,百分之六十以上是女性。这是破天荒的。这是欧洲艺术的破天荒,更是西方人重新认识东洋文化的破天荒。

大英博物馆号称收藏件数超七百万,春画的收藏是在1865年开始的,这在日本还是江户的幕末时代。这表明春画作为社会学的研究对象,作为构图和色彩感觉的木版画技术,在当时就得到了承认。在展出的170幅画作中,被认为最具价值的是有"东西横纲"之称的喜多川歌麿的《歌枕》(1788)和鸟居清长的《袖卷》(1785)。前者估算有7 000万日元相当的价值,后者估算有4 000万日元相当的价值。

大英博物馆展会后的三年,是日本思想曲折暗斗的三年。是展还是不展?是在这里展还是在那里展?问题变得复杂。

想不到,情色文化高度发达的日本,连办个用线条构成的春画展都这么费劲,而且还是数百年前的古旧之物。日本人"建前"与"本音"的暧昧性可见一斑。虽然从明治以来,浮世绘春画就被视为日本文化的一个耻部。对这个耻部,不能窥视更不能公开。但问题是在1991年,日本情色史上最为震撼的一幕已经悄然开启。写真界大腕筱山纪信将镜头对准性感女演员樋口可南子的裸体,日本文化的耻部,早在那个时候就被撕裂开了一道口子。

　　尽管如此,在英国大获成功的春画展,在日本找寻场所都难上加难。春画展日本主办实行委员会的浅木正胜事后这样说,在东京所有的公立美术馆都试探过了。虽然都对学艺方面的志趣表赞同,但各馆的上层部都显得非常慎重。半年时间检讨的结果是有二十多家美术馆拒绝承办浮世绘春画展,理由都是冠冕堂皇的。在这样的情况下,开打风穴的是坐落在东京都文京区的永青文库。永青文库收藏着旧熊本藩主细川家传下的美术品、历史资料以及十六代当主细川让率的各类作品。现任理事长是十八代当主,日本前首相细川护熙。这位前首相对浮世绘春画倾注了热情。他说永青文库这个地方规模较小,设施也不很齐全,但是想彰显春画展在日本举办的意义和答谢大家的热情。就这样,日本战后首次浮世绘春画展,于 2015 年 9 月 19 日至 12 月 23 日在东京都文京区永青文库举办。公开展示了版画和肉笔画共约 130 件。有 21 万人前去观赏,女性多于男性,并规定 18 岁以下者禁止入场。细川护熙在接受《艺术新潮》的采访时说,这次浮世绘春画展是个起爆剂,期待能成为打开禁忌大门的一个机缘。一位退位的前首相为春画操心这件事本身,就是一幅非常有趣的春画。继东京展之后,2016 年 2 月在京都市左京区细见美术馆也举办了浮世绘春画展，其规模与构成与永青文库相同，被视为日本最古的春画《小柴草子》的复写本京都展也有展出。

四

菱川师宣，这位出生在房州（今千叶县）保田的不起眼的乡野小人物，首先被日本人记住了。记住他的理由是什么呢？

不是因为他天才地发明了木版画，而是因为在他的浮世绘春画中，首次出现了对不同体位的交合姿态的描绘。这对当时的日本人来说，不啻是一场震撼的闺房性文化革命。他因此也有了浮世绘春画"元祖"的称号。

在晚年寂寞的时光里，菱川师宣耗尽最后的心力，用他最擅长的肉笔画，勾画了一幅大师级的名作《回眸一瞥美人图》。这位美人为什么要回眸一瞥呢？她是不舍风月场的把酒言欢？她是回味刚才云雨翻腾的瞬间？她是最终告别这令人徒生悲哀的情色世界？但不管怎么说这幅画表现了日本人的色恋情绪，却是不争的事实。一生画了大量的全裸半裸春画的菱川师宣，这回让美女紧裹了色彩鲜艳的厚实的和服，连细嫩粉白的酥颈，都被遮挡得难泄春光。是肉体的欢愉终将稍纵即逝，浮华世界如水露的日本式无常在发酵？东京国立博物馆为此收藏了这幅浮世绘,却也表明其价值所在。这幅画上的美人,日本人又称之为"江户的维纳斯"。

为什么称之为"江户的维纳斯"呢?恐怕还是在于情色之所以让人兴奋,就在于给了上帝一个若明若暗的背影。上帝不明事由,想转身回眸一瞥。这一瞥,瞥出了湖边月色的冷与暖,瞥出了女色娇嗔的一嘟嘴。如果说安格尔的名画《泉》,画中女体像阳光照射过的云彩般轻柔光亮,那么菱川师宣的《回眸一瞥美人图》,画中女体像最嫩的青叶片传出的一声尖叫。

五

1770 年 6 月,46 岁的铃木春信死了。

一向嗜酒如命的他,是酗酒引发脑溢血,还是心肌梗死?各有说法。

他死后六个月,豪华精美的画集《绘本青楼美人合》问世。代表了当时青楼春画的最高水平。春信在画法上,喜欢运用纤细优美的线条和中间色,这是当时的画师们所无法企及的。他所描绘的人物,摒弃了栩栩如生的肉感,男女无差别地手脚都很纤细。这种看似缺乏现实感的人物,反而给人带来了梦幻般的美感。如他的名作《雪中相合伞》(现收藏于大英博物馆)和《夜梅》(现收藏于纽约的都市博物馆),就充满了浪漫、物哀、静谧的气氛,观后令人有一种本能的窒息。可以说在浮世绘的画师中,没有一人能够像铃木春信那样将恋情、亲情、乡情与四季交织在一起加以表现的。月色下的梅、樱、菊,积满残雪的柳、竹,小河边的长椅,吹起门帘的秋风。男女欢爱,就在童话般的情景中悄然进行。微风翻卷起和服下摆的艺女,沐浴中裸露欲求的春女,走动上下楼梯、侧眼斜视的舞女。这种无造作的人体美,就是铃木春信在1765年前后的审美。这是大雪飘落山林无声无息的审美;这是脱在一旁的和服,花式纹绣,丝毫不苟的审美。

铃木春信有一幅名画叫《折梅枝的少女》。画面中,墙壁朝着斜面的水平方向延伸,中间有两少女,其中一人站立在另一人的肩上,呈垂直的构图。少女的和服花纹是冬天的景色:飞雪润竹。这两少女为什么要齐心协力,在寒冬的屋外折梅呢?原来,少女正处在开花的思春期,她们折梅(象征男人),正是向男人们发出性已成熟的信号。这幅春画,强烈的性暗示在于:思春期的少女有时比人妻更胆大妄为。遗憾的是,好多浮世绘的研究者,都没有读出这幅画的象征意义,仅把它作为一般少女美人画来欣赏。

"轻唤自己的名字／泪水往下落／那十四岁的春天／还能

再回去?"这是明治时期大诗人石川啄木的诗歌。如果说啄木
还在那里忧伤地叹息"那十四岁的春天"的话,春信则早就将
江户时代的性情艳事,化作了自然的一部分。

六

"画狂老人"葛饰北斋用万物流转的思想,表现女性美的
流动感。刚刚洗过的长发,如波浪般地披散飘逸,合着美女迷
乱的神情,给人一种香艳感。这是他拿手的神来之笔。在名
作《浪千岛》的一个场面中,芳艳犹存的半老徐娘,熟练地和年
轻小伙在逗乐取欢。在《浪千岛》的另一个场面,丰腴富态的
年轻妈妈,双手托起白胖的婴儿,逗他取乐。然而在她的裙摆
下方却有意无意地走漏春光。妩媚的诱惑使女性本能,美得更
加可爱。北斋确实对女人倾注了自己的理解,并把这种理解化
解成自己的哲学观念,然后再用这个观念,关照天下所有的女
人:女人自己就是时钟,如生理的周期,如怀孕的周期,如哺乳
的周期等,所以女人永远在时间中,所以女人对名表兴趣不大。

与喜多川歌麿的女性器崇拜不同,北斋是男性器崇拜者。
在《雏形》《甲小松》和《偶定连夜好》等画集里,都有不同身份
的女人对男性器因雄壮而生羡慕,因神奇而想独占的描绘。

"男性器是全人格的肖像画。"西方精神分析学者曾如是说。看来北斋深得其中的精髓。

葛饰北斋一生搬过 93 次家。73 岁那年,他画了李白观赏庐山瀑布图。88 岁那年,他画了赤壁曹操图。在死前的几个月,他画了雪中虎图。最值得惊叹的是在 75 岁那年,这位画狂老人在《富岳百景》画集的跋文中,写下了这么一段文字:

七十岁之前的作品都不值得一提。

希望能在八十岁有点进步。

九十岁时能明了事物的奥秘。

一百岁时我的画作能进入神妙的境界。

一百一十岁时一点一笔一画都会充满精气。

读了这段文字,我们对葛饰北斋的心境、情感、意念,究竟能理解多少呢? 这位活到 90 岁高寿的大师,提出了这样一个设问: 是"齿白唇红"美,还是"齿黑唇红"美?

七

日本人有"好色余情"的概念。

　　创生者是江户时代的大学问家本居宣长。他在 1763 年的《排芦小船》里提出"好色余情"是文艺作品的真髓。什么叫"好色余情"？其实，浮世绘春画就是媚态与神威在"好色余情"中的视觉化。极度夸张内心的足够强大，极度张扬本能的不死，其结果浮世绘春画就像怀石料理。如果说怀石料理是吃的最高境界，那么浮世绘春画就是色的最高境界。喜多川歌麿春画中的"女上位"之美，19 世纪法国文豪爱德门·歌露在《青楼画家》书中这样评论说："在情事即将达到高潮的瞬间，上体位舞伎奏响了三弦琴。整个画面猥亵之意顿时全无，只留下艺术的审美。"不难想象，这是何等妖异的审美意象：在刹那的瞬间，神不乱，意不散，宛如女神般的玲珑灵动。和着凄美的三弦曲，和着情事的节奏，透着坐怀不乱的气韵。真是令人有所动。这样看来，虽然投胎于这个世界的每个个体都是偶然，但浮世绘春画将这个偶然，硬是用男女"青楼十二时"的那种必然，挖掘了一道人间陷阱，人们一旦跌落进去，必然成神成仙。

　　确实，性有时就是"即兴"，但这个"即兴"也是被必然性所容忍的一个偶然。"明天你还再来吗？""明天我们还能享受鱼水之欢吗？"生活中我们常这样设问。问题是如果设定明天你一定来，设定明天我们再来一场"盛宴"，那么，邂逅还有意思吗？浪漫还有诗味吗？知道明天是什么了，还能活到明天吗？就是因为不知道明天为何物、明天会发生什么，所以，人们期待着活过明天。浮世绘春画将这个理，还原成一种柔软性和蓬松性。虽然是夸大的了的男女性器，但是和服的柔软与蓬松，表达的是飘忽和轻盈的状态。而在这飘忽和轻盈的背后，则是令人忧伤的哀叹。这就触及了日本人精神底色——物哀。一切都是瞬间，一切都是易逝。无论是菱川师宣笔下的《回眸一瞥美人图》，还是铃木春信笔下的《折梅枝的少女》，感官的艳情不管如何泛滥、如何迷乱，其沉淀的精神底色还是使画质变得厚重。从表面看，日本人只是把"乐极生悲"颠覆成了"悲极生乐"。但这个"乐"是短暂的，易逝的，最终还是要走向"悲"的不归之路。这正如万叶和歌所言：与君相见情痴痴，别后朝夕心闲寂。

你看，就这么别后的朝夕之间，思念者就从"乐"转到了"悲"。这就是日本人特有的色恋情趣。这就是同样是春画，中国明清时期的春画，在给人笔法细密感觉的同时，也给人浅显、猥琐、小人气的色情感觉。这是何故？问题恐怕就在于中国春画的背后，缺乏忧伤与风雅的美学观照，缺乏诸如物哀与无常的精神底色。这正如日本学者上田敏所指出的那样：不是以一时散漫的兴趣掠过事物的表面，也不是指那种消闲时，

兴之所至地游戏于真与美之间的毫无诚意的虚伪风流。真正
的享乐者应该要有更深的用心。

<h1 style="text-align:center">八</h1>

"毫无诚意"与"更深的用心",看来这就是人的精神面的
问题了。

按照已经患上前列腺癌、右眼失明的荒木经惟的说法,如
果将春画分为猥亵或艺术的话,就不是春画了。言下之意,春
画必猥亵也必艺术。这就像夏,必定是生命力也必定是情
色力。

而就在去年,日本有关方面推出了作为人的教养一生都
能受用的九本书。除了冈仓天心、折口信夫、加藤周一等有名
学者的论著之外,还有一本就是日本浮世绘研究第一人白仓
敬彦的书。书名叫《春画娱乐的方法完全指南》(池田书店)。
曾经作为日本女人出嫁道具之一春画,如今用了来提升日本
人的教养。这就想起江户时期最具权威的儒学大师荻生徂徕
受人之邀为春画题歌,他挥笔写下《老子》卷首的名句:玄之
又玄,众妙之门。日本春画里面有老子哲学? 抑或,老子哲学
先验地隐含了春画的天机? 抑或,这是荻生徂徕观念中的老

子哲学？但不管怎么说，这可能是对日本春画最高奖赏的一句话了。

九

浮世绘春画初期全裸的交合图很多，但渐渐着衣交合开始增多。从明和到宽政（18世纪后半）年间是浮世绘全盛期，全裸交合图几乎没有。裸体着衣的娱乐，生出的是新的交流回路，这是除春画之外所没有的一个艺术特征。春画要表现的是没有性差的肉体，那就只能用衣装遮掩。你看喜多川歌麿的代表作《歌枕》系列，图案中的和服纹样与裸露的雪白肌肤，和服布料的折叠处内存了肉体的动感，呈现出两者相融的样态。从和服开口处外泄出的仅有的肉体细部，如脸面如四肢，也都映照了鲜艳的色彩。身上锦衣重重，发髻繁杂，长身玉立，端庄中自有邪狎，既表"形"又现"心"。穿衣与裸体的化学反应，穿衣是为了解带。这样看来，浮世绘春画就是人类艺术史上最早的时尚。都说羞耻心是人类穿衣的起源，其实诱惑才是穿衣的真正本源。用枝叶树条遮挡性器，就像三宅一生用褶皱面料，其用意是为了遮羞遮耻？法国哲学家福柯写《疯癫与文明》，表明的一个思虑是：将疯癫视为不正常，送进疯人院,其实是文明生病了。借这个思路,我们看到将裸体穿上衣,其实也是另一层面的疯癫,也是另一层面文明生病的表象。

这就像看春画也能在战争中取胜。这个思维,怎么想来都是怪异的。但在怪异的同时作深入思考,又发现这其实是从古代传来的咒物信仰的一种。出阵前的武士拿出春画看完后大笑,这一天的合战必定会胜。当时的武士最要看的是大坂画师月冈雪鼎的肉笔春画。这种风习一直延续到近代。明治时期战争之际,日本各地制作出了大量的春画,放入慰问袋送到前线。战争结束后,就开始收缴春画。从当时收缴的记录看也是很有趣的:

麻布警署　春画六万三千枚,版木三千枚

牛込警署　春画五万枚,版木六百八十枚

日本桥警署　春画三万枚,版木两千枚

其他地方合起来共有数十万枚

所以,日本人又将春画叫作"胜绘",将春画存放在日用器具柜里,防火防虫。

可能也正是沿着这条思路,去年东京有一名 42 岁的女性艺术家五十岚惠遭到逮捕。逮捕的原因是她用三维扫描仪拍摄自己的性器提供给他人。之后以"猥亵电磁记录颁布罪"被起诉。但这位艺术家被告强气地说，自己的性器自己作主，何来猥亵之说？这真可谓草莓被揉烂，红里透出白。

为此，我们看到了一种纯粹，一种时间的流动与色彩的纯粹。

本文载

本文原载《书城》2017 年 11 月号

在咖啡之神与咖啡之鬼之间

——日本咖啡文化的一个视角

姜建强

一

当有一天,你想起一个人,再想起你与这个人在雨夜一起喝过咖啡。那你就知道,孤独是什么味道。

亮光从窗口射进。照射到的壁墙,用褐色涂上,显得黑;照射不到的壁墙,显得暗。黑与暗的交错,酝酿出幽玄的氛围。而将幽玄这个色彩理论运用得极限化,莫过于日本的咖啡店了。如同西红柿是雨夜中唯一的红一点,日本女人涂上的红唇，与杯缘收薄的亮白瓷器咖啡杯相触碰，而穿过红唇的黑咖啡，则把这个红给颠覆了。

对了。这就如同西洋画很少画出浴后的女子，而日本画则倾心出浴女子的"清爽媚态"。出浴后的女子总能让人联想起不久之前的裸体。而亮白的瓷器咖啡杯上的红唇印，也总让人联想起刚完不久的情事。这里"清爽媚态"给与的是一个黯然和乖僻。

你看，日本的咖啡文化，从一开始就亮出自己的独特思路：这个世界最为沉静的时间，是在黎明破晓前的一瞬。就像喝了一杯手冲咖啡，眼睛更加清亮。然而周遭并没有可视之物，只能望着杯底残留着的半圆形的咖啡渣。

这如同日本诗人北原白秋（1885—1942）在《苦涩的咖啡》一诗中所歌：六月斜阳高照的咖啡屋／流淌着苦涩的咖啡／寂寞的心灵在哭泣。

心灵何以是哭泣的？原来，日本人发现咖啡与时光是咖啡得以成为文化的关键要素。没有无时光的咖啡，也没有无咖啡的时光。所以，日本有《咖啡时光》这部电影。当然是因为纪念小津安二郎的百年诞辰，但叙说的却是"下午茶"的普遍主义哲学。而普遍性的存在必然会触及生命的本质。因为在咖啡店里总有咖啡杯令人眷恋的温煦，总有少女们撩人情思的芳香。

二

一粒小小的咖啡豆,竟然改变了世界。

磨豆机,手冲壶,滤杯纸,令人生奇的咖啡工具主义,竟然能调教出令人生畏的精神主义。

据日本人的研究,咖啡可能是这个世界上被使用得最为广泛的精神活性物质。咖啡的芳香物质多达九百多种,是葡萄酒的五倍。这九百多种的芳香物质,又是如何转换成人的精神活性物质的,或许永远是个无解之谜,但没有将咖啡视为违禁药物,则是人类的万幸。

因为是最广泛的精神活性物质,所以当我们喝着咖啡达人烘焙出的不同味觉的咖啡时,女人可能在复活被一个个男人彻底爱过的记忆,男人可能在想象被一个个女人妖魔化的记忆。这时,咖啡店就变得像爵士音乐,像午后阳光,像夜空星辰,处在一种感性直觉的流动之中。小说家渡边淳一说过,只要女人一进咖啡店,男人就会感到那阵飘飘然的慵懒香味。而身为小说家的村上春树,则从咖啡领悟人生。他说所谓的人生,不过就是一杯咖啡所萦绕的温暖。当然,小说家冈崎琢磨在《咖啡店推理事件簿》系列小说中的开篇,干脆引用了法国人佩里戈尔的一句话：所谓的好咖啡，即是如恶魔般漆黑，如地狱般滚烫，如天使般纯粹，同时如恋爱般甘甜。

原来，人活着，需要被路径里诞生的各种物语支撑。所以，从这个思路出发，日本人又生出这么一个问题：在夕阳西下的暮色时分，或是在明月清风的深秋之夜，是喝茶好，还是喝咖啡好？转换这个设问，就如同去京都，是喝福寿园的伊右卫门茶好，还是喝大象工场的咖啡好？

原来，美，一直在旁静观着我们。也就是说，当我们把语言的烟头一下子丢进烟灰缸的同时，咖啡的黑色液体也就如同夕阳一般壮美。

三

一千多年前，日本天台宗开山大师最澄和尚从中国带回茶籽，栽于近江（今日本滋贺县境内）的台麓山地区。最澄成了日本植茶技术的第一人。日本人喝着清香的中国茶，心里想着如何进行精美的包装。终于有一位聪明的千利休大师，把喝茶提升为一种至高无上的文化精品——茶道。他用禅学的东方式思维，抽取出日本式茶道的精髓：和敬清寂。而在五百多年前，日本人又从西方人那里"拿来"了属于西方世界的咖啡。喝着苦涩的西方咖啡,日本人这次却没有把它修炼为咖啡道。这是为什么?

原来,同样是拿来主义,日本采取了两种截然不同的做法:对中国的茶,把它提升为一门审美艺术,这充分体现了日本人对美的纤细的感受;对西方的咖啡,则把它改造成简约实用的饮料,这又充分体现了日本人对现代商务精神的理解。1906 年,日本就开始贩卖即溶咖啡。1969 年,UCC 上岛咖啡开发出世界上第一罐灌装咖啡,它的巨大意义就在于咖啡成了能在任何地方、任何时候都能饮用的饮料。在自动贩卖机里,日本人把灌装咖啡堂堂地和可口可乐、矿泉水、各类果汁饮料等排列在一起,宣告了商业社会的到来,更是宣告了大众消费时代的到来,真是“春江水暖鸭先知”。

一个是对生命意义的领悟而对远古时代怀有永远年轻的崇高幻想,日本人一下变得书生气十足;一个是对现代文明的敏感而对实用理性精神怀有莫名冲动,日本人一下变得老成而又清醒。这是相当有趣的文化论课题。

四

据日本剧作家梅田晴夫在《咖啡》一文中的考定,作为舶来品,日本人最初知道咖啡为何物的时间是在 1689 年。这一年,在法国巴黎开张了"普罗可布"咖啡店,从此开启了巴黎沙龙文化的新纪元。而咖啡给日本人留下印象则是在 1789 年。因为在这一年,日本开始在小笠原诸岛试种咖啡豆。1804年,一位叫太田南亩的日本人,在一本名为《琼浦又缀》的书中这样描述咖啡:"喝了由红毛船运来的叫作咖啡的东西。它是一种烘焙出来的黑豆,很苦涩,必须加糖。但总有一股焦煳味,较难忍受。"

这是两百多年前日本人对咖啡的最初认识,当然是感性的,浅显的。看来幕府的锁国之策不仅锁住了日本人的视野,也锁住了日本人咀嚼新物的口味。和欧美人相比,日本人接受咖啡晚了至少 250 年(欧洲第一家咖啡店在 1554 年诞生,店名为"咖莱丝")。因为就在日本人还把咖啡视为有焦煳味的"黑豆"的时候,德国大哲学家康德已经在哥尼斯堡乡村一家小小的咖啡屋里,完成了不朽名著《纯粹理性批判》的宏大构想。

有意味的是,咖啡在日本渐次流行、被日本人接受的第一推手竟是一位中国人。1888 年 4 月 13 日,一位出生在长崎的中国人郑永庆,在东京下谷区上野黑门町二番地开了一家"可否茶馆"。这是一幢二层楼的洋馆,加上庭院共有六百多平方米。二楼雅座，一杯咖啡是一钱五厘，加牛奶是二钱一杯，如再配糕点则是三钱一杯。楼下喝咖啡则是免费的。应该说，郑氏的"可否茶馆"初具了近代欧式咖啡屋的雏形，并迎合了日本文明开化思潮，成了日本史上第一家咖啡屋，其本人也成了日本咖啡店的先驱者。

随着明治维新的开启和西风渐进，日本迎来了开设咖啡屋的全盛期。一位首批移民巴西的日本人叫水野龙，他从巴西引进咖啡豆，于1911年12月12日，在现在的银座八丁目二楼的洋馆开设カフェーパウリスタ（café-Paulista）。Paulista为巴西"圣保罗之子"之意。当时雷人的广告用语是"黑如鬼，甜如恋，热如地狱的烫咖啡"。水野本着不为营利只为宣传的经营宗旨，在随后的几年里陆续在大阪、名古屋、仙台等地开设了十九家咖啡店，其中还有一家开设在当时上海的南京路。为表彰水野推广巴西咖啡有功，巴西政府每年无偿提供他9 000公斤的咖啡豆。由于原料有保证，圣保罗咖啡店的价格并不高，是当时一般日本人都接受得起的。也因此咖啡店逐渐成了当时文青们的聚会场所，如吉井勇、芥川龙之介、菊池宽、德田秋声、佐藤春夫、狮子文六等都是这家咖啡店的常客，并由此创生出"银ブラ"（Paulista的简称）的用语。就这样，水野龙在日本咖啡史上也留下辉煌。他为大众咖啡文化(全球首家连锁店的创生)的普及作出了贡献。从这一意义上说,谈论日本的咖啡文化,不能不提郑永庆和水野龙。

五.

コーヒー与珈琲,哪个更有情调?

这是一个日本式的问题。

在雨夜绵绵的南青山,在夕阳西下的有乐町,你是要坐在用片假名书写的コーヒー店,还是要坐在用汉字书写的珈琲店?换句话说,你是要坐在星巴克コーヒー店或ドトール(Doutor)コーヒー店要一杯咖啡,还是要坐在椿屋珈琲店或堀口珈琲店里点一杯咖啡? 心绪会不一样的,思考也是有异的。片假名给人时尚的感觉,汉字给人时光的感觉。

如上所说,日本第一家咖啡店的店名叫"可否茶馆"。这个"可否"的发音就是"かひ"。当时咖啡的发音是"カヒー/kahii",所以表示为"可否"。江户时代的文献里除了用"コオヒ/かうひい/カウヒイ"等假名表示之外,还用"可非/加非/骨喜/骨川/古闘比伊"等汉字表示。现在使用的汉字"珈琲"二字,造语者是江户时代的兰学者(洋学者)宇田川榕庵(1798—1846)。他在著作《博物语韵》中,将咖啡豆和树枝的

形状想象为当时女性流行的发髻。珈是发髻上的花,琲是扎结发髻之绳。用女性发髻的美来表现咖啡,可见咖啡在当时日本人心中的情感。现在宇田川榕庵的出生地冈山县(当时为津山藩),开有"榕庵珈琲"店。广告用语也同样雷人:"来一杯铭刻两百年历史的至极咖啡吧。"

将"coffee"转换成汉字"咖啡",有一种怀旧、沉淀、优雅的感觉,比英语"coffee"用语更显品位。日本诗人木下杢太朗(1885—1945)在 1910 年写有一首题为《饭后之歌》的咖啡诗。其中写道:"白净的餐桌上/端放着一盏瓷器花瓶/插着一束薄红的牡丹花/咖啡、咖啡、苦涩的咖啡。"这首诗里"咖啡"两个汉字就写成"珈琲",并标注"かふえ/kafue"发音。这表明当时"珈琲"二字虽有所统一,但读音还较杂乱繁多。

如今的日本,对咖啡的表示至少有如下五种:カフエ/コーヒー/coffee/Cafe/珈琲。在中国是"咖啡",在日本是"珈琲"。口字旁当然有其合理性,但日本人以咖啡豆的形状为意象,将口字偏旁变成了斜玉旁,倒也生趣。但生趣也是要花钱买的。在东京,一些带有"珈琲"二字的店,一般都要 900 到 1 000 日元(约 54 元到 60 元人民币)一杯。而用片假名表示的"コーヒー"店,一般只有两百到四百日元(约 14 元到 24 元人民币)一杯。

日本人说这是汉字的情感学。因为是情感学，所以你要多花钱。

六

1980年4月1日，日本咖啡文化史上重要的一天。

这一天，在东京的原宿，开张了一家咖啡店。

在每天都有开店闭店的20世纪80年代的东京，谁也没有把这区区27平方米的咖啡店放在眼里。但谁也没有想到这一小小的店铺会引发两场革命：一场是经营方式的革命——一律采用自助式服务；一场是价格的革命——将当时500日元一杯的咖啡价格降至180日元。就是这两场革命，使这家咖啡店沾上了日本咖啡史上的两个第一：第一家自助式咖啡店；第一家便宜的咖啡连锁店。

Doutor(ドトール)，原为葡萄牙文的"博士"之意，公司社长鸟羽博道用它来命名咖啡店。Doutor从此深入人心，鸟羽社长便也一夜成名。这位在1959年就去巴西实地考察了四年的社长，十几年后才开第一家店，足见他是对现代咖啡精神心领神会之后才动手的。Doutor咖啡选用巴西、哥伦比亚优质咖啡豆，使用世界上最先进的热风烘焙技术，确保每一杯咖啡香醇浓郁。出远门的日本人,只要下了车出了站,就能看到 Doutor 咖啡黑黄相间的熟悉标记,就能闻到咖啡店飘出的香味,心里就有了一种安稳感。

一样的咖啡杯,一样的咖啡味,一样的装潢设计,一样的品牌标记,一样的价格,一样的音乐。这种被日本人称为"均质化"的咖啡文化,带来了两个结果。一个是咖啡从商务走向了休闲,日本人开始用舌尖触感咖啡之味。这种触感与心相连,是一种难以言喻的东西。一个是均质化的缘故,咖啡的个性也因此被扼杀。Doutor 咖啡在把奢侈品变为消费品的同时,咖啡原本的人文精神也就死了。这就如同春天虽然值得赞美,其实早已芳香殆尽。

七

正当 Doutor 想坐稳日本咖啡界老大的位子时,美国人"杀"了进来。当 1996 年第一家星巴克咖啡店在东京最繁华的银座落户时,日本的年轻女性看起来并不想把她们手中的茶杯换成时尚的马克杯。但星巴克之父霍华·舒尔茨在为这日本第一家店剪彩时却大胆预言——星巴克将席卷日本。他的话迅速得到了验证。在东京都中心区域的新宿、六本木等几家最早的星巴克连锁店门前，无论什么时候都能看到长长的队伍。对外来文化吸收极为敏感的日本人，很快就对星巴克的菜单倒背如流。每当有新饮品上市，日本女孩总是争先恐后地尝试，生怕自己跟不上时尚。现在无论在日本的哪座城市，只要是在最摩登的街角、大商场的中央，或者车站的检票口对面，都很容易找到那个绿色风火轮套一张毕加索式面孔的标志。

和袖珍的 Doutor 咖啡相比，星巴克的特点是大。大的空间，大的杯子，大的座椅，甚至连音响都是大的。美国佬把他们的大胃口带到了日本，他们想撑开日本人只吃几块生鱼片的小胃，好大口大口喝他们的咖啡。一开始这一招还真灵，不到三年，日本已有 467 家星巴克分店。

喝着星巴克咖啡，悠闲地度过下午时光的同时，配着甜点，一边追怀夏季炽烈的阳光，一边体味柔美秋色的同时，日本人终于发现，作为连锁店，星巴克在本质上和 Doutor 咖啡犯有同样的错误：均质化。它有历史，但缺乏个性；它有实力，但少有底蕴。日本人终于明白，在这种均质化的空间里，很难构筑自己私生活的一部分。果然，如今到星巴克喝咖啡在日本已经降格到在麦当劳点咖啡的档次。看来想致力于为人们创造一个有别于家庭、职场的第三种"精神绿洲"的星巴克,在日本遭遇了个性的抵抗,遭遇了多元的回击。

聪明的美国人眼见此景,便也无心恋战,因为他们又发现了一个更大更容易扩张的市场——中国市场。还是同样的色调,同样的味道,同样的灯光,同样的座席,同样的音响。对刚刚接受咖啡文化的中国人来说,还没来得及仔细品尝咖啡的千差万别,就被星巴克强行封住了口味,糊里糊涂地做了均质化的俘虏。

听到落叶被踩碎的声音了吗?

八

一杯咖啡,如何从中读出文学作品的气息？或者,文学作品中蕴含的气韵,能用不同的咖啡味来表现吗？具体地说,当我们在读夏目漱石《我是猫》这部小说的时候,端上来的咖啡,是否也能搭配《我是猫》的气息？或变身成猫咪,窥视着主人苦沙弥和世间的一切？可以想见,一般人是不会这样思考也不会尝试去做这件事的。但日本人这样做了。

去年,日本NEC与咖啡豆专门店Yanaka合作,推出"可以喝的文库本"咖啡系列。这一系列包括岛崎藤村的《若菜集》、太宰治的《人间失格》、夏目漱石的《三四郎》《心》《我是猫》、森鸥外的《舞姬》六款咖啡。简言之，就是大数据地分析读者阅读文学作品后的感受，再用咖啡的口味体现这种感受。

这里，NEC用人工智能（AI）作帮手。首先是数据手们收集上万条相关文学作品的评论，编制一个叫作"NEC Advanced Analytics-RAPID"的学习软件，搭建分析模型。最后，上万条评论内化为"口味指标雷达图"，再由 Yanaka 依据咖啡口味数据，承担咖啡豆味觉的调制。实际上，NEC 是用古老的话题做出新鲜的事情。因为味蕾与心绪的关系，早已被心理学家和哲学家揭破。味觉的酸甜苦辣与人生的酸甜苦辣，在观念上当然是重叠的。因此，当《三四郎》里的主人公有青春恋爱的心路历程，相对应咖啡的味觉也就偏甜。

当然，日本人的这一微观创意，还是具有相当意义的。物语与 AI 碰撞，然后用味蕾再现物语的故事性，人的体验就进入了一个新的层面。看似穿透了一切浮于表面的现象，深入到了本质，但这恰恰是文学所呈现出的假面。现在这个假面可以用咖啡来测试，倒是开了世界尽头与冷酷仙境的先河。如《舞姬》的咖啡，苦味和甜味都适中；《若菜集》这部诗歌集的咖啡，苦味较淡，口感柔和；《三四郎》的咖啡，甜味明显，口感顺滑；《我是猫》的咖啡，苦味最重，口感也最重；《心》的咖啡，回味无穷，口味几近峰值；《人间失格》的咖啡，回味和苦味也都接近峰值,口感醇厚。

嗅到玫瑰香味而回想过去的时候,并不是说玫瑰的香味让人回想过去,而是在玫瑰的香味里面,嗅出了从前的回忆——哲学家们曾如是说。这样来看,日本人确实是玩弄咖啡文化的高手。这就令人想起日本人泡完温泉,擦干身体,要做的第一件事就是在自动贩卖机买一瓶冰咖啡牛奶。于是,我们的脑海里总浮现出这么一个身姿图:日本人单手叉腰,仰头而饮。为什么要叉腰?原来是受限于瓶口的形状,必须仰头才能喝到咖啡牛奶。而为了保持身体平衡,就必须单手叉腰。冰咖啡牛奶能让泡热的身体快速凉爽下来。这里,咖啡以一种最沉默的温柔,记录着普通人的生活与情感。

九

当然,若要描画日本咖啡文化最为浓重的一笔,就不能不提及这家咖啡店。

在东京都世田谷区代田一丁目的街面上,有一家叫作"邪宗门"的咖啡店。店面不大,看上去甚至有些破旧,但这并不影响它散发出旧式文青气息。黑糖牛奶咖啡是这家咖啡店的一绝。口感香滑柔软,一点也不单调。咖啡里的黑糖恰到好处,绝不喧宾夺主。不过,这家"邪宗门"最大的看点则与明治作家森鸥外的长女森茉莉有关。

女作家森茉莉在 1975 年发表长篇小说《甜蜜的房间》。这部用十年时间写就的小说,是当时 72 岁的森茉莉,故意要用放慢的节奏,故意要用边喝咖啡边吃三明治的漫不经心,写下的人的精神史,实际上就是魔性史,就是癫痫史。

森茉莉确实了不得。她在 70 岁后,置生理上的老朽而不顾,在精神上暗恋着一位男子。她每天去"邪宗门"咖啡店,每天占据同样的靠窗座位,每天等候心中要来的一位中年男子,竟然风雨无阻,一等一盼就是 13 年(她 84 岁去世)。但这位男子毫无察觉,她也不捅破这一心中的秘密。在她死后的1987 年,人们在整理遗物时,发现了她用法文写的日记:"没有来","来了","今天又没有来","来啦"。据当时的店主作道明说,遭遇森茉莉暗恋的那位中年男子,是一位作家。森茉莉都七十多岁了,尤其还是一个女人,照世俗的说法,这样的年岁,一切的爱慕,一切的思恋,一切的色欲,都不应再让其复苏才是。但森茉莉相信色欲与年龄无关,更与老朽无关,而与美有关。因为美不像思想那样肤浅。用文字重现色欲对思想的占有,自己就必须身体力行。她演绎着共同幻想论的男女之情,这让人想起九鬼周造的一个说法,只要男女之间总是保持二元的紧张关系,媚态就永远存在。而媚态的存续,就是"永恒的女性"这个浪漫故事的由来。

当初谁也没有察觉到,天天开门营业的"邪宗门"咖啡店,正在悄悄上演精神的东西要在时间中朝圣的精神恋剧。今天来看"邪宗门",毫无疑问,它为日本咖啡文化赢得了白昼之光岂知夜色之深的高分。

十

把开水注入滤纸杯中,刚研磨的咖啡粉像布朗尼蛋糕一般松软鼓起。在等待液体滴落壶中的时间里,阳光从小窗户里洒入。

在日本有很多咖啡达人。这些咖啡达人所追求的咖啡个性,其实也是日本咖啡文化所具有的魅力所在。比如:堀口咖啡店(东京都世田谷区)的伊藤亮太店长,他的咖啡个性是"追求高品质的咖啡豆";关町咖啡店(东京都练马区)的毛利善伸店长,他的咖啡个性是"所有的一切,都是为了最好喝的一杯咖啡";麻布咖房(东京都港区)的田中达郎店长,他的咖啡个性是"咖啡的新鲜度是咖啡的生命";咖啡舍藏(东京都千代田区)的铃木裕之店长,他的咖啡个性是"喝完再想续杯才是咖啡的最高"；咖啡之树（东京都葛饰区）的杉山黎店长，他的咖啡个性是"最艰难的挑战就是烘焙新咖啡豆"；MOKAJAVA咖啡店（东京都多摩市）的近石勇人店长，他的咖啡个性是"高品质的咖啡是开店的唯一追求"。

当然，谈论日本的咖啡文化，日本咖啡界的"御三家"，是绕不过去的。

"御三家"的首位就是在2018年3月因衰老而逝世的世界咖啡名人关口一郎。这位享年103岁的咖啡之神，在战后第三年，即1948年，在当时的西银座（20世纪70年代移至现在的银座八丁目）开设了"カフェ・ド・ランブル"（琥珀咖啡店）。关口一郎从14岁开始，每天重复做的一件事，就是手冲一杯让客人满意的咖啡。同样，他每天也只关注一个问题：咖啡豆的品质，以及研磨时的粗细与湿度、冲煮时的水温、手冲时的水流粗细及注入角度。这家60年的老店，坚持只提供30多种咖啡而无其他饮料，从而赢得了日本咖啡界"唯一"的声誉。这位咖啡之神的咖啡理论是：陈年咖啡豆的香味，是咖啡美学的最高境界。因此他与所有的咖啡大师唱反调：只有经过岁月沉淀的咖啡豆，才是咖啡之极。

"御三家"的第二位是现任日本咖啡文化学会烘焙萃取委员长的田口护。他是南千住巴赫咖啡店的店主，是一位1938

年出生于北海道札幌市的咖啡达人。1938年的札幌,是怎样的呢? 恐怕除了风雪还是风雪吧,或许故乡和风土的记忆是如此刻骨铭心,所以田口护总是喜欢听咖啡烘焙后的第一次爆裂声和第二次爆裂声。就是在爆裂声中,他感觉出咖啡的好喝不好喝。这虽属个人的领悟力,但正确不正确只有一个标准,这个标准就是咖啡的美味在于烘焙,冲煮手法只不过是隐恶扬善而已。他的咖啡理论是,精品咖啡就像是血统良好但难以伺候的纯种赛马。2003年,这位咖啡达人出版了《田口护的咖啡大全》一书。在书中他大谈咖啡的生意经:虽然一杯咖啡只要500日元,但客人喜欢了,一个月会来好几次。假设客人每两天来一次,500日元×15天=7 500日元。两个月是15 000日元,三个月就是22 500日元,这与去高级餐厅消费差不多。现在田口咖啡在日本有100家分店。

"御三家"的第三位是有"咖啡之鬼"之称的标交纪。这位1940年东京出生,2007年12月离世的咖啡达人,他的咖啡理论是,美味的咖啡需要精美的器皿。一款安静净白细致剔亮的咖啡杯,大小适中的开口,雍容如半开花苞的杯身,最适合满上一杯好咖啡。由此,1962年他在吉祥寺开设モカ/摩卡咖啡店,所用的咖啡杯都是杯身够厚,杯缘收薄的上品之物。标交纪说,唯有如此,才能用岁月一点一点摩挲出悠长绵远的情味。为此他著有咖啡随笔集《苦味礼赞》，大谈日本有田烧的咖啡杯，厚实质感，能保持咖啡的温度在温暖而不烫人的最佳状态，让每一滴咖啡的香浓都得到更馥郁的呈现。此外，这位咖啡达人还是"1 s/1℃/1 g"的彻底追求者。为此，日本咖啡评论家嶋中劳在《被咖啡吸引的男人们》一书中评论道：大师之中的狂者，标交纪无人可及。他的咖啡已经无法用好喝不好喝来描述了，而是达到了一种"令人感动的高深境界"。

<h2 style="text-align:center">十一</h2>

日本有很多深入到山峦脚下、绿林深处的独立咖啡小店。这些咖啡小店，远离了商业烟火气息，历经时光与灵气的打磨，散发出深沉而温暖之光，宛若茂林丛中的一棵草，又似山峦脚下的一块石，低调且无声。客人都是游客，那倒是真正意义上的一期一会。一杯接一杯的现磨与手冲，日复一日，接续着最平凡的日常，但给客人留下独特而鲜明的记忆。

店内各种绿植、木纹、干燥花，不经意地点缀着各个角落，暖黄色的灯光，氤氲而不明亮。聚合离散，短暂而形形色色，但都有一个属于自己的故事。吞下一杯略带苦涩的咖啡，或许就是一个惊天动地，或许就是一个无声无息。村上春树在

《寻羊冒险记》里,写一位和谁都上床的女孩。这个女孩,一整天都坐在咖啡店的椅子上,一杯接一杯的咖啡,一支接一支的香烟,边翻书边等待着有人来付咖啡和香烟钱,之后同对方上床。然后,她死了。她想活到25岁然后死掉的,但人算不如天算,在1978年7月,她死了。26岁,比心里想的多活了一年。对这位女孩来说,一杯咖啡,就是一个无声无息。

日本经济记者高井尚之在2014年出版了《咖啡与日本人》一书。他在书中谈到,日本地方城市里的咖啡店,为现代日本的咖啡文化增添色彩。这里,有个话题是:日本47个都道府县魅力度排名连续五年最下位的茨城县,意外地在咖啡业界非常亮眼。如茨城县常陆那珂市,是一个只有15万人口的超小城市,但却有着一家全国有名的"Saza Coffee"。这家咖啡店的菜单上足足有20多种咖啡,比如"Saza glorious"(哥伦比亚)、"瑰夏natural97"(巴拿马)、"Gorda Los Pirineos农场"(萨尔瓦多)、"肯尼亚""曼特宁"(印度尼西亚)等。创业者铃木誉男不仅多次飞往世界各国的咖啡产地,甚至还在南美的哥伦比亚开设公司直营农场。2017年9月举行的咖啡职人技术竞赛上,进入决赛的六人中,有三人是"Saza Coffee"的店员。这家1942年创业的咖啡店,在茨城县内有九家,东京都内有两家,埼玉县有一家。在JR水户站与星巴克对决,

Saza 在营业额上取胜，足见其人气度。Saza 咖啡的口号是"爱茨城"。店堂里贩卖的咖啡豆以"德川将军咖啡"冠名，这是专为水户德川藩主德川齐昭的第七个儿子——江户幕府最后的将军德川庆喜而开发的，担当烘焙的是德川庆喜的曾孙德川庆朝。

而广岛县广岛市的"Ruhe Brazil café"咖啡店，是日本推广"特价早餐"最早的一家。早在 1956 年，就以 60 日元的价格，提供咖啡＋吐司＋荷包蛋的早餐服务模式。这个价格，比当时一杯咖啡 50 日元仅高出 10 日元。这种做法经报刊介绍，在全国得到推广，从而定格了日本咖啡店早餐服务的模式。此外，北海道的"宫越屋咖啡"（札幌市）、秋田县的"Nakahama/ナガハマ咖啡"（大仙市）、京都府的"Inoda/イノダ咖啡"（京都市），也都是很有名的地方咖啡店。从这一意义上说，日本地方咖啡店之所以有它独特的吸引人之处，就是因为它贩卖的不仅仅是一杯咖啡，更是一种品质，一种文化和一种思想。

十二

当然，我们都有雨夜难归的时候。

这时,若独坐咖啡屋,望着窗外如注的雨帘,独享那么一种宁静与柔情,倒也感到这时的思维是最富激情与超然的。提起咖啡杯轻轻摇晃,一条乳白小河就这么温柔地流泻在杯底。咖啡如黑夜一般黑,如爵士乐旋律一般温暖。但这绝不是谷崎润一郎的阴翳论,也不是千利休的蹦口论,而更接近村上春树的喜悦论。因为他曾经说过:"每当我将这小小的世界喝干时,背景便为我祝福。"咖啡杯与桌面接触的瞬间,发出"咔嗒"一声惬意的声响。就是这不经意间的一声响,使我们乐享其成一件事:相逢的人必会再相逢。

咖啡屋的文化密码,或许就隐藏在这"咔嗒"一声中。

本文原载《书城》2018 年 6 月号

牛顿的苦恼：声与光的故事

马慧元

一

　　牛顿一定不是个文艺青年，他说过诗歌是"狡黠的废话"（ingenious nonsense）。但他毕竟在教授拉丁语的国王学校里学过"四艺"（Quadrivium），对音乐还颇有分析的兴趣。对各种自然现象都不放过，创立了许多分支的牛顿，怎么会忽视声音的秘密呢？从毕达哥拉斯的时代起，音乐就是数学的一个分支，那时人们已经知晓音高和弦长的关系。牛顿在二十出头的时候，写过一些关于音乐的笔记，他最感兴趣的是声、光、热之间的联系，它们的传播方式跟人感官作用的方式颇为契合。说到声音和色彩，今人想到"通感"（Synesthesia）这个现象。其实，通感的范围很广，除了声音和色彩，还有声音和空间、词汇和味觉、触觉和味觉等，它并非特殊人群的专利，而是弥漫在所有普通人的词语里。直到今天，还有人把教堂音乐称为"光之声"，透过彩色玻璃的柔和光线，跟管风琴上波涛慢涌的音乐契合，空间感和声音完美相融，让人失去抵抗力。而热的传播，包括在皮肤上的作用，看上去也有惊人的相似。

牛顿相信数字的神启，比如他认定大六度是一个特殊的音程，因为弦长比是 3∶5，也就是说，假如 C 音的弦长为 5，C 音上方大六度的弦长就是 3。牛顿把 3 和 5 牵强地平方、立方好几遭，希望大六度最终抵达一种间接的八度关系，或称为"隐蔽的八度"。为什么要拼命应用平方和立方？那个年代，开普勒第三定律已经被接受，也就是说绕同一中心天体的所有行星的轨道的半长轴的立方（a^3）跟它的公转周期的平方（T^2）的比值是常数，所以牛顿愿意相信，天体和音乐会有类似的联系。不过，最后牛顿自己也有点尴尬，在《光学讲座》（*Optical Lectures*，1670—1672）中承认这种类比进行不下去了——"事实可能跟我想象的不一样"。十年以后（1670 年左右），三十来岁的牛顿已经在剑桥教书，重点是光学。在未来的几十年里，他对光学作出了巨大贡献，对声音的研究则戛然而止。

而涉及光、观看、颜色等经验，大家都听说过基本的"七色"说，所谓红、橙、黄、绿、蓝、靛、紫，这是牛顿提出来的，他用棱镜把白光分成若干颜色。其实他自己也承认光谱并不容易分成七份，但"七"这个数字太诱人了，尤其是，音阶有七个音，上帝怎么可能不以七种颜色为本呢？牛顿最后以多利安音阶为本，"创造"出"深紫"色，也就是靛（indigo），并且根据多利安音阶中的半音，把橘黄和深紫插在"半音"的位置。他还认为深紫和猩红既然颇为相似，大约就类似声音之间的八度关系。而既然声音如果高八度的话，弦长减半，那么光谱也会有类似的周期规律吧？

牛顿当时的影响遍及欧洲，哲学家伏尔泰很崇敬牛顿，也很关心科学的发展，写了《牛顿哲学原理》（*Élémens de la Philosophie de Neuton*）一书，意在总结和推广牛顿的发明，也提到了"七音"和"七色"的对应，因为这景象实在是"美得不忍直视"。

只是它在科学上并不成立。优雅的归一观念，有时把人引向伟大的发现，有时则把人引入歧途。后者未必是坏事，错误的想法犹如缺口,可能引出新的脉络,生长出新的方向,虽然对科学家本人的虚名有些残酷,无论是对那个犯错的权威还是对打算拨乱反正的后辈来说。但有影响的理论吸引后人另起炉灶,往往别有洞天。

二

一百多年以后,热爱音乐的瑞士数学家欧拉从牛顿停止的地方又开始了探索。时间线拉回公元前 6 世纪,大约是出于偶然的历史原因,毕达哥拉斯的发现给音乐定下数学的调子,而在欧拉的时代(18 世纪),音乐已经成为跟绘画、文学类似的艺术,不再跟数学紧密相连,人们也不再认定音乐带来的快乐和感伤来自什么数字关系,但热爱音乐的欧拉并不甘心,他认为人对音乐的情绪反应一定是可以量化的,数学和音乐一定有着本质的联系,问题是怎么找到它。同时代的数学家都不支持欧拉,音乐家更不接受,他成了一个独行者。《音乐与现代科学的形成》的作者也够损,指出欧拉笔记中给出的谱例一点儿也不灵光,和声进行还闹出了平行八度。当然,这并不影响欧拉对音乐的热情和在数学中的探求。

而当时对音乐有着理论思考的著名法国音乐家拉莫跟欧拉一直通信交流。有趣的是，拉莫是一个音乐家中的"科学家"，自称是笛卡儿的追随者（Cartesian）。在格物致知的时代风气之下，拉莫渴望他的音乐理论获得科学的佐证，可惜同样失败。在他眼里如金科玉律的和声功能，在科学家（当时叫自然哲学家）眼中根本不算定律，他还因此饱受嘲笑。

今人都知道作曲家拉莫写了许多美妙的羽管键琴组曲和歌剧，但不一定记得拉莫是启蒙运动之子，当时甚至有人把他称为"艺术家中的牛顿"。他写了一本重要的著作《和声学》（*Traité de l'Harmonie*）。在序言中他这样写道："音乐是一门应有明确法则的艺术。这些法则必须来自清晰的准则，而这些法则只有数学才能解释。我学会这些法则是因为在音乐中浸淫太久，但我必须承认，只有在数学的辅助下，我的音乐想法才会变得清晰，我以前感觉模糊的地方好像被光照亮了。"那么，拉莫的作品是不是真的都能用数学清晰地解释呢？首先，他自己的一些数学描述，就有不少错误。在后人眼里，确实有一部分拉莫的作品是"清晰"的，但我们也可称之为死板，也有相当一部分作品，并未传达出他声称的准则。其实，理论家拉莫和音乐家拉莫一直有着痛苦的冲突。终其一生，他都想用合适的数学方法来推演出小三和弦，但音乐的本能又让他感到小三和弦本来就是音乐的一部分。如何用弦长比例(他相信只有数字很小的比例才会产生和谐)跟和弦的和谐程度产生对应,他为此愁肠百结,希望数字规律和音乐效果终将殊途同归。总的来说,欧拉和拉莫惺惺相惜(但凡欧拉在文章中提到"现代作曲家",往往就是指拉莫),同时又互不买账。

而欧拉对"比例和情绪"的量化关系的探索,也不断碰到南墙,他几次放下了这个话题,但又不断回归。年轻时候,他一度相信"对数学的敏感度决定人感知快乐和忧伤的核心能力",还画出图表,给出公式,计算"和谐度"。

后来,欧拉投入对光学的研究和介绍中。此时,牛顿关于"白光是多色光的复合"的结论已经被吸收,欧拉就开始思考,是不是多个音符同时作响的和弦也会像光那样混合呢?他不同意牛顿的"颗粒说",极力支持"波动说",此时是1740年左右,距可靠的实验证据还有半个多世纪。光与声的联系一直是他最感兴趣的课题之一。他很自然地想到,颜色也会有音乐中的"泛音"。这一切都无法提供任何科学和逻辑的证明,都来自他对"对称"的信念,可是这信念太诱人了,不是吗。

然而未来将证明,欧拉是对的,光也有"和声",也有"泛音",只不过它们往往超过了人眼的感知范围。光与声都是波,任何一个音符都伴随着泛音,任何一束光也是多种频谱的复合,仅就波动的本质而言并无不同,但人类感官范围的区别更为根本:人耳的感知范围恰能捕捉丰富的泛音,而人眼的工作机理不一样。欧拉时代虽然没有足够的仪器来测量,但他发现了牛顿的错误(把某些频谱比例误算出2:1关系),也推测出肉眼的局限:不是光波跟声波的差异,而是人眼看不到某些"光",这才是"光声联系"无法推进的瓶颈,这已经是天才的灵感了。

而不可见光,直到1800年才由天文学家威廉·赫歇尔发现。巧的是,赫歇尔也曾是职业音乐家,写过交响曲,当过管风琴师,还能拉小提琴。他对科学一直也有兴趣,偶然读到一本讲述声音原理的书,颇有灵光一闪的激励,继而学习光学,然后又从学徒开始,亲手制造天文望远镜。

赫歇尔对不可见光的展示,让人类在突破感官牢笼的路上又迈了一大步,许多谜题豁然开朗。实验看似简单,基本由棱镜和温度计操作,人们可以看到在棱镜分出的可见光范围之外,比如红色之上,温度计的上升显示了能量的存在,原来这里藏着暗黑之光。本来,人类的视觉跟其他动物相比非常敏锐,这一点就占尽了进化的先机,即便如此,不突破生理牢笼的认知局限,人类就不会拥有如此宽广的世界,远至

星球,近至其他动物和人体的秘密。天佑人类,视觉是最重
要的感官之一,因为光的特质,人类最终做到了对影像的放
大。而靠嗅觉打天下的动物,恐怕就不能行至千里之远
了吧。

现在让我们看看可见光的频谱范围。虽然没有绝对严格
的界限,一般来说,是从 400 纳米(约为紫色)到 750 纳米(约
为红色)。这样说来这两端之间不足以形成两倍的关系,那么
我们是看不到光的"八度"了——读者一定记得八度之差的两
个音,弦长比是 2∶1,也就感受不到光线像音乐的那种周期
性。而声波与光波相比,巨大而缓慢。人类能感知的声波波
长在大约 17 毫米到 17 米之间,这中间有宽广的倍数可能,所
以人类才有那么丰富的音乐。而可见光虽然范围狭窄,对动
物意义上的人类似乎也足够了,因为大气层会把大部分紫外
线滤掉。

当然我们也都知道颜色虽然来自红绿蓝的搭配,结果可
以无穷无尽,哪怕可见光的范围在光谱中只占微不足道的一
窄条,人也可在这个范围内变出无数花样娱乐自己(声音频谱
也一样,音阶也未必都由七个音组成,这都是文化而非自然的
产物),电脑技术更创造出无数新颜色,进而产生了跟颜色相
伴的词语和包裹它们的文化。

三

上面说过可见光的两端之间没有形成两倍的关系，但各种颜色之间还是有一定的波长比。在音乐上，2∶3就可以形成和谐的五度了，那么颜色就算没有八度，"五度"还算可能吧？

事实上，我们可以轻易在视觉世界中用到"和谐"一词，那么这种跟声音类似的感受在日常生活中是存在的，至少在文化中呼之欲出。只是声音中的和声很难对应"红绿蓝"三原色相混形成的颜色，因为不像耳朵那样能告诉大脑，某和弦的构成是什么，人眼并不知晓黄色是"天然纯色"还是红绿相调和的结果，何况配方并不唯一。如果大致比拟一下，音乐中的和声，在光的世界中大致相当于色彩的搭配。而语言中跟视觉相关的和谐，也往往是"搭配"，也就是多种颜色的并置效果，而非某一种作为混合结果的颜色。从古到今，颜色搭配、服装和居室设计等都不是小事，这差不多可以类比音乐中的"配器学"了。

这里要提到18世纪另一位著名科学家托马斯·杨（Thomas Young，1773—1829），后人称其为"世界上最后一个无所不知的人"，一个对物理、数学、医学、音乐和埃及象形文字都有贡献的全才（杨对解读古埃及罗塞塔石碑有重要贡献，并为《大英百科全书》贡献了许多相关词条），可比达·芬奇。杨少时就被认为是神童，据说四岁就通读了两遍《圣经》，之后学会很多种语言，还把一部分莎士比亚翻成希腊文。十多岁的时候，有一次在书店里迷上一本昂贵的古典书籍，店主逗他说："小子，如果你能把其中一页翻成英语，我就送给你。"杨二话不说坐下来，顺顺当当翻译完。店主老老实实，并且心如刀割地，把书送给了他。

杨从小生活优越顺遂，家里是贵格教背景，平常身穿黑衣，处处卓尔不群，朴素低调。他遵从许多贵格教徒的道路学了医，后来继承了叔叔的一大笔遗产，可以有充裕时间考虑自己要做的事。此时，他跳舞骑马皆精，性情也不错，广交朋友，认识很多当时的文化名人，也就在他人的转述中留下不少轶事。

杨的时代，解剖尸体已是医学生的必需，而伦敦的尸体来源不多，主要就是上吊自杀者和墓地的尸体。当时著名的医生都被人指控四处盗尸，墓地的尸体常常被挖掘一空。就在这样的条件下，19 岁的杨靠解剖牛眼，发表了关于人眼观看不同距离物体时，靠晶体周边的肌肉（睫状肌，而当时杨误以为是晶状体内部的肌肉）自动调整其弧度的论文。凭这篇论文，他当选为英国皇家学会会员，年仅21岁。之后，他独立研究人眼的结构，首度发现人眼工作机理和近视、远视的原因。此时，他已经从剑桥大学毕业。而当年因为选择了剑桥大学，他不得不放弃贵格信仰（当时英国大学只允许圣公会教徒获得毕业证书）。也有别的原因：杨喜欢音乐舞蹈，也要进剧场看戏，这些享乐都是贵格教会所排斥的。他跟他们渐行渐远。

在这些爱好中，杨自称没有音乐才能，自传中还提到朋友都说他没有音乐耳朵，不过他仍然兴致勃勃地学吹长笛。他也认定音乐能揭示科学，1800年他27岁的时候，发表了《关于音乐》一文，谈起音乐，从莫扎特到匡茨无所不知，却跟当时浪漫派诗人对音乐的感性理解背道而驰。

杨和伽利略一样，从管风琴的管子开始，从前人止步的地方继续"光与声"的探索。为什么历史上，管风琴的音管总被科学家当作实验品呢？因为它自己就能放出固定音高的声音，圆柱或锥形的几何性质相对简单，没有长笛那种复杂的孔洞，适合研究。杨还通过吹、吸各种直径的烟斗来模拟空气在音管中的振动。在学校里，偶尔来访的同学回忆起来都说："杨似乎很少读书，总是悠闲地吸烟斗。"除此之外，他还用过当时很新潮的钢琴探寻声波的形态。杨还格外喜欢在水边观察波浪的运动,最终竟然在研究潮汐规律上也有成就。他深信声音是波(此时人们已经了解一部分声音的波动特性),设想过如果两个人在台上拉琴,下边会感受到音乐的拍音(beat),因为两种波之间存在互相干涉(加强和减弱)。当然,现在我们知道这个道理没错,但两个或多个并不严格同步的声源,并不容易干干净净地展示有规律的干涉,这与后人了解到的光学上的表现一样,而杨名垂青史的"双缝干涉",正是为克服这个困难而设计的。

而涉及眼睛的观看,在这个时代,基本色的理论已经被普遍接受,只是到了 18 世纪,七色已经缩减为三原色:红、绿、蓝(也有红黄蓝一说,从绘画角度来说,因颜料之故,红黄蓝被视为三原色)。不过谁都不能解释,三色是怎么产生当时所知的一百多种颜色的。

因为杨已经对眼睛的机理有了很细致的研究,他制作了各种半圆状容器来模仿眼睛,还冒险用自己的眼睛做实验,观察运动的效果。他认为所谓三原色,是因为视网膜对这几种波长分别有着特别的接收器,三个接收器会同时"兴奋",但它们的接收范围并不是干干净净分开,而是有着重合覆盖区,所以三色能混合出多种颜色。也正因为如此,人眼对可见光的感知,永远是"颜色"而非"波长",因为我们的眼睛总会同时接受三种并且将它们混合起来。

如下图，三种接收器（红、绿、蓝）的感知范围。横坐标为波长，纵坐标为感受到的光的强度。

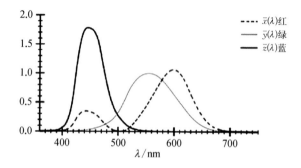

杨的时代，接收器的真实面目——视锥细胞尚未被发现，对三种接收器的功能也没有细致的量化。话说这视锥细胞，人和绝大多数哺乳动物有三种，分别有红敏色素、蓝敏色素和绿敏色素，而直到 20 世纪，人们才搞清楚这一点。所以，颜色其实是人的眼和脑（也包括大量哺乳动物的）外加自然界中的波长的合作产物。颜色和声音，都是自然现象和人造的混合体，而对它们的指称和量度，比如音高和颜色，则完全是人造的。

当时，颜色、波长和光的构成，尚无定论。牛顿生前一直坚持光由颗粒构成，同时代的荷兰人惠更斯最早提出波动说，但遭到无情打压。其实，牛顿并没有看上去那么坚决，他对颗粒说是有怀疑的，经常遭遇不能自圆其说的困境，也并没有试图掩盖自己的不确定，他只是无法接受波动说。因为哪怕那个显示光波互相干扰的著名的牛顿环（以牛顿命名的牛顿环，其实是牛顿同时代的对手胡克［Robert Hooke, 1635—1703］设计的），也并没有干干净净地分出各种波长，那么光怎么可能是波呢？其原因我们现在当然知道了，人眼是看不见"波长"的，只有颜色。受当时技术条件所限，牛顿犯过错误，但仍然给后人留下了启发。

到了杨这里，他已经非常相信光的波动说，现在只需一个实验来证明了。1804 年，杨描述了自己的设计，就是几十年后才名声大振的"双缝干涉实验"。对于两个稳定、相同的光源的问题，他是这么解决的：让一束阳光通过一个窄缝，让这样一个稳定的光源再通过两个距离很近的狭缝。一束光变成两束，投射在墙上的影像不是两个亮点，也不是两条长纹，而是强弱相间的许多条纹，这样，光的波动性质就一目了然。

其实他当年从研究音乐开始，就设计了各种实验，逐步才找到最优解。杨展示了光的波动性，但"波粒"之争并没有结束，反而引发了电磁学上更广泛的讨论，直到到了爱因斯坦这里，"波粒二相"之说才似乎给出一个完美的结局。而颗粒说也好，波动说也好，从牛顿到杨，都相信光在介质"以太"中传播，原来全都搞错了。人们渐渐又发现，各种传递能量的波（包括声波），都有"波粒二相"。20世纪，物理学已经大步发展，而波的主题并未泯灭。

发表双缝干涉的文章的时候，杨的主业还是医生，在妻子的全力支持下，历尽艰辛才通过选拔，拿到一个医院的职位。此时他三十多岁，事业成功，婚姻幸福。杨似乎是人生赢家了，其实没那么简单，他的物理研究当时并未被接受，还遭受到一些尖酸的攻击（《爱丁堡评论》上发表了好几次），后来人们"人肉"出那个批评者，原来是一个与杨有私怨的家伙，他还当众说过杨看似无所不通，其实都是半瓶醋。这样的评论被写进了历史，至今仍被引用。结果，连杨这样春风得意的人也会为流言所伤，后来他发表的医学之外的文章都是匿名的。在物理上，他的双缝干涉实验并没有得到足够的理解，光的波动说也没有马上翻身，这一切都需要时间。连上文提到的同时代天文学家赫歇尔，在论文中也没有提到极为相关的杨的发现。不过，赫歇尔仍然是最早承认杨的贡献的重要科学家，这已经是多年以后了。

直到今天，我们这个世界也不大记得和感激通才，哪怕是天才。幸好，杨除了一个"双缝干涉实验"，还有一个材料力学

中的概念——弹性模量——以他命名。对杨的评价,历史上
反反复复,直到 2002 年,还有人在讨论他的贡献有多大。但
对杨的涉足之广,一直没什么好争论的。除了物理、医药、数
学、古典学、语言学等领域和上文提到对波动说的重要推动,
他在音乐上还贡献了两种独特的调律法,基本思想跟很多历
史上的律制类似,尽量让那些常用的调,有最完美的大三度或
者纯五度,并且整理出历史上多种律制的异同。

有人说,杨超过他的时代太多,无人能懂。也有人说,杨
的数学能力不足,阻碍了他研究的彻底(仅靠实验演示是不够
的。后来在另一位科学家奥古斯丁-尚·菲涅耳[Augustin-
Jean Fresnel]的共同努力下,光学理论才慢慢成熟和透彻);
他对光和声的联系过于沉迷,因为深信光波必然具有声波的
各种性质,犯过错误,同样陷入无法自圆其说的苦恼。成也萧
何,败也萧何。

从牛顿、欧拉到托马斯·杨,这幅"光与声"的拼图已经完
成了相当的部分(后验地看,他们都在"信念"的带领下有过著
名的成就和著名的缺陷),再后来的亥姆霍兹,又给这幅拼图
填上了一大块,却因撕裂成见而放出更多的可能——在贪婪
求知的人类这里,拼图不会圆满,而求知也会带来求利、求享
受和生活的扩展。声、光的秘密揭穿一部分之后,人就有了操

纵感官的声学、音响设备和滤光眼镜，有了让人眼、人脑乐不可支的 3D 电影。贪婪的求知又引向神经科学的大发展。

我手边有本叫《艺术与物理》的书，作者是位成就很高的外科手术医生，因为业余喜欢物理、艺术和历史写下了这本畅销书。虽然在考证方面有些粗糙，作者还是有不少有趣的观点，比如科学是沉浸在文化中的，艺术家（他指的多为画家）常常在科学家之前，不是用语言而是用想象中的图景设计了未来，而这未来最终"碰巧"被科学变成现实。他举了成对的例子，典型的如"立体主义和空间"。虽然爱因斯坦、毕加索、塞尚等人并没有跨界到对面的领域（爱因斯坦对当代艺术一脸不以为然），很可能从未耳闻对方的成就，但在文化、时代这个惯性系里体现了碰撞。"文学、音乐和美术都参与了物理学家的世界图景革命。"

这种参与方式，不一定是平行的，不一定是线性的，而是来来回回，有进有退，有时井喷，有时哑然。常常，科学的设想早已悬挂在那里，却要等若干年技术的发展才能证实，证伪亦然；艺术则同样要等来支持它的人群。光与声的关系，也是一个横贯历史几百年的文化主题，与其说是科学天才的敏锐捕捉，不如说是人类对所见所识的好奇与执着。通感也好，语言和感觉的模糊性造成的"穿越"也好，自人能上天入地，思维已经如同脱缰的野马,可"裸眼""裸耳"仍行之不远。世界之复杂,在感官的有限性面前也会被简化。感官是保护我们的壁垒吗,还是上帝曾经的防线?

参考文献:

1. *Music and the Making of Modern Science*, by Peter Pesic, MIT Press, 2014;

2. *Compositional Theory in the Eighteenth Century*, by Joel Lester, Harvard University Press, 1992;

3. *Rameau and Musical Thought in the Enlightenment*, by Thomas Christensen, Cambridge University Press, 2004;

4. *The Last Man Who Knew Everything*, by Andrew Robinson, Pi Press, 2006;

5. *Art & Physics: Parallel Visions in Space, Time, and Light*, by Leonard Shlain, William Morrow Paperbacks, 2007.

本文原载《书城》2019 年 11 月号

音乐几何

马慧元

一

　　YouTube上有个名叫"音乐的几何"的讲座,一位叫比尔·卫斯理(Bill Wesley)的彪悍鬈发大叔跟大家分享他自己发明的键盘乐器。这个后来定名叫 Array Mbira 的键盘,把琴键之间的排布重新设计,不再像传统键盘那样从低到高,而是把"和谐"的音放置得尽量近,也就是说,八度音程关系的若干音,一个手指就能弹出来(因为它们分布在一个键的垂直方向,手指"搓动"就可以演奏),然后五度音程的音相邻,为了方便三度、六度等音程,他设置了一些重复的键,这样左右手都可以以小小的移动抵达音符。并且,小调在左手弹,大调在右手弹,这个简单的设计也让一切都变得更方便。这样一来,弹琴的人即使碰错音,也不会相去太远;更重要的是,转调变得极为容易,因为各个调的键盘看上去都是一样的,不再有黑白键的视觉干扰。整个键盘很小,手指的小小移动就能解决大部分的和声演奏,甚至能够囊括比较复杂的转调的作品,包括贝多芬著名的转调,都可以清晰地表达出来。因为涉及自己的调律问题,这个综合了几何、算术和物理的设计并不简单,当然它也不是横空出世,20世纪80年代就有人申请了一种以五度相邻构建键盘的专利(Wicki-Hayden)。这个呵呵憨笑的比尔大叔,在那个视频里自豪地展示他的酷炫乐器。这些看上去只有若干小按钮的键盘,演奏者只需手指轻轻挠拨按压,当真能弹出管风琴那样的效果——从动作表面看,倒真是一种"极简主义"。在我知道的用手演奏的乐器里,恐怕没有谁比他的动作更小。视频是2011年的,至今还在,一伙人仍在演奏好玩的炫技音乐,乐器的小家族也在不断扩充,已经包括竖琴了。

　　我不知道这种乐器会不会成为"主流"键盘乐器,能不能登上大雅之堂，至少它的思路很合我口味。我们所习惯的那种从左到右也就是从低到高的键盘排布，本来也出自一种隐喻——声音频率渐高，跟"更加靠右"有什么天然的联系吗？没有。这都是人为的、历史的。那么把一种隐喻换成另一种隐喻，有何不好？"越近越和谐"，比尔打的是"便利"的旗号，其野心可不止于此。他的乐器被一些名乐手使用，还参与了电影音乐，追随者包括 Sting 那样的名组，他希望有一天批量生产这种乐器，甚至能改变音乐世界。当然，各种以"和谐度"为距离构建的键盘，还是要面对一个"不和谐怎么搞"的问题。音乐中的不和谐本来是极为重要的部分。不错，在八度、五度这样的声音里，人脑深感愉悦，但不会满足于此。所以，在和谐和不和谐之间漫步，兼顾平衡与立体，是真正的难事，比尔他们也未必做到了。我慕名去听了能找到的 Array Mbira 音乐，虽然极为可爱，确实深度有限——但这也可能是众人还未习惯它，为它写出多种音乐之故。

时至今日，网络让各种传播都成为可能，我经常在 YouTube 上看见爱好者们设计的各种奇巧乐器，不少人既是音乐爱好者，也是科学爱好者、"思考爱好者"。其实，用"和谐度"这样更有音乐意义的方式来设计键盘，本应是一种相当自然的思路。音乐中的情绪很鲜明，就算被文化加工得很严重，不少人还是有相当的共同感受,这样一来,用标准化的方式来计量和生产音乐中的感情,就极有诱惑力,这种尝试差不多跟音乐有着一样长的历史。古希腊的毕达哥拉斯发现了弦长与音高的关系,继而从这些比例中看出"和谐"的要义,自此之后,作曲家、音乐理论家、数学家和物理学家们,不知想出多少种体系,想把音乐这种看不见摸不着的东西"绳之以法"。也因为它不能乖乖地摁在纸上,所以有许许多多角度去投射它。

18 世纪下半叶以降,欧洲的数学有了巨大的发展,音乐则处在一个多种风格涌动的局面,法国和意大利风格,古代风格和"现代"风格(比如法国理论家和作曲家拉莫)共存。这个时期,热爱音乐并从中获得研究方向的数学家和科学家不止一位,比如瑞士数学巨匠欧拉。本来,音乐只是消遣,不过数学本能让他在音乐中也开始思考数学。十几岁的时候,他就发表了关于"声音传播"的论文,此后几十年都经常回到对音乐的思考中。1730 年(当时欧拉 23 岁),他的想法是"量化"音乐激发的感觉,也就是,通过分析声音的数学和物理特质,计算出"音乐的悦耳度"。当时另一位瑞士数学家,欧拉的儿时好友伯努利对音乐也有兴趣,但在跟欧拉的通信中,他表示这种快感是基础性的东西,不可能量化,可是欧拉并不放弃。

当时,人们已经知道音程中的八度、五度、四度最令人愉悦,三度、六度算是不和谐,又因为音符有周期性(只有七个,然后重复),那么用数字来分析它应该是可行的。欧拉把任意的音程按比例标记出来,比如一个三和弦,用 p∶q∶r(都是质数)来表示,然后创造出一个"和谐度"或者"悦耳度"(agreeableness,拉丁名 gradus suavitatis)＝p＋q＋r－2 来记录和弦或者音程的和谐程度。这个结果不仅能解释许多(但并非全部)当时对声音和谐程度的认识,而且它跟后代出现的声波叠加的分析是大体一致的。乘积转换成加法的对数工具并非欧拉所发明,但他是第一个用对数来计算音程的人。当然,受当时的文化影响,欧拉的许多想法让今人觉得荒谬,比如把不和谐音程归为"上帝不喜欢不完美数字",把文化差异解释为"野蛮人欣赏不了我们的音乐,因为他们理解不了我们的音乐中的深刻和谐",等等,这些认知,都在社会和文化的变革中被人摒弃了。而在这个探索音乐的过程中,欧拉收获了很多数学思想和工具,比如自然对数(e 正是以欧拉命名的)。感谢《音乐与现代科学》(*Music and the Making of Modern Science*, by Peter Pesic,MIT Press,2014)的作者,为我们指出著名的欧拉公式 V＋F－E＝2(V、E 和 F 分别是多面体中的点、边和面的个数),和那个并不太成功的音乐公式 p＋q＋r－2 尽管应用于完全不同的领域,但有着奇妙的内在联系。之后,欧拉的特性数,$X=V+F-E$ 中的 X,也被称为"度数"。

不出伯努利所料,欧拉的企图用数字来表达"音乐的快乐和悲伤程度"的"音乐情感公式"最终留在他的早期论文里,只供科学史家来爬梳。渐渐地,欧拉在各种新音乐中渐渐扩大了自己对音乐"和谐度"的认识。三十年来,欧拉都没忘记音乐对数学的启发。

而时至今日,情感仍然是一种"算不清"的东西,当人们企图去计算"快乐"和"悲伤"的数值的时候,这些情绪仍会不断遁形,逃脱各种语言(包括数字)的追索。这是不是人类的宿命?大脑进化至今,仍然是"远古大脑",人的生理性仍然残余无法被社会化的部分,科技也好语言也好,撞在肉身之墙上仍然喏喏退却。语言和情绪的脱节,感性与理性的分离,生理基础相对于社会巨变显出的滞后,仍然源源不断地生产这个人类社会里的各种好戏。扯远了。

而从另一方面看,音乐难道不是太神奇了吗?音阶中七个音的循环外加一些已知的和声关系,和谐与不和谐的人类感受,竟然给数学和物理打开了这样的天地,追根溯源,这从毕达哥拉斯时代就开始了,比如那个深深困扰人类的,怎么也驯服不了的五度圈。音乐家为这个顾此失彼的调律问题烦恼,科学家帮不上大忙,反倒证明尝试"完美"的调律是白费力气,但人们在这个死角中认识了更深刻丰富的世界。

如今,欧拉的"音乐数学"成就已经被人梳理并出版成著作。而他最重要的音乐研究心得却等了一百多年才在音乐理论家那里听到微弱的回响。《音乐新理论的尝试》(*Tentamen novae theoriae musicae ex certissimis harmoniae principiis dilucide expositae*)里提出了一个"调性网络"(Tonnetz):从音程来说,F 到 C,C 到 G,G 到 D 都是五度,C 到下方 A 是三度,A 到 E 也是五度。这样一来,十二个音都有了位置,它们不再是一维的性状,而展现了平面关系——不知读者是否像我一样,觉得这个网络跟欧拉著名的七桥图也有几分神似——这些音符也不能遍历(注:图中字母右边的小 s 表示升号)。

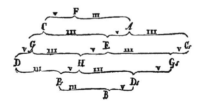

注意,欧拉在这里是忽略各个音符的具体音高的,也就是说,某个 C 音跟高八度的 C 视为同一。这样一来,音阶的"扭曲""黏合"就产生了。音阶不再是直线式,它本身就有了平面

结构。

　　不用说,这跟比尔大叔的键盘有着异曲同工之妙,键盘上琴键的距离可以是我们常见的,按声音频率大体均分的距离,也可以是体现声音同构性的抽象距离。这一切,都来自音符的特性——循环性以及八度、五度、四度这些深植于生理感知和文化习惯的和谐音程。声音的排列呈现网状之后,音乐理论家们立刻感到音乐的进行可以用图形来表示了。

二

　　数学家和物理学家则是从另一侧面来想这个问题。著名物理学家亥姆霍兹的诸多成就里,包括声学和神经传导的成果。他追索声音的物理规律还不满意,还去钻研人耳的结构,大约是想从“认知”那一端,探索音乐和感觉的奥秘。亥姆霍兹从音乐可以移调而声音相对关系不变这一点出发,指出它的空间性:一个物体在空间中移动,也不会发生改变,这一点和音乐是一样的。也就是说,因为物体在空间中可以移动,音乐中的音高由于有比例性,也就是说,两个音如果距离五度,弦长比是 3:2,如果距离大三度,弦长比是 5:4,那么以此类推,只要保证相对关系不变,音乐就保持不变。那么,音乐一定和"物体运动"具有类似的特质。在这之后，亥姆霍兹持续思考空间问题，在黎曼空间、非欧几何的启示下，将空间、声音、视觉、颜色这些有着诱人联系的课题整理成《论几何原理的起源和意义》（*The Origin and Meaning of Geometrical Axioms*，1878）等论文。对这些联系的研究，也让他成为少见的全才。

　　亥姆霍兹是 19 世纪的德意志人，此时的文化空气中，音乐兴盛，哲学兴盛，不少科学家都渴望将科学和音乐及艺术统一认识。不过科学帮助人们对声音物理特质的理解迅速提升，音乐家却似乎"听不见"科学的声音。音乐在科学面前沉默，倒是 18 世纪的欧洲社会剧变，听到了音乐的回答——"古典"的优雅范式消失了，太多的变化破冰而出，曾经对称、收敛的音乐世界再无宁日。无论是莫扎特、贝多芬、舒伯特还是晚一些的肖邦、舒曼、柏辽兹、李斯特、瓦格纳，他们的音乐语言受到文学、绘画甚至政治的影响十分迅速并且可见。而到了 19 世纪下半叶，数学和物理学明明把声音的传播特质都讲清楚了，却不见任何大作曲家因此又发现了一个"特里斯坦和弦"。教堂有改革，或者社会有风波的时候，在当时的音乐中引起的变化，远大于揭露物理声音奥秘的傅立叶变换所激发的变化。音乐学家罗森改编美国艺术家巴内特（Barnett

Newman)的一句戏言："音乐学于音乐学家,犹如鸟类学于鸟儿。"科学更是如此。

这时的数学和物理,顶多就是对乐器制造和调律帮了些忙——还不一定是多么本质性的大忙,制琴者凭耳朵已经把调律试得差不多,能够满足精度有限、又受文化左右的人耳需求,基于无理数计算的"十二平均律"的钢琴调律也就是增加了一种可能性而已。之前的巴赫,虽然被今人认为作曲风格"数学般精确严密",他受的数学教育偏偏极为贫乏,他甚至没怎么受当时启蒙运动的影响,也没有多少历史证据表明,巴赫了解当时的科学成就。而所谓巴赫音乐的"数学性",无非是"数字性"、对称性和比例性而已,并未超出小范围内自然数的计算。能在音乐性中兼顾数字,已经相当罕见(也并不孤立,巴托克等作曲家也喜欢让音乐和数字"互文"),更何况它并不是音乐的主要目的。说到比例,有人可能会举出"黄金分割"在艺术包括音乐中应用甚广,这在某种程度上是事实,但不少流行的例子是错误或者夸大的,其实没那么神奇,此为另话。

这样看来,虽然技术的进步让音乐家们受益,又能通过改变音乐的传播来影响音乐,但科学似乎再也没能伸手直接触及和推动音乐的写作。直到 20 世纪前,音乐家在其中只是科技成就中被影响的一分子，而不是主动采撷科学思想的人。

就像任何有历史、有一定复杂度的两种事物一样，科学和音乐，在历史上有一定的遇合，更多的时候还是泾渭分明的两条河流。音乐曾经是数学的一个分支，而在历史推进之中，音乐家和科学渐行渐远，在我们所知的 18、19 世纪传世音乐家里，几乎无人拥有像样的数学或科学训练（例外是俄国人鲍罗丁，不过他的化学家生涯跟作曲事业似乎并无直接正向关联）。科学的逐渐专门化，也令圈外人不能轻易涉足，歌德那样的通才越来越少。

那么，如果"科学只能间接地影响音乐"是个真命题并且是个"问题"的话，它出在音乐家身上，还是音乐身上？原因肯定有很多。泛泛而言，古今中外的艺术家，往往不同程度地拒斥科学。这也是可以理解的，难道艺术不是承担科学所"余"的部分吗？此外，专门化的科学和专门化的音乐，注定无法在人脑中获得精确的对应。科学方法、理性思维在任何成体系的分支里都有应用，音乐也不例外，但更抽象复杂的科学原理并不能激发更深刻的音乐。人脑虽能对音乐的"长度""比例"有所感知，但不大可能精细到科学所抵达的程度；即便感知比例，往往也不是复杂的比例，比如两个音的频率比，但凡悦耳之声往往分母较小(基本在 10 以内),而不大可能是 113、199 这样的数字;那些直接依照技术原理或者数学模型的作曲,都不一定影响到音乐品质本身。

你也可以说这并不是问题。数学或物理,是以事物一般性为目标,那么从其他领域(音乐是其中之一)获取结构上的启发,并推广出新法则,是完全可以想象的事情。而音乐针对的是人的耳朵、人的情感,受众的感官功能是有限的,干吗去操心宇宙法则呢?

只是 20 世纪之后,科技对文化的颠覆更大,加上文化的碎片化,总会有艺术家攫取文化中的一面,据为己有。同时,美术中出现了立体主义、抽象派,时间和空间都成为思想的主题。音乐中的十二音、序列主义等都有了数学元素,电子音乐则终于直接地应用上了技术。而对音乐家来说,科学仍然是可选项,不是必选项。20 世纪作曲大师斯特拉文斯基就说过:"我完全不懂'声音'是怎么回事!"

三

特莫斯科(Dmitri Tymoczko)是普林斯顿大学的作曲教授和理论怪才,他为"空间理论"着迷,写出的音乐论文《和弦中的几何》据说是美国《科学》杂志有史以来发表的第一篇音乐论文。YouTube 上，有若干他的讲座，关于"音乐的几何""音乐的空间""音乐的形状"等。他出生于 1969 年，紧随"垮掉的一代"生长，父母是大学教授，又是"嬉皮"的成员，一家人住在嬉皮公社的大房子里，还种大麻。小时候，父亲还因为上街抗议越战而被捕。他在这样的家庭中长大，既喜欢智识，又有一脑子逆反，当然还有对音乐的痴迷。他从小在钢琴和电吉他上弹着摇滚，其间也学点贝多芬和巴赫，后来幸运地遇到一个老师，"把两个世界捏合在一起"。那时候他数学很好，可是最终选择了音乐——曾经也是那么特立独行的父亲，临终时则要他许诺去耶鲁读法律而不是音乐，他答应了，心里却有自己的小算盘。后来，因为种种原因特莫斯科想过放弃音乐，去哈佛读了四年哲学，不成功，最终才回到音乐，认真思考自己的作曲之路。

话说学院里的严肃音乐，永远在"如何让大家接受"的问题上挣扎。特莫斯科戏言过"这些音乐作曲家都得花钱请人来听""作曲家终生在大学里勉强糊口，看人脸色"。前辈告诉他作曲家"让餐桌上有食物"是多么不容易，有些令人尊敬的前辈费尽心机帮人找教职，以求同仁们衣食有靠。另一方面，他又很惊讶音乐世界的壁垒，严肃，流行，电子，摇滚，音乐学院的老师跟外面完全不在一个世界中。

特莫斯科并不想解决音乐的接受问题,但他想去寻求音乐底层的奥秘,至少尝试去表述它。《音乐中的几何》这本大著,是多年思考的一个总结,谈的是和声进行的"几何表达法",简单地说,设计了一些几何空间,连接其中一些点,形成矢量,看看它们最终形成什么模式,或者,按照传统和声原则在这些空间中旅行,看看能产生什么样的音乐。在他的观察下,格利高里圣咏和一首德彪西前奏曲甚至爵士乐手柯川的音乐显示出惊人的联系。上文说过,用空间来表述和声进行,可以说古已有之(比如欧拉的和声网),但现代音乐为它提供了更有意义和意思的材料,更何况群论、集合论、非欧几何、拓扑学这些工具,为之提供了更精准的框架。

在他这里,音乐是实实在在地受一些几何观念指引,尽管这并不是多么复杂的几何,并且和不少音乐理论书籍一样,即便从数学出发,数学也随音乐话题的深入渐渐隐形,取而代之的还是音乐实践和音乐判断。数学观念最多仅仅是一个发端和灵感,一个隐喻的借口。即便如此,他的创造力和洞察力还是让人叹为观止。比如第三章《和弦的几何》中有这样一幅十分经典的图,任何读到此书的人都不可错过:

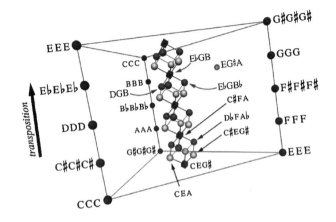

这是个三维空间内表达三和弦（由三个音组成的和弦，比如 C－E－G）的图示。我这个普通读者，从他讲二维（三和弦）的时候，就吭哧吭哧用纸来折莫比乌斯带（因为两个相邻八度的同唱名音被视为相同，所以用莫比乌斯带——只有一个表面和一条边界的曲面表示。从某点出发，在同一表面上，不经过边界，可以回到终点）去理解，之后又想象着一个棱镜的两端拧了 120°对接上，而它的真正模型是只有一个边界，蚂蚁从某点出发会爬回原点的"甜麦圈"。边界上的点是三个相同的音，表面的点是三个音中有两个相同的音。前面这个棱柱图是把甜麦圈掰开重建后的视图，不够直观，不过能显示甜麦圈内部的音。之所以这样扭曲，是基于"不同八度内的同唱

名音视为相同"的假设。音阶在空间之中能够翻转、重叠,恰恰表明为何音乐有无穷可能,却又极为简单。音乐可以漫长、复杂,有曲折的路途,而换一个滤镜去看,比如"和声的距离",音乐可能极为精炼,一剑封喉。

笔者用陶土自制的三维空间模型"甜麦圈",它表达所有三音的组合,不过有些组合在它的内部,不可见。它只有一个边界,所有三个音相同的组合都在边界上,两个音相同的组合都在表面。连线表示三音每一步的半音变化。

他写了这本巨著来描述几何模型下的和声进行和对位,自己的作品则践行其理念。让人服气的是,他在经典曲库的数据中挑出一些杰作,来证明有些作曲家在和声进行方面,果真遵循一定的对称原则,符合他的理论,最著名的例子是肖邦《e 小调前奏曲》(Op.28 之四),尽管作曲家是无意识的,尽管他挑选的方式是观念先行的。书中的图示较为繁琐难懂，有人简化成下图：

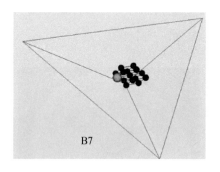

左下角是曲子中间的一个和弦，大圆点表示当前的和声，中间一簇圆点表示和弦在空间中的位置。而且，这是一个四维空间的投影。如果读者能看到动图，那真是一场音乐的"星际旅行"。

因为和声进行在他这里用点、线来表示其路径，那么他常常可以指出，某两首作品听上去如此不同，但它们的路径形状相似。这种奇妙的联系让我十分着迷。他认为好听的音乐应该是具有某些几何特质的。不过，在头脑中建立这种联系确实需要漫长的训练，何况特莫斯科对声音的辨别有一个前提：音阶上的音不管八度，只在乎唱名，但一般人的耳朵和大脑并不容易忽视音区。特莫斯科自己或可在脑中建立和弦的几何关系跟音乐的联系,据说数学家欧拉也可以。不过我自己尝试过,至今徒劳。假如,相当多的作曲家接受了这一点,并且将这种"空间听觉"内化成音乐能力,是不是我们的音乐会因此不同? 那么所谓音乐如同建筑云云,也真有了另一层极为贴切的意思,甚至可能带来哲学意味的颠覆。自从读了特莫斯科,我虽然不能直接从音乐中"听"出空间,但面对谱面我会多一些想法,知道音乐的"本质"还有另一重认知可能,音乐是一场运动,一段旅行,但起点和终点,根本不是你以为的那样。

四百多页的巨著,涵盖太多"干货",野心也惊人。作者能在各个门派的前辈杰作中获得印证,尤其是在古典和爵士中都能找到这样的统一性,恐怕有种喜大普奔的兴奋。他也承认并不是想把这些和声迁移路线当作作曲秘笈来推销,而只是对一些好的作曲想法给出预测,看是不是会走到死胡同。他还做了个能模仿理论的软件,用鼠标随意选择一些音,它就能显示出和声路径,一切都机械而确定。

我好奇地在互联网上小小研究了一下,原来在空间中用点、线、面来构造和声进行,使音阶翻转、黏合,把线性的音阶编织成网络,也并非前无古人,五花八门的模型一百年来已经有了不少,比如里曼理论、新里曼理论等。"声音的距离"成为实实在在的、可测量的数值,只是它们看上去还是小众的游戏,至于对群论、集合论的应用,跟真正的数学研究比起来,仍然仿佛过家家,与其说是应用,倒不如说仍然是一种概念性的隐喻。但是,在人工智能拥有无限可能的今天,谁说这些隐秘的联系不能带来真正的改变,甚至人的情绪也能整出傅立叶变换了? 既然人脸识别都能搞出来,谁说欧拉企图算出"音乐悦耳度"的理想不能实现?

对那一天,我既盼望又略感恐惧。或许我会更留恋人类的浪漫时代,他们天真地以为艺术是可以抵抗科学的,艺术就是抵抗科学的。也有可能,当 AI 几乎取代一切的时候,科学和艺术又再次渐行渐远,因为到了那个时刻,人生还是会剧变的。人脑的进化仍然在吭哧吭哧地缓慢爬行,但人的心智已经不是这个世界上最强悍的声音了。

参考文献：

1. http://sonograma.org/2017/01/conversation-dmitri-Tymoczko-part1/;

2. https://www.youtube.com/watch? v＝SU2JztST_TY&t＝1306s
   (Bill Wesley);

3. http://dmitri.mycpanel.princeton.edu/chordspace.html;

4. http://content.time.com/time/magazine/article/0,9171,1582330,00.
   html;

5. http://www.openculture.com/2018/01/ western-music-moves-in-
   three-and-even-four-dimensional-spaces-how-the-pioneering-research-of-

princeton-theorist-dmitri-tymoczko-helps-us-visualize-music-in-radical-new-ways.html;

6. *A Geometry of Music Harmony and Counterpoint in the Extended Common Practice*, by Dmitri Tymoczko, Oxford University Press, 2011;

7. *Music and the Making of Modern Science*, by Peter Pesic, MIT Press, 2014;

8. *Music by the Numbers From Pythagoras to Schoenberg*, by Eli Maor, Princeton University Press, 2018.

本文原载《书城》2018 年 8 月号

守其雌

赵穗康

和传统解释不同，我的重点在「守其雌」的「守」字上面。「守」字里面，被动的状态孕育宏观的无限。

"知其雄,守其雌,为天下溪"的感知和状态很晚才懂。老子"知""守"两字的区别意味无穷,"知"字里面,主动的能量不可避免局部的局限,"守"字里面,被动的状态孕育宏观的无限。

老子这句话有三层意思,中间"守其雌"是承上启下的转折,因为知道利器易折和兀突之雄的不足,所以感激容纳之雌的宽厚,因为看到侵犯的内在危机,所以珍惜无条件的笃守被动,犹如大海浩瀚的包容,没有类别区分,所以后面"为天下溪"是自然而然。

在阶层意识严谨的传统中国文化里面,"为天下溪"有万物归一的意思,但是,我又不免歪曲我们传统:"为天下溪"是静的动态自在,"守其雌"的"守"字,不是动的努力,更不是为了"为天下溪"的主动,"守其雌"和"为天下溪"是同处同在的状态。整个句子几乎就是人生的回光返照,我们主观的人生和客观的世界纠缠千年,但是最后每个人必须通过自己的血泪磨难,悟出这个简单的道理。动在"知其雄"外,静在"守其雌"内,随后是浩浩荡荡的自然和自在。自以为是的主观,在那里自说自话征服世界,而客观世界在被"征服"的同时,却是包容宽怀,甚至接纳伤害她的侵犯。当我们体会如此的海量,怎么不为"守其雌"的状态失语,感恩感叹?

世上古老的智慧里面,多少都有"恪守""容纳"的因素。基督无条件的宽容,佛陀的开怀慈悲,列夫·托尔斯泰的绝对善意,甘地对暴力的接纳无怨,所有这些以爱心善行为基础的一视同仁,在次序严谨的阶层社会里面,不免掉进纠缠不清的理念,搅入上下颠倒的标准。也许善意可以是把利剑,柔软可以刚正不阿。然而,真正可怕的是,最后审判的地狱之残酷,居然让人感觉正义得以伸张。

一

　　问题在于，信仰的宗教和理念的社会机制水火不容。宗教需要现实社会的骨架生存，绝对的宗教信仰撞上社会的次序理念，不得不接受次序的准则。更不用说政教统一的社会，宗教以政权的建构管理，教会以政权的社会结构入世，宗教不再是神和个人的内心自我反观，而是社会次序的外在管辖平衡。

　　宗教里面的绝对真理，包括没有条件的宽容和没有因果关系的慈悲，其激进的成分，对于理性社会的机制和局部有限的伦理次序，无疑是个巨大的挑战威胁。年轻时候，很多书都是白读，最近我被陀思妥耶夫斯基的《白痴》迷住，还不是小说写得好，作者把我长期糊涂苦恼的心病，放在社会极端的框架里面，一一剖析给我。我哑然无语，闭目感应，像吸血鬼一样，吞噬作者每个刻意安排。《白痴》不是一个善良纯真的疯人故事，也不是批评市侩，如果小说真在针砭现实，角度不是白痴梅什金，而是无常的女人娜斯塔霞。通过《白痴》的故事，陀思妥耶夫斯基让我们看到，任何激进的绝对，即使善良纯真，对正常社会次序的伤害威胁也不容忽视。列夫·托尔斯泰晚年的宣言和最终出走的悲剧,陀思妥耶夫斯基用具体的故事,抽象地预言,残酷地刻画具体,这个故事穿越甘地和马丁·路德·金,今天的我们还在它的阴影下面挣扎迷惑,至少通过自己有口难言的切身经历,守住这份苦衷多少也是慈悲一份。

二

陀思妥耶夫斯基的《白痴》不是纯真善良和社会功利之间的简单冲突,小说叙述一个稀奇古怪的故事,解剖理念和现实之间的裂痕,把抽象的理念回归具体的人生局部。小说里面梅什金公爵的善良懦弱,为社会道德常规所不容。小说末尾,梅什金、阿格拉娅、娜斯塔霞·菲利波芙娜和罗戈仁,四个人物之间的戏剧性场面,把机智才能和单纯无别的善意,把伦理道德和人情世故的枝节矛盾全部推到极致。阿格拉娅代表社会的正常次序,加上一层非凡的抢白心智,听来残酷无比,说的却是句句在理;娜斯塔霞是堕落天使在世,命中注定是个自我牺牲的角色。她用罪恶玩世不恭,把真挚藏在心底,她对梅什金一尘不染,躲避梅什金只是因为纯洁无瑕的爱心。在无法无天的恶作剧下面,是自私的爱情和无我的爱心之间绝望的挣扎和毁灭性的命运。这种隐恻只有梅什金的纯真才能看出，倒霉的梅什金，无论如何不能申辩他对娜斯塔霞的感情。另一方面，可怜的阿格拉娅，智商过人，她也一眼望穿白痴背后的真情，她希望通过梅什金的爱情跨越自己世俗的"瓶颈"，用的是颗真挚不依的女人之心。阿格拉娅合情合理的"专一"和绝对的个人意志，不能容忍梅什金对娜斯塔霞的爱意同情。戏剧的帷幕拉开，在阿格拉娅的理直气壮刺激之下，一心想要自我牺牲的天使，突然变成一个生活里面有血有肉的泼妇，娜斯塔霞当场逼迫梅什金选择，变本加厉的蛮横更胜阿格拉娅一筹：无缘无故之真，撞上有理有因的社会机制，社会道德不容，矛盾一时不可调和，几乎就是一个庸俗的爱情故事，一场肥皂剧的悲欢离合，但是实际不是，就像《红楼梦》不是。贾宝玉搅乱次序的滥情善意和傻乎乎的懵懂无知，只是曹雪芹说不出的针砭，是对人性之真和社会常规的异议。

小说通过三个女人，巨细矛盾冲突的不同侧面：堕落天使娜斯塔霞、娇宠的反抗女性阿格拉娅，再加上阿格拉娅的母亲、童心未泯的伊丽莎白·普罗科菲耶夫娜，三人各具慧眼能力，从不同角度突出了梅什金公爵的纯真善良与社会机制道德常规的冲突危机。

娜斯塔霞是陀思妥耶夫斯基理想中的人物，因为不切实际，所以编得五彩缤纷。娜斯塔霞自恃臭名昭著的过去横行霸道,她毫不掩饰,夸张自己的恶意,表面怪诞可恶底下,是无私的纯洁真情,娇宠霸道的行为下面,是最不自私的心胸。她是梅什金的孪生,她的绝对,是梅什金的一面镜子,甚至有过之而无不及,至少梅什金觉得娜斯塔霞是个疯子,娜斯塔霞对梅什金从未有过半点疑虑,这面镜子太亮太铮,所以不大真实。这就是为什么精神病院是梅什金的归宿;而娜斯塔霞,"狐狸精"的真情爱意世俗不容。她和梅什金没有隔阂,一尘不染的赤裸清澈让她心明如镜,即使失去理智的瞬间,面对阿格拉娅临时杜撰梅什金讨厌自己的谎言,娜斯塔霞不看一边急得顿足的梅什金,当场识破阿格拉娅的平静让人不可思议。娜斯塔霞从来没有责备梅什金,就在最为绝望的婚礼前夜,娜斯塔霞把自己锁在睡房折腾,梅什金进去,心高气傲的娜斯塔霞顿然化解,抱住梅什金哭出来的话是:"我这是干吗!"——想的不是自己占有的爱,而是不愿毁掉被爱的人!

小说末尾,被逼迫的娜斯塔霞撑不住爱的自私抓回梅什金,但在最后一刻,还是牺牲自己。有位朋友曾经对我解释娜斯塔霞不可思议的举动,觉得那是娜斯塔霞的理智,看出她和梅什金的不可能,并进一步认为,那是娜斯塔霞操纵梅什金的伎俩——我为现代人类的实惠实际和冷酷刻薄无话可说,也许朋友的角度不乏道理,但是,我们就是这样扼杀诗歌,《红楼梦》就是这样被人庸俗贬世。

娜斯塔霞昏厥哭泣的一幕，是人性脆弱的真实内幕，梅什金怎么可能离开不顾？人们解说梅什金对阿格拉娅才是真正的爱，对娜斯塔霞只是怜悯同情。文字啊，真真无血残忍的文字！我欲说无语，只有读，拼命读，感受触摸字里行间不可言喻的具体和作者云里雾里的实际。也许我错，错入自己的人生，但是毫无疑问，娜斯塔霞纯得不是人，她是陀思妥耶夫斯基的一个梦，用纯洁的罪恶之梦试探善良的恶果，用不现实的故事怀疑现实中的真实。

阿格拉娅则是现实生活里面搅入爱情的血肉女人，感情越是强烈，出尔反尔越是厉害。从个人角度，阿格拉娅以"通情达理"的爱和恨，与梅什金没有判断区别的纯真冲突。伶俐机巧的阿格拉娅是朵带刺的玫瑰，人间任性宠坏的美丽和血气凌人的妩媚娇柔。阿格拉娅是女人智慧和恶习的总和，也是女性较劲折腾的神奇。阿格拉娅敏锐的嗅觉，让她看出平凡背后的非常，笨拙背后的杰出。她是内心和外表的完美典型，也是感情自私和人性热情的极端结晶。她的爱里容不得半点空隙，用世俗的观念解释，是道德标准纯粹，用透视的角度来看，是爱的极度不容。阿格拉娅妈妈伊丽莎白一次承认，"恶劣的阿格拉娅真是像我"这话一点没错。

伊丽莎白这个角色的意义很大很深,她心领神会梅什金
的纯真,却又为了"人之常情"横竖不许。通过这个人物,陀思
妥耶夫斯基挑明无条件的纯真里面隐藏的极端因素,就像基
督宽容的大爱大度,违反常规的极端之善不为社会次序容忍。
伊丽莎白这个角色,把激进的因果,一刀切在戏剧非常的夹
层,血肉淋漓得不可思议,让我们目瞪口呆,老天,是什么样的
场面!

伊丽莎白是配角的位置,主角的作用,在小说整个构架里
面,起到最为具体实际,但又是最为抽象的宏观功能。伊丽莎
白是梅什金另一面镜子,陀思妥耶夫斯基以她毫无道理的出
尔反尔,具体勾勒梅什金的非同一般。她的存在,强调夸张了
小说主题的关键:梅什金无条件的纯真与准则严明的社会常
规之间矛盾冲突。梅什金毫无成见的纯真没有伦理道德约
束,也没有社会机制牵制,更没有自尊和感情条件的拉锯权
衡,梅什金傻,他没游戏,不绕圈子,中了他人的圈套马上赔礼
道歉,被人冲撞,反为人担忧。无区别的善到了尽头,还不是
傻,更是软弱。可是这种堂吉诃德的可笑,对陀思妥耶夫斯基
来说还是不够,他更进一步把矛盾的焦点挑明:绝对的善是
一种力和势,带有与善意相反的侵犯性质。所以,基督绝对的
善是极端的行为。这一矛盾的焦点,由伊丽莎白这个角色正

反两面一一挑剔出。伊丽莎白没有理由让自己感情搅在里面，但是随着小说发展，伊丽莎白情绪瞬变，折腾梅什金的疯狂变本加厉，常常毫无道理自相矛盾，就像一个爱情之中的女人，却又没有爱情的实际内容。这真真是作者的绝笔，如果说阿格拉娅为了个人的爱情翻天覆地，伊丽莎白就在社会准则和个人慧眼之间狂跳大神，阿格拉娅锁着个人的爱情和梅什金纠缠不清，伊丽莎白则是爱恨交加，从社会角度和梅什金"谈情说爱"。梅什金的真，伊丽莎白她感激在心，但是转眼之间，又止不住维护社会伦理常规，伸张道德标准次序。她止不住和梅什金挑战拼搏。她对白痴大吼大叫："你搅乱所有的事情，让我们所有人感觉不好。"吓，这话听来怎么那么耳熟？

三

善意的极端打破现存的次序，破裂之中不免生出兀突，就像柔弱之极生出强迫之意，极端的弱不免带有侵犯的因素。《白痴》的好处在于没有判断，更没有通过梅什金的纯真批评社会现实。陀思妥耶夫斯基对待矛盾两端抱有相同的关爱，他把断裂剖析到极致，把悖论的不可调和交给读者自己消化。

而《白痴》的寓意穿越世纪的时空，矛盾悖论的裂痕，是人生形影不离的寄生,无条件的慈悲单刀直入,就是对准次序有致的现实。同时代的知识分子,同样的理论,同样的两者不可调和,列夫·托尔斯泰晚年达到的不是大文豪的手笔,而是人文意识的断然。从《战争与和平》中皮埃尔的反思觉醒,到《安娜·卡列尼娜》中列文的徘徊犹豫,再到《复活》里面聂赫留朵夫的决意执行,一直到痛苦里面磨难出来的《天国就在你心中》,列夫·托尔斯泰让你在苦难的血泪里面,对人类充满无边的爱心同情。列夫·托尔斯泰主张宽恕善行,去爱伤害我们的敌人,对痛恨我们的人慈悲,为诅咒我们的人祝福。他说,基督的教义从来没有暴力的意思,只有和平、和谐和爱,不抵抗魔鬼,文质彬彬,温顺柔和,和平相处。

因为他对基督教义的不同解释,列夫·托尔斯泰出走教堂,东正教会至今依然不能宽恕他的言行,我倒觉得这样挺好,列夫·托尔斯泰放弃的是宗教组织机构,他为人类找回的是人文信仰道义,就像尼采宣布上帝破灭之后,让查拉图斯特拉自己肩负基督的十字,以自身重新阐释老天的信息:无论拯救还是赎罪,不再只是他人的负担,而是自己承受的磨难。上帝魔鬼一体,天使罪人同是。慈悲没有条件,是赤裸的直接,就像佛陀一把无缘无故的利剑。也许列夫·托尔斯泰不会同意我的看法,他在当时的教义里面区别巨细,那是旧瓶新酒的借口,列夫·托尔斯泰的世界,是个完全不同的喻意环境和人文心态,他在人性里面看到精神,他在宗教里面说的是人——一个赤身裸体精神自在的人。当时很难理解他的思想和所作所为,反对他的人不说了,即使同情捍卫他的人,也把他图解为抽象的意识形态和理念。列夫·托尔斯泰没有理想,只有切身的人生,痴心一念之中,肝胆相照自己。没有理论,他以个人的角度,借助基督的大爱平等,以纯粹的同情引导,列夫·托尔斯泰达到的是个人意义上的无限,无限意义上的具体。可是,就像基督的平凡无边,被世人放上伟大的权威宝座,从而扼杀原本平凡的真谛,列夫·托尔斯泰不再是人。

同样的故事,更加离异的上下文,个人的甘地也被抽象为甘地主义。实际所谓的甘地主义并不存在,即使有,也不是一个固定的政治宣言,更不是意识形态和哲学理论,如果那是不同的想法念头,仅仅只是人性感知的源泉而已。甘地从不承认甘地主义的存在,他在 1936 年否定甘地主义一说:"我不想留下任何教派,我没有新的准则和教义,只是简单试图运用自己的方式,真诚对待我们平时生活中的问题。我的选择并非就是结论,明天很有可能重新考虑。我没有什么新的可以教人,真实和非暴力就像自然和山脉一样古老永久。"

列夫·托尔斯泰最终出走令人伤心无奈,那是个人的悲剧,多少还有真实可爱的列夫·托尔斯泰自己。好在抽象的列夫·托尔斯泰是他周围和过世之后的事情,所以列夫·托尔斯泰的绝对没有直接波及伤害社会,更没有暴力的结果——尽管有人断定俄国后来的动荡和暴力和他的影响有关。然而,甘地的故事悲惨很多。个人的甘地与当时社会政治环境之密切,尽管否定甘地主义的存在,甘地的个人生活方式,不可避免成为抽象的政治意识和社会改革的动力,甘地被杀之后的一连串暴力不是偶然的契机,而是当时印度社会政治大幅度变体的因果,是甘地主义政治影响的延续。倒霉的马丁·路德·金也不例外,当年围绕他周围的阴谋至死未息,问题不是究竟谁是凶手,马丁·路德·金自己知道,这事早晚会发生,只是时间而已。事实证明,任何动态,无论善良还是恶意,超越平衡所能承受的弹性,结局都是动态本身自然而然的回潮返波。

我长期受列夫·托尔斯泰、甘地和马丁·路德·金的影响感应,他们的故事随着自己的人生和我形影不离。我犹豫几年想写这篇文章,但是一直没敢动笔,现在真的写了,内心分裂的痛苦只有自己清楚。我的逻辑和心不在一起,我的前提和结论相差甚远,我偏激的念头无理砍杀自己的信仰偏心,用的却是自己手中的武器。我很清楚自己在冷酷地解剖自己最为珍视的人事,我可以感情用事抱住自己理想信念,但是,我又不得不承认自己不愿看到的事实和前因后果。我的感情理智互不相让厮杀无情,一时我是感情的自己,一时又是理性的奴隶,我承认自己性格缺陷不整,我没有能够自圆其说,只能守着自己一时的准则,我接受自己人性分裂的苦楚,将错就错,一个人的行为一个人担当后果。对我来说,绝对的宽怀慈悲没有广义,只是个人渺小的相信。尽管列夫·托尔斯泰一生也是悲剧痛苦终结,尽管他的思想还是影响社会甚至超越国界,但是列夫·托尔斯泰的意义就是个体,是个人的磨难,以自身体验绝对的意念,以自己的直接承受绝对之善的苦果,尽管最终超越具体个人,甚至不免造成外界冲突,最终还是一个个人的行为,不是流血他人的革命运动。然而甘地和马丁·路德·金不同,我无论如何不能面对残酷的现实:尽管两人都是主张和平善行,非暴力的动力依然引来暴力的因果——我说这话时心痛气急。

人的"文明发展"和自然生态有机的平衡调节应该没有太大区别。历史所有翻天覆地的革命,不管进步意义多大,破坏内在平衡的事实不可否认。和暴力的极端一样,极度的善意同样打破平衡,前者以暴力的手段达到暴力的破坏,后者以和平的手段达到破坏的效果,不说被破的内容是利是弊,是进步是倒退,两者最终达到的,都是打破平衡的断裂和重新,当年法国革命和拿破仑的疯狂,历史学家的解释举棋不定,最后自圆其说一并罪怪拿破仑的个人野心,用个人"称帝"的行为消化法国革命的"进步"意义。可是,历史的发展演变是由个人的思想突变左右?这个命题没有什么新颖,所以不用我来重复。

有机的演变包含局部个体的"破"和"立",这是生命之必须,但是抽象政治意识造成的社会大动荡,也是不可否认的事实。陀思妥耶夫斯基《罪与罚》的主角拉斯科利尼科夫,他是社会次序之上的超人,正气凛然的杀人犯,是俄国革命的先声,为了社会正义"不破不立"的伟人,尽管他和晚年陀思妥耶夫斯基一样"保守"没有革命到底。但是通过拉斯科利尼科夫,我们可以看到所谓伸张"正义"的"破坏"不是俄国才有,我们人类千年历史,每个角落都有它的影子。

甘地的故事是个感人心怀的奇迹,但是他的结局,包括印度国家的那段历史让人心痛流泪,尽管甘地身体力行的主张是个人自己的角度,但是搅入如此动荡社会环境,如此巨大的政治背景,甘地的"主义"远远超出个人的磨难经历。当年甘地的功绩有多奇特,破坏的裂痕就有多么深刻。不仅他被残杀几乎是个必然,就他身后,印度历史很长时间的暴力,不得不承认和当年甘地创造的奇迹，多少有点因果关系。我这样说很不公平，尤其对我如此尊敬的长者，我自己心里不平，但是历史的严酷和我们的感情无关。受列夫·托尔斯泰和甘地影响的马丁·路德·金也是类似的故事。马丁·路德·金说我们要改变旧世界，但运用的方法是非暴力的和平。以非暴力的善为革命的工具，同样达到破和立的效果。马丁·路德·金的公民权利运动显然是历史的进步，但我不知历史的进步是否定要"不破不立"，或者破到什么程度。马丁·路德·金的公民权利运动是举世无双的成功，它给百姓带来权益的同时，没有动乱波及百姓。当年华盛顿广场集会如此规模，和平的气氛和组织的次序，连当时在场的警察都非常吃惊。但是，马丁·路德·金奇迹般的成功还是不免埋下暗中反动的逆流，有一点我不得不怀疑：不谈具体的政治内容，暂时不管运动"进步"还是"退步"，一种绝对的意念，包括无条件的善和非暴力抵抗，一旦搅入社会大环境，一旦赶上思想意识和政治运动潮流，断裂危机的后果难免波及社会百姓。因为平衡在巨大程度遭到破坏，大幅度的回归修复也可能是种相当的破坏。这样一去一来，社会常态很难承受如此动荡——印度独立的历史多少反映了现实表象背后的翻天覆地。

事实上，任何极端绝对的行为，不管是善还是恶，破坏的

能量多少存在。人类社会就像有机的人生,中文"动静"这词,
动在静中,冬眠之久孕育春醒,次序之中不免生出破绽开启,
整体以静态次序为理,以破绽开启为动,两者残杀为敌,却又
相辅相成缺一不可。极端的善让我们感动,极端的恶让我们
憎恨,这都是人世的喧嚣噪声,动是静态的苏醒,静是动的维
护,都是自然不断解构建构的过程和生命。

结尾

《战争与和平》里面,皮埃尔给自己一个巨大的爱国任务,
前去刺杀拿破仑,结果却在街上为了救人被俘。在拯救了一
位法国军官生命之后,皮埃尔在抽象的国家责任和具体直接
的善意之间挣扎苦恼。绝对的善意和社会伦理之间矛盾冲
突,具体的个别和抽象的理念之间悖论不和,有机的生态里
面,破和立的动态不定,所有这些问题,都在皮埃尔这段可笑
的故事里面留下影子。列夫·托尔斯泰晚年谴责抽象的理想
和爱国主义精神,坚持人与人之间绝对的友爱善行,列夫·托
尔斯泰的慈悲在于直接的个人角度,没有观念,没有主义,没
有权威。在我看来,无政府主义的高帽抹杀列夫·托尔斯泰
的原本,即便有时矛盾相错,列夫·托尔斯泰的意义在于他思

维体验的直接具体，不是他无懈可击的最终结论。赫尔曼·黑塞的《悉达多》出家苦行追求真知，求得的觉悟不是伟大抽象的真理，不是祠庙里面与世隔绝的清闲，而是回到人世，回到人生旅途身体力行，这是通过具体消化真理的抽象，通过个体磨难具象理念的宏观。

慈悲为善好像不适合伟大的理想和主义，更不适合为了正义奋斗争取，无条件的宽容和接受是个人的行为，不是思想意识，更不是政治口号。为了抽象的理念宽容是一回事，为了个人的琐碎接受磨难是另一回事，对人开导说教是一回事，面对自己过错是另一回事，尽管两者之间没有价值的区别，就我个人的体验，不仅后者对外界的伤害微末，在绝境之中依然能够开放接受，那是个人的卓绝，尤其面对自己过不去的时候。因伟大理想行善容易，面对自己的绝对更苦，身体力行的慈悲更难。通过自身精神和肉体的磨难，没有英雄伟人的桂冠，接受，甚至容纳侵犯的兀突，不是因为害怕，而是因为心宽。女人生理心理的总和是人性最为动人的无有，脆弱开放的不甚安全，不顾自我的母爱牺牲，接纳强暴一时的赢弱，生命就在那个瞬间发生。列夫·托尔斯泰的宽容接受和甘地非暴力容纳的深远意义，在于平凡琐碎之中觉悟。绝对的纯真和慈悲不是拯救他人的口号,而是个人体验的逐日功课。"守其雌"的关键在于"守"字上面,是被动内向的笃守,不是主动外向的机智和争取。无论善意纯真有多美好崇高,一旦转化为抽象的意识形态强加于人,慈悲都有可能变为牵强附会的侵犯"暴力",以致毁坏纯真为善的本身。

无条件的慈悲善良和社会机制伦理常规的矛盾永远存在,生命就是永远搅和不清的爱和恨。觉悟不是理解对和错的界限,而是接受混沌世界的不知和不甚完美的存在。真实和谎言、善良和恶意、宽容慈悲和斤斤计较之间,实际没有多大区别。至少我自己不是完人,常为莫名的心眼迷惑,满是缺德的无能和盘算的计较,我伤人无数,伤己无限。我没有幸福的应该,但愿苦难里面,还有那么一点欣慰感激,我没半点正义的理由,只是但愿能够尽力自拔自勉。因为知道自己的缺陷,因为知道完美之不可能,所以心向慈悲纯真,但是不敢拥有,只图不要间断自己的努力和可能。人性的崇尚不是天上飘来的纯洁,而是地上平凡挣扎出来的非常和不同。也许我还是俗人一个,相比梅什金无知无觉的善良,堕落天使之真不是神的遥远,更是人性的难能可贵。娜斯塔霞的疯狂寓意一个人的境界,一个磨难之中的卓绝,一个不依赖上帝,人性自拔的超越,尽管最后没有成功——邪恶里面生出的慈悲更加珍贵可掬，重圆的破镜更加圆满感恩。

　　人可以旁观慈悲他人，但是被伤害的自己很难依然慈悲。慈悲不是对于他人的恩典，而是内在的心态，自己为难。不管慈悲的对象、环境、条件和原因，打开脆弱自我的宽容慈悲难能可贵。我逃避伟大的理想，远离现代人"阳光"的自信和自我中心的喜怒无常，我守着悲观人生"落后"，在困苦的磨难之中，打开没有设防的纯真，我让苦涩的锋利切割赤裸肌肤神经，以险恶的纯真利剑相对，从中生出一丝甘苦的珍贵。人生不免沟沟坎坎倒霉，是找一个轻易的途径跳过继续，还是面对自己的死角，放下傲气，直接慈悲利剑相见，被伤害依然能够一视同仁接受宽容。这是一个磨难，一个具体个别的磨难，绝对的慈悲就在这个当口生辉，我做不好，所以只好静默接受，守其雌而不期天下溪归。

本文原载《书城》2015 年 5 月号

镜框内外的艺术

赵穗康

绘画是视觉艺术里的诗意精髓，是可能的不可能和不可能的可能。

作为两度空间的艺术形式，西方绘画从壁画建筑的一个部分，渐渐流入私人居家的消费装饰；从宗教神话题材，转变成为日常生活的情趣和个人情绪的自我。绘画和人的关系，从他在的环境到个人的私密；绘画的功能，从超越个别的环境到人性具体的直接交流；绘画的材料和形式，从环境之间的衔接到个别独立的物象体态。历史潮流一路淌过，绘画的变迁风格不类形式不同，今天的绘画，是个人意志的申诉和声色俱下的感官精神。

扬・凡・艾克（Jan van Eyck）和胡伯特・凡・艾克（Hubert van Eyck）的《根特祭台画》
（*The Chent Altarpiece*），1432，北方文艺复兴（Northern Renaissance）重要绘画之一，是
多联画屏（polyptych）木版绘画，在宗教改革期间，失去了和环境有关的精致镜框

长久以来,西方艺术一直在主观和客观两个极端之间徘徊,在天和地,在人和神,在宏观的他在和主观的自在周围迂回。艺术作品和人的关系,随着时代变迁不同,不但从精神意识和审美的角度,甚至连同物性感应以及展示交流的方式。相比之下,因为中国人文文化的因素,中国祠庙里的壁画和传统的绘画,长期以来一直就是两个不同的种类,一边是工匠的手艺,一边是人文的艺术。这种分类没有艺术上的理由,完全因为中国特有的社会背景,在中国文化里面,文字的人文因素在先,绘画和书法落在人文不可言喻的诗情画意之中,环境的壁画雕塑反而莫名落入宗教故事的图解和权力象征的膜拜。事实上,从艺术的角度,巧夺天工的工匠和诗情画意的画家之间没有界限区别。

然而中国绘画的独特,西方绘画历史没有,它可以是建筑环境的一个部分,也可以是和人体动态的咫尺关系。中国画是心手体贴的延伸,它的人体感应,它的墨笔书写,它的收藏展示,它的欣赏观摩,它的功能效应,它的历史延续,它的人文承传以及它和人的居住环境,中国绘画的形式环境,是人文的心和体的自然动态关系。因为这个特殊的原因,中国画的主题,特别是中国画的形式,无论是竖轴还是横幅,无论是扇面还是散页小品,书法就更不用谈了,那是时间过程的空间艺术，就像《清明上河图》，通过人体的动态，渐渐打开的手卷，是空间在时间横向的伸张延伸——中国绘画的精髓就是没有一个固定的时空定点。

一、传统西方绘画的环境

相反，西方绘画形式的演变走的是条非常不同的途径。很少有人会问，为什么"传统"绘画都有豪华的镜框，而现代绘画基本没有什么装饰？这个问题之后，潘多拉的盒子被打开，随后就是一连串相关的问题：为什么以前的艺术展览，连巴黎沙龙这样重要的展览，都是画框铺天盖地上下连绵，而今天的艺术展览，每个作品都有自己独立的空间？为什么文艺复兴以前的西方绘画没有画框，绘画只是公共环境的一个部分？等等，等等。我们不说绘画的社会功能、内容题材、审美趣味在变，就两度空间的艺术形式而言，几千年来，西方绘画不断节外生枝，经历了一场否定之否定的折腾变迁。

就从绘画的功能和题材来看，西方绘画有着一个从公众的他在环境到室内私密自己的转变过程。可以说，17 世纪荷兰架上绘画之前，西方绘画一直都是公共环境艺术的一个部分。区别于墙上壁画的宏观，木板上面独立的绘画（panel

弗拉·安杰利科(Fra Angelico,
1395—1455)的《天使报喜》(The
Annunciation),1432—1434

painting)尽管可以追溯到古代埃及。1 世纪的罗马学者老普
林尼(Pliny the Elder)对此曾经有所提及,但是脱离墙面的
"架上绘画",要到 13 世纪以后才有发展。而且,那还不是我
们今天所说的架上绘画,所谓的独立,只是为了方便,放在架
上完成的绘画作品而已,它们基本都是画在板上的祭台绘画
(altarpiece)。

　　欧洲祭台绘画受到拜占庭圣像画(Icon painting)的影响。
平面的绘画从壁画的墙面,延续衔接到祭台环境的一个部分,
两度空间的绘画,一直都和建筑环境密切相关。平面的绘画
是建筑空间的继续和错觉,是三度空间环境的一个组成部分。

弗拉·安杰利科（Fra Angelico）祭台画中，天使的翅膀穿插绘画廊柱，描绘的回廊和实际的建筑廊柱相互呼应，形成一个有效的视觉联想的景深空间。圣扎卡里亚教堂（San Zaccaria）的祭台绘画更是建筑的伸展延续，要不是看到画布显露的边缘角落，在教堂不太明亮的光线里面，一晃而过的错觉，很容易会把绘画看成建筑的一个部分。

从15世纪意大利开始，作为一种廉价的代用品，乡村别墅里面画布上的绘画开始流行，渐渐取代教堂宫廷里面木板

桑德罗·波提切利（Sandro Botticelli）的《维纳斯诞生》（*The Birth of Venus*），1486，画布彩画

上的绘画。桑德罗·波提切利（Sandro Botticelli）大多数的绘画都在木板上面，但他15世纪80年代的《维纳斯诞生》（*The Birth of Venus*），则是较早的画布绘画之一。波提切利用的还是传统的粉画（tempera）材料，但是因为没有背后木板坚固的依靠，技术上的挑战，迫使艺术家创造一种特殊的绘画言语和审美效果。

16世纪初的意大利，画布上的绘画逐渐代替木板上的绘画，但是绘画的题材和尺度还是宏伟的建筑环境，绘画的环境依然是开放的公共姿态。意大利画家安德烈亚·曼特尼亚（Andrea Mantegna，1431—1506）和威尼斯画家的画面尺度之大，绘画依然建筑的延伸，画是环境之中的环境，因为艺术还是整体环境的艺术，观众还是很难分清建筑和绘画之间的区别。

提香热衷宏大的宗教神话，同样倾心迷恋世俗故事，即使描绘居室里的私密，建筑空间的影子和环境转折的喻意依然。维纳斯赤裸坦然的体态直直勾住观众的近视，和背景的人物以及帷幕背后的喻意是两个世界。在我看来，这张作品之重要，除了美术史家告诉我们的故事，更有一层绘画从公众环境进入私密感性的内向跨越。

环境的整体和气势的宏伟是意大利艺术，也是意大利绘

提香的《维纳斯》(*Venus of Urbino* 或 *Reclining Venus*)，1538

画的精髓和根本，就是被归类为矫饰主义的丁托列托(Jacopo Tintoretto, 1518—1594)，他的画面也是动荡宏观的尺度。所以，意大利文艺复兴绘画，对埃尔·格列柯(El Greco, 1514—1614)、迭戈·委拉斯开兹(Diego Velázquez, 1599—1660)和保罗·鲁本斯(Peter Paul Rubens, 1577—1640)等画家的影响巨大，绘画材料的改变和世俗题材的变迁，都没改变绘画的宏观气度和周围环境的一气呵成。

丁托列托的《奴隶的奇迹》(*Miracle of the Slave* 或 *The Miracle of St . Mark*),1548

文艺复兴晚期意大利画家保罗·委罗内塞(Paolo Veronese)的《加纳的婚宴》(*The Wedding Feast at Cana*),1563,油画

二、荷兰架上绘画的意义

在北方的欧洲，木版画的传统一直延续到 17 世纪。17 世纪的巴洛克艺术家，擅长创造戏剧性的舞台建筑和豪华的祭台艺术，自然而然绘画雕塑和花枝装饰的整体。但不知是因为荷兰-尼德兰岛屿水气的缘故，让人不得不注重居室的干净条理，还是北方气候寒冷，狭长的窗户建筑侧光的神秘自然，或者夜长日短，也许灯烛幽光，画布上的绘画到了北方，无论题材还是审美，材料还是技艺，甚至绘画的观念全被改变。可以说，真正架上绘画的形式概念，通过荷兰的架上绘画，得到了充分的演变和发展。

从 1588 年到 1795 年，由七个尼德兰地区省份组成的荷兰共和国被称为七个联盟的尼德兰共和国（Republiek der Zeven Verenigde Nederlanden）。强盛起来的荷兰共和国，逐渐形成自己独特的政治文化认同。荷兰人的时尚艺术，随着荷兰的商船军舰遍布全球。荷兰绘画的面目更是独树一帜，它继承了欧洲绘画的传统，但又改变了欧洲文化的历来习俗。建筑的公共环境变成居室的静物风景，宏大历史宗教题材的高贵被市民商贾和世俗粗鄙代替。皇室影响渐渐减弱，尽管加尔文教派教会(Calvinist ecclesiastics)的忠告无所不在,但是经济分配和社会阶层的改变,艺术的对象和艺术的支持者不同以往,强大的市民阶层的兴起,改变了艺术赞助和消费的对象,随着资产阶级和具有抱负的富豪出现,整个社会开启了一个全新的市场经济和人文关系。

荷兰的静物绘画直接反映了当时荷兰政治经济的兴盛繁荣。在形式上,它继承了西方绘画以定点透视为中心的模式,又吸取了意大利绘画中的镶嵌(marquetry of the Quattrocento)和威尼斯式嵌花(Venetian intarsia)的精致刻意风格,从而形成自己"视错觉"(Trompe L'Oeil)的极端。从内容上,荷兰绘画把西方传统绘画中的象征喻意说教和粗俗豪华奢侈的享乐主义融为一体,从而形成一个固定的审美文化模式,而画家则在统一的版本里面各显神通。

传统的西方绘画,追求画面纵深内向的三度空间,这种努力在荷兰绘画里面,通过光影和背景的处理,进一步把画面的中心物体推向观众。荷兰绘画处理绘画的光线独出机杼,也许因地适宜的原因,窗外的一束侧光,把室内的空间切割成为片片间距的透视空间,就像烛光一点相隔,画面被横向分割成为背光受光的夹层。这种光影效果,使得绘画更具窗框取景的功能和效果。传统西方绘画里面三度空间的延续纵深,被

切割成为平行的三度空间隔层。在约翰内斯·维米尔
(Johannes Vermeer)的《绘画艺术》里面，直接面对窗户侧面
光线的模特是个层次，画架上的绘画和模特之间，是与之相对
的平行层次。此外，画布和画家之间，又是一个平行的层次，
如果说画家的画框还在左面窗户进来的侧光里面，那么画家
的背影，几乎已是将近逆光的背影。画家和左面的帷幕之间，
又是另一个平面的层次，帷幕从不同的角度接受光源，和我们
观众之间，还有一个可以想象的层次空间。

格里特·范·弘索斯特(Gerrit van Honthorst)《妓院老
板》中的"鲁特琴"(lute)，是当时荷兰绘画关于性的双关语。

维米尔(Johannes Vermeer)的
《绘画艺术》(*Art of Painting or
The Allegory of Painting*)，
1666—1668

格里特·范·弘索斯特(Gerrit van Honthorst)《妓院老
板》)(*The Procuress*)，1625

画面烛光夹层,分层剥出画面几个平行的层次:背景和左面的人物之间是个层次,作为画面主题的女人是个层次,夹着烛光,中间的人物又是另一个层次,而我们观众和这个人物的背影之间,还有一个层次空间。

讲究透视的西方绘画一直追求绘画空间的深度,绘画的边缘,无论是建筑的廊柱还是祭台画的局部划分,作为绘画艺术的界线边缘,画框一直是个空间概念的暂时选择。传统西方绘画通过这个选择,追求内向纵深的透视的远景,画框是个取景的窗口,画面只是这个镜框窗户之外的一框景色。和中国无时无空的绘画概念相比,大概只有中国建筑的格子窗户,多少接近西方绘画窗框取景的模式。在西方绘画历史里面,这个镜框窗口的影子一直存在。但是荷兰的架上绘画,不但给予这个概念一个具体独立的物象,并且把自成一体的绘画提升到艺术审美的高度,它的影响一直延续到今天的艺术创作。

荷兰架上画是取景室外一片风景,就像静物素描基础课上,老师让学生用纸框选择构图,学生移来移去,最后选择自己的方位构图,但是学生知道,这个决定可以这样也可以那样。因为镜框移动的可能,固定不动的画面,喻意了不同的空间和角度。正是因为这个原因,作为镜框的画框其实是个主

17 世纪画家 Gerrit Lundens 临摹的《夜巡》

观的动态自由，它切入时空的暂时，选择主观的角度，通过光影的点滴和画面三度空间深入，目的是要表达画家的特别用意，在画框暂时的小小宇宙里面，艺术创作在有限的无限，点拨甚至强调艺术家的主观偏颇——画框外面的客观是画框里面主观的源泉、写照和角度。

1715 年，伦勃朗的《夜巡》从荷兰克洛文尼厄斯多伦（Kloveniersdoelen）移到阿姆斯特丹市政厅（Amsterdam Town Hall），因为柱子之间的墙面距离限制，《夜巡》的四边被切割。绘画不但失去两个人物,更重要的是,画面的空间被压缩,伦勃朗原先画面的动态被迫遏止不前。以切割画面相配墙面的事情,19 世纪之前的欧洲常做。从绘画的审美概念来说,《夜巡》被割的惨剧,在中国绘画的上下文里好像不大可能,因为中国画没有具体的透视空间和画框取景的概念。

商业的繁华使得荷兰静物画成为一种消费产品,因为是商业产品,所以不得不有所规范。不同的画种有相对集中的产地,不同的题材有统一规范的模式。在形式上,荷兰静物画的模式和规范几乎到了僵死的地步。静物画的构图一般是个不等边的三角形,中间会有向上支撑的物体,静物的桌面留有一段画框背后延续,而另一段的画面,一定会有空间和余地。桌面由桌布展开,然而下垂桌子的边缘,从而创造静物(画面)的另一个竖向空间,桌上一般不是盘子就是柠檬皮,有时是把刀具斜出,目的在于破开横向的桌面直线。整幅绘画由豪华的镜框作为窗口,静物的构图动态平衡。尽管这种审美的形式不乏经典的构图和审美模式,但是因为商业的大批生产,从而变得古板、死气沉沉。荷兰静物绘画的内容随着经济发展日新月异,尽管醒世恒言的影子依然,但是醒世的骷髅,反而催人赶快享受人生。静物画的主题从接近日常生活的简单早餐开始,发展到豪华的宴席连庭,各种山珍海味稀有珍奇,只

作为窗口的豪华镜框　　空间的开放

三角形的稳定构图

向上支撑的中心

一半桌面：意味窗
口外面的空间延续

打破桌面直线的物体和阴影

桌布是改变桌面平面空间的竖向空间

荷兰静物画的模式和规范几乎到了僵死的地步

要能吃能用，和物性人欲有关，一概堆积如山充塞画面。画中所有东西几乎都有相当的喻意，绘画是财富的象征，是欲望的奢侈和世俗诗情画意的点缀。

　　荷兰架上绘画改变了西方绘画的历史，也给以后的绘画艺术一个全新的开始：

　　一、从环境的共同到独立于环境的单独物体。以货币的作用和历史的演变为例，起初人类为了方便，创造一个间接的媒体,平衡物物交换的不便,但是结果这个媒体调过头来控制人类自己,脱离人类原先需求的直接,失去物物交换便利的根本。作为商品的艺术也是如此,荷兰架上绘画的形成,给予艺术脱离环境的可能,艺术从而变成一项身外可有可无的娱乐消费商品。曾经属于环境一部分的人,因为可以携带环境创造自己,所以能把客观的环境变为人的一个部分。艺术从他在的客体到自在的主体,从环境的一个部分到超越环境的独特单一。因为艺术和人的关系变化,艺术功能和艺术形式也就相应调整。以前的艺术是环境的艺术,不是个人的艺术,即使具备人的因素,也是人体动态和环境尺度相关的艺术。今天金钱能耐再大,好像也不会有人愿意收藏购买米开朗琪罗的西斯廷教堂天顶画,因为这件作品不能脱离环境,没有西斯廷教堂的天顶,米开朗琪罗的绘画没有意义。可悲的是,当年的祭台绘画,大都已经不在当时的环境,它们散落各处,分布世界各地不同美术场所。美术馆的环境优越,但是没有当时祭台绘画的特定环境,它们失魂落魄,就像肢离体碎、没有生命的断肢断手。

二、无论是形式还是内容,艺术作品脱离公众环境进入内向私密。形式上,西方绘画三度空间的透视概念,通过荷兰架上绘画得到进一步发展,窗框选景的构图概念更加明确。

这种审美概念和模式，赋予艺术作品单一独存的可能以及脱离环境上下文的自由。内容上，荷兰架上绘画脱离欧洲绘画长期追求的神性精神升华，中产阶级的市民文化，通过金钱的交易均衡，达到自由自在的自己。艺术关心的主题不再只是高高在上的神祇，而是明天就会死亡，今天依然活蹦乱跳的血肉之躯。艺术可以放肆人的肉欲，也可以表达人的崇高精神。

三、商业交换的可能，导致商品消费的文化艺术。绘画作为独立物体从具体特定的环境里面脱离出来，绘画是镜框里的环境自己，这种艺术作品的独立自在，使得艺术商业交换成为可能。因为这个机制模式，从而打开现代文明里面艺术可以消费的另外一个世界。

三、现代文化里的个性特别

荷兰市民阶层兴起，商业经济繁荣，以前贵族和宗教的中心社会被迫开放松动，随后 1760 年到 19 世纪 20 至 40 年代的英国工业革命，加上浪漫主义先锋、德国狂飙运动，个体的意志从集体的共识里面挣脱出来。这种理性个体的觉醒，把我们从无知的迷信里面解救出来，但是也让我们失去传统社会的环境依靠支柱。尼采的超人同时给我们打开了危险和机会的可能,我们把这叫作"危机","危机"这词有危险和开启的双重含义,有危险就有机会,有机会也就不免险情。尼采超人的喻意,就在这个双重意义的当口,划出西方文明昨天的界限和明天的不可知。现代文化的精髓包含个人主义的觉醒(这里先不讨论西方个人主义的历史背景和具体的涵义,以及在今天社会环境里的危机),笛卡儿的"我思故我在"(Cogito ergo sum),个别个体的认知可以脱离环境金鸡独立,自我的主观意志和存在,可以高于客体他在的自然整体,人的自我终于觉醒,做了自然世界的主人。然而,我们回过头来仔细想,这种主观的个体,是否真有可能超越自然环境的整体?至少,从今天网络相关动态相连的社会现实,从熵(entropy)和量子力学(quantum mechanics)的物理角度,这种意识形态和思维单一,不免显得不切实际、片面局部。这种个人英雄主义的社会心态,还不仅仅限于人文人权的表面,如果能从宏观的社会角度来看,我们不难发现,几乎所有人类的意识形态和社会价值观念,甚至我们日常生活的习惯方式,现代文明一直都在主体和客体的两端之间左右徘徊。

艺术作品和艺术的文化环境,直接反映意识形态和社会结构的变迁。人性可以独特不依,艺术可以脱颖而出,相信英雄主义的个体,可以通过个体的自我关闭直接超越自己。艺术创作是个途径，艺术自我表现的个别特性，是现代文明里面个性发展的一个重要部分。荷兰架上绘画的个别，还不是现代主义的政治宣言，可现代主义脱胎换骨的文化意识，就在那里落土生根。荷兰架上绘画对于西方艺术的演变发展影响之大，之后所有关于艺术的环境、艺术的过程、艺术的功能、艺术的对象、艺术的内容，以及艺术对于人类文明的人性意义，一概全部需要反观重新。

荷兰架上绘画是传统绘画和现代绘画之间的衔接，是旧瓶新酒的历史转折。架上绘画通过艺术家的画框，从环境里面取得一景的主观，因为窗框选景的原因，自然的景象被艺术化地嵌入一个画框里面，从而脱离无限的客体自然，固定成为一个和无限自然平行的有限"自然"——一个可以独立存在的媒体，一个叫作艺术作品的自我。画框里的自然和外面的自然环境无关，更和传统的环境艺术没缘，尽管艺术创作依然从传统的自然环境出发，但是拐了一个转角，艺术作品被凝聚在一个自己的镜框里面，加上传统绘画的中心透视和光线一点的视觉效果，画面是个自我的环境和自己的逻辑，一个自我完善和独存的世界。由此，所谓架上绘画已经不是一个绘画方法，而是一个固定的审美模式，一个油然而生的艺术种类；从现代主义的角度回顾，更可以是个完全不同的艺术哲学，一个个别的精神境界和个性的绝对之真。

然而,现代绘画反叛几乎所有的西方绘画传统,三度空间的绘画概念被挑战,绘画回归单一的平面,认可甚至强调两度空间的局限。绘画是绘画的自己,不是建筑雕塑环境的依附,荷兰架上绘画给西方现代绘画开创了一个崭新的平台,它把绘画从环境里面抽出单独,从自然里面分类区别,从社会里面理出人文,这种立地成佛的个体超越精神,在现代主义绘画艺术里面达到精神和哲学的高度。

作为一个自己单独的物象,是荷兰架上绘画留给现代主义绘画一个精神骨架。尽管荷兰绘画依然追求窗口镜框里面三度空间的纵深景色,但是通过侧光的运用,荷兰绘画对于三度隔层空间的不同解释,直接影响了现代绘画对于传统绘画透视的重新认识。现代绘画意识到两度空间的审美价值,对于绘画平面的想象发挥出奇制胜。以塞尚为代表的现代绘画艺术,避开西方传统绘画被动模拟的写实成分,强调西方绘画传统里的主观创意精神,绘画不再只是自然风景的窗框取景,而是平面的画面自己四条边线之间的关系的关系。绘画最终从被动的窗框取景,发展到独存的自己(关于这一观点,将会在我的《时空交界的当口——艺术内在基因和人体关系》一文中阐释)。这就是文章开始提出的问题,为什么今天的绘画很少带有以前的镜框装饰？因为以前的绘画，是画框窗口里的风景，现代主义的绘画则是物象具体的自己。抽象表现主义和极少主义把这一概念进一步发展，最终绘画突出墙面画框的范围，两度空间的画面甚至可以浮出墙壁的局限，变成和墙面平行相对的绘画物体（painting object）。

四、人的艺术环境和环境的艺术人文

因为个人主义的自由意识，因为艺术审美的自我精神，艺术作品携带自由进出的途径和可能，绘画带着自己镜框里的世界，画面的自然从一个墙面移到另一个墙面，从一个环境走到另一个环境，随着独立自由的画面，艺术个体的审美观念逐渐形成。然而，尽管画框里的景色是个随时可以移动的环境，但是依然还是牵涉环境的一个部分，个人主义的独特个性需要进一步发展，现代主义的绝对精神必须彻底切割个体和环境的关系。这里正好回答为什么今天的艺术展览，每个作品都有自己独立的空间。今天，走进任何艺术展览场所，绘画一字排开，保持互不相干的空间距离，这种展览环境给予每件艺术作品一个抽象空无的背景，借此，每件艺术作品都有足够的空间突出自己单一独特的个性价值。可是回顾历史，艺术展览并非从来就是如此，不说当年法国沙龙展览，展览的环境不免"凌乱"，铺天盖地，就连当年俄国未来主义画家卡西米尔·马列维奇（Kazimir Malevich，1879—1935）的展览，尽管展览会场不乏未来主义的形式感，但是所有作品相辅相成，之间的关系都是环境相应的部分。当时的展览显然并不强调个别，更没专业"设计"安排。当年马列维奇的画展模式，今天没有一个美术学院的学生能够接受。巴黎沙龙更不谈了，尽管每幅画面都有华丽的镜框围绕保护，但是整个展览环境，没有强调个别的不同，每件作品，也没自己洁白环境的真空。

2014 年 9 月至 2015 年 2 月，我在纽约现代美术馆看到马蒂斯晚年的剪纸作品《游泳池》（The Swimming Pool）。美术馆花了大量人力物力，还原当年马蒂斯餐厅的模样尺度，可惜的是，在干净空无的美术馆空间里面，马蒂斯的这件作品，有点悬空凭吊无所适从的感觉。尽管当年的餐厅空间形状依旧，但是上下文的环境不在，作品的生动因为环境生色，环境的气氛因为作品生气勃勃。我当时站在马蒂斯当年的"餐厅"中间，觉得一种不着地气的不知所措，周围空荡的感觉让我彷徨，失去上下文的环境让我遗憾。不知当时设计展览的方案想法如何，做了马蒂斯的餐厅模样，艺术作品的上下文却没想到。我想，这是现代主义概念作祟，处理美术馆空间的俗套

2014 年 9 月至 2015 年 2 月纽约现代美术馆，马蒂斯展览会现场

马蒂斯当年的餐厅一角，1953

捣鬼——其实这和现代主义的艺术观念毫无关系,马蒂斯自己就是一个现代艺术的代表,他的《游泳池》和环境融为一体,根本的问题还是艺术家的本能直觉和对于艺术整体概念的思维角度。关键的区别在于:一个是没有关系的单独自己(self-contained),一个是"环境相关的剪纸艺术"(site-specific cut-out)。

20世纪90年代初,我曾是我老师朱迪·普法夫(Judy Pfaff)的助手,那些年里,我亲身经历了朱迪如何坚持自己的艺术宗旨,最后离开商业画廊的整个过程。朱迪原来同时是纽约Holly Solomon和Max Protetch两个画廊的艺术家,一向注重环境的艺术,她是美国早期装置艺术的艺术家之一。但是,画廊对她铺天盖地的装置艺术不以为然,不断通过展览和金钱的理由,逼迫朱迪制作可以装饰客厅和办公大楼的雕塑作品。这种矛盾拖延很久,最后朱迪坚持己见,不得不先后离开两个画廊。我对朱迪离开画廊的具体细节非常清楚,这在当时来说,是个非常不幸的结果,但是朱迪不顾现实,坚持自己的艺术主张。这件事情给我印象深刻,让我看到朱迪艺术概念的尖锐和超前,艺术是环境的产物,不是消费的商品装饰。因为这个原因,从此之后的十几年里,朱迪·普法夫相续做了很多公共艺术作品。

朱迪·普法夫的《上面》(*All of the above*)，2007，休斯敦莱斯大学画廊

　　现代主义脱离环境的个性，突出了现代文明的危机和锋利，它不但给今天的我们提出一连串艺术问题，也给明天的他们提出一系列的文化反思。事实上，艺术如何陈列展示只是一个表面现象，甚至艺术的环境、艺术他在的客体，以及艺术的主观意志和表现主义的个性独特，所有这些全都不是问题的根本，艺术的主观客观之间，没有对错之分。艺术的神奇可以如此相反不同，艺术没有具体固定不变的定义。不同的时

代,不同的环境,不同的文化,艺术可以黑白颠倒自相矛盾。关键的问题在于艺术和人的直接关系,用中国诗话的传统来说,就是"隔与不隔"。

如果我们能从完全不同的上下文来看这个问题,中国绘画从文化的概念、审美的价值标准、题材的内容到材料的媒体,以及展览的方式和交流的途径,我们很难用西方绘画的概念笼统讨论。中国文化是个理念抽象和具体直接的矛盾统一。说得通俗一点,抽象的概念和精神的超越,直接通过人体的具体尺度和肌肤心神的实际关系达到。中国人奇思异想的抽象,紧紧依附在肉体实惠的具体里面。通过古代艺术和民间艺术的各种形态,中国人的艺术和人体尺度姿态直接相关,艺术是就手玩赏的自然风光,绘画是修心养性的精神自然。中国的绘画形态是个可以变形变色的蛟龙,竖轴和横幅的绘画,可以是居室建筑环境的一个部分,也可以是随手伸展自如的诗情画意。它是时空的颠倒错落,展者是环境的一个部分,又如手中私密的自己。中国画的单页小品可掬,更是把在手中的玩意儿,还有扇面上的自然片刻,寥寥几笔是扇面折子的动态和打开收拢的时空渐续。

然而,今天的中国绘画同样受到西方镜框概念和商业功能的影响。中国今天的艺术市场不是荷兰绘画的历史演变,而是市场经济随手拈来的利润商机。人与绘画之间的身体尺度和体态关系被割裂，今天的中国画被镜框装饰，扇面画不是直接画在扇子上面，只是一个传统的面具卖点，画在平整宣纸上的兰花，装在不伦不类的镜框里面，留下只是扇面的模样图案，所以题字可以不顾扇面的皱褶横笔逆向。今天的扇面绘画没有扇子打开收拢的动态手势，扇面上的兰花不再具有跳跃起伏的辗转闪烁。更有意思的是，连《清明上河图》这样的长卷，时间阅读的观视过程，也被主观地取舍切割，放在华丽的镜框孤单。中国文化传统之中这些和人体动态行为有关的艺术形式，被简单划一成为镜框（窗框）的装饰背景。现代文化的单一专制，可以说是史无前例、举世无双。

结尾

这里再来回答前面的问题，为什么早先的艺术都是公共环境的一个部分？以前的人是环境的人，所以艺术是环境的艺术；今天的人是个别的人，不管个别的具体内涵究竟是什么。至少今天为止，所谓的西方意识形态主张个别的个性自由，所以今天大多数的艺术强调脱离环境的个别奇特，我们现在不谈个性自由的现实到底如何，事实上，这种社会意识从不同角度决定了今天艺术的题材和内容,也造就了今天的艺术功能形式以及艺术交流的环境和模式。

从西方传统的环境艺术,到荷兰架上绘画的独立,再到现代主义的个性自由,加上今天艺术哲学的反思,艺术的历史似螺旋的回归重复,对于历史,我没批评判断的能力和可能,但是今天再来回顾原始古人篝火边的跳舞,再来体验洞窟里面伸手不见五指的宏图,我觉得不得不对今天的自己反思三省——艺术变化多端的表象背后,是不是有个叫作人性的因素,承上启下渊源不绝,古往今来一直未变?

2018 年 2 月

本文原载《书城》2018 年 4 月号

图书在版编目(CIP)数据

《书城》精选/《书城》杂志编.—上海 ：上海
三联书店,2021.8
ISBN 978 - 7 - 5426 - 7496 - 8

Ⅰ.①书… Ⅱ.①书… Ⅲ.①史学-文集②文化-文集 Ⅳ.①K0-53②G-53

中国版本图书馆 CIP 数据核字(2021)第 143708 号

《书城》精选

编　　者 / 《书城》杂志
上海新华发行集团《书城》杂志出品
出 品 人 / 李　爽

主　　编 / 黄　韬　顾红梅
策划编辑 / 齐晓鸽
责任编辑 / 吴　慧
助理编辑 / 钱　斌
装帧设计 / 人马艺术设计·储平
监　　制 / 姚　军
责任校对 / 张大伟

出版发行 / 上海三联书店
　　　　　(200030)中国上海市漕溪北路 331 号 A 座 6 楼
邮购电话 / 021 - 22895540
印　　刷 / 上海展强印刷有限公司

版　　次 / 2021 年 8 月第 1 版
印　　次 / 2021 年 8 月第 1 次印刷
开　　本 / 889×1194　1/32
字　　数 / 380 千字
印　　张 / 23.25
书　　号 / ISBN 978 - 7 - 5426 - 7496 - 8/G·1609
定　　价 / 139.00 元

敬启读者,如发现本书有印装质量问题,请与印刷厂联系 021 - 66366565